职业教育现场工程师培养系列教材
职业教育智能制造领域高素质技术技能人才培养系列教材

三维建模数字化设计

主　编　陶东波　何　瑛　樊新波
副主编　李　学　杨国生　陈　斌　颜志勇
参　编　马　涛　彭思旭　刘立薇　周小蓉
　　　　夏仲林　贺柳操
主　审　蒋　凡

机械工业出版社

本书依据现代企业用人需求，全面对标《机械工程制图职业技能等级（中级）》及《机械数字化设计与制造职业技能等级（中级）》中的产品零件建模、工程图视图创建、工程图标注、自上而下设计、表达动画制作等工作任务和职业能力要求，采用现行机械制图国家标准和新版 UG NX 软件，基于培养"能建模、能出图、能虚拟装配、能运动仿真、会创新设计"的数字化设计人才编写而成。

本书内容涵盖 UG NX 软件 5 大功能，即二维草绘、三维建模、虚拟装配、工程图输出及运动仿真，按照从易到难的顺序设计了 5 个项目，每个项目都是一个完整的工作过程，方便读者反复体验企业实际的工作流程，不断积累工作经验，最终达到企业岗位任职要求，缩短读者的职场适应期。

本书是湖南省精品在线开放课程的配套教材，是职业教育数字化现场工程师培养指定教材，可用于中、高职或职教本科装备制造大类专业相关课程的教材，也可供有关工程技术人员参考使用。

为方便教学，本书配有电子课件、微课视频（通过扫描书中二维码直接观看）、项目测评答案、模拟试卷及答案等教学资源，凡选用本书作为授课教材的教师，均可通过 QQ（2314073523）咨询。

图书在版编目（CIP）数据

三维建模数字化设计 / 陶东波，何瑛，樊新波主编. --北京：机械工业出版社，2025.8. --（职业教育智能制造领域高素质技术技能人才培养系列教材）. -- ISBN 978-7-111-78716-7

Ⅰ. TP391.414

中国国家版本馆 CIP 数据核字第 2025T736L2 号

机械工业出版社（北京市百万庄大街 22 号　邮政编码 100037）
策划编辑：曲世海　　　　　责任编辑：曲世海　苑文环
责任校对：王荣庆　王　延　封面设计：马若濛
责任印制：单爱军
保定市中画美凯印刷有限公司印刷
2025 年 9 月第 1 版第 1 次印刷
184mm×260mm・16 印张・405 千字
标准书号：ISBN 978-7-111-78716-7
定价：65.00 元

电话服务　　　　　　　　　　网络服务
客服电话：010-88361066　　　机　工　官　网：www.cmpbook.com
　　　　　010-88379833　　　机　工　官　博：weibo.com/cmp1952
　　　　　010-68326294　　　金　书　网：www.golden-book.com
封底无防伪标均为盗版　　机工教育服务网：www.cmpedu.com

前　言

读者通过对本书的学习,既能掌握 UG NX 软件的操作方法,也能掌握三维建模、工程图创建、虚拟装配、运动仿真等数字化表达方式与技法,以及机械产品创新设计的基本方法和流程,可为后续从事数字化设计与制造等领域的工作奠定良好的基础。

本书编写理念：

1) 贯彻落实党的二十大精神,以"为党育人、为国育才、立德树人"为己任,融入多个素质教育案例,旨在培养学生的家国情怀,使学生具备使命感和责任担当,培养其良好的服务意识和工匠精神。

2) 从"工具培训"转向"思维培养",编写过程打破以介绍 UG NX 软件命令为主的编排方式,以体现长沙地域特色的工程机械相关产品为载体,采用"情境导入、任务驱动"的编写方式,并设计了任务工单,力求在解决问题中自然串联零散知识与技能,避免"单字认读过关斩将,遣词造句举步维艰"的情况出现,真正跨越理论和实践的鸿沟。

3) 岗课赛证融通,校企合作育人,解决学生"读不好图、建不好模、出不好图、创新能力弱"四大难题。本书全面对标《机械工程制图职业技能等级（中级）》及《机械数字化设计与制造职业技能等级（中级）》中的产品零件建模、工程图视图创建、表达动画制作等工作任务。本书每个任务都是一个完整的工作过程,逐步增加难度,不断将知识和技能重现并内化为读者工作能力,使读者达到企业机械设计制造类岗位任职要求。本书任务设计包括读图 29 张、建模 35 个、出中等难度及以上的工程图 5 张、创新设计项目 2 个。

任务设计	读工程图	创建三维模型	出工程图	创新设计
数量	29 张 （零件图 26 张、 装配图 3 张）	35 个 （零件 31 个、 装配体 4 个）	5 张 （零件图 4 张、 装配图 1 张）	2 个 创新设计项目
目的	培养识图能力	培养三维建模和虚拟装配能力	培养出图能力	培养创新能力

本书特点：

1) 内容讲解详细透彻、层次分明。从项目描述、任务引入到任务实施全过程步骤描述详尽,配有操作视频,讲解透彻,易学易懂。

2) 内容组织由易到难、循序渐进。本书共 3 篇 5 个项目 13 个任务,其中基础篇包括绪论、项目 1 和项目 2,涵盖数字化设计与制造基础知识、草图绘制、实体建模、虚拟装配等内容；进阶篇包括项目 3 和项目 4,涵盖实体建模、虚拟装配、工程图输出、运动仿真等内容；挑战篇包括项目 5,重在学以致用,通过创新设计提升数字化应用综合能力。为了便于教学,设计了课前预习和课后拓展,以练习题的形式检验学习效果；在附录中整理了UG NX软件常用快捷键和数字化领域基本术语中英文对照，方便查阅。

本书建议安排在机房进行理实一体化教学，即使机房软件版本低于UG NX 2306，也不会影响本书使用和教学。若使用其他三维数字化设计软件，所有项目也同样适用。

本书是湖南省精品在线开放课程"三维建模数字化设计"配套教材，由湖南机电职业技术学院陶东波、李学、杨国生、陈斌、颜志勇、彭思旭、周小蓉、夏仲林、贺柳操，湖南理工职业技术学院何瑛、刘立薇，湖南工业职业技术学院樊新波以及三一重工股份有限公司马涛共同编写，由北京工业大学蒋凡教授主审。其中，陶东波、何瑛、刘立薇、周小蓉负责编写绪论、项目1和项目2，樊新波、李学、杨国生、马涛负责编写项目3，李学、颜志勇、陈斌、夏仲林负责编写项目4，陶东波、陈斌、彭思旭、贺柳操负责编写项目5。同时，长沙市汇英工业设计研究院周岳洪、董仲斌，湖南机电职业技术学院黄立东、唐萌、王丽媛、李文卫、李斌、李典灿、王灿在编写过程中给予了大力支持，在此表示感谢。

本书在编写过程中，参考了有关教材、专著、论文等资料，在此对这些资料的作者表示衷心的感谢。时代在前进，改革的脚步不停止，我们一直处于积累经验和不断改进的过程中，囿于编者水平有限，书中难免存在疏漏和不足，恳请广大读者批评指正。

编　者

目 录

前言

第 1 篇　基础篇

绪论　数字赋能引领未来——走进数字化世界 2

项目 1　出彩之"笔"绘蓝图——铅笔与笔筒三维建模与虚拟装配 8
- 任务 1　铅笔的数字化设计 8
- 任务 2　笔筒的数字化设计 16
- 任务 3　铅笔与笔筒虚拟装配 24

项目 2　工业机器人之"手"——机械爪三维建模与虚拟装配 32
- 任务 1　机械爪零件三维建模 33
  - 子任务 1　侧板和卡爪三维建模 34
  - 子任务 2　活塞头、活塞杆、缸体、前缸盖、后缸盖三维建模 44
  - 子任务 3　齿轮轴和齿条三维建模 56
- 任务 2　机械爪虚拟装配 61

第 2 篇　进阶篇

项目 3　流体调控之"咽喉"——旋塞阀三维建模与图样表达 84
- 任务 1　旋塞阀零件三维建模 85
  - 子任务 1　旋塞壳和塞子三维建模 85
  - 子任务 2　旋塞盖、螺柱、填料压盖、垫片、填料三维建模 95
- 任务 2　旋塞阀零件图样表达 104
  - 子任务 1　垫片图样表达 106
  - 子任务 2　旋塞盖图样表达 115
  - 子任务 3　旋塞壳和塞子图样表达 127
- 任务 3　旋塞阀虚拟装配 135
- 任务 4　旋塞阀装配图样表达 137

项目 4　液压系统之"心脏"——叶片泵三维建模与运动仿真 162
- 任务 1　叶片泵零件三维建模 163
- 任务 2　叶片泵运动仿真 206

第 3 篇　挑战篇

项目 5　创新设计——企业产品设计真实任务实践 ………………………………… 215
　任务 1　便携式大型管道自动切割装置数字化设计 ……………………………… 215
　任务 2　便携式货车换胎装置数字化设计 ………………………………………… 216

附录 …………………………………………………………………………………………… 219
　附录 A　UG NX 软件常用快捷键 …………………………………………………… 219
　附录 B　数字化领域基本术语中英文对照 ………………………………………… 221

参考文献 …………………………………………………………………………………… 222

第 1 篇

基 础 篇

绪 论

数字赋能引领未来——
走进数字化世界

制造业是国民经济的基础和产业主体，是经济增长的引擎和重要保证，也是国民经济和综合国力的重要体现。当传统制造业面临新科技革命和产业变革的新挑战，资源和环境约束不断增强，劳动力等生产要素成本不断上升时，传统制造业转型升级刻不容缓。《中国制造 2025》是我国实施制造强国战略的第一个十年行动纲领，它标志着我国制造业转型升级上升为国家战略，到 2035 年，我国制造业整体达到世界制造强国阵营中等水平，创新能力大幅提升，全面实现工业化。传统劳动密集型工厂与现代数字化转型工厂如图 0-1 所示，数字化设计与制造技术是提升制造企业技术含量、促进企业转型升级的有效手段，数字赋能引领未来，让我们开启本课程的学习之旅，走进数字化世界吧。

a) 传统劳动密集型工厂

b) 现代数字化转型工厂

图 0-1 传统劳动密集型工厂与现代数字化转型工厂

知识目标

1. 了解 CAD、CAE、RE、CAPP、CAM、PDM 等术语的基本含义。
2. 了解数字化设计与制造的基本流程。
3. 了解三维数字化设计软件大家庭的组成及 UG NX 软件的主要功能。

技能目标

1. 能理解三维数字化设计软件的基础作用。
2. 能理解数字化设计与制造技术对企业转型升级发挥的积极作用。

> **素质教育案例**
> 1. 数字化技术在我国军事装备研制过程中发挥的积极作用。
> 2. 清朝启蒙思想家魏源和《海国图志》。

1. 认识数字化设计与制造技术

（1）数字化设计与制造技术学科体系　通常，人们将以 0 和 1 为特征的信息称为数字化信息。在制造业领域，以计算机和数字化信息为基础，支持产品数字化开发的技术日益成熟。以计算机辅助设计（CAD）、计算机辅助工程分析（CAE）、逆向工程（RE）、计算机图形学（CG）、增强现实（AR）、虚拟现实（VR）等为基础的数字化设计技术，以数字控制（NC）编程与加工、增材制造（AM）、快速成型（RP）、计算机辅助工艺规划（CAPP）、计算机辅助制造（CAM）等为基础的数字化制造技术，以产品数据管理（PDM）、制造执行系统（MES）、企业资源计划（ERP）等为基础的数字化管理技术，共同构成了产品数字化开发的主要内容，使得以直觉、经验、图样、手工计算、手工生产等为特征的产品传统开发模式逐渐淡出历史舞台，数字化设计、管理、制造三者之间的关系如图 0-2 所示。

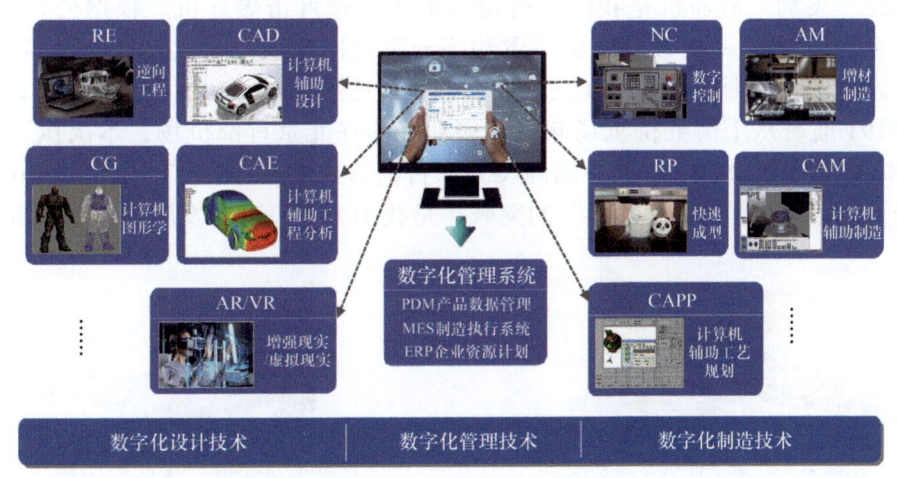

图 0-2　数字化设计、管理、制造三者之间的关系

（2）数字化设计与制造基本流程　产品传统开发是"设计—绘图—制造—装配—样机调试"的串行工程，贯穿始终的是"有形的图样"，其开发周期长、成本高；而数字化设计与制造可以提供一个虚拟环境，通过计算机辅助设计（CAD）软件将产品原型设计出来，通过计算机辅助工程分析（CAE）软件验证设计是否可靠，通过计算机辅助工艺规划（CAPP）软件进行产品加工工艺分析，通过计算机辅助制造（CAM）软件实现加工模拟与编程，其中，可以通过虚拟现实（VR）技术或增强现实（AR）技术来体验产品原型是否符合预期想法，或通过快速成型（RP）技术（如 3D 打印）将产品原型快速生成出来，这里贯穿始终的是"数字的传递"，极大地缩短了开发周期，降低了生产成本，产生的"数字"数据文件可以通过产品数据管理（PDM）软件进行统一的管理和交互，实现产品无图样设计和全数字化制造，可以极大地提高产品开发的效率和质量。

（3）数字化技术在我国飞行装备研制过程中的应用

案例 1：代号"鲲鹏"的"运-20"飞机（见图 0-3）是我国自主研制的战略重型运

输机,采用了先进的数字化设计与制造技术,打造了"运-20"三年设计、五年首飞、八年交付的中国速度,标志着我国大飞机设计制造能力取得了突破性进展。2021年,央视《大国工匠》节目公开报道了"运-20"飞机机身数字化装配工程师胡洋的优秀事迹(见图0-4),机身调姿是飞机制造过程的难点,其对精度要求极高,"运-20"机身全长50m,各个部位偏差不能超过0.5mm,这好比一个篮球场不能出现芝麻粒大小的误差,以往这项工作需要十几个人通力合作一个月才能完成,胡洋团队实现了大飞机机身数字化装配"零"的突破,只要两三个人合作一天就可以完成,效率提高百倍的同时,精度达到了毫米级,这再一次见证了我国大型运输机研制的非凡历程和航空人的智慧。

图 0-3 "运-20"展翅翱翔

图 0-4 《大国工匠》——胡洋

案例2:"飞豹"战斗机是我国自行设计的多用途歼击轰炸机。根据公开资料显示,早在2000年,我国第一架数字样机"飞豹凌云"就出现了,全机包括5万多个结构件、40多万个标准件,共形成了37GB三维模型数据(见图0-5)。2023年5月28日,东方航空的MU9191航班从上海虹桥机场起飞,成功降落在北京首都机场,本次执飞的就是中国商用飞机有限责任公司(简称中国商飞)交付的首架C919大型客机(见图0-6),标志着我国国产大型客机商业飞行"零"的突破,是我国大飞机事业发展的重要里程碑。

图 0-5 我国第一架数字样机"飞豹凌云"

图 0-6 我国第一架商用大飞机 C919

2. 认识三维数字化设计软件

随着制造强国战略的推进,我国产业结构调整的步伐不断加快。新模式、新业态层出不穷,新产品的研发周期越来越短,研发技术要求越来越高。然而,不管是传统的减材制造(如数控加工、电火花加工等)、等材制造(如精密铸造、精密锻造等),还是增材制造(如3D打印等),都需要设计零部件的三维模型为前置条件。三维模型涵盖着产品的几何信息和非几何生产制造信息,是完成产品从设计端到生产制造端一体化的关键保障,伴随着产品的全生命周期,是实现企业数字化、可视化管理的基础。因此,选用何种三维建模软件,如何快速完成三维建模,是技术人员需要解决的关键问题。

(1)三维数字化设计软件大家庭 工业软件是我国智能制造的重要基础与核心支撑,也是工业企业数字化转型的重要保障。研发设计类软件是工业软件的基础核心,三维数字化设计软件处于设计的前端环节,被广泛应用于制造、建筑等领域,是工业软件中当之无愧的基石。

三维数字化设计软件大家族拥有庞大的成员，目前市面上主要的外国品牌有法国达索公司的 CATIA 和 SolidWorks，德国西门子公司的 UG NX 和 Solid Edge，以及美国参数技术公司（PTC）的 Creo 和美国 AutoDesk 公司的 Inventor。国产品牌（见图 0-7）主要有苏州浩辰软件股份有限公司的浩辰 3D、北京数码大方科技股份有限公司的 CAXA 3D、广州中望龙腾软件股份有限公司的中望 3D 等，它们奋起直追，缩短差距，扛起了国产三维数字化设计软件的大旗。

图 0-7　国产三维数字化设计软件典型代表

（2）UG NX 2306 介绍　UG NX 2306 是一款先进的三维计算机辅助设计和制造软件，是当前 UG NX 软件的新版本（见图 0-8），由西门子公司推出，为用户的产品设计及加工过程提供数字化造型和验证手段，广泛应用于工业领域，涵盖汽车、航空、机械、电子和消费品等多个行业。

图 0-8　UG NX 2306 界面

UG NX 2306 主要包括以下功能。

1）产品设计。包括广泛的产品设计应用模块，具有高性能的机械设计和制图功能，以满足客户设计复杂产品的需要。

2）仿真优化。以数字化的方式仿真、优化产品及其开发过程，通过运用数字化仿真性能，制造商可以改善产品质量，减少或消除对于物理样机的设计、构建，节省了时间和成本。

3）工业设计。利用 UG NX 建模，工业设计师能够迅速地建立和改进复杂的产品形状，并使用先进的渲染和可视化工具最大限度地满足设计概念的审美要求。

4）CNC 加工。用户可以在图形方式下观测刀具沿轨迹运动的情况，并可对其进行图形化修改，可在实体模型上直接生成加工程序，并保持与实体模型全相关。

1842 年，清代先进思想家魏源（见图 0-9）编写的《海国图志》问世，提出"师夷长技以制夷"的思想，开创了中国近代学习西方先进技术的先河，如今处在三维数字化设计软件层出不穷、百家争鸣的时代，各种软件同样需要取长补短，与时俱进。本书采用 UG NX 2306 软件进行讲解，读者也可选用其他 UG NX 版本软件，建模思路可供不同类型的三维数字化设计软件借鉴。

图 0-9　清代先进思想家魏源和《海国图志》

（3）欣赏数字化设计优秀作品

1）挖掘机运动仿真。挖掘机作为工程机械的典型产品，广泛应用于建筑工地、电缆铺设、管道开挖等工作场地。挖掘机的工作原理是在液压缸的驱动下，各部件绕铰接点转动，完成挖掘、提升和卸载等动作。在三维数字化设计软件中，可以轻松实现其运动仿真，如图 0-10 所示。

图 0-10　挖掘机运动仿真

2）牛头刨床运动仿真。牛头刨床是一种做直线往复运动的刨床，其滑枕带动刨刀运动，因滑枕前端的刀架形似牛头而得名。牛头刨床综合了齿轮机构、蜗轮蜗杆机构、间歇运动机构、带传动机构、急回机构和摆动机构等。在三维数字化设计软件中可以轻松实现其运动仿真，如图 0-11 所示。

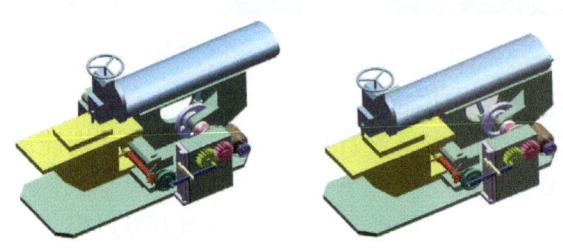

图 0-11　牛头刨床运动仿真

课后测评

一、单选题

1. 计算机辅助工程分析的简称是（　　　）。

A. CAD　　　　　　B. CAE　　　　　　C. CAM　　　　　　D. CAPP

2. 我国自行研制的飞机中第一架数字样机是（　　）。
A. 飞豹凌云　　　　B. 运-20　　　　　C. 歼-20　　　　　D. 直-20
3. 数字化设计（Digital Design）技术包括（　　）。
A. CAD　　　　　　B. RE　　　　　　C. CG　　　　　　D. RP
4.《海国图志》的作者（　　）是我国清朝启蒙思想家。
A. 林则徐　　　　　B. 龚自珍　　　　　C. 魏源　　　　　　D. 梁启超

二、简答题

1. 为什么传统制造企业要转型升级？
2. 数字化设计与制造的基本流程是什么？
3. 你知道哪些国产三维数字化设计软件？举例不少于三种。

项目 1

出彩之"笔"绘蓝图——
铅笔与笔筒三维建模与虚拟装配

项目描述

每个人的生命旅程都始于梦想的萌芽,有人以信念为基石构筑理想大厦,有人却在虚幻的云端搭建空中楼阁。当数字化浪潮奔涌而至,三维建模技术的驾驭能力与数字设计能力恰似当代追梦者的一双翱翔之翼。对于初学者而言,这段学习之旅恰似孩童初次执笔作画,既要有对知识的潜心求索,更要有实践中的反复锤炼。让我们以软件为笔书写课程华章,擘画人生蓝图。

本项目从生活中常见的铅笔和笔筒入手,学习创建铅笔和笔筒的三维模型,并将铅笔装入笔筒内。铅笔与笔筒装配示例如图 1-1 所示,分三个任务完成,如图 1-2 所示。本项目旨在让大家尽快了解 UG NX 软件的建模和装配流程,为后续项目实施打下坚实的基础。

图 1-1 铅笔与笔筒装配示例

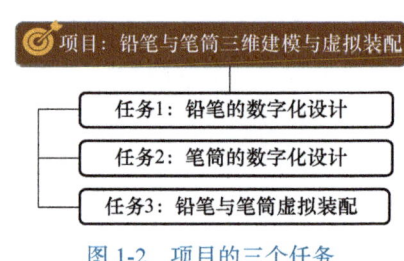

图 1-2 项目的三个任务

任务 1 铅笔的数字化设计

任务引入

铅笔数字化设计引入

文化的需求产生了笔,笔使文化得以传承。公元前 3000 年左右,中国人发明了毛笔,并在千百年来不断推陈出新。现代铅笔是一种书写或素描专用

项目 1 出彩之"笔"绘蓝图——铅笔与笔筒三维建模与虚拟装配

的笔类,起源于 16 世纪的英国,当时是把石墨矿石切成细条来使用。1935 年,我国著名爱国实业家吴羮梅先生(见图 1-3)创办了我国第一家能够自己制造铅芯、铅笔板、笔杆及进行外观加工的全流程铅笔制造工厂——中国标准国货铅笔厂,中华牌铅笔由此诞生。

图 1-3 爱国实业家吴羮梅

时代在进步,机械设计与制造领域用三维软件取代传统的笔与纸是社会发展的必然。本任务使用三维软件对"中华牌"铅笔进行数字化设计(参数见图 1-4)。铅笔看似简单,其实不然,万事开头难,初学者们开始迎接挑战吧!

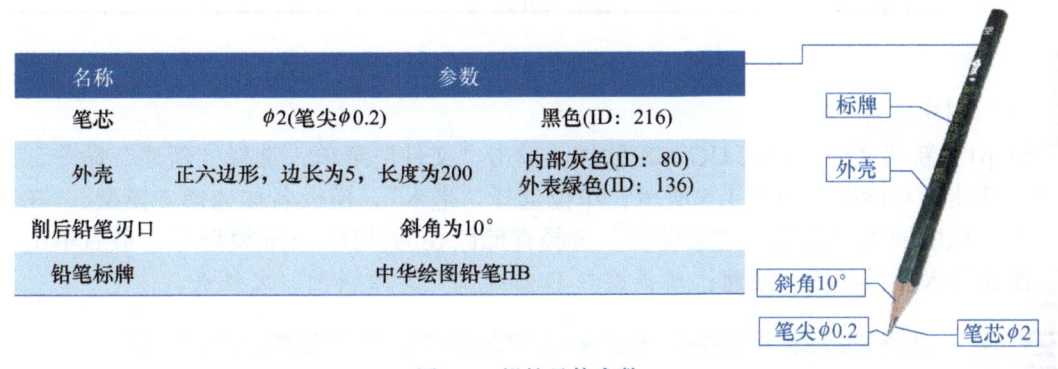

图 1-4 铅笔具体参数

🔍 课前预习

1. 查一查:铅笔中明明没有铅,为何要叫铅笔?

2. 观看微课视频,完成后打√。

| NX 软件基本操作 | NX 用户界面介绍 | 草图绘制基本命令 1 | NX 颜色介绍与修改 |

任务实施

1. 思路分析

铅笔由笔芯和外壳组成，其结构简单，可基于"拉伸"特征创建铅笔模型，具体建模过程见表1-1。

表1-1 铅笔建模过程

步骤	图示	步骤	图示
第1步 用"拉伸"命令创建笔芯		第5步 用"文本"命令输入标牌文字	
第2步 用"对象显示"命令修改笔芯颜色		第6步 用"拉伸"命令刻入标牌文字	
第3步 用"拉伸"命令创建外壳		第7步 用"拉伸"命令削铅笔	
第4步 用"对象显示"命令修改外壳颜色		第8步 最终效果图	

2. 建模实践

（1）创建笔芯

Step1：新建文件。启动 UG NX 软件，单击"文件"菜单，选择"新建"命令，系统弹出"新建"对话框，如图1-5所示，单位选择"毫米"，模板名称选择"模型"，在"名称"文本框中输入"铅笔"，"文件夹"选择存储路径为"D:\三维模型\"，最后单击"确定"按钮进入建模环境。**注意**：请提前在D盘建立"三维模型"文件夹。

铅笔的三维建模实操

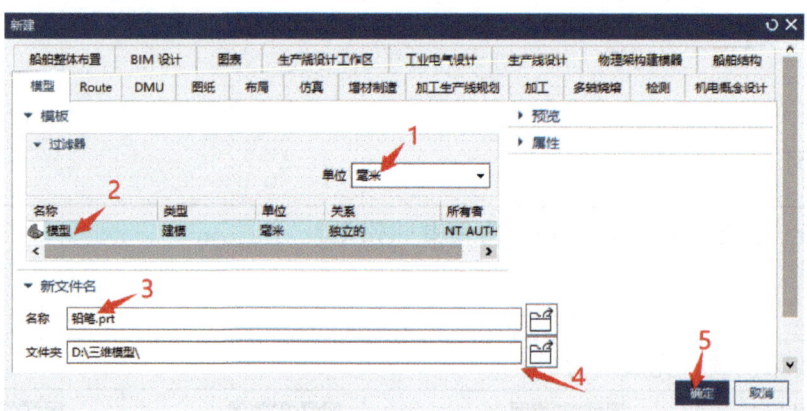

图1-5 "新建"对话框

Step2：设置高级角色。如果是安装软件后初次使用，软件的默认角色是"欢迎"角色，其功能较少。为了操作方便，须修改为"高级"角色，具体修改过程：单击左侧资源条里的"角色"，选择"内容"中的"高级"选项，如图1-6所示，最后单击"确定"按钮完成高级角色的设置。此时软件界面功能明显增多了，如果已是高级角色或是低版本，可以忽略此步。

Step3：创建草图。单击"插入"菜单，选择"草图"命令或直接单击草图图标，弹出"创建草图"对话框，如图1-7所示，在对话框中的下拉列表框中选择"基于平面"，再选择"XY平面"为草图平面，单击"确定"按钮完成草图创建。

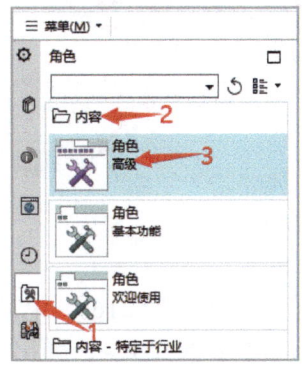 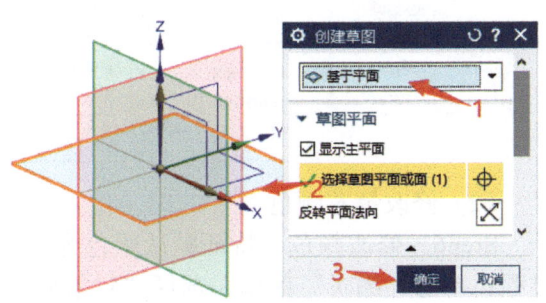

图1-6　设置高级角色　　　　　　　　　图1-7　"创建草图"对话框

Step4：绘制圆。单击"插入"菜单，选择"曲线"－"圆"命令或直接单击圆图标○，圆方法接受默认"圆心和直径定圆"，以"草图原点"为圆心，直径为"2"，按<Enter>键或鼠标中键确定。同样地，绘制直径为"0.2"的圆，如图1-8所示，最后单击"完成"按钮。

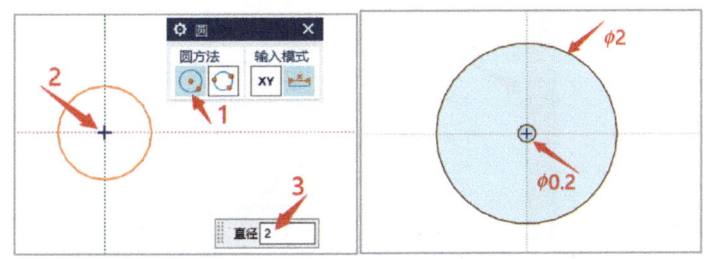

图1-8　绘制ϕ2圆与ϕ0.2圆

Step5：拉伸笔芯。单击"插入"菜单，选择"设计特征"－"拉伸"命令或直接单击拉伸图标或按快捷键<X>，弹出"拉伸"对话框，如图1-9所示；首先，将曲线规则选择为"单条曲线"，截面选择ϕ2圆，方向指定为"ZC"，起始选"值"，起始距离为"0"，终止选"值"，终止距离为"200"，其他接受默认，单击"确定"按钮完成笔芯拉伸。

> **温馨小知识**
>
> 　　快捷键又称为快速键或热键，指通过某些特定的按键、按键顺序或按键组合来完成一个操作，可以代替鼠标完成一些工作，操作省时方便，详见"附录A　UG NX软件常用快捷键"。

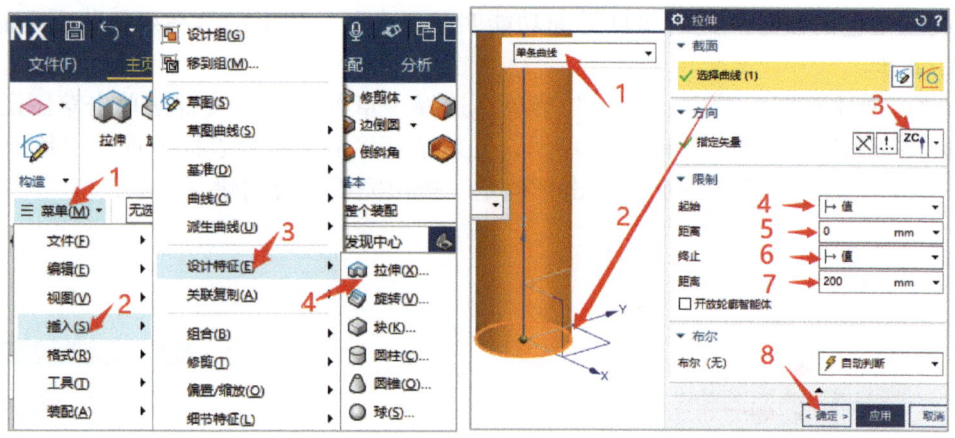

图 1-9　拉伸笔芯

（2）修改笔芯颜色

Step6：修改颜色。特征默认颜色为黄色，笔芯颜色为"黑色"（216）。笔芯颜色修改过程：单击"编辑"菜单，选择"对象显示"命令或按快捷键 <Ctrl+J>，弹出"类选择"对话框，如图 1-10 所示，对象选择为"笔芯"，单击"确定"按钮；接着弹出"编辑对象显示"对话框，单击"颜色"框，弹出"对象颜色"对话框，可以自行选择调色板颜色，也可以通过查找找出颜色。本任务在查找框输入值"216"，则显示"黑色"，选中该颜色，单击"确定"按钮，则把默认的黄色改成了黑色，具体过程如图 1-11 所示。至此，便完成了笔芯颜色的修改。

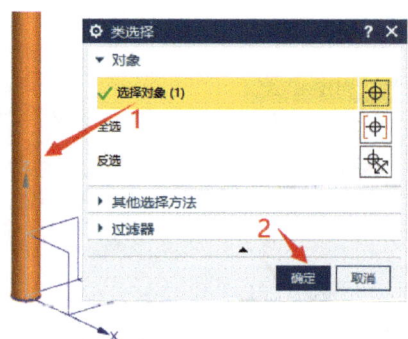

图 1-10　"类选择"对话框

图 1-11　笔芯颜色修改过程

（3）创建外壳

Step7：单击"插入"菜单，选择"草图"命令，进入草图环境，绘制正六边形，具体过程：单击"插入"菜单，选择"曲线"－"多边形"命令，弹出"多边形"对话框，如图 1-12 所示，将中心点指定为"草图原点"，边数为"6"，大小选择"边长"，长度为"5"并"√"锁（勾选锁定），旋转为"0"并"√"锁（勾选锁定），最后单击"关闭"按钮。

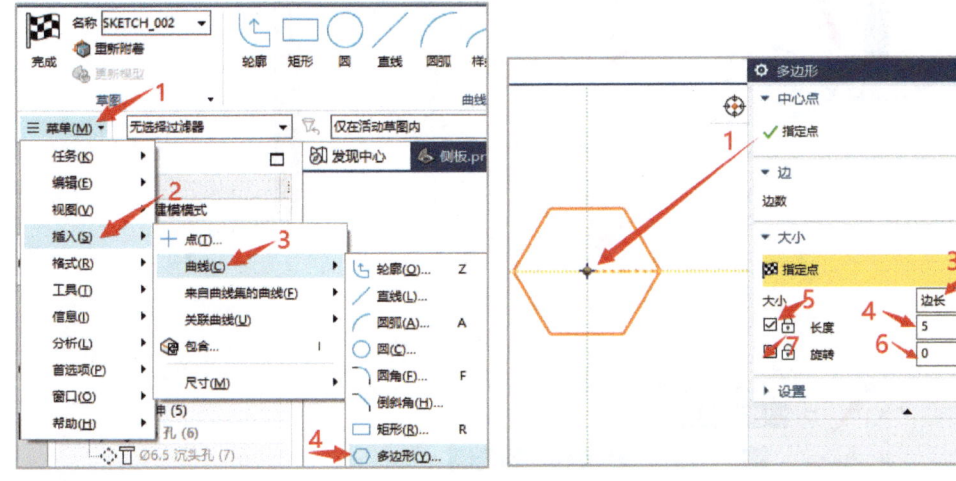

图 1-12　绘制正六边形过程

> **温馨小知识**
>
> 当草图不小心移动了，没有正对着操作者时，作图会比较困难，怎么摆正呢？
> 解决方法：在草图状态下，单击"视图"菜单，选择"定向视图到草图"命令或在空白处长按鼠标右键，选择"定向视图到草图"命令或按快捷键<Shift+F8>。

Step8：拉伸外壳。单击"插入"菜单，选择"设计特征"－"拉伸"命令，弹出"拉伸"对话框，如图 1-13 所示。首先，将曲线规则选择为"单条曲线"，截面选择正六边形和$\phi 2$圆，方向指定为"ZC"，起始选"值"，起始距离为"0"，终止选"值"，终止距离为"200"，布尔选择"无"，其他接受默认，单击"确定"按钮完成外壳拉伸。

（4）修改外壳颜色（外表是绿色，内部是灰白色）

Step9：同 Step6，单击"编辑"菜单，选择"对象显示"命令，弹出"类选择"对话框，对象选择为"外壳"，单击"确定"按钮，弹出"编辑对象显示"对话框，单击"颜色"框，弹出"对象颜色"对话框，在查找框输入值"80"，选中该颜色，单击"确定"按钮，则把默认的黄色改成了灰白色，单击"确定"按钮。但是外部是绿色，怎么实现呢？

Step10：单击"编辑"菜单，选择"对象显示"命令，弹出"类选择"对话框，如图 1-14 所示。这时，在工具菜单的"类型过滤器"中选择"面"，对象选择六个表面，单击"确定"按钮，弹出"编辑对象显示"对话框，单击"颜色"框，弹出"对象颜色"对话框，在查找框输入值"136"，选中该颜色，单击"确定"按钮，完成外表面绿色设置。

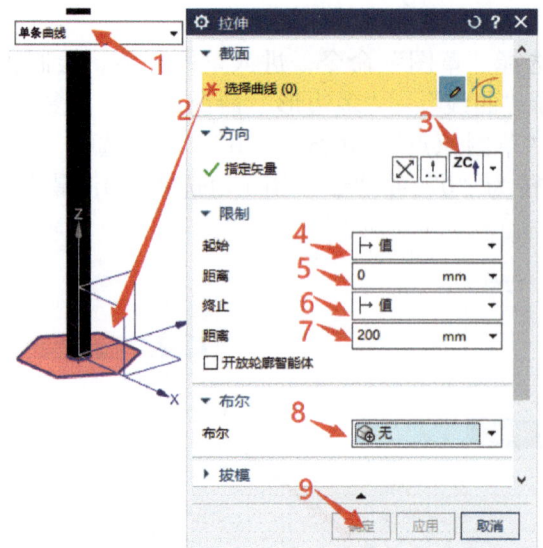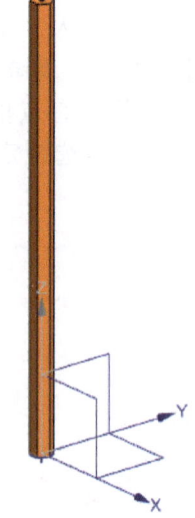

图 1-13　外壳拉伸过程

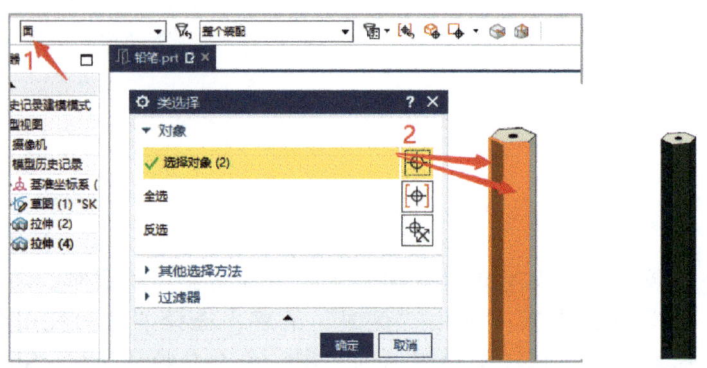

图 1-14　铅笔外壳表面颜色设置及最终效果图

（5）输入标牌文字

Step11：输入标牌文字。单击"插入"菜单，选择"曲线"-"文本"命令，弹出"文本"对话框，如图 1-15 所示，类型选择为"在面上"，文本放置面选择六个面中任一个表面，放置方法选择"面上的曲线"，曲线选择文本放置面的一条棱边，在文本属性框中输入"中华绘图铅笔 HB"，字体选择"宋体"，脚本选择"GB2312"，字型选择"常规"，文本框锚点位置选择"左"，参数百分比为"5"，尺寸偏置为"1"，长度为"50"，高度为"3"，单击"确定"按钮完成文字输入。

（6）刻入标牌文字

Step12：单击"插入"菜单，选择"设计特征"-"拉伸"命令，弹出"拉伸"对话框，如图 1-16 所示，选择曲线为直接单击导航器里的"文本"，方向选择"面／平面法向"，起始选"值"，起始距离为"0"，终止选"值"，终止距离为"0.5"，布尔选择"减去"，选择体选择铅笔外壳，出现警报"工具体完全在目标体外"，单击反向图标⊠。因为默认指定矢量向外，无法切除选择体，反向后就可以实施布尔"减去"操作了，其他接受默认，单击"确定"按钮完成拉伸，标牌就"刻入"铅笔了。

项目1　出彩之"笔"绘蓝图——铅笔与笔筒三维建模与虚拟装配

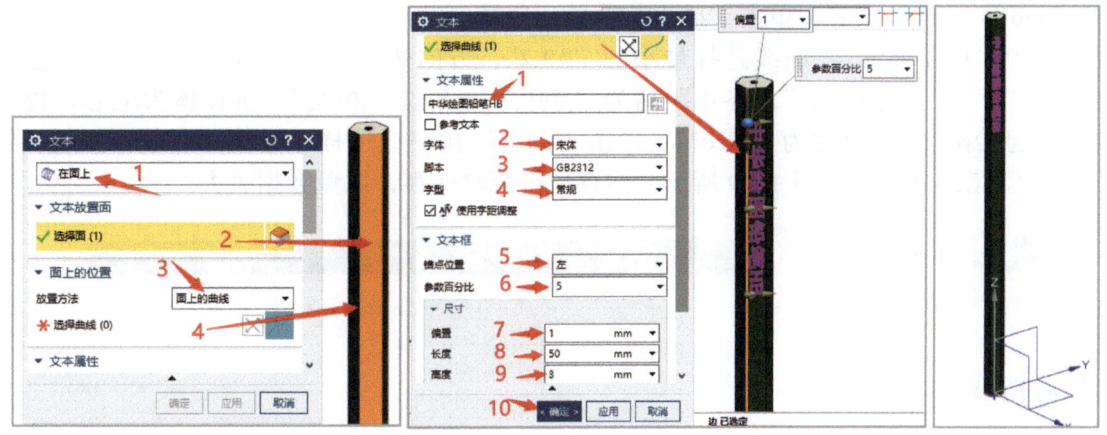

图1-15　标牌文字输入过程

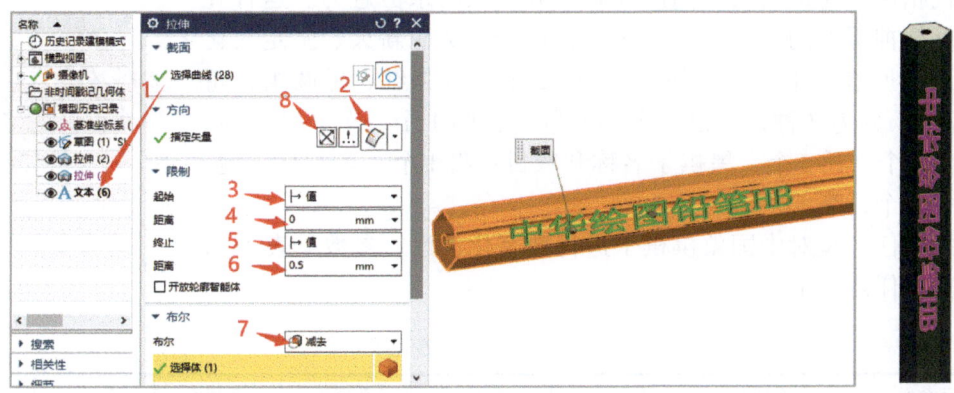

图1-16　标牌文字刻入过程

（7）"削"铅笔

Step13："削"外壳。单击"插入"菜单，选择"设计特征"-"拉伸"命令，将曲线规则改为"单条曲线"，曲线选择最小圆"ϕ0.2"，方向选择"ZC"，起始选"值"，起始距离为"0"，终止选"值"，终止距离为"200"，布尔选"相交"，选择体为铅笔外壳，拔模选"从起始限制"，角度为"-10°"，单击"确定"按钮，完成"削"外壳，效果图如图1-17所示。

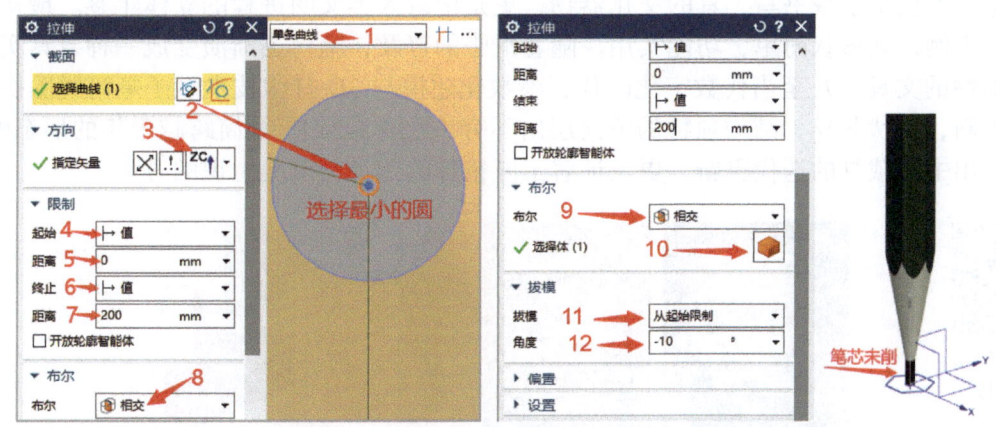

图1-17　"削"外壳设置过程与效果图

Step14:"削"笔芯。单击"插入"菜单,选择"设计特征"-"拉伸"命令,将曲线规则改为"单条曲线",曲线选择最小圆"φ0.2",方向选择"ZC",起始选"值",起始距离为"0",终止选"值",终止距离为"200",布尔选"相交",选择体为笔芯,拔模选"从起始限制",角度为"-10°",单击"确定"按钮,这样就完成了"削"铅笔(见图1-18)。最终效果图如图1-19所示,注意记得及时保存,以免数据丢失。

图1-18 "削"笔芯效果图　　　　　图1-19 铅笔最终效果图

课后拓展

中国象棋(见图1-20)作为中华文明璀璨的明珠,跨越千年时空而代代相传,在楚河汉界间演绎着东方智慧的永恒魅力。这种扎根于民族精神深处的文化基因,正是我们传承文明薪火、坚定文化自信的底蕴所在。中国象棋棋子共有32个,分为红、黑两组,每组共16个,分为7种,红棋子名称和数目:帅1个,车、马、炮、相、仕各2个,兵5个,黑棋子名称和数目:将1个,车、马、炮、象、士各2个,卒5个。

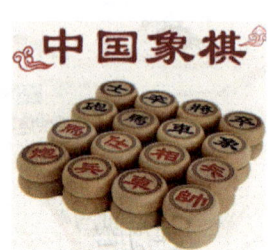

图1-20 中国象棋

本拓展任务是对中国象棋棋子进行数字化设计,参数见表1-2,可选择其中任意一个系列。

表1-2 棋子系列参数

特征系列	系列1	系列2	系列3	系列4	系列5	系列6	系列7
直径 D/mm	5	10	15	25	35	60	75
厚度 H/mm	3	4	6	16	18	20	50

任务2　笔筒的数字化设计

任务引入

笔筒不仅是承载书写工具的文化器物,更是记录人类文明进程的立体年鉴。最初的笔筒多为木制,其形状简单,功能实用。随着纸张的普及,笔筒逐渐演变成一种兼具实用性和装饰性的文具。及至当代数字化时代,参数化建模与3D打印技术赋予笔筒脱胎换骨的技术革新,形状各异、结构独特的笔筒层出不穷(见图1-21)。笔筒跨越千年的形态嬗变,既折射出书写载具的迭代更新,更见证着工匠精神的传承与审美意识的升华。

笔筒数字化设计引入

图1-21 形状各异的笔筒

本任务对一个现代版笔筒进行数字化设计（参数见图1-22），颜色可自选。

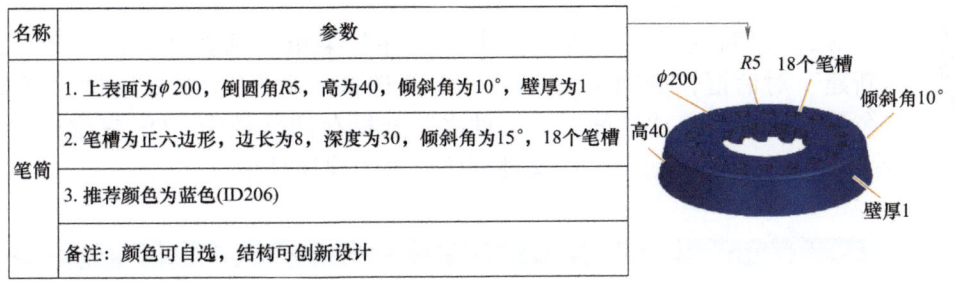

名称	参数
笔筒	1. 上表面为φ200，倒圆角R5，高为40，倾斜角为10°，壁厚为1
	2. 笔槽为正六边形，边长为8，深度为30，倾斜角为15°，18个笔槽
	3. 推荐颜色为蓝色（ID206）
	备注：颜色可自选，结构可创新设计

图1-22 笔筒部分参数

🔍 课前预习

1. "文房四宝"是我国传统文化的象征，它是指哪四宝？起源于哪个朝代？

2. 观看微课视频，完成后打√。

鼠标使用 □	草图绘制基本命令2 □	草图几何约束 □	拉伸命令介绍 □

📚 任务实施

1. 思路分析

笔筒结构简单且规则，可基于"拉伸""阵列""抽壳"等命令进行设计，具体见表1-3。

表1-3 笔筒设计过程

步骤	图示	步骤	图示
第1步 用"拉伸"命令创建笔筒主体		第4步 用"拉伸"命令创建笔筒中心孔	
第2步 用"拉伸"命令创建一个笔槽		第5步 用"对象显示"命令修改笔筒颜色	
第2步 用"阵列"命令阵列18个笔槽		第6步 最终效果图	
第3步 用"抽壳"命令抽壳笔筒			

2. 建模实践

（1）创建笔筒主体

笔筒三维建模

Step1：新建笔筒文件。单击"文件"菜单，选择"新建"命令，弹出"新建"对话框，如图1-23所示，单位选择"毫米"，模板选择"模型"，在"名称"框中输入"笔筒"，"文件夹"选择存储路径为"D:\三维模型\"，最后单击"确定"按钮，完成文件创建，进入建模环境。

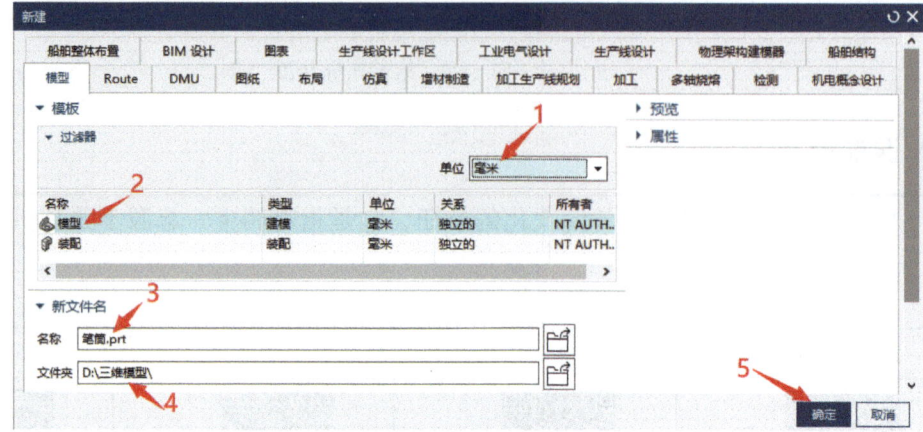

更改默认保存文件地址

图1-23 "新建"对话框

> **温馨小知识**
>
> 每次打开软件新建文件时都要重新找保存文件夹，很麻烦，怎么设置默认文件夹呢？

Step2：绘制圆。单击"插入"菜单，选择"草图"命令或直接单击草图图标，在"创建草图"对话框中选择"XY平面"为草图平面，单击"确定"按钮；再单击"插入"菜单，选择"曲线"－"圆"命令或直接单击圆图标，圆方法接受默认"圆心和直径定圆"，以草图原点为圆心，直径为"200"，如图1-24所示，单击"完成"按钮结束草图绘制状态。

Step3：拉伸笔筒主体。单击"插入"菜单，选择"设计特征"－"拉伸"命令或直接单击拉伸图标或按快捷键<X>，选择曲线为φ200圆，指定矢量选择"-ZC"，起始选"值"，起始距离为"0"，终止选"值"，终止距离为"40"，布尔选"无"，拔模选"从起始限制"，角度为"-10°"，单击"确定"按钮，如图1-25所示，完成笔筒主体拉伸，最终效果图如图1-26所示。

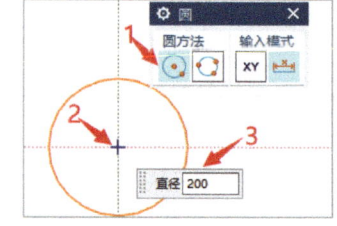

图1-24 绘制φ200圆

Step4：边倒圆。单击"插入"菜单，选择"细节特征"－"边倒圆"命令或直接单击边倒圆图标，弹出"边倒圆"对话框，如图1-27所示，连续性选择"G1（相切）"，选择凸台上边缘为边，形状选择"圆形"，半径为"5"，其他接受默认，单击"确定"按钮，完成笔筒边倒圆，最终效果图如图1-28所示。

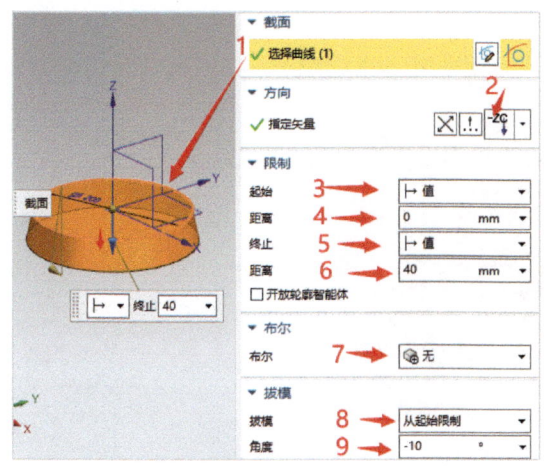 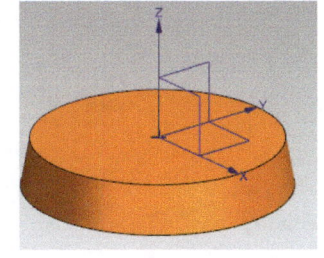

图 1-25 拉伸过程　　　　　　　　图 1-26 拉伸笔筒主体最终效果图

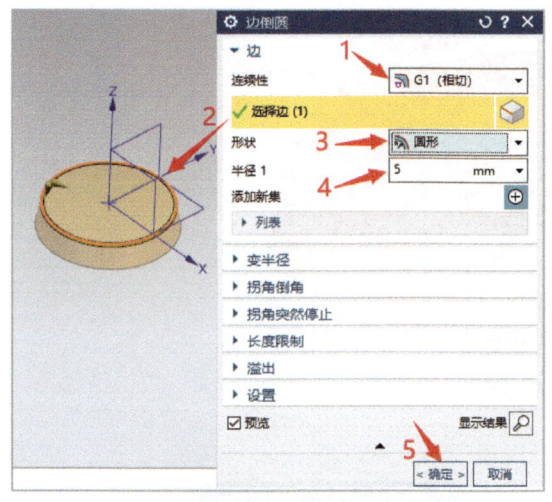 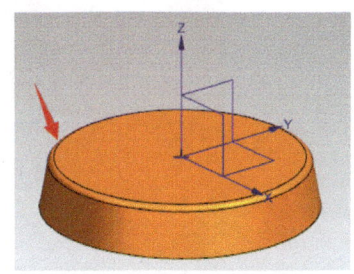

图 1-27 边倒圆过程　　　　　　　　图 1-28 边倒圆最终效果图

（2）创建笔槽

Step5：新建坐标系。因为笔槽倾斜角为15°，基准坐标系不能直接满足要求，需要新建基准坐标系。单击"插入"菜单，选择"基准"－"基准坐标系"命令或直接单击基准坐标系图标 ，弹出"基准坐标系"对话框，如图1-29所示，选择"动态"，参考坐标系选择"绝对坐标系－显示部件"，单击X轴箭头，距离输入"75"，Y、Z坐标不动，然后拖动旋转手柄绕XC轴旋转15°，最后单击"确定"按钮，完成坐标系新建，最终效果图如图1-30所示。

Step6：绘制正六边形。单击"插入"菜单，选择"草图"或直接单击草图图标 ，弹出"创建草图"对话框，在对话框中选择"基于平面"，再选择新建坐标系的"XY平面"为草图平面，单击"确定"按钮，如图1-31所示；然后单击"插入"菜单，选择"曲线"－"多边形"命令，弹出"多边形"对话框，中心点指定为新建坐标系原点，边数为"6"，大小选"边长"，长度为"8"并"√"锁（勾选锁定），旋转为"0"并"√"锁（勾选锁定），单击"关闭"按钮，如图1-32所示，单击左上方的"完成"按钮，结束草图绘制状态，最终效果图如图1-33所示。

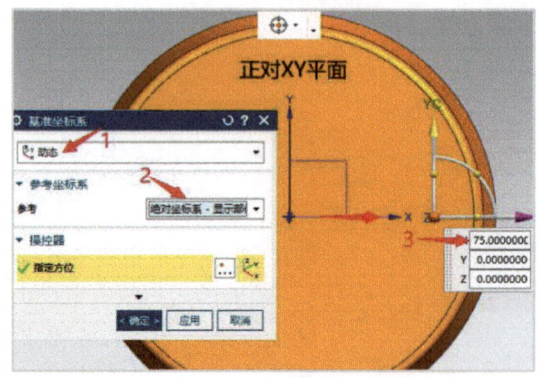

图 1-29 新建坐标系过程

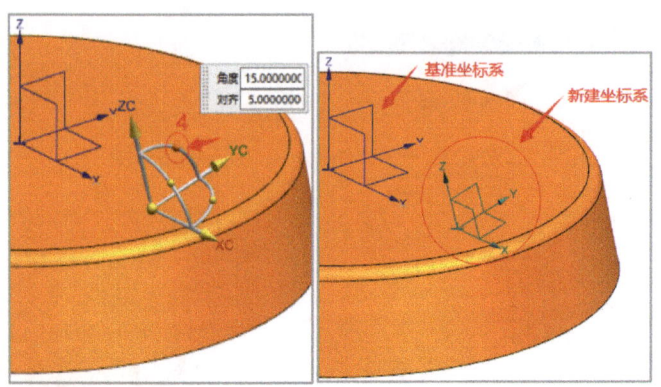

图 1-30 创建笔槽最终效果图

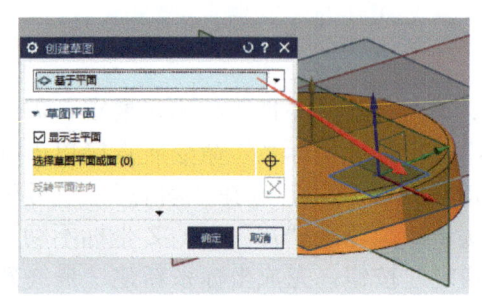

图 1-31 选择新建坐标系"XY 平面"为草图平面

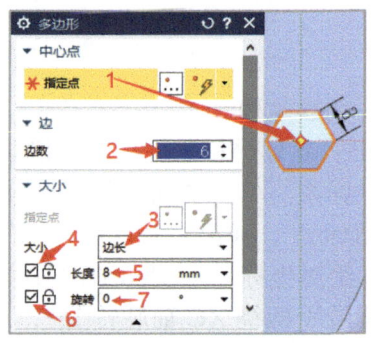

图 1-32 绘制正六边形

Step7：拉伸笔槽。单击"插入"菜单，选择"设计特征"－"拉伸"命令，选择曲线为正六边形，指定矢量选择"面/平面法向"，即新建坐标系的"ZC轴"，起始选"值"，起始距离为"20"，终止选"值"，终止距离为"-30"，布尔选"减去"，单击"确定"按钮，如图 1-34 所示，完成笔槽拉伸，最终效果图如图 1-35 所示。如果想看清楚笔槽深度，单击"视图"菜单，选择"样式"－"静态线框"命令，如图 1-36 所示，若要恢复原状态，将"静态线框"命令改为"带边着色"命令即可。

项目1 出彩之"笔"绘蓝图——铅笔与笔筒三维建模与虚拟装配 21

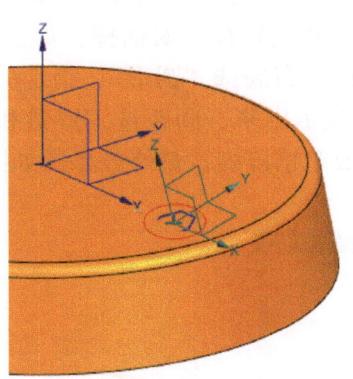

图1-33 绘制六边形最终效果图

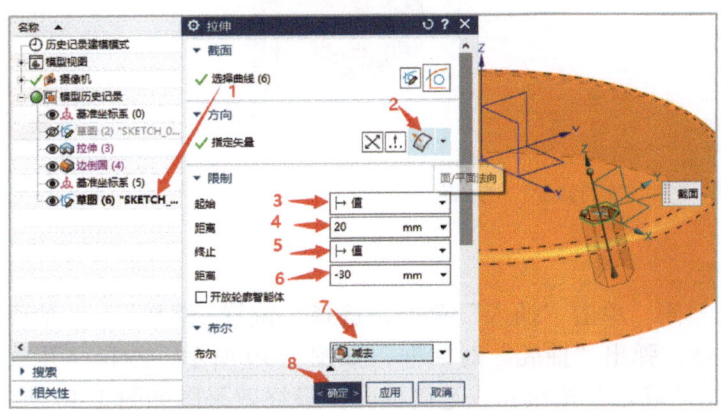

图1-34 拉伸笔槽

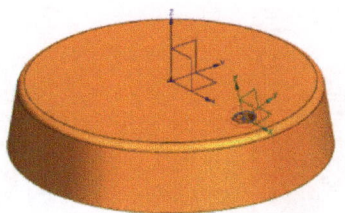

图1-35 拉伸笔槽最终效果图

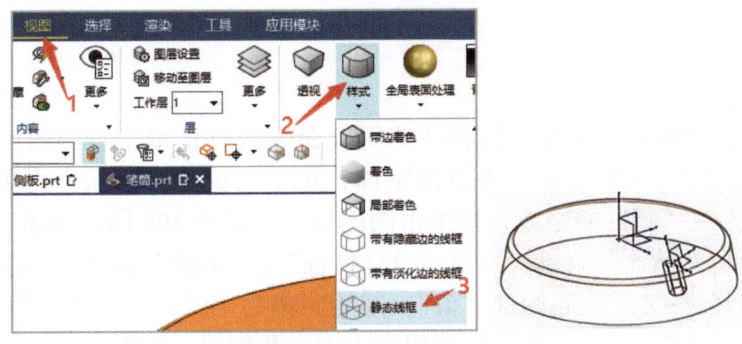

图1-36 静态线框设置

Step8：阵列笔槽。单击"插入"菜单，选择"关联复制"-"阵列特征"命令或直接单击阵列特征图标，弹出"阵列特征"对话框，如图1-37所示，选择特征为左侧部件导航器中的笔槽"拉伸"特征，布局选"圆形"，指定矢量为原基准坐标系的"Z"轴，如果基准坐标系隐藏了，则要显示出来，间距选"数量和跨度"，数量为"18"，跨角为"360°"，单击"确定"按钮完成笔槽阵列，最终效果图如图1-38所示。

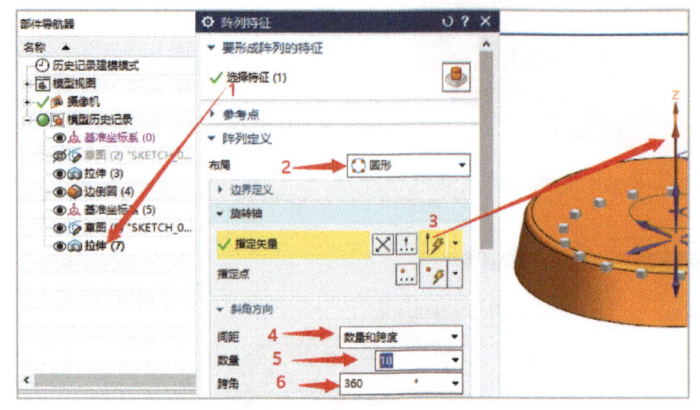

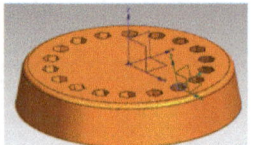

图1-37 "阵列特征"对话框　　　　　　　　图1-38 阵列笔槽最终效果图

（3）笔筒抽壳

Step9：抽壳笔筒。单击"插入"菜单，选择"偏置/缩放"-"抽壳"命令或直接单击抽壳特征图标，弹出"抽壳"对话框，如图1-39所示，选择"开放"，面选择底面，厚度为"1"，单击"确定"按钮完成笔筒抽壳，最终效果图如图1-40所示。

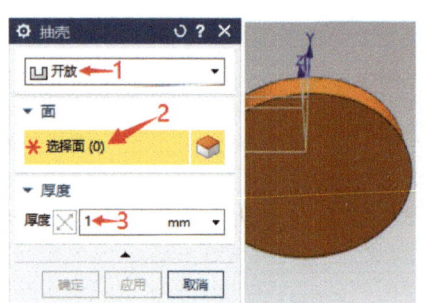 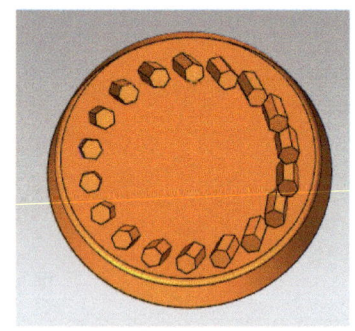

图1-39 笔筒抽壳过程　　　　　　　　　图1-40 笔筒抽壳最终效果图

（4）创建笔筒中心孔

Step10：单击"插入"菜单，选择"草图"命令或直接单击草图图标，在"创建草图"对话框中选择"XY平面"为草图平面，单击"确定"按钮；再单击"插入"菜单，选择"曲线"-"圆"命令或直接单击圆图标，草绘$\phi 90$圆，单击"完成"按钮结束草图绘制。单击"插入"菜单，选择"设计特征"-"拉伸"命令，选择曲线为$\phi 90$的圆，指定矢量选择"-ZC"，起始选"值"，起始距离为"0"，终止选"值"，终止距离为"40"，布尔选"减去"，单击"确定"按钮完成中心孔创建，如图1-41所示。

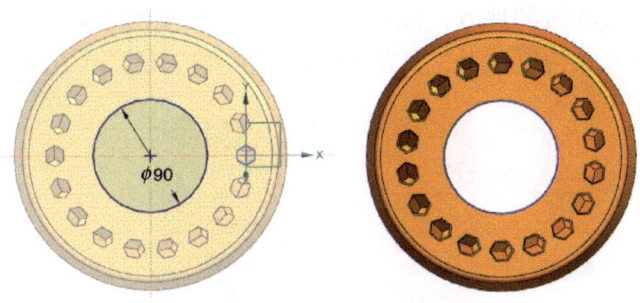

图 1-41　创建 ϕ90 孔

（5）修改笔筒颜色

Step11：修改颜色。单击"编辑"菜单，选择"对象显示"命令或按快捷键 <Ctrl+J>，弹出"类选择"对话框，对象选择"笔筒"，单击"确定"按钮，接着弹出"编辑对象显示"对话框，单击"颜色"框，弹出"对象颜色"对话框，在查找框输入值"206"，显示"蓝色"，选中该颜色，单击"确定"按钮，默认的黄色便改成了蓝色，单击"确定"按钮完成笔筒颜色的修改，如图 1-42 所示。这样就完成了笔筒的数字化设计，注意记得及时保存，以免数据丢失。

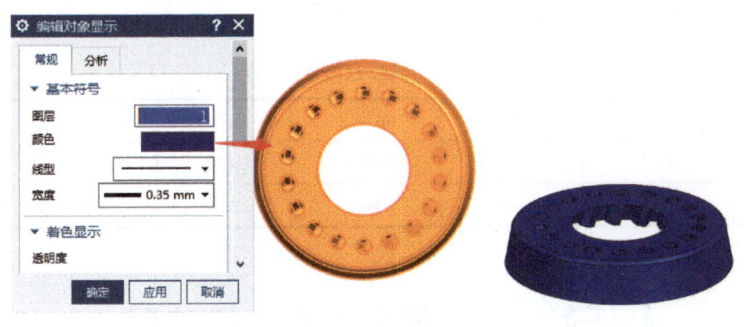

观察零件内部结构的操作

图 1-42　笔筒颜色修改

素质教育案例

完成了两个任务后，有的学生可能还是难以独立完成任务，有点焦虑，其实大可不必，太强调"快"和"立竿见影"，注定会留下粗糙、浮躁的印记，欲速则不达。胡双钱（见图 1-43）是中国商飞上海飞机制造有限公司数控机加车间钳工组组长，35 年里加工过数十万个飞机零件，没有出现过一个次品。胡双钱对自己几十年来练就精湛技艺的总结是：你要安得下心，耐得住寂寞，守得住平凡，专心爱上自己的工作，我相信任何一个努力过的人都能成为大国工匠。

图 1-43　"大国工匠"胡双钱

课后拓展

正如铅笔筒用于放置铅笔一样，象棋棋盘（见图 1-44）用于棋子摆放，它呈长方形，由九条竖线和十条横线相交组成，共有九十个交叉点，象棋子就摆放和活动在这些交叉点处。棋盘中间没有直线连接的地方,称为"河界"。在棋盘两端第四条到第六条竖线之间的正方形部位,以斜交叉线构成"米"字方格的地方称为"九宫"(它恰好有九个交叉点)。

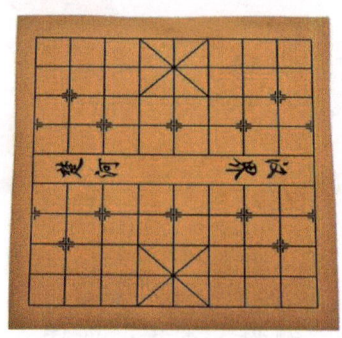

图 1-44　象棋棋盘

本拓展任务是对中国象棋棋盘进行数字化设计,根据棋子的直径 D,考虑棋子之间的间隙,设定间隙系数为 1.1,从而可计算出棋盘的外形尺寸:长度 $=D\times1.1\times9$,宽度 $=D\times1.1\times10$(D 系列尺寸见表 1-2),如 D 选择表 1-2 中的系列 5,即棋子直径 D 为 35,则棋盘的外形尺寸为:宽度 $=(60\times1.1\times9)$ mm$=594$mm,长度 $=60\times1.1\times10=660$mm,也可在表 1-4 中自行选择棋盘尺寸。

表 1-4　棋盘尺寸参数表

特征系列	系列1	系列2	系列3	系列4	系列5	系列6	系列7
长 L/mm	49.5	99	148.5	247.5	346.5	594	742.5
宽 W/mm	55	110	165	275	385	660	825

铅笔与笔筒虚拟装配引入

任务3　铅笔与笔筒虚拟装配

🛈 任务引入

零件因装配成产品而具有功能。一个轴承拆卸器有十几个零件(见图 1-45),一个订书机有几十个零件,一部手机有几百个零件,一辆汽车有几万个零件,而一架飞机有几百万个零件,零件之间因约束关系而有序地组装在一起。

前面完成了铅笔和笔筒的数字化设计并创建了三维模型,本任务是把铅笔、笔筒组装起来(见图 1-46),要求将 18 支铅笔装入笔筒,符合自然放置状态,约束方式自行选择。

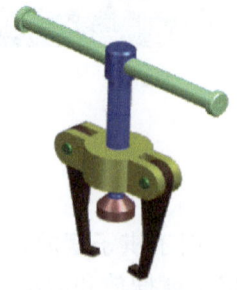

图 1-45　轴承拆卸器

图 1-46　铅笔与笔筒装配范例

课前预习

1. 寻找国之重器研发过程中采用了数字化装配技术的典型案例。

2. 小测

1) 传统产品开发遵循（　　　）的串行工程。
A. 设计—绘图—制造—装配—样机试验　　B. 绘图—设计—制造—装配—样机试验
C. 样机试验—绘图—设计—制造—装配　　D. 设计—绘图—装配—制造—样机试验
2) 在装配导航器上也可以查看组件之间的定位约束关系。（判断题）　　（　　　）
3) 虚拟装配极大地提高了工作效率，节省了制造成本。（判断题）　　（　　　）
4) 阵列特征和阵列组件是作用相同的两个命令。（判断题）　　（　　　）

任务实施

1. 思路分析

铅笔放入笔筒，一般状态下铅笔笔芯朝上，铅笔侧面和底面与笔筒接触，具体装配过程见表 1-5。

表 1-5　铅笔与笔筒的参考装配方案

步骤		图示	步骤	图示
第 1 步　用"固定"命令约束固定笔筒			第 3 步　检查约束	单个零件没有自由度
第 2 步	用"接触""居中"命令装配一支铅笔		第 4 步　最终效果图	
	用"阵列组件"命令阵列 18 支铅笔			

2. 装配实践

（1）固定笔筒

Step1：新建文件。启动 UG NX 软件，单击"文件"菜单，选择"新建"命令，弹出"新建"对话框，如图 1-47 所示，单位选"毫米"，模板名称选"装配"，在"名称"文本框中输入"铅笔笔筒装配体"，"文件夹"选择存储

铅笔与笔筒
虚拟装配

路径"D:\三维模型\",最后单击"确定"按钮,进入装配环境,弹出"装配"对话框,单击"取消"按钮。

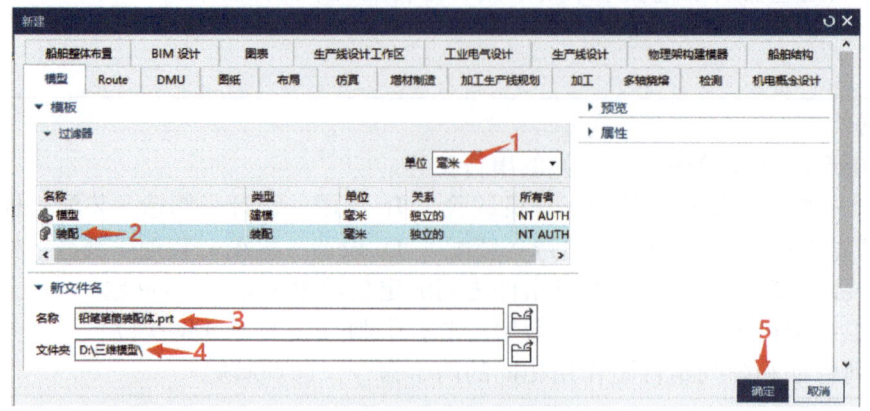

图 1-47 "新建"对话框

Step2:固定笔筒。单击"装配"菜单,选择"组件"–"添加组件"命令或直接单击添加组件图标,弹出"添加组件"对话框,如图 1-48 所示,单击打开图标,找到"笔筒"零件,单击"确定"按钮,单击"设置",选择"互动选项",勾选"预览窗口",则工作区就会显示组件预览,如图 1-49 所示,数量填"1",组件锚点选"绝对",装配位置选"绝对坐标系 – 工作部件",放置选"约束"方式,约束类型选固定,单击"确定"按钮完成笔筒固定。

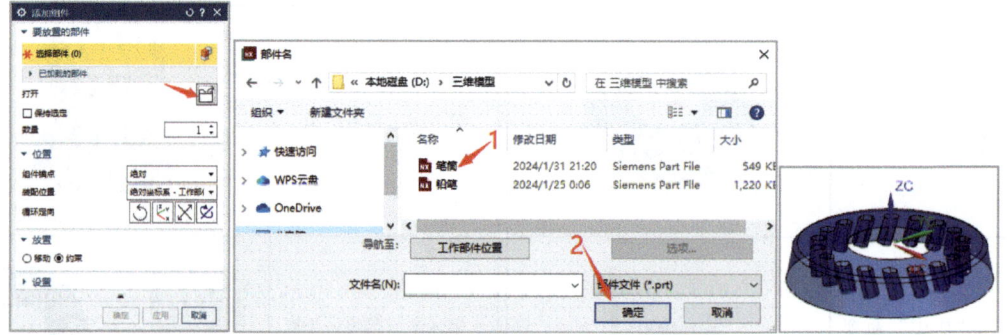

图 1-48 加载笔筒文件

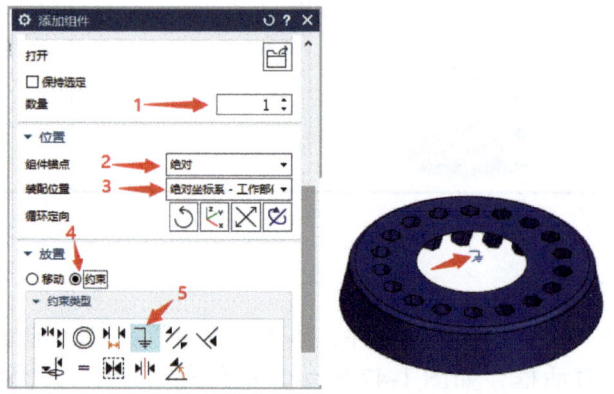

图 1-49 固定笔筒

项目1 出彩之"笔"绘蓝图——铅笔与笔筒三维建模与虚拟装配

（2）装配铅笔

Step3：加载铅笔。单击"装配"菜单，选择"组件"-"添加组件"命令，弹出"添加组件"对话框，如图1-50所示，加载"铅笔"，数量为"1"，组件锚点选"绝对"，装配位置选"绝对坐标系 - 工作部件"，放置选"移动"方式，单击操控器图标，一般状态下铅笔笔尖朝上，将铅笔绕XC轴旋转180°，单击"确定"按钮完成一支铅笔的加载。

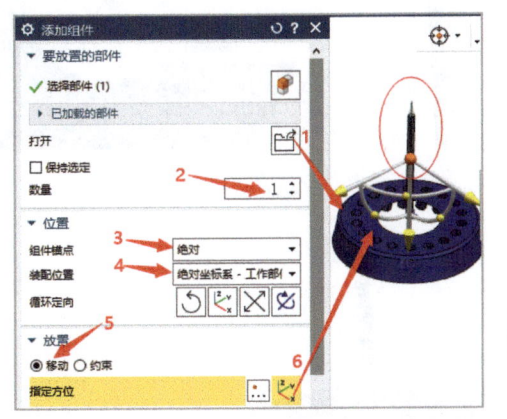

图1-50 加载铅笔

Step4：装配一支铅笔。单击"装配"菜单，选择"组件位置"-"约束"-"接触"命令或直接单击接触图标，运动对象选铅笔底面，静止对象选笔槽底面，如图1-51所示，单击"应用"按钮，完成第一次接触约束；继续选择运动对象"铅笔前面"，静止对象"笔槽侧面"，如图1-52所示单击"确定"按钮，完成第二次接触，效果图如图1-53所示；为方便下一步操作，可先把铅笔移动到要装入的笔槽中，再单击"装配"菜单，选择"组件位置"-"约束"-"居中"命令，弹出"居中"对话框，如图1-54所示，选"2对2"，第一组两个对象分别为笔槽相对的两个侧面，第二组两个对象分别为铅笔相对的两个侧面，单击"确定"按钮，效果图如图1-55所示，完成一支铅笔的装配。

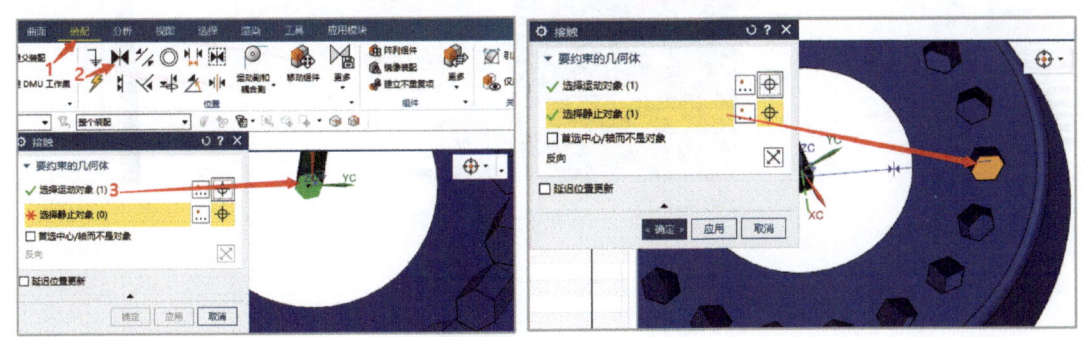

图1-51 接触约束对象选择（一）

Step5：阵列铅笔。单击"装配"菜单，选择"组件"-"阵列组件"命令或直接单击阵列组件图标，弹出"阵列组件"对话框，如图1-56所示，组件选铅笔，布局选"圆形"，指定矢量选"ZC"，选择圆心作为指定点，间距选"数量和跨度"，数量为"18"，跨角为"360°"，单击"确定"按钮，效果图如图1-57所示，完成铅笔阵列。如果需要把约束符号隐藏掉，单击"视图"菜单，选择"显示和隐藏"命令或直接按快捷键<Ctrl+W>，单击隐藏全部，显示实体，如图1-58所示。

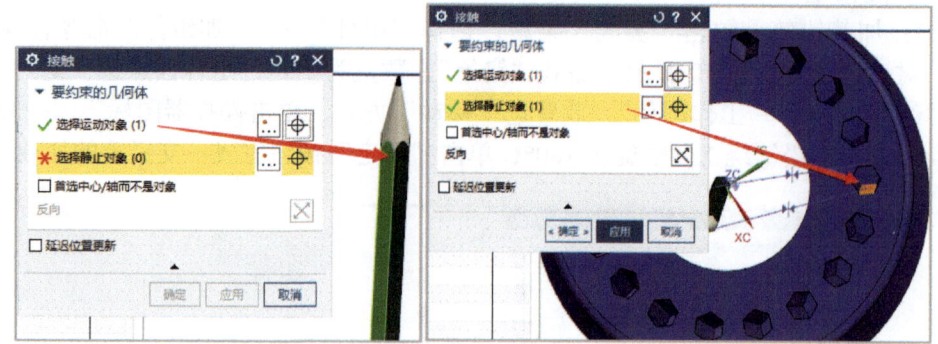

图 1-52 接触约束对象选择（二）

图 1-53 接触约束后效果图

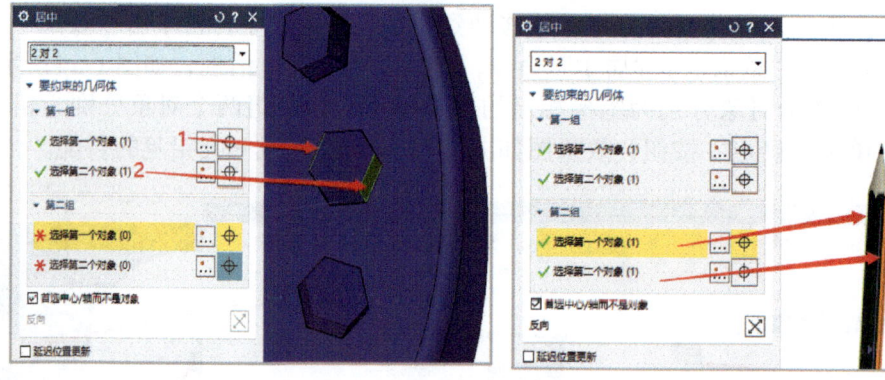

图 1-54 两组居中对象选择

图 1-55 居中约束后效果图

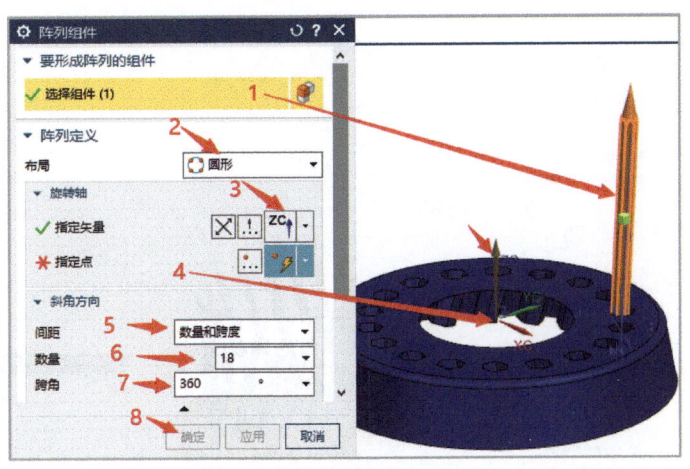

图 1-56 阵列铅笔

图 1-57 阵列效果图

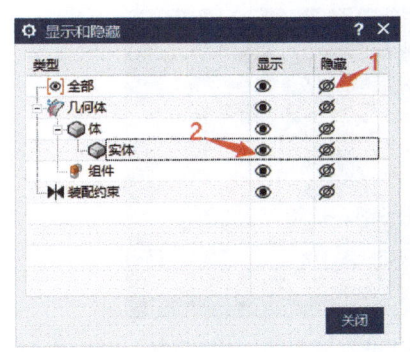

显示和隐藏装配符号

图 1-58 只显示实体的效果图

（3）检查约束

Step6：检查约束。单击"装配"菜单，选择"组件位置"-"显示自由度"命令，弹出"组件选择"对话框，选择笔筒，提示栏显示"没有自由度"，选择一支铅笔，也显示"没有自由度"，如图 1-59 所示，说明装配体已经全部约束了。

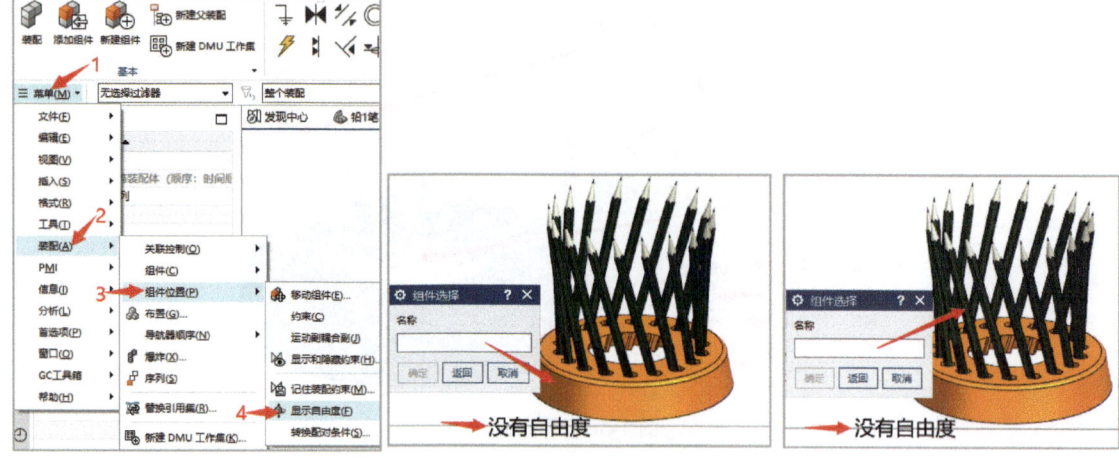

图 1-59　检查约束操作过程

素质教育案例

初次虚拟装配遇到困难在所难免，万事开头难，但不开始就不会有进展。$1.01^{365}≈37.8$，$0.99^{365}≈0.03$，每天进步一点点，日积月累必定会有所收获；而总是疏忽、懒惰，长期下去只会失败。加工中心操作工韩利萍（见图 1-60）就是靠着这每天进步 "0.01" 的努力一路成长为大国工匠。在长征七号发射平台中有一个关键控制零件，称为 "四通均流阀"，该阀有各种规格的孔 70 余个，每一个孔的加工精度都必须控制在 2 丝（1 丝等于 0.01mm）以内，只要其中一个孔超差，就会造成火箭发射无法精确入轨。韩利萍为了找到最可靠的加工方法，泡在车间两个多月，经过反复试验、筛选、验证，最终实现了对整个工艺过程的精准掌控，产品一次交验合格率从 20% 提升到了 100%。

图 1-60　"大国工匠" 韩利萍在观察刀具

课后拓展

中国象棋（见图 1-61）作为中华民族的文化瑰宝，不仅承载着悠久的历史渊源，更以其精妙的博弈智慧闻名于世。棋局中双方轮流行棋，通过调动车、马、炮等七种兵种，以擒获对方的将（帅）作为获胜目标。这项蕴含东方哲学智慧的智力运动在我国拥有深厚的群众基础，是普及率最高的传统棋类项目，目前中国象棋已流传到很多国家和地区。

项目1 出彩之"笔"绘蓝图——铅笔与笔筒三维建模与虚拟装配

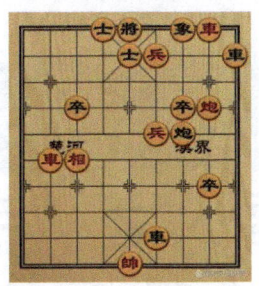

图 1-61 象棋对弈

前面已经对中国象棋棋子和棋盘进行了数字化设计，本拓展任务是对棋子和棋盘进行数字化装配，要求根据象棋规则，将棋子位置摆放正确，棋子中心与棋盘交叉点重合，棋子间隙均匀，整体布局美观。

项目测评

一、选择题

1. "拉伸"特征的快捷键是（　　）。
A. T　　　　　　B. X　　　　　　C. O　　　　　　D. S
2. 中国标准国货铅笔厂是由我国著名的爱国实业家（　　）创办。
A. 吴羹梅　　　　B. 魏源　　　　　C. 胡适　　　　　D. 陈嘉庚
3. 特征拉伸的基本步骤不包括（　　）。
A. 确定绘图平面（可以是弧面）　　　B. 生成 2D 草图轮廓
C. 确定拉伸起点和方向　　　　　　　D. 确定拉伸终点

二、判断题

1. 同一个装配体内的所有组件尽可能放在同一个文件夹。（　　）
2. 实体建模时，建议草图尽可能简单，能特征阵列的不要在草图阵列。（　　）
3. 只有封闭的轮廓可以生成拉伸特征，开放的轮廓不能生成拉伸特征。（　　）

三、简答题

1. 虚拟装配的基本流程是什么？
2. "阵列"特征与"阵列"组件有何区别？

项目 2

工业机器人之"手"——机械爪三维建模与虚拟装配

项目描述

制造业是国民经济的主体,是立国之本、兴国之器、强国之基。2015年5月8日国务院印发《中国制造2025》,这是我国实施制造强国战略的第一个十年行动纲领(见图2-1),纲领明确指出,要研发具有深度感知、智慧决策、自动执行功能的工业机器人。工业机器人普及程度是衡量一个国家工业自动化水平的重要指标,我国虽已跃居全球最大工业机器人市场,但制造业机器人密度仍低于发达国家,其增长潜力与产业升级空间依然可观。

在智能工厂领域,工业机器人可高效完成切割、焊接及精密装配等工艺环节;在智能物流与仓储系统中,工业机器人承担着货物存储、智能搬运和无人配送等核心作业。作为关键执行部件,机械爪通过灵活的动作控制实现了对各类操作任务的高精度执行,某工程机械企业智能仓储布局图如图2-2所示。

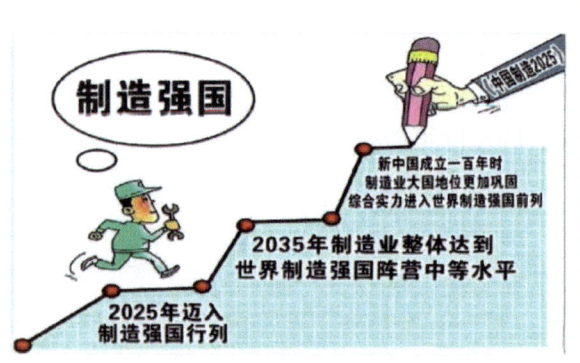

图 2-1 《中国制造 2025》三步走战略

图 2-2 某工程机械企业智能仓储布局图

为了让大家提前了解机械爪的基本结构和运动原理,某工程机械配套企业向我校提供了一套机械爪实物和新员工入司培训成套图样,要求通过识读图样,对机械爪零件进行三维建模和虚拟装配,最终提交机械爪全套三维模型和虚拟装配文件。

项目 2 工业机器人之"手"——机械爪三维建模与虚拟装配

任务 1 机械爪零件三维建模

机械爪三维建模引入

任务引入

本任务是根据某企业提供的机械爪图样,包括装配图(见图 2-3)和零件图,通过识读图样,对 10 个零件建模,要求思路清晰,模型正确,尺寸准确。由于本任务建模数量多,根据零件的结构特点,可将本任务划分为三个子任务来完成,如图 2-4 所示。

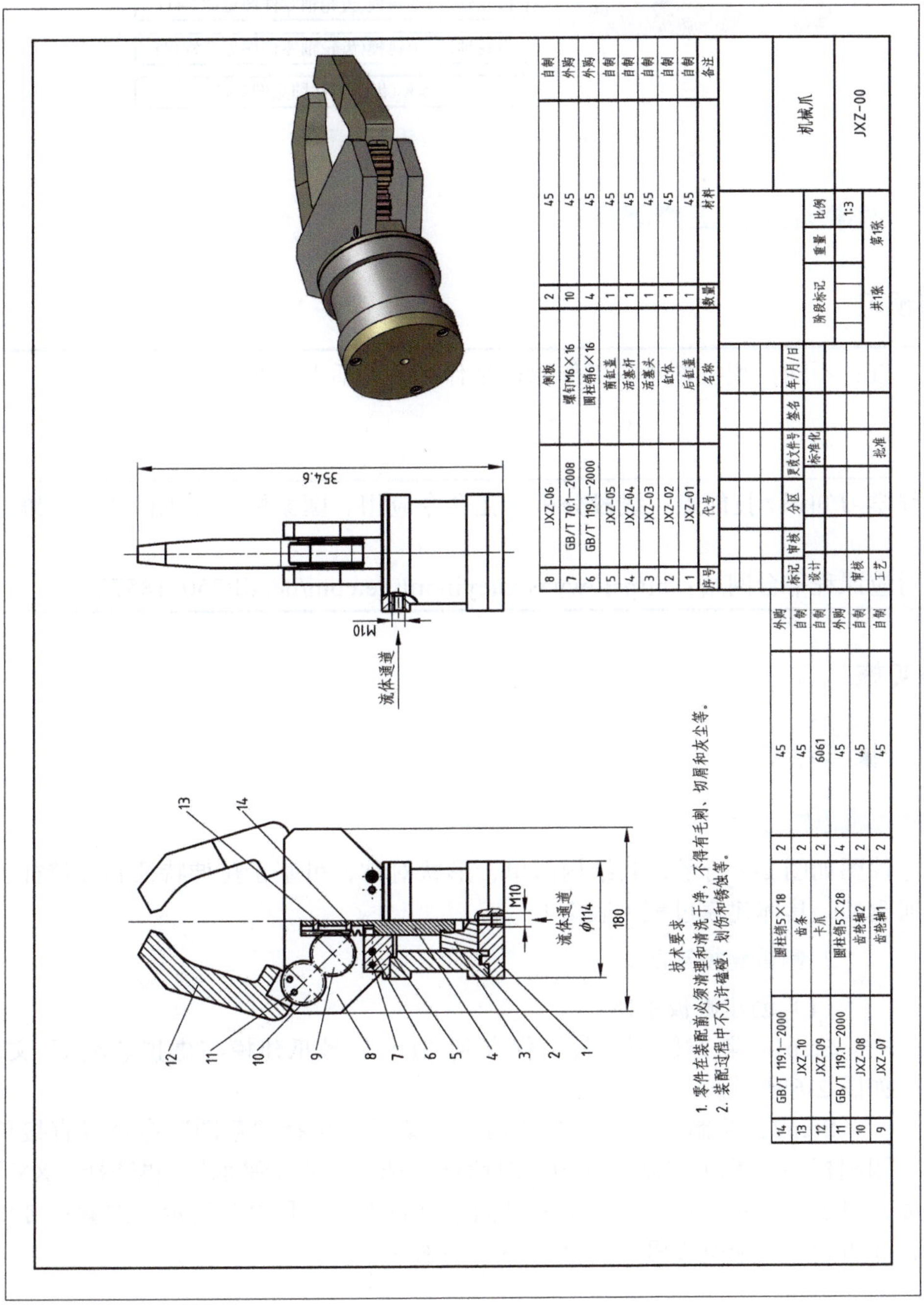

图 2-3 机械爪装配图

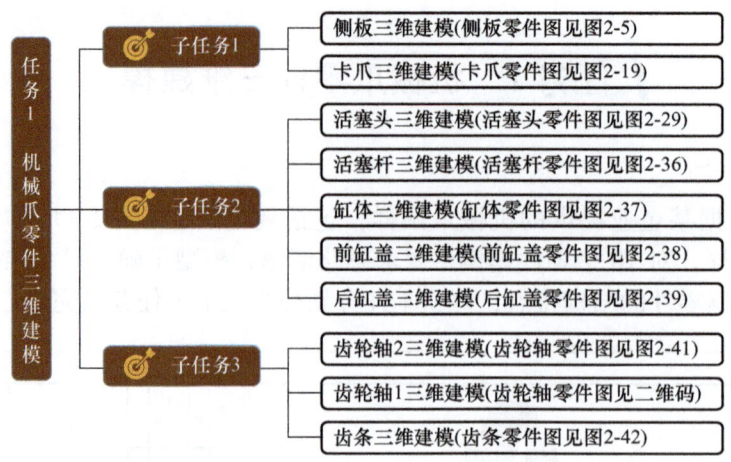

图 2-4 零件三维建模任务分解

子任务 1　侧板和卡爪三维建模

课前预习

1. 查一查：不同类型机械爪的工作原理是什么？（不少于两种）

2. 在线学习知识 / 技能点：线段分析、孔命令应用、国家标准《机械产品三维建模通用规则》。
本书对应课程平台网站：https://www.xueyinonline.com/detail/250118572。

任务实施

一、侧板三维建模

1. 侧板建模思路分析

侧板零件图如图 2-5 所示，其结构简单，形状对称，可基于拉伸特征和孔特征创建侧板零件几何模型，具体建模过程见表 2-1。

侧板三维建模

2. 侧板建模实践

（1）创建侧板主体

Step1：新建侧板文件，保存到"D:\机械爪建模与虚拟装配\"文件夹，如图 2-6 所示。

Step2：绘制草图。单击"插入"菜单，选择"草图"命令或直接单击草图图标 ，弹出"创建草图"对话框，选择"基于平面"，再选择"XY平面"为草图平面，单击"确定"按钮，在 XY 平面绘制草图，如图 2-7 所示。**注意**：可以应用"设为对称"（图标 ）命令使图形关于 Y 轴左右对称。

项目 2 工业机器人之"手"——机械爪三维建模与虚拟装配

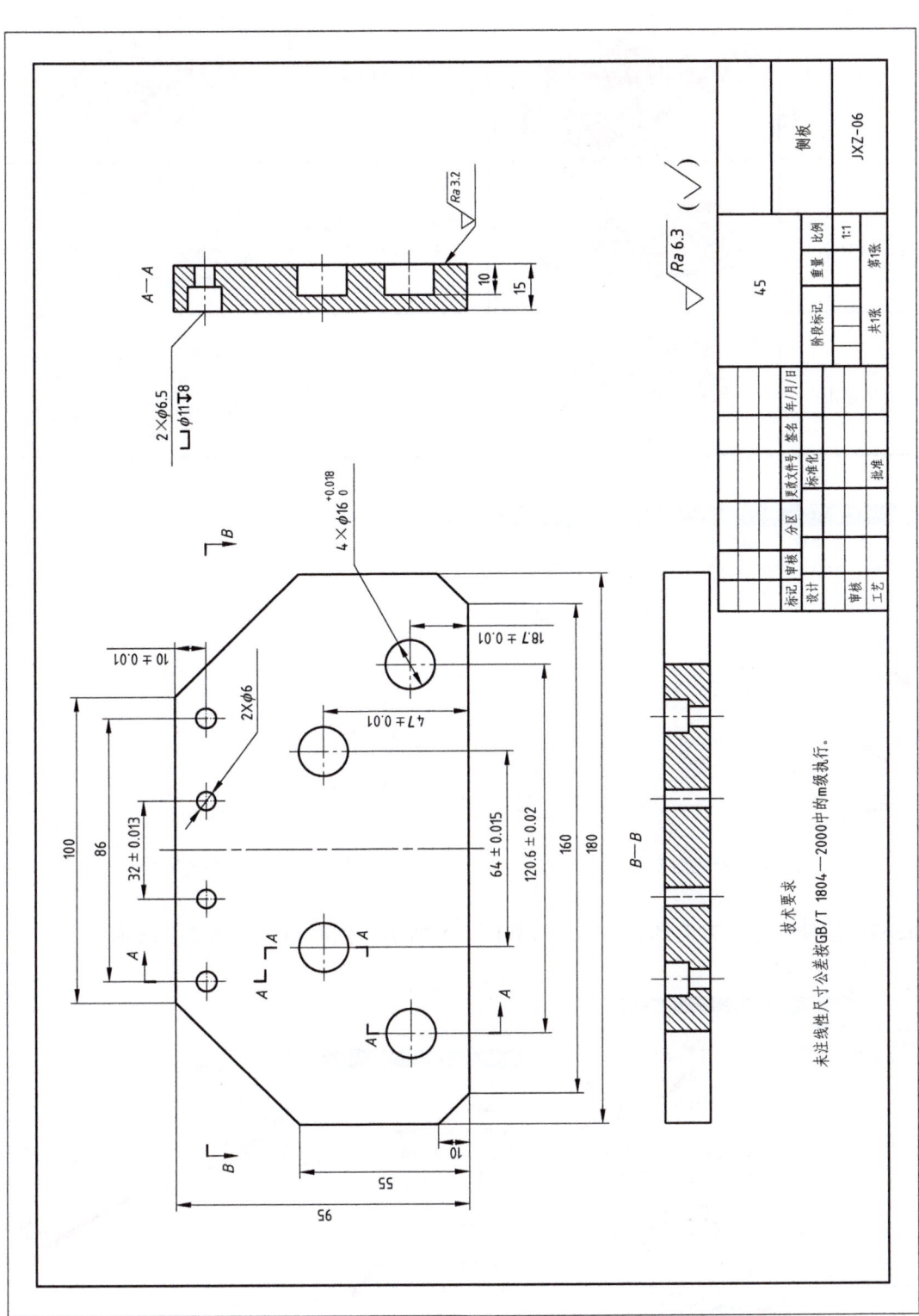

图 2-5 侧板零件图

表 2-1 侧板建模过程

步骤	图示	步骤	图示
第1步 用"拉伸"命令创建侧板主体		第4步 用"孔"命令创建沉孔	
第2步 用"拉伸"命令创建 4×φ16 盲孔		第5步 用"对象显示"命令修改颜色	
第3步 用"孔"命令创建 2×φ6 通孔		第6步 最终效果图	

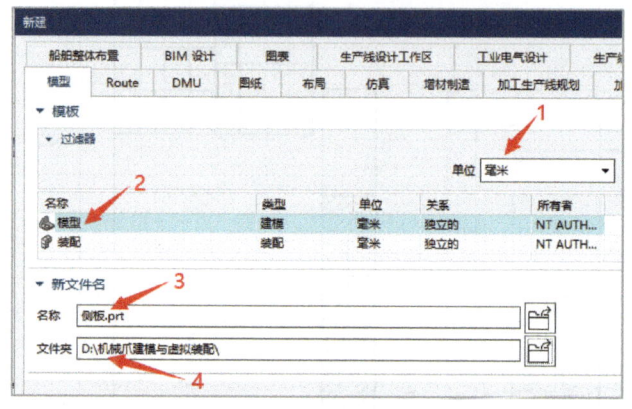

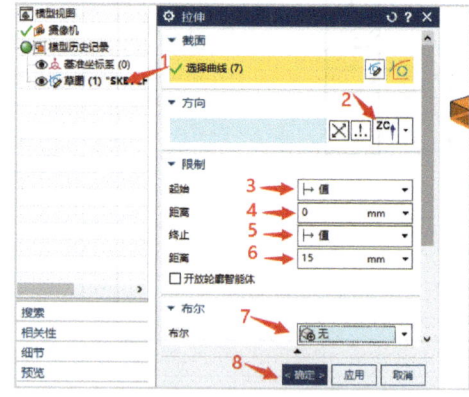

图 2-6 新建侧板文件

图 2-7 草图最终效果图

Step3：拉伸主体，方向选择"ZC"，如图 2-8 所示；倒斜角，如图 2-9 所示。

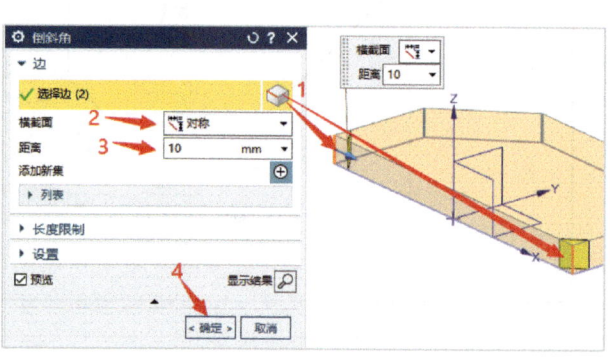

图 2-8 拉伸操作过程

图 2-9 倒斜角操作过程

项目 2　工业机器人之"手"——机械爪三维建模与虚拟装配

（2）创建 4×ϕ16 盲孔

Step4：草绘 4×ϕ16 圆，选择 XY 平面作为草绘平面绘制草图，因为图形关于 Y 轴左右对称，可以应用"设为对称"命令进行操作；4 个圆大小相等，可以应用"设为相等"命令进行约束，如图 2-10 所示；然后标注尺寸，完成草图绘制，如图 2-11 所示。

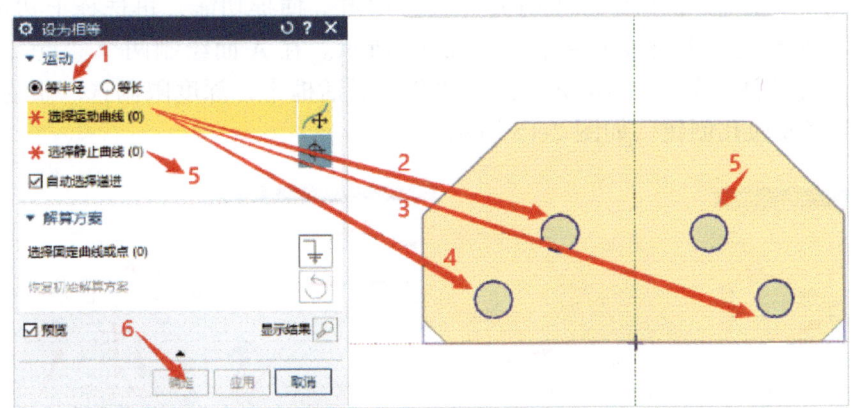

图 2-10　"设为相等"操作过程

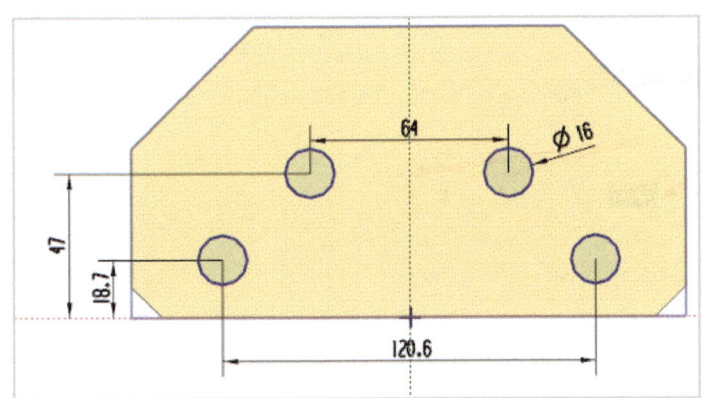

图 2-11　草图最终效果图

Step5：拉伸草图，布尔选"减去"，结果如图 2-12 所示。

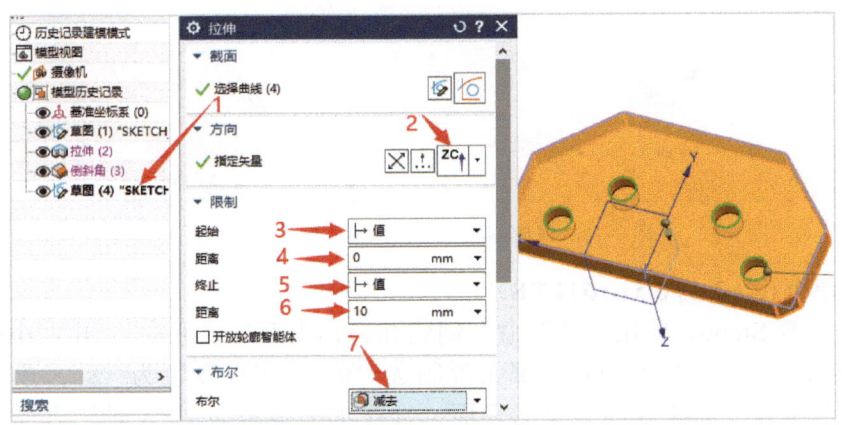

图 2-12　拉伸孔过程

（3）创建 2×φ6 通孔

Step6：单击"插入"菜单，选择"设计特征"－"孔"命令或直接单击孔图标，弹出"孔"对话框，孔类型选"简单"，孔大小选"定制"，孔径为"6"，然后指定点位置，单击绘制截面图标，弹出"创建草图"对话框，选择 A 面即上表面为草图平面，选择水平参考为"X 轴"，指定原点时先打开"中点"捕捉功能，再选择上边的"中点"，单击"确定"按钮完成新建坐标系，如图 2-13 所示。在 A 面绘制两个"点"，关于 Y 轴对称，进行尺寸标注，如图 2-14 所示，在"孔"对话框中，深度限制选"贯通体"，单击"确定"按钮完成通孔创建，如图 2-15 所示。

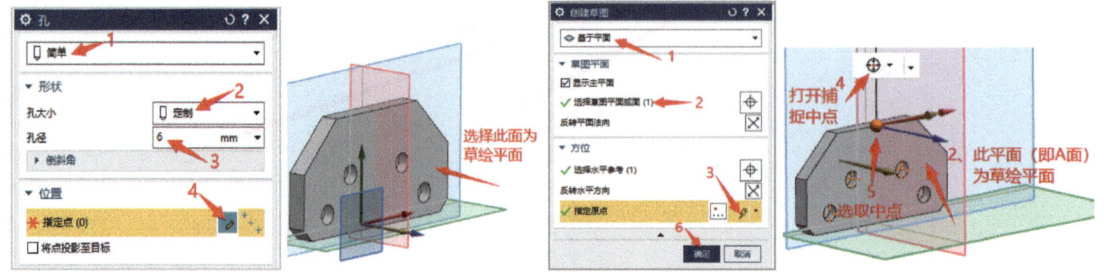

图 2-13　简单孔命令设置与指定点草绘平面选取

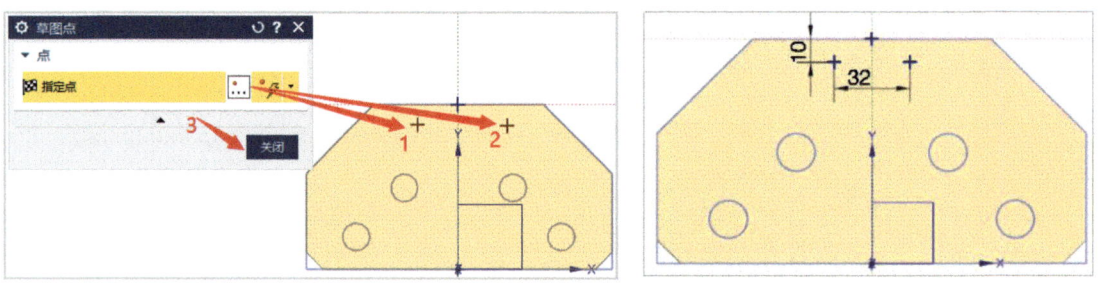

图 2-14　孔定位过程

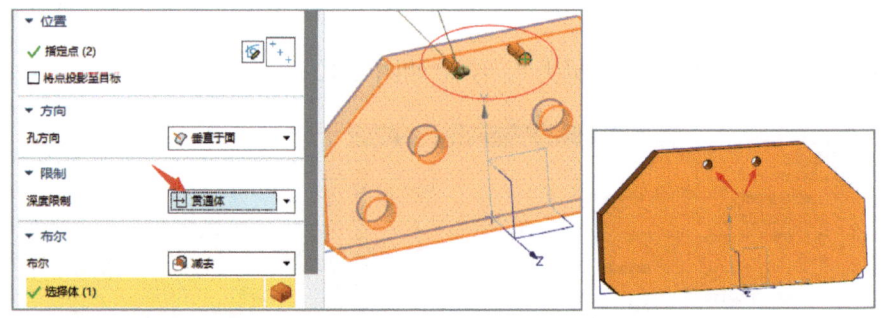

图 2-15　完成孔命令设置和最终效果图（一）

（4）创建沉孔（2×φ6.5⌴φ11↧8）

Step7：重复 Step6，应用"孔"命令创建孔，孔类型选"沉头"，孔大小选"定制"，孔径为"6.5"，沉头直径为"11"，沉头限制选"值"，沉头深度为"8"，单击绘制截面图标指定点位置，选择 B 面为草图平面，选择水平参考为"−X 轴"方向，指定原点时选上边的"中点"，单击"确定"按钮完成新建坐标系，绘制两个"点"，关于 Y 轴对称,进行尺寸标注,单击"完成"按钮,如图 2-16 所示,在"孔"对话框中,深度限制选"贯通体",布尔选"减去",单击"确定"按钮完成沉孔创建,如图 2-17 所示。

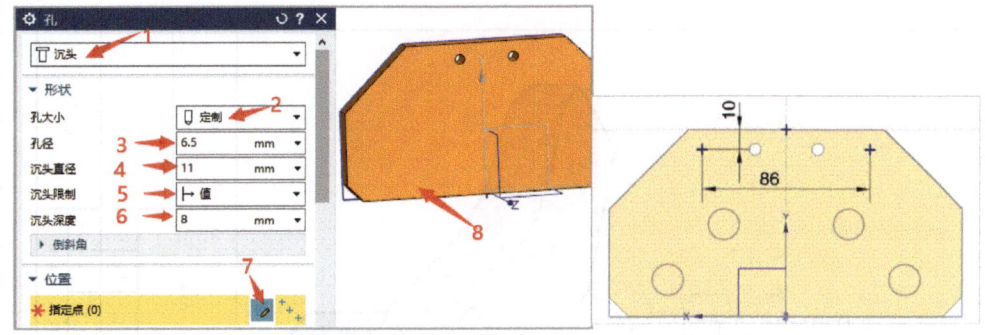

图 2-16 沉孔命令设置与指定点位置

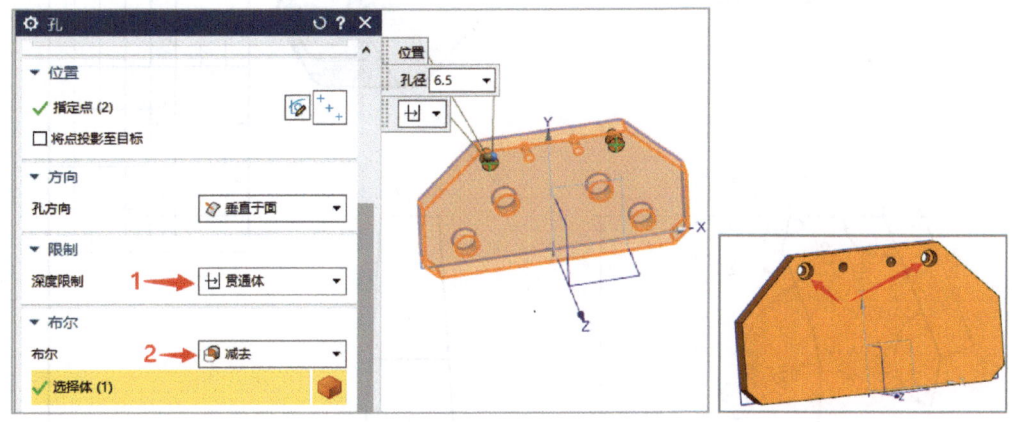

图 2-17 完成孔命令设置和最终效果图(二)

(5)修改侧板颜色

Step8:单击"编辑"菜单,选择"对象显示"命令或直接按快捷键<Ctrl+J>,修改侧板颜色为灰色(ID159),最终效果图如图 2-18 所示。注意记得及时保存,以免数据丢失。

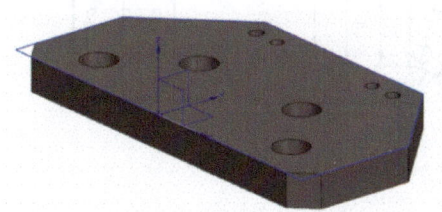

图 2-18 侧板最终效果图

二、卡爪三维建模

1. 卡爪建模思路分析

卡爪零件图如图 2-19 所示,其形状比侧板复杂,需要仔细识图,绘制草图顺序遵循先画已知线段,然后画中间线段,最后画连接线段的原则,具体建模过程见表 2-2。

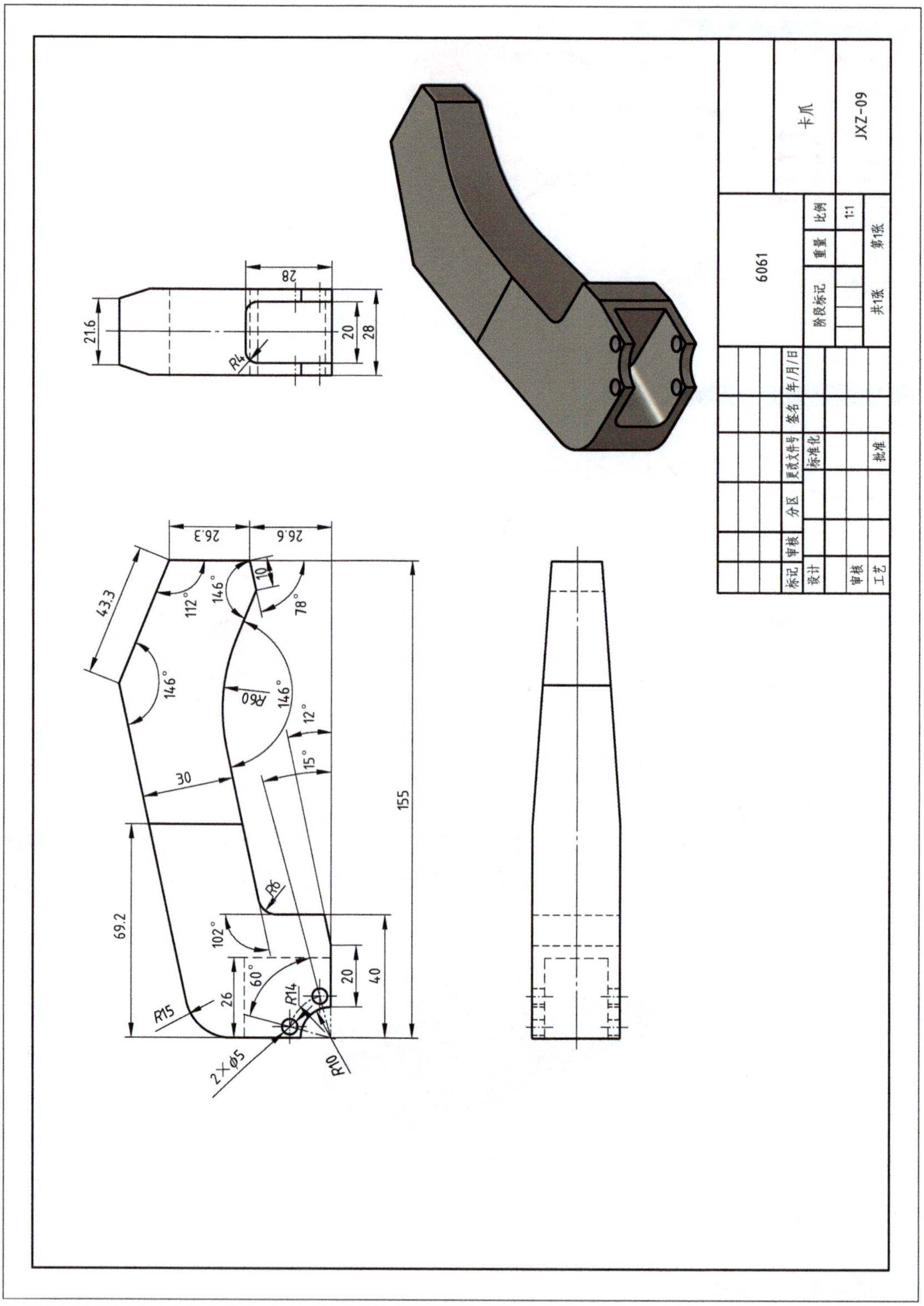
卡爪
JXZ-09
6061
阶段标记
重量
比例
1:1
共1张
第1张
标记
处数
分区
更改文件号
签名
年/月/日
设计
标准化
审核
工艺
批准
155
26.3
26.6
43.3
112°
146°
78°
10
146°
R60
146°
12°
15°
30
69.2
R6
102°
60°
20
40
26
R14
R15
2×Φ5
R10
21.6
28
20
28
R4

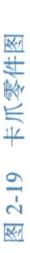

图 2-19 卡爪零件图

项目 2　工业机器人之"手"——机械爪三维建模与虚拟装配

表 2-2　卡爪建模过程

步骤	图示	步骤	图示
第 1 步　用"拉伸"命令创建卡爪主体		第 4 步　颜色修改	
第 2 步　用"拉伸"命令切外形		第 5 步　最终效果图	
第 3 步　用"拉伸"命令切内腔			

2. 卡爪建模实践

（1）创建卡爪主体

Step1：新建卡爪文件，名称为"卡爪"，保存地址为"D:\机械爪建模与虚拟装配\"。

Step2：绘制草图，选择 XZ 平面为草绘平面，草图比较复杂，先绘制已知线段，再绘制中间线段，最后绘制连接线段，完成草图绘制，如图 2-20 所示。

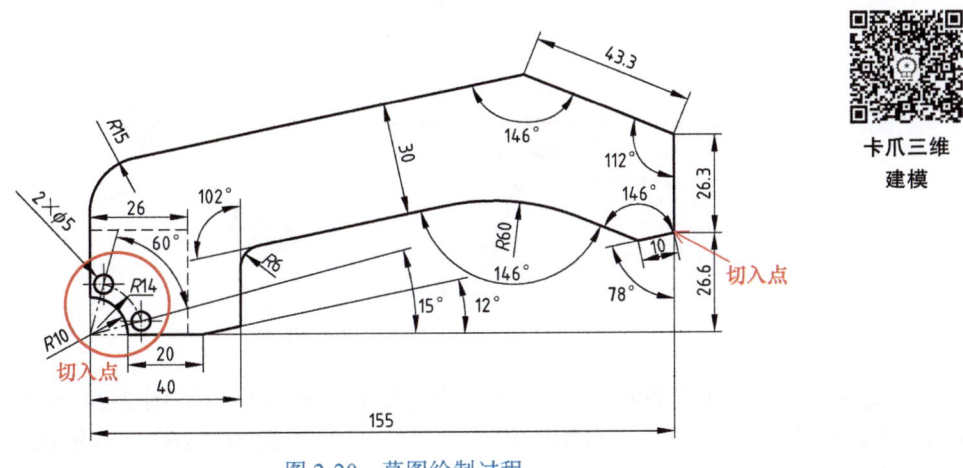

卡爪三维建模

图 2-20　草图绘制过程

Step3：拉伸主体，选择 Step2 创建的草图，指定矢量为"YC 轴"，对称值距离为"28"，单击"确定"按钮完成拉伸，结果如图 2-21 所示。

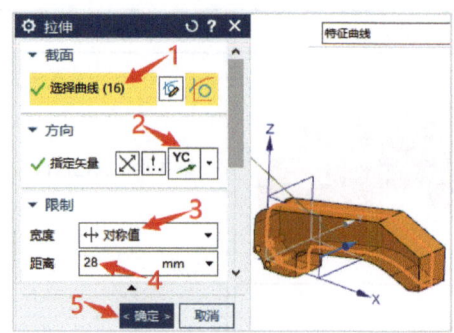

图 2-21　拉伸主体操作过程

（2）切外形

Step4：先选择 XY 平面绘制草图，草图关于 X 轴对称，如图 2-22 所示，然后拉伸草图，指定矢量为"ZC 轴"，起始距离为"0"，终止为"贯通"，布尔选"减去"，单击"确定"按钮完成外形切削，如图 2-23 所示。

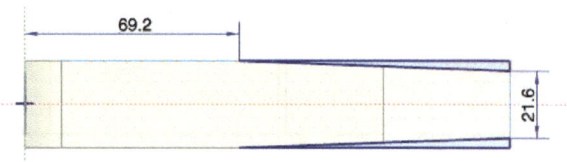

图 2-22　草图绘制过程

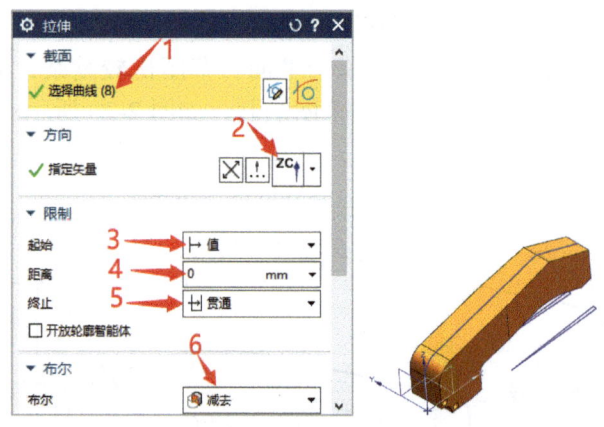

图 2-23　切削外形操作过程

（3）切内腔

Step5：先选择 YZ 平面绘制草图，草图关于 Z 轴对称，如图 2-24 所示，然后拉伸草图，指定矢量为"XC 轴"，起始距离为"0"，终止距离为"26"，布尔选"减去"，单击"确定"按钮完成内腔切削，如图 2-25 所示。

（4）修改卡爪颜色

Step6：单击"编辑"菜单，选择"对象显示"命令或直接按快捷键 <Ctrl+J>，修改卡爪颜色为浅黄色（ID17），最终效果图如图 2-26 所示。

项目2 工业机器人之"手"——机械爪三维建模与虚拟装配　43

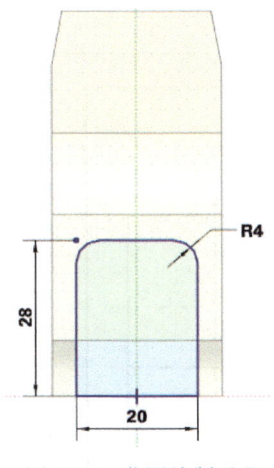

图 2-24　草图绘制过程

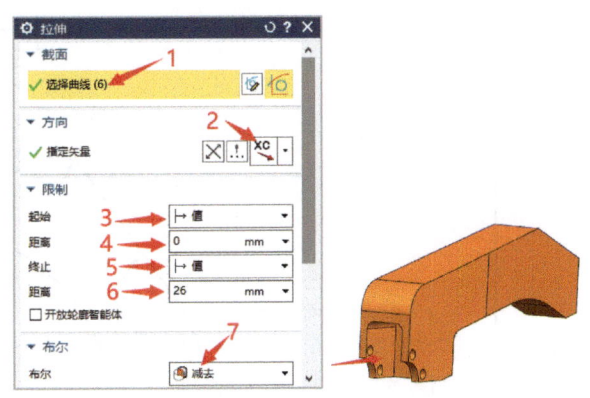

图 2-25　切内腔操作过程

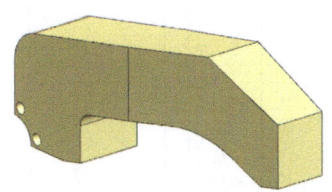

图 2-26　卡爪最终效果图

素质教育案例

初看卡爪，想必大家觉得很难，不知从何下手。其实不难，从上面的建模实践来看，只有区区四步，关键是看懂图，规范操作，态度端正，如卡爪绘制草图是难点，先绘制已知线段，再绘制中间线段，最后连接线段，这才是绘制草图的规范操作，不然可能绘制不出草图，导致建模失败。同样，也要养成规范操作 UG NX 软件的习惯，打开 .prt 文件不要直接双击，而是先启动软件，通过"打开"命令打开；文件要保存到指定文件夹，而不要随便放；多记快捷键，提高建模速度。

课后拓展

2021 年 11 月 6—8 日，我国自西向东发生了一次严重的大风降温和雨雪过程。西北某地区很多果农家里的苹果来不及采摘收获，挂在树上被冻坏冻伤，损失惨重，如图 2-27 所示。为了提高采摘苹果的效率，某团队设计了一款采摘机械手，下面提供卡爪零件图（见图 2-28），根据零件图建模，要求思路合理且效率高，模型形状正确，尺寸准确。

图 2-27　苹果未能及时采摘

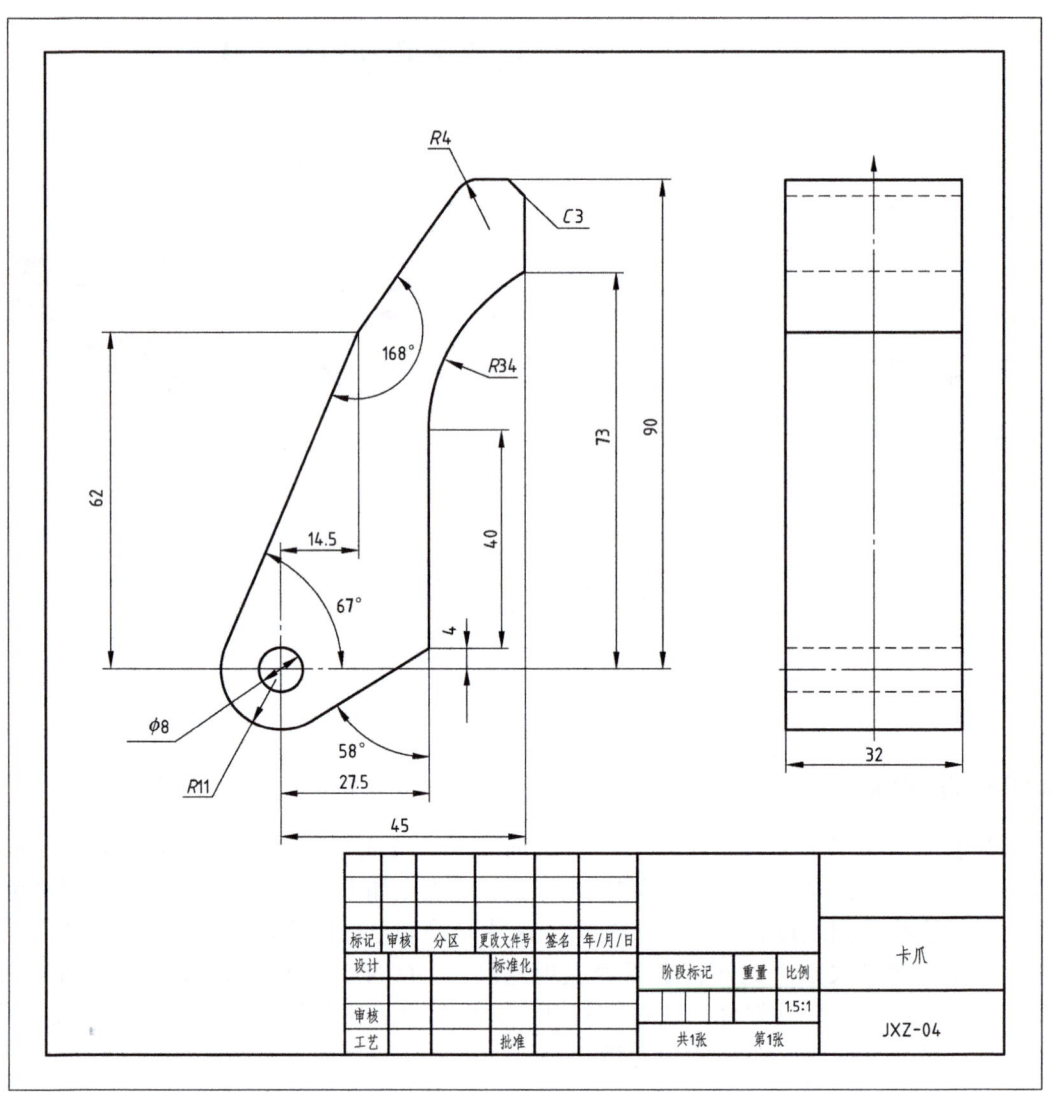

图 2-28　卡爪三维模型

子任务 2　活塞头、活塞杆、缸体、前缸盖、后缸盖三维建模

🔍 **课前预习**

1. 查一查：柱塞式活塞的结构与工作原理。

2. 在线学习知识/技能点：螺纹介绍（含五要素和画法）、螺纹创建、倒斜角/圆角。本书对应课程平台网站：https://www.xueyinonline.com/detail/250118572。

项目 2 工业机器人之"手"——机械爪三维建模与虚拟装配

任务实施

一、活塞头三维建模

1. 活塞头建模思路分析

活塞头零件图如图 2-29 所示,其结构简单,形状规则,具体建模过程见表 2-3。

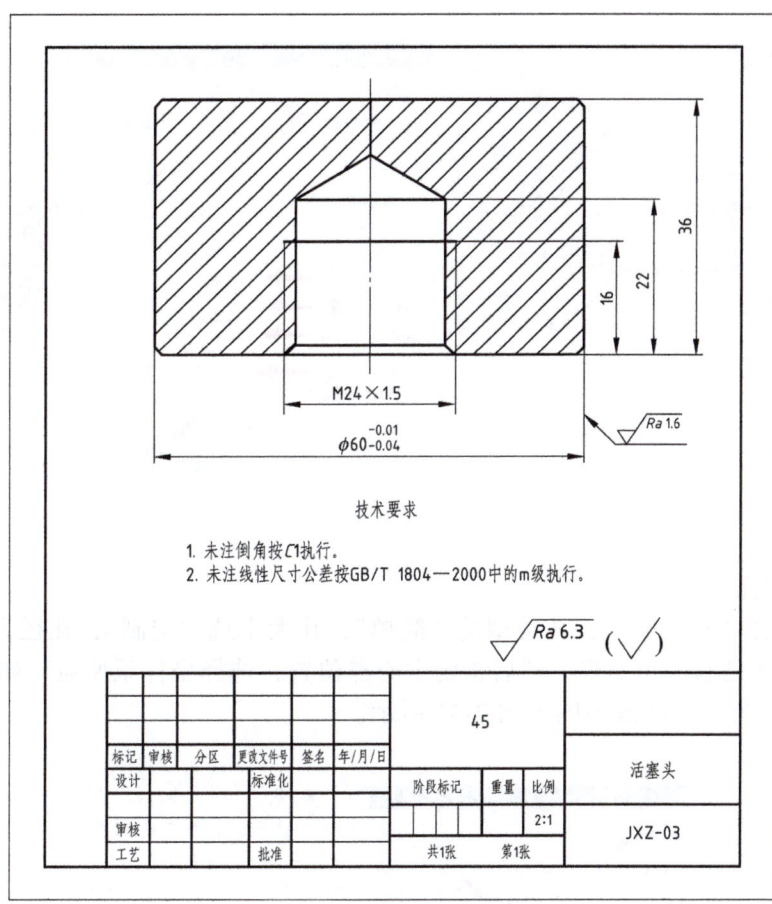

图 2-29 活塞头零件图

表 2-3 活塞头建模过程

步骤	图示	步骤	图示
第1步 用"拉伸"命令创建主体		第3步 用"螺纹"命令创建内螺纹	
第2步 用"孔"命令创建底孔		第4步 最终效果图	

2. 活塞头建模实践

活塞头三维建模

(1) 创建活塞头主体

Step1：新建活塞头文件，名称为"活塞头"，保存地址为"D:\机械爪建模与虚拟装配\"。

Step2：拉伸主体。先应用"草图"命令在 XY 平面绘制 φ60 圆，再应用"拉伸"命令拉伸草图，如图 2-30 所示，完成拉伸。

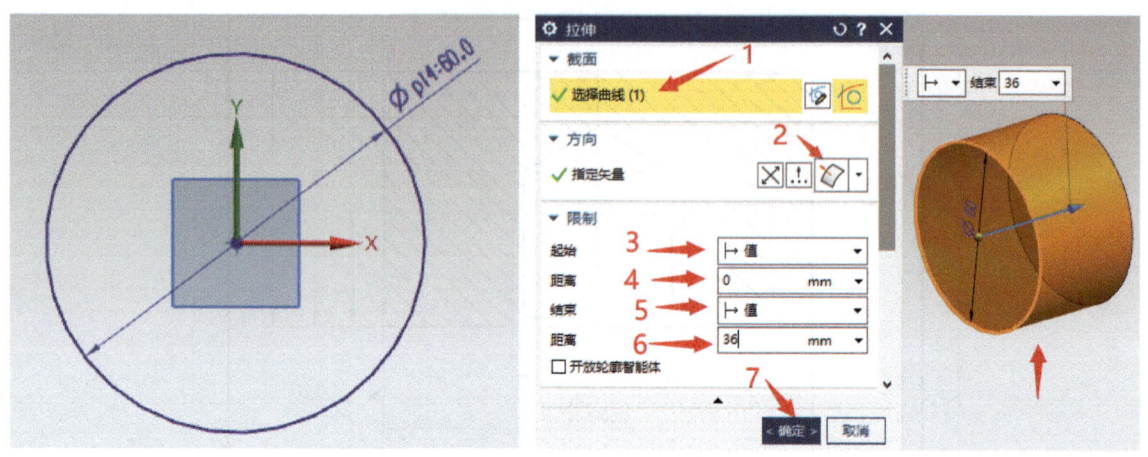

图 2-30 拉伸操作过程

(2) 创建底孔

Step3：选择"孔"命令，孔类型选"简单"，孔大小选"定制"，孔径为"22"，对于 22 怎么得出，详见温馨小知识，然后指定中心点位置，选择坐标系原点，如图 2-31 所示，完成"孔"的设置，底孔效果图如图 2-32 所示。

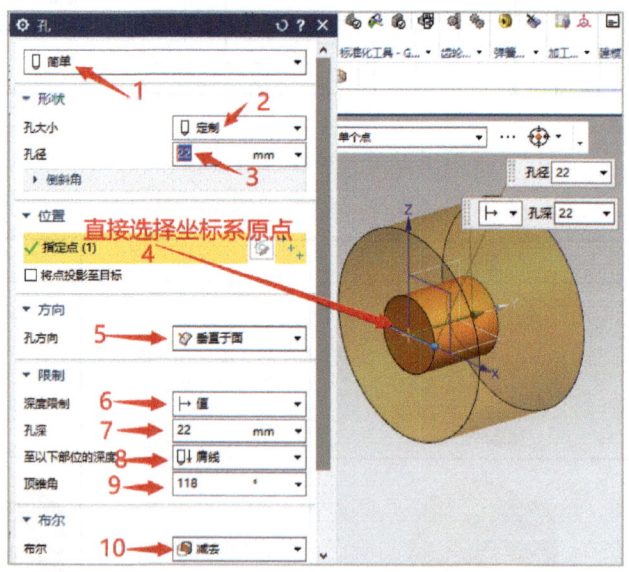

图 2-31 孔设置过程

项目 2　工业机器人之"手"——机械爪三维建模与虚拟装配

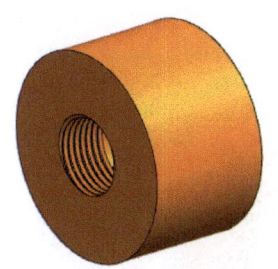

图 2-32　底孔效果图

> **温馨小知识**
>
> **想一想**：M24 的螺纹底孔 $\phi22$ 怎么得出的？
>
> 根据国家标准 GB/T 192—2003《普通螺纹 基本牙型》的规定，普通螺纹的内螺纹小径 $D_1=D-1.0825P$，根据国家标准 GB/T 20330—2006《攻丝前钻孔用麻花钻直径》的规定，普通螺纹底孔 $D_{底孔}=D-1.0P$，其中，D 指螺纹公称直径，P 指螺距，可见，普通内螺纹的螺纹底孔大于内螺纹小径，对于 Step3 中 M24×2 的螺纹，则 $D=24$，$P=2$，所以 $D_{底孔}=D-1.0P=24-2=22$。
>
> 那么，螺纹底孔直径为什么要略大于内螺纹小径？这是因为丝锥在攻螺纹的过程中，切削刃切削金属时，还有挤压金属的作用，因而易造成金属凸起并向牙尖流动的现象，所以攻螺纹前，底孔应大于内螺纹小径。

Step4：倒斜角。选择"倒斜角"命令，选择三条棱边，距离为"1"，单击"确定"按钮，完成 C1 创建，如图 2-33 所示。

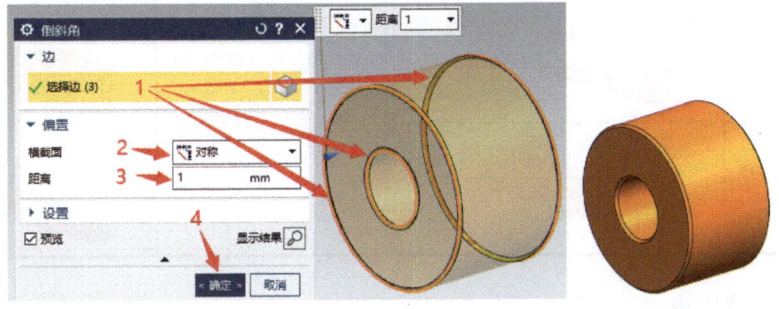

图 2-33　倒斜角过程与效果图

（3）创建螺纹

Step5：创建螺纹。单击"插入"菜单，选择"设计特征"-"螺纹"命令，弹出"螺纹"对话框，如图 2-34 所示，螺纹类型选"详细"，螺纹圆柱表面选内孔圆柱面，牙型输入选"手动"，螺距改为"2"，螺纹长度为"16"。为了让模型更直观简明，可以隐藏基准坐标系和草图，最终结果如图 2-35 所示。

二、活塞杆三维建模

1. 活塞杆建模思路分析

活塞杆零件图如图 2-36 所示，具有螺纹、退刀槽、倒角、孔等结构，建模的思路很多，现提供其中一种建模思路，具体建模过程见表 2-4。

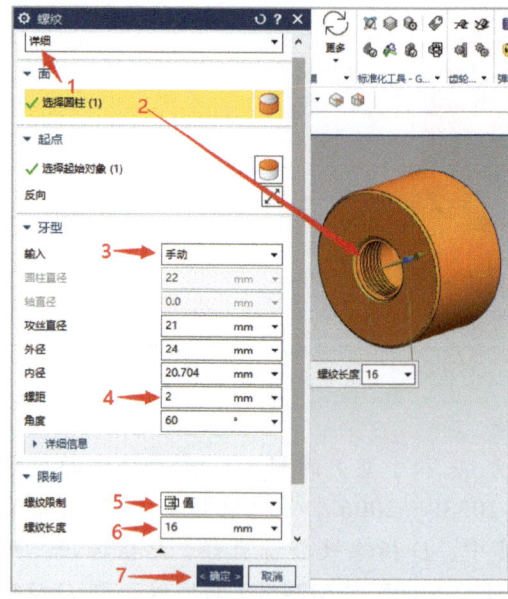

图 2-34 螺纹创建过程和效果图

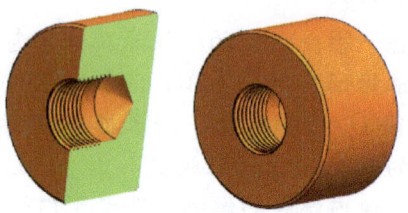

图 2-35 活塞头三维模型

表 2-4 活塞杆参考建模方案

步骤	图示	步骤	图示
第1步 用"旋转"命令创建活塞杆主体		第4步 用"拉伸"命令创建通孔	
第2步 用"螺纹"命令创建外螺纹		第5步 最终效果图	
第3步 用"拉伸"命令切外形			

2. 活塞杆建模实践

具体内容见二维码：

活塞杆三维建模（文本）　　活塞杆三维建模

三、缸体三维建模

1. 缸体建模思路分析

缸体零件图如图 2-37 所示，是典型的回转体结构，具有通孔、螺纹等结构，现提供一种建模思路，具体过程见表 2-5。

项目 2 工业机器人之"手"——机械爪三维建模与虚拟装配

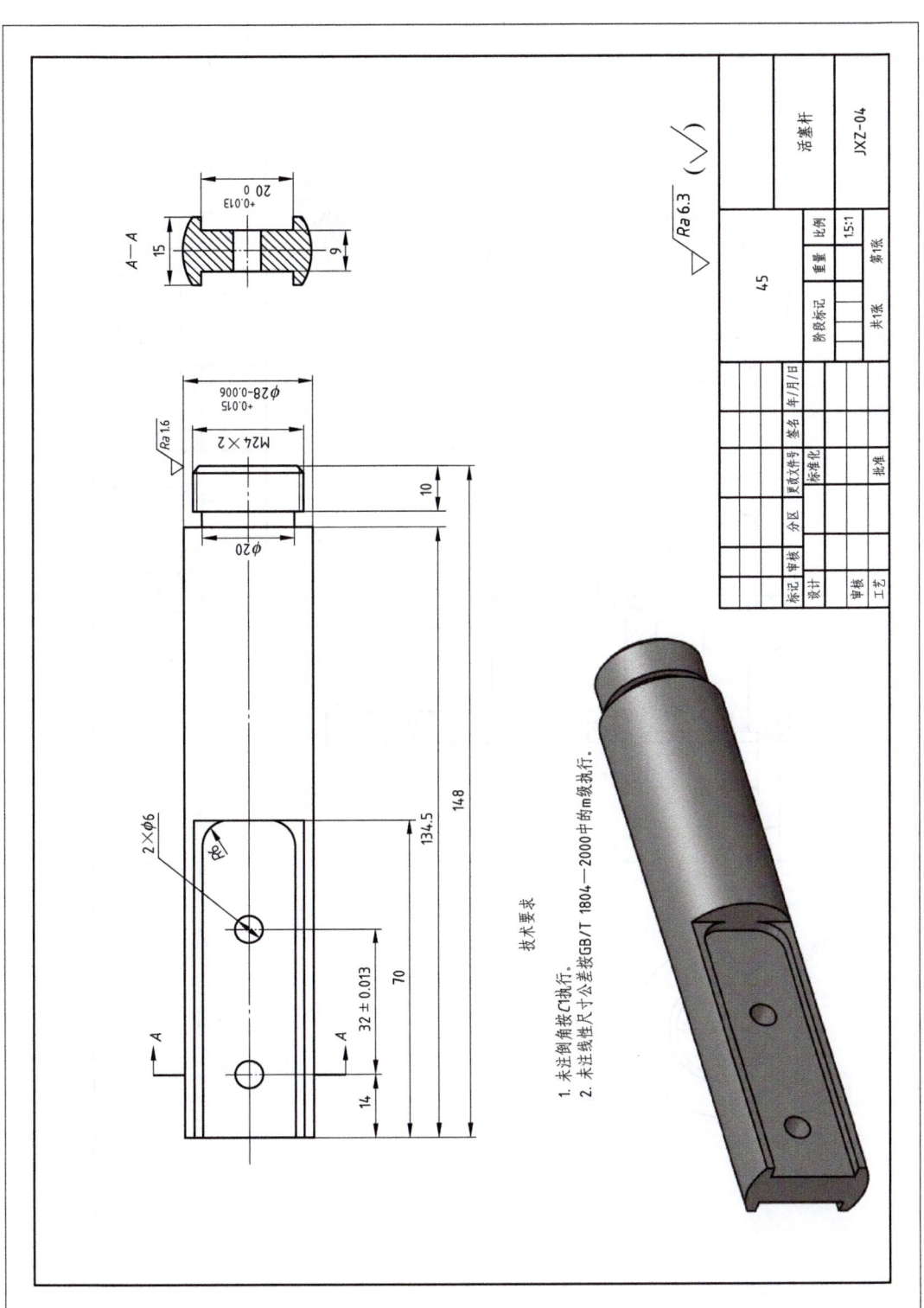

图 2-36 活塞杆零件图

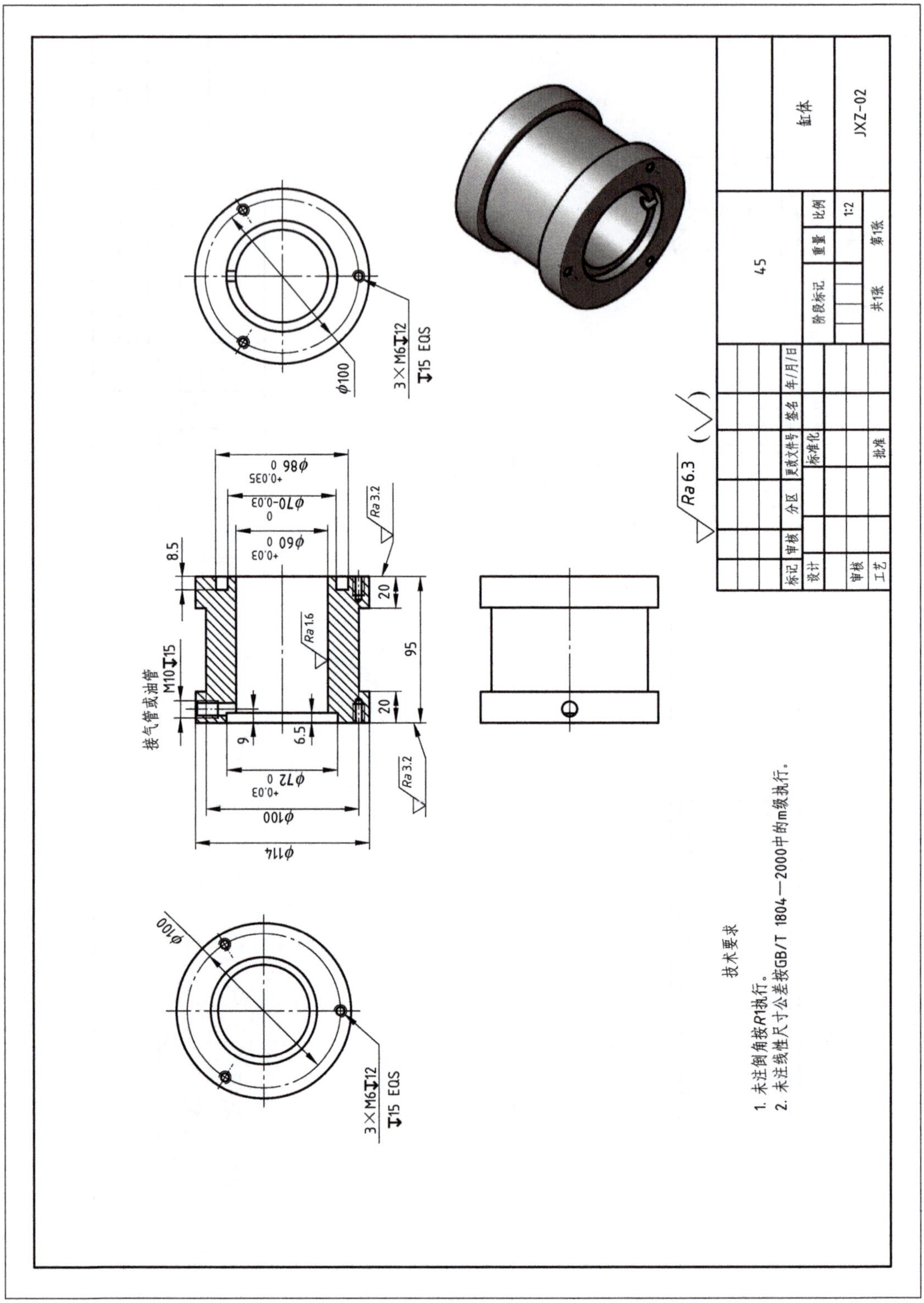
缸体
JXZ-02
45
1:2
共1张
第1张
标记
分区
更改文件号
签名
年/月/日
设计
标准化
审核
工艺
批准
阶段标记
重量
比例
Ra 6.3
Ra 3.2
Ra 1.6
3×M6↧12
↧15 EQS
ϕ100
ϕ114
ϕ86
ϕ60
ϕ70
ϕ72
95
20
8.5
接气管或油管
M10↧15
技术要求
1. 未注倒角按R1执行。
2. 未注线性尺寸公差按GB/T 1804—2000中的m级执行。

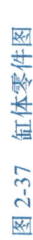

图 2-37 缸体零件图

表 2-5 缸体参考建模方案

步骤	图示	步骤	图示
第1步 用"旋转"命令创建主体		第5步 用"孔"命令创建气孔	
第2步 用"孔"命令创建一个螺纹孔		第6步 用"边倒圆"命令倒圆角	
第3步 用"阵列特征"命令创建三个螺纹孔		第7步 最终效果图	
第4步 用"镜像特征"命令镜像螺纹孔			

2. 缸体建模实践

具体内容见二维码：

缸体三维建模（文本）

缸体三维建模

四、前缸盖三维建模

1. 前缸盖建模思路分析

前缸盖零件图如图 2-38 所示，其结构规则，具有螺纹孔、沉孔等结构，建模的思路很多，现提供一种建模思路，具体建模过程见表 2-6。

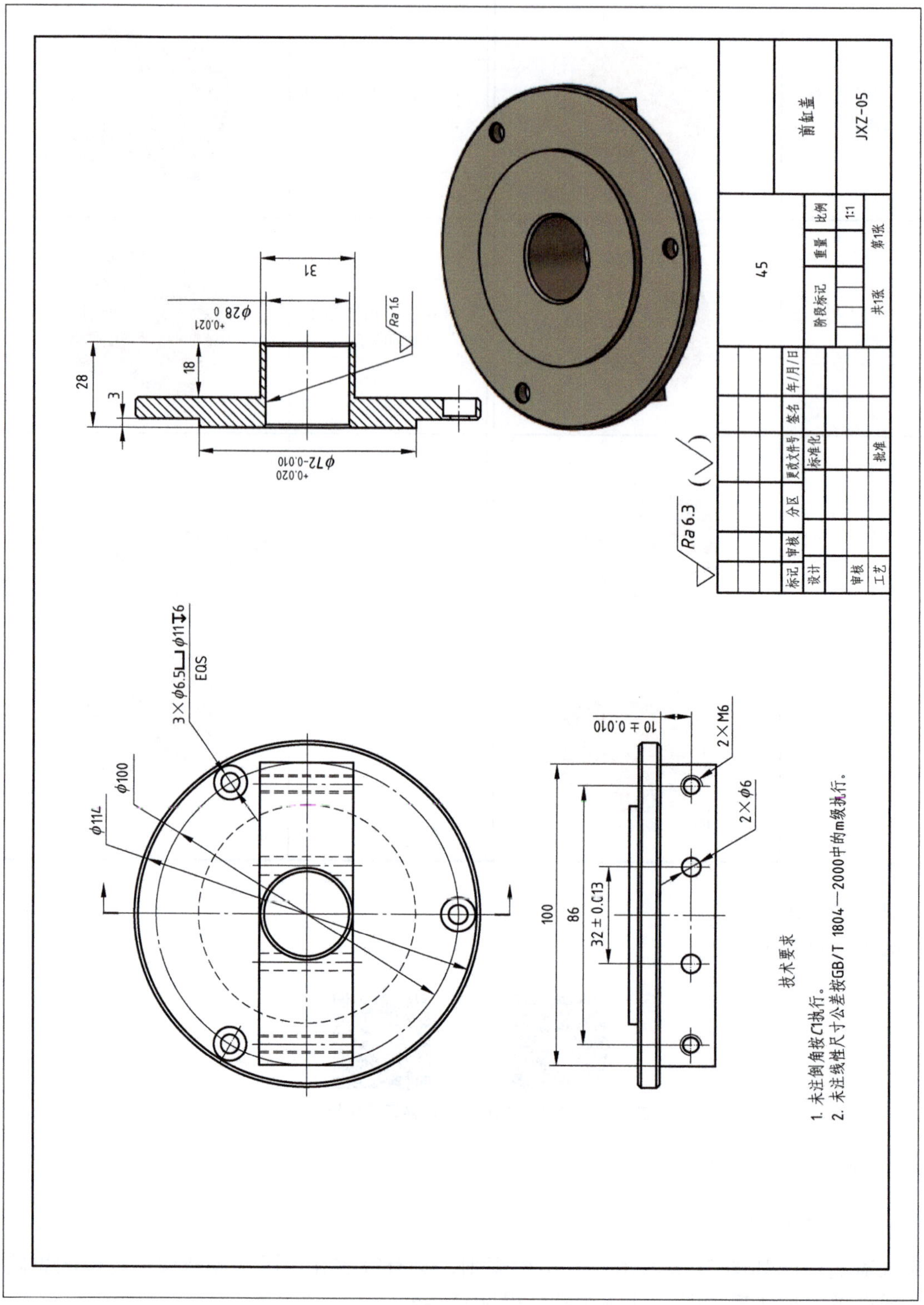

图 2-38　前缸盖零件图

项目 2 工业机器人之"手"——机械爪三维建模与虚拟装配

表 2-6 前缸盖参考建模方案

步骤	图示	步骤	图示
第 1 步 用"旋转"命令创建前缸盖主体		第 5 步	用"孔"命令创建一个沉孔
			用"阵列特征"命令阵列沉孔
第 2 步 用"拉伸"命令创建长方体		第 6 步 用"孔"命令创建中心孔	
第 3 步 用"孔"命令创建 2×ϕ6 通孔		第 7 步 用"倒斜角"命令创建斜角	
第 4 步 用"孔"命令创建 2×M6 螺纹孔		第 8 步 最终效果图	

2. 前缸盖建模实践

前缸盖建模比较简单，请读者自行尝试，附二维码参考内容，可扫码观看。

五、后缸盖三维建模

1. 后缸盖建模思路分析

后缸盖（见图 2-39）也是典型的回转体，其结构规则，具有螺纹孔、沉孔等结构，与前缸盖结构相似，这里提供一种建模思路，具体建模过程见表 2-7。

前缸盖三维建模

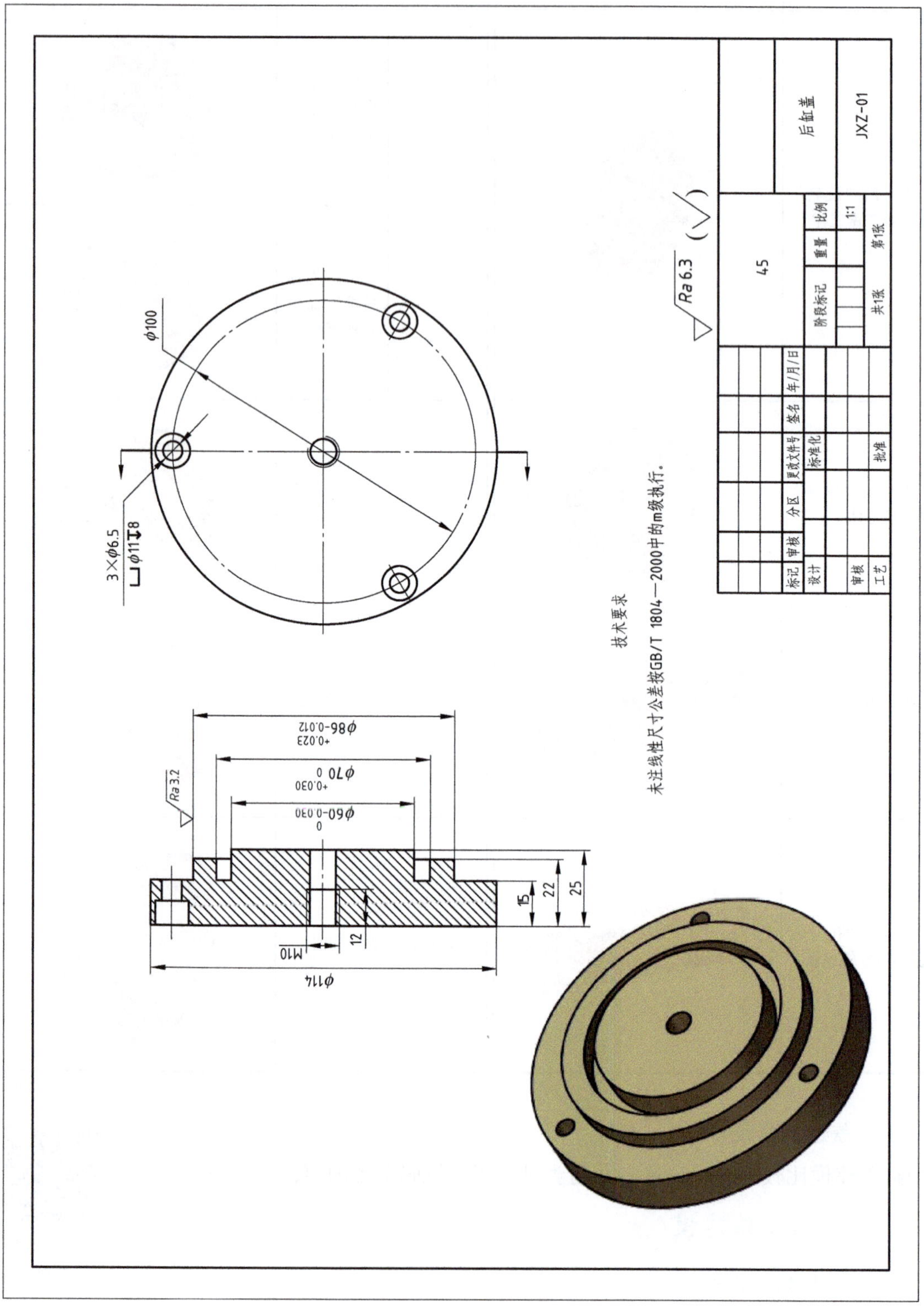
3×φ6.5
⌴φ11↧8
φ100
Ra 6.3
技术要求
未注线性尺寸公差按GB/T 1804—2000中的m级执行。
φ86
φ70
φ60
φ114
Ra 3.2
M10
12
15
22
25
后缸盖
JXZ-01
45
标记
分区
更改文件号
签名
年/月/日
设计
标准化
阶段标记
重量
比例
1:1
审核
工艺
批准
共1张
第1张

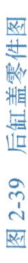

图 2-39 后缸盖零件图

表 2-7 后缸盖建模过程

步骤	图示	步骤	图示
第1步 用"旋转"命令创建主体		第4步 用"阵列特征"命令阵列沉孔	
第2步 用"孔"命令创建螺纹孔		第5步 最终效果图	
第3步 用"孔"命令创建一个沉孔			

2. 后缸盖建模实践

后缸盖建模比较简单,请读者自行尝试,附二维码参考内容,可扫码观看。

后缸盖三维建模

课后拓展

任务描述:杆连接器是采摘机械手的关键零件,其零件图如图 2-40 所示,请根据零件图建模,要求思路合理且效率高,模型形状正确,尺寸准确。

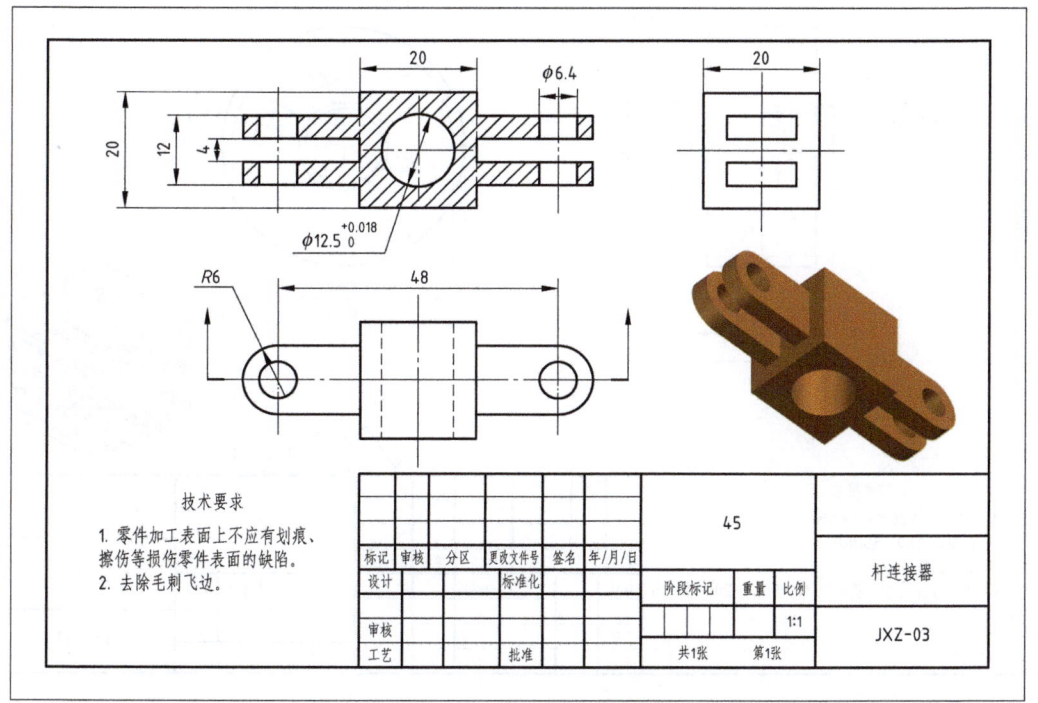

图 2-40 杆连接器零件图

子任务 3　齿轮轴和齿条三维建模

课前预习

1. 查一查：齿轮的发展史。

2. 在线学习知识/技能点：齿轮类型介绍、齿轮参数介绍、标准齿轮建模与出图。
本书对应课程平台网站：https://www.xueyinonline.com/detail/250118572。

任务实施

一、齿轮轴三维建模

1. 齿轮轴建模思路分析

齿轮轴2零件图如图2-41所示，其结构简单，形状对称，第一次创建齿轮不要着急，UG NX 软件自带齿轮建模命令，可以方便快捷地创建，由于齿轮轴1只比齿轮轴2少两个 $\phi 5$ 通孔，其他完全一样，故以齿轮轴2为例，具体建模过程见表2-8。

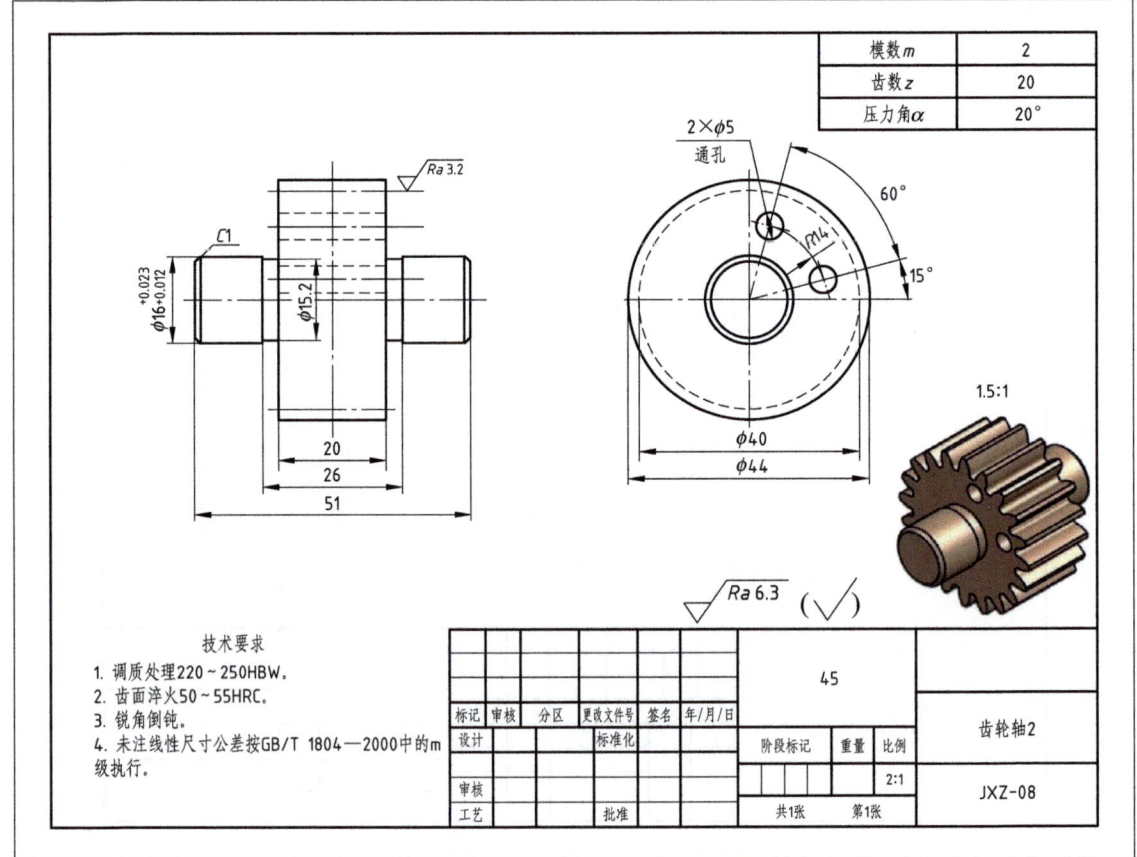

图 2-41　齿轮轴 2 零件图

项目 2　工业机器人之"手"——机械爪三维建模与虚拟装配

表 2-8　齿轮轴 2 参考建模方案

步骤	图示	步骤	图示
第 1 步　用"拉伸"命令创建主体		第 4 步　用"拉伸"命令创建 2×φ5 通孔	
第 2 步　用 GC 工具箱"创建齿轮"命令创建齿轮		第 5 步　最终效果图	
第 3 步　用"槽"命令创建周圈凹槽			

2. 齿轮轴建模实践

具体内容见二维码：

齿轮轴三维建模（文本）　　齿轮轴三维建模

二、齿条三维建模

1. 齿条建模思路分析

齿条零件图如图 2-42 所示，齿条的齿廓为直线而非渐开线，相当于分度圆半径为无穷大的圆柱齿轮，因此齿条的齿廓需要根据参数自行计算后再绘制，不能由 GC 工具箱创建，参考建模思路见表 2-9。

齿条轮廓参数计算过程：已知模数 $m=2$，压力角 $a=20°$，顶隙 $c=0.5$，根据标准基本齿条轮廓几何参数计算公式，齿根高 $h_f=1.25m=2.5$，齿顶高 $h_f=m=2$，齿距 $p=\pi m=\pi\times 2=2\pi$，齿槽宽 $e=p/2=\pi$，齿厚 $s=e=\pi$，夹角 $=2a=40°$，在 UG NX 软件中 π 的表达式为"pi0"。

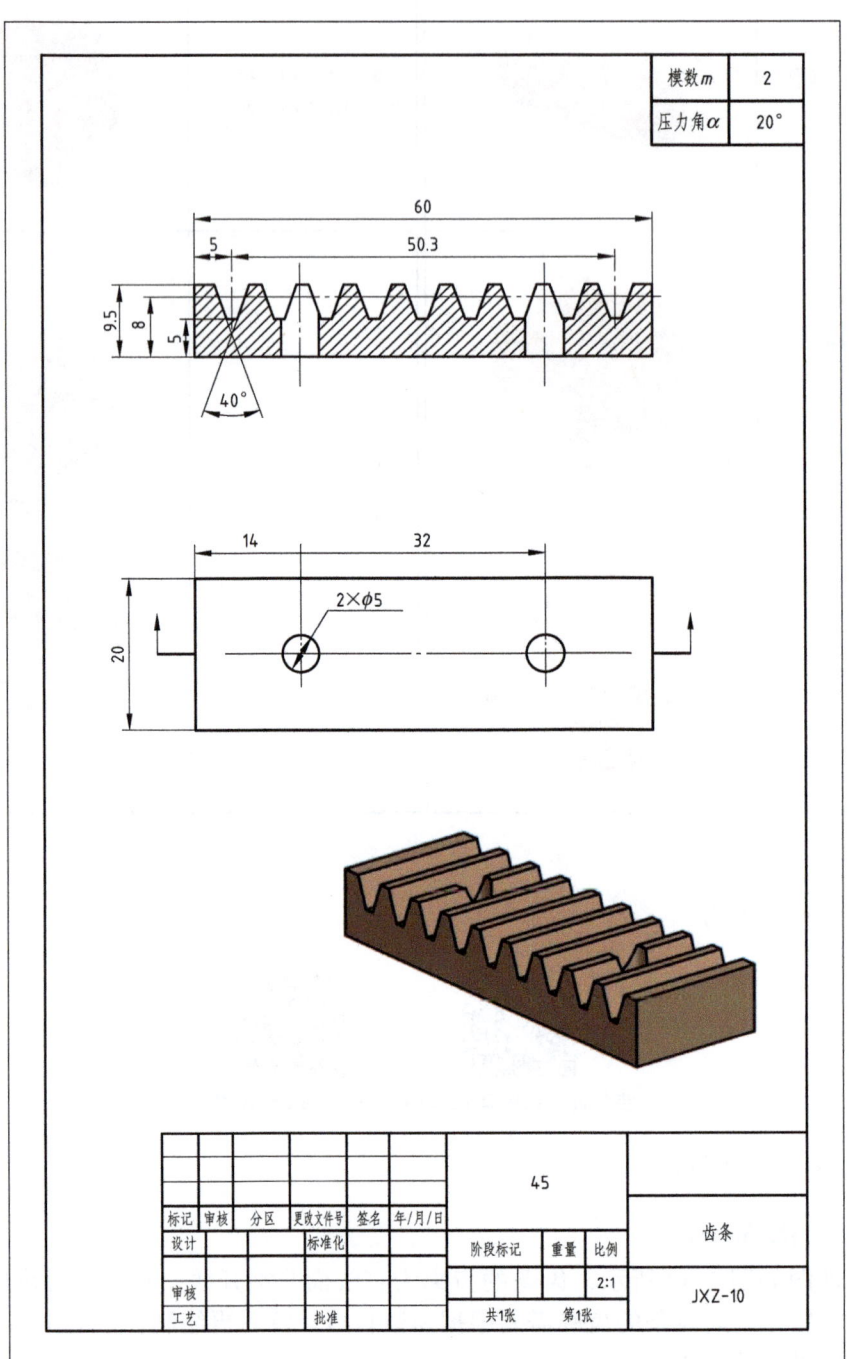

图 2-42 齿条零件图

表 2-9 齿条建模过程

步骤	图示	步骤	图示
第1步 用"拉伸"命令创建主体		第4步 用"拉伸"命令创建定位孔	
第2步 用"拉伸"命令创建一个轮齿		第5步 最终效果图	
第3步 用"阵列特征"命令创建齿条			

2. 齿条建模实践

具体内容见二维码：

齿条三维建模（文本）　　齿条三维建模

素质教育案例

中国古代就已开始使用齿轮，在山西出土的青铜齿轮是迄今已发现的最古老齿轮，作为反映古代科学技术成就的指南车就是利用齿轮传动来指明方向的一种简单机械装置，指南车又称为司南车，是我国古代用来指示方向的一种装置，其外形为车上立一木人，木人的一只手臂平伸向前，行车时，木人的手臂指南，此后无论车子怎样改变方向，木人的手臂始终指向南方，如图2-43所示。直到17世纪后期，人类才真正开启对齿轮齿形的科学探索。当前，我们正经历工业革命以来最深刻的技术变革浪潮，我们更应坚定科技自信，以自主创新铸就民族复兴的新篇章。

图2-43 古代指南车

课后拓展

任务描述：齿轮作为机械传动系统的核心组成部件，广泛应用于机床、风电等领域。现提供齿轮零件图（见图2-44），要求根据图样建模，思路合理，模型形状正确，尺寸准确。

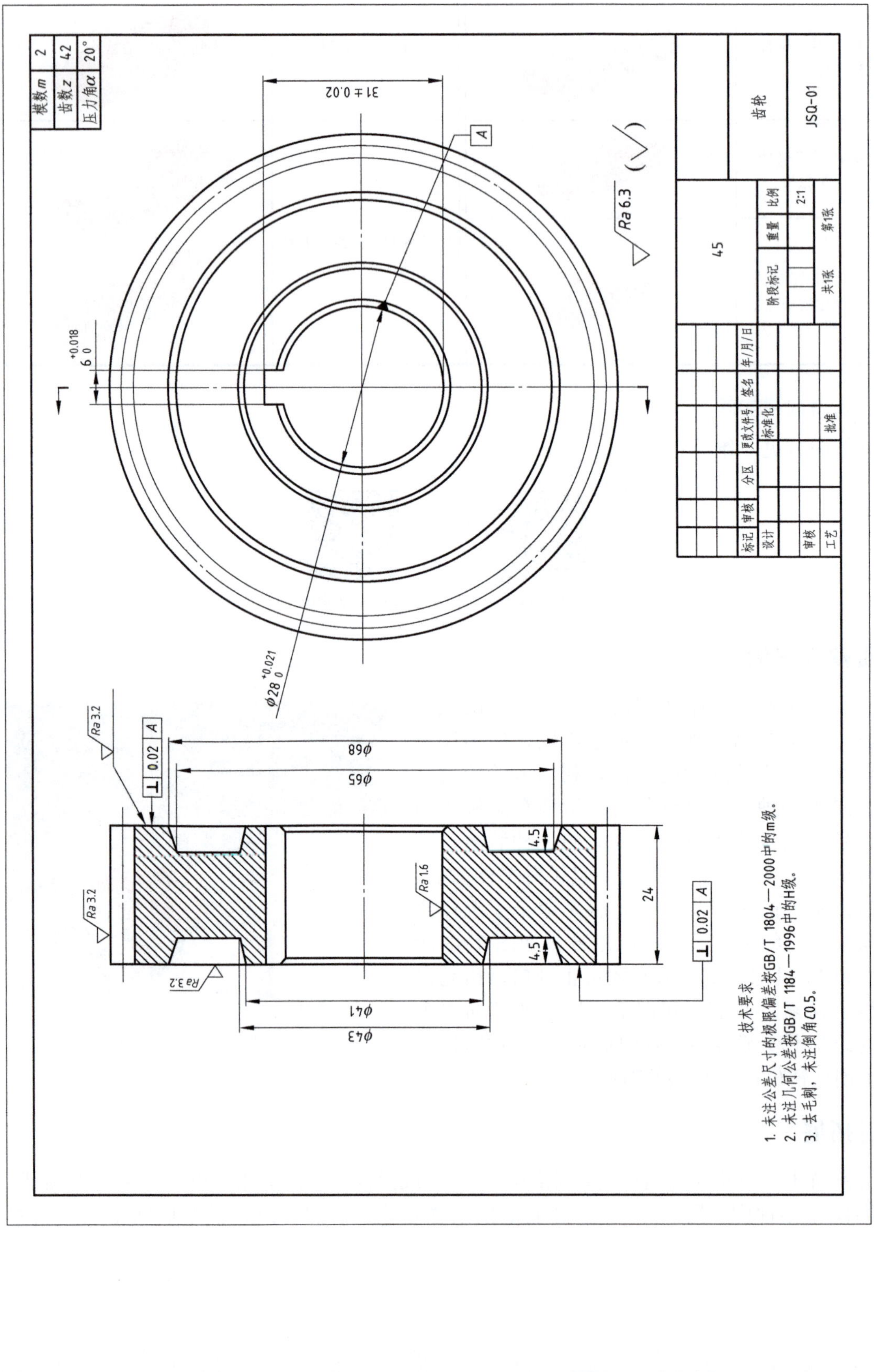

图 2-44 齿轮零件图

任务2 机械爪虚拟装配

🔽 任务引入

在数字化转型背景下，虚拟装配技术作为数字化应用的重要分支，正在工业制造领域引发深刻变革。虚拟装配是指在计算机中进行装配过程的模拟，其优势有：①可以提前发现产品设计的不足，及时进行修改，节约生产成本；②便于团队协作，特别是设计一些复杂产品时，由个人设计的，周期会很长，由团队分工合作，再装配到一起，就可以缩短产品开发周期；③可以优化装配工艺，提升装配质量。

机械爪运动仿真与拆装动画

本任务根据机械爪装配图（见图2-45）进行机械爪虚拟装配，零件包括任务1创建的10种零件，以及相关的圆柱销、螺钉等标准件，要求制定装配方案，装配原理正确，位置准确，约束合理，符合机械爪运动规律，必要时可根据实际情况进行结构优化。

🔍 课前预习

1. 查一查：机械爪一般由哪些零件组成？其工作原理是什么？

2. 在线学习知识/技能点：装配约束、爆炸图。
本书对应课程平台网站：https://www.xueyinonline.com/detail/250118572。

📚 任务实施

1. 思路分析

根据机械爪装配图，机械爪的装配思路很多，因为涉及零件多，约束也很多，不便于一一列出，下面提供一种装配顺序，具体过程如图2-46所示。

2. 装配实践

（1）缸体定位

Step1：新建"机械爪"文件，如图2-47所示，文件夹与零件保存的文件夹要一致。

> **温馨小知识**
> **试一试**：如果装配文件没保存在零件文件夹，会出现什么情况？

Step2：新建坐标系。进入装配环境后，会弹出"装配"对话框，单击"取消"按钮，如图2-48所示；然后单击"插入"菜单，选择"基准"-"基准坐标系"命令或直接单击基准坐标系图标 ⚛，弹出"基准坐标系"对话框，选"动态"，参考坐标系选"绝对坐标系 – 显示部件"，单击"确定"按钮完成坐标系创建，如图2-49所示。新建坐标系将作为后续装配的参考基准，便于精准装配。

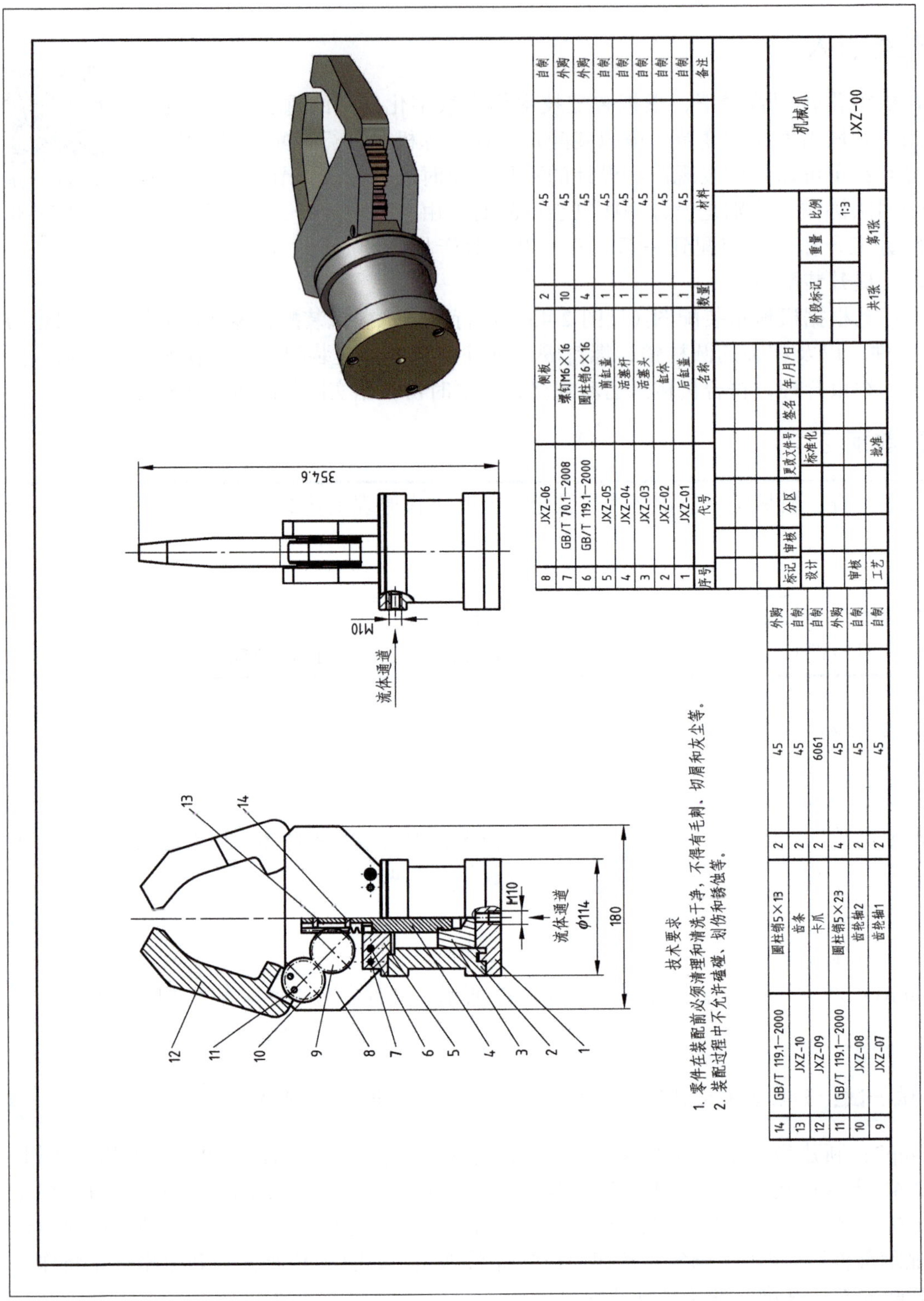

354.6
M10
流体通道
φ114
180
M10
流体通道
1 2 3 4 5 6 7 8 9 10 11 12 13 14
技术要求
1. 零件在装配前必须清理和清洗干净，不得有毛刺、切屑和灰尘等。
2. 装配过程中不允许磕碰、划伤和锈蚀等。

序号	代号	名称	数量	材料	备注
14	GB/T 119.1—2000	圆柱销5×13	2	45	外购
13	JXZ-10	齿条	2	45	自制
12	JXZ-09	卡爪	2	6061	自制
11	GB/T 119.1—2000	圆柱销5×23	4	45	外购
10	JXZ-08	齿轮轴2	2	45	自制
9	JXZ-07	齿轮轴1	2	45	自制
8	JXZ-06	侧板	2	45	自制
7	GB/T 70.1—2008	螺钉M6×16	10	45	外购
6	GB/T 119.1—2000	圆柱销6×16	4	45	外购
5	JXZ-05	前缸盖	1	45	自制
4	JXZ-04	活塞杆	1	45	自制
3	JXZ-03	活塞头	1	45	自制
2	JXZ-02	缸体	1	45	自制
1	JXZ-01	后缸盖	1	45	自制

标记 分区 更改文件号 签名 年/月/日
设计 标准化
审核
工艺 批准
阶段标记 重量 比例
1:3
共1张 第1张
机械爪
JXZ-00

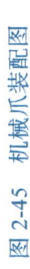

图 2-45 机械爪装配图

项目 2　工业机器人之"手"——机械爪三维建模与虚拟装配

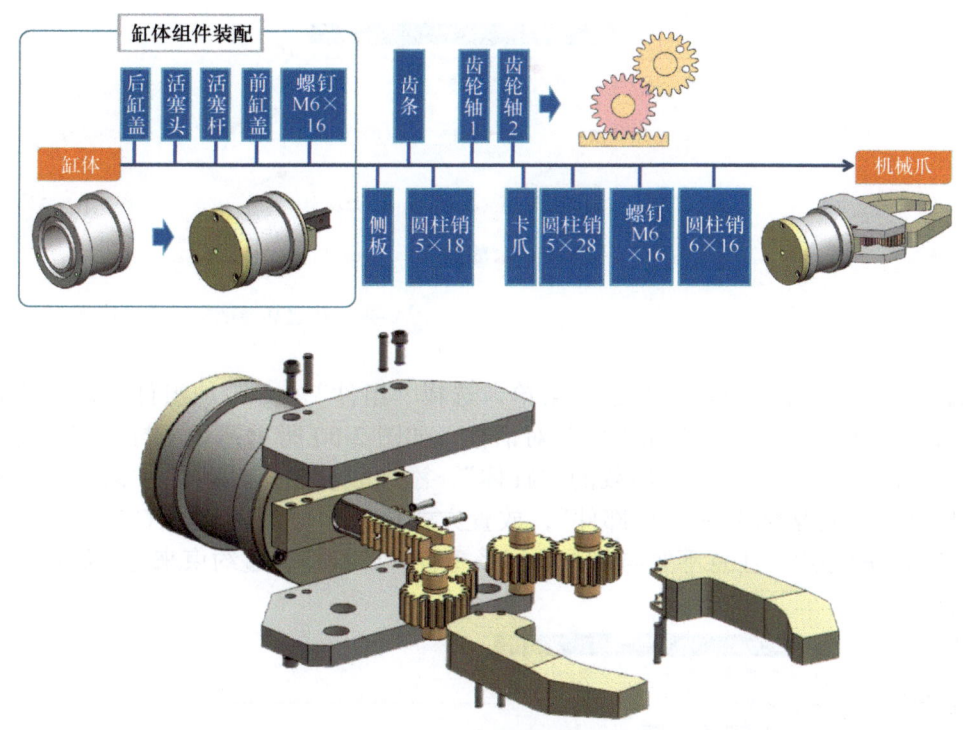

图 2-46　机械爪装配顺序与结构图

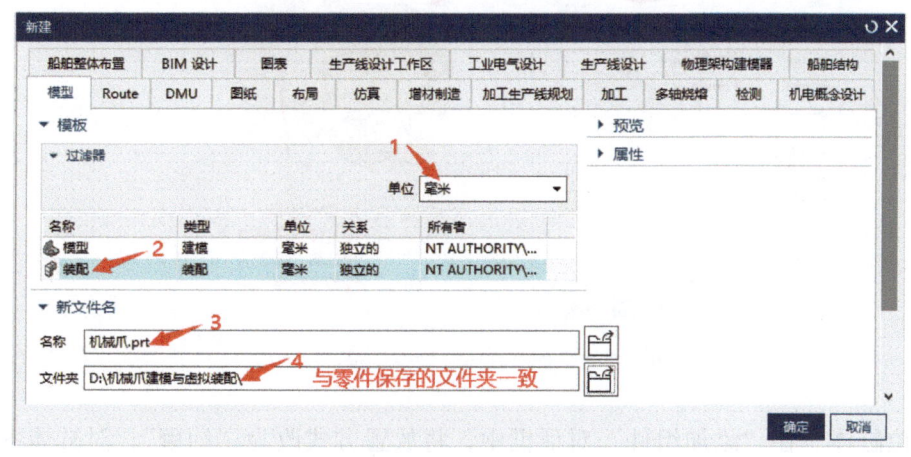

图 2-47　装配模块下的"新建"对话框

机械爪虚拟装配 1

图 2-48 "装配"对话框

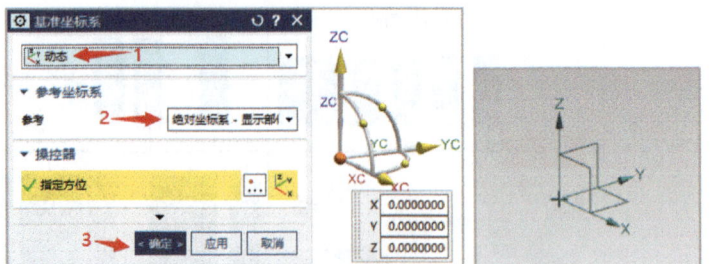

图 2-49 新建基准坐标系操作过程

Step3：添加缸体。单击"装配"菜单，选择"组件"-"添加组件"命令或直接单击添加组件图标，弹出"添加组件"对话框，如图 2-50 所示，单击打开图标打开文件"缸体.prt"，工作区会显示加载的"缸体"，添加数量为"1"，组件锚点选"绝对"，装配位置选"绝对坐标系-工作部件"，放置方式选"移动"，拖动 YC 轴把"缸体"放在基准坐标系的旁边，注意不要与基准坐标系重合。后续将通过约束来定位缸体。

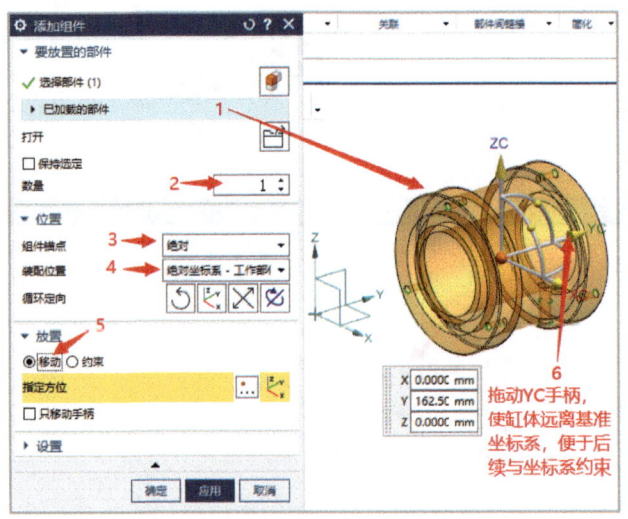

图 2-50 添加零件"缸体"操作过程

Step4：定位缸体。在"添加组件"对话框中，将放置方式改为"约束"，对缸体零件进行三个约束：①约束类型选"对齐/锁定"，图标为，对象选缸体中心轴线和 YC 轴，使两轴对齐，如图 2-51 所示；②约束类型选"中心"，图标为，子类型选"2 对 1"，对象 2 选缸体左侧端面 2 个孔的中心轴线，对象 1 选 YZ 平面，使两孔中心轴关于 YZ 平面对称，如图 2-52 所示；③约束类型选"接触对齐"，图标为，对象选择缸体端面和 XZ 平面，使两者接触，如图 2-53 所示，单击"确定"按钮完成缸体定位。

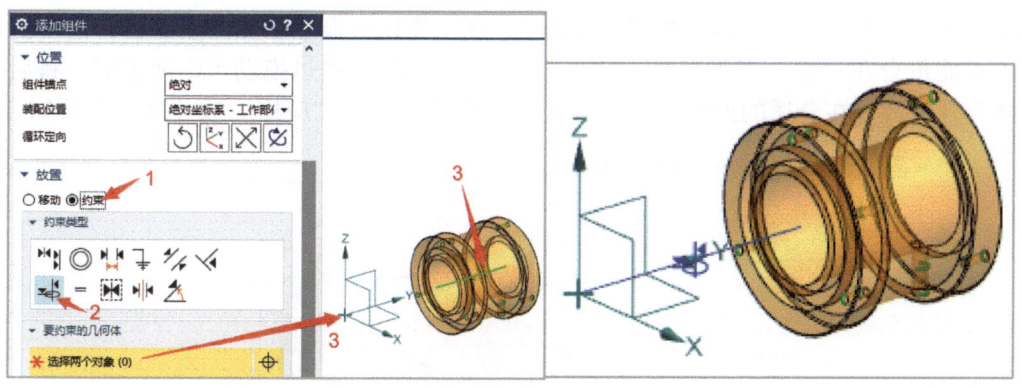

图 2-51　缸体中心轴与 YC 轴对齐操作过程

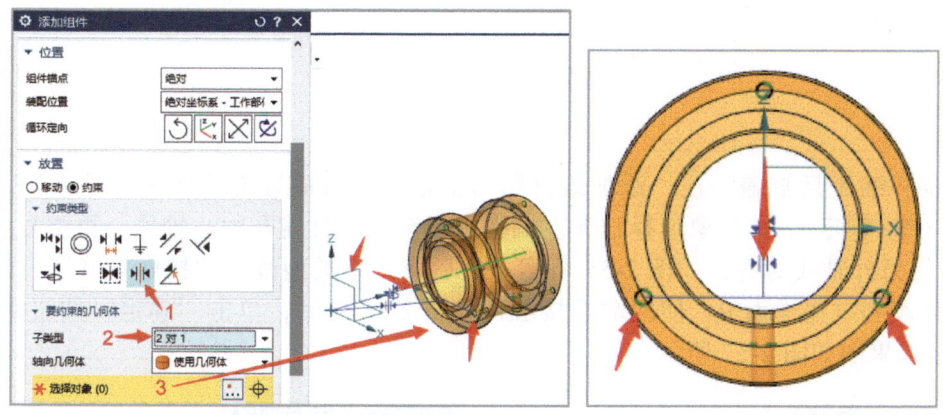

图 2-52　两孔中心轴线关于 YZ 平面对称的操作过程

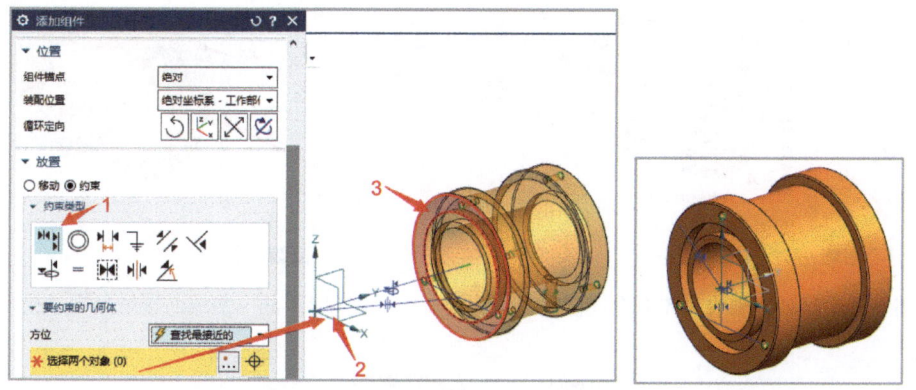

图 2-53　缸体端面与 XZ 平面接触操作过程及缸体定位最终效果图

> **温馨小知识**
>
> **想一想**：为什么缸体不直接"固定"约束？而是要采用其他约束来定位呢？

（2）装配后缸盖

Step5：添加后缸盖。同 Step3，单击"装配"菜单，选择"组件"－"添加组件"命令，弹出"添加组件"对话框，如图 2-54 所示，组件锚点选"绝对"，装配位置选"绝对

坐标系 – 工作部件",打开文件"后缸盖.prt",则工作区会显示添加的后缸盖,这时缸体和后缸盖可能重合在一起,不要着急,放置方式选"移动",通过拖动 YC 轴手柄,将后缸盖与缸体分开并放置在合适的地方,以便装配,不要急于单击"应用"或"确定"按钮。

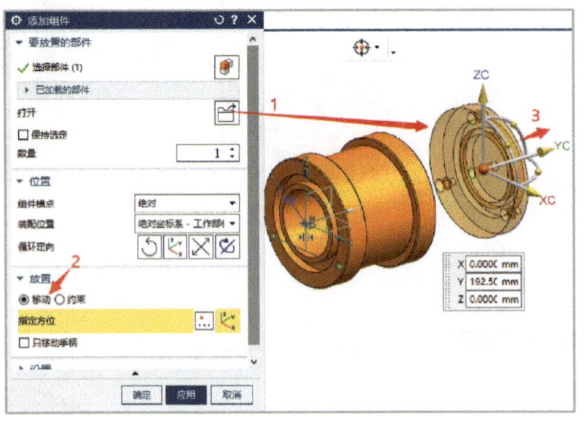

图 2-54　添加后缸盖操作过程

Step6:装配后缸盖。在"添加组件"对话框中,将放置方式改为"约束",约束类型选"对齐/锁定",如对象选择缸体左端孔中心轴线和缸盖孔中心轴线,再重复"对齐/锁定",使另外轴线对齐,如图 2-55 所示;然后将约束类型改为"接触对齐",对象选择缸体端面 A 和缸盖端面 B,使两端面接触,如图 2-56 所示,单击"确定"按钮完成后缸盖装配,效果图如图 2-57 所示。

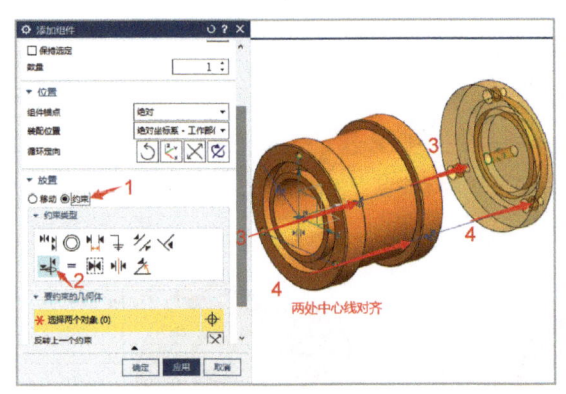 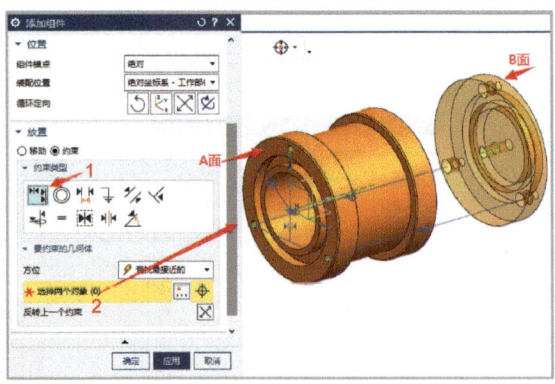

图 2-55　两处孔轴线对齐操作过程　　　　图 2-56　两端面接触操作过程

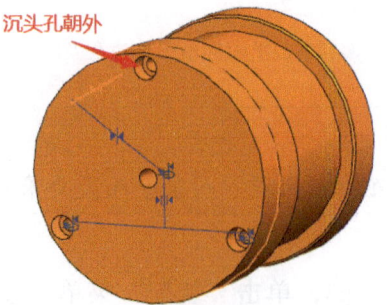

图 2-57　后缸盖装配效果图

项目 2　工业机器人之"手"——机械爪三维建模与虚拟装配

（3）装配活塞头

Step7：先添加活塞头，打开文件"活塞头 .prt"，工作区中缸体和活塞头重合在一起，放置方式选"移动"，拖动 YC 轴手柄移动活塞头，然后绕 X 轴旋转 180° 使活塞头螺纹孔朝右，以便于后续装配，如图 2-58 所示；再将放置方式切换到"约束"，约束类型选择"对齐/锁定"，对象选择缸体中心轴线和活塞头中心轴线，如图 2-59 所示，使轴线对齐。有时需要看清楚内部情况，可以对组件进行截切，操作过程：单击"视图"菜单，选择"截面"-"编辑截面"命令，选择 Z 平面作为截平面，如图 2-60 所示，单击"确定"按钮即可看清组件内部结构。如果要取消编辑截面状态，单击"视图"菜单，选择"截面"-"剪切截面"命令即可。继续对活塞头进行约束，单击"装配"菜单，选择"组件位置"-"约束"-"接触"命令或直接单击接触图标▶◀，运动对象选活塞头外端面，静止对象选缸体内腔底面，单击"确定"按钮，使两面接触，完成活塞头装配，如图 2-61 所示。

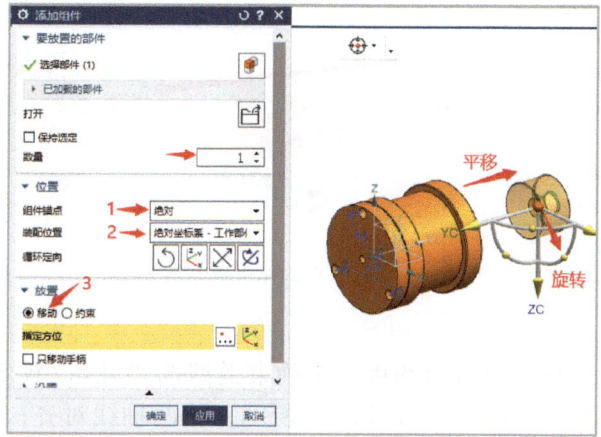

图 2-58　添加活塞头操作过程

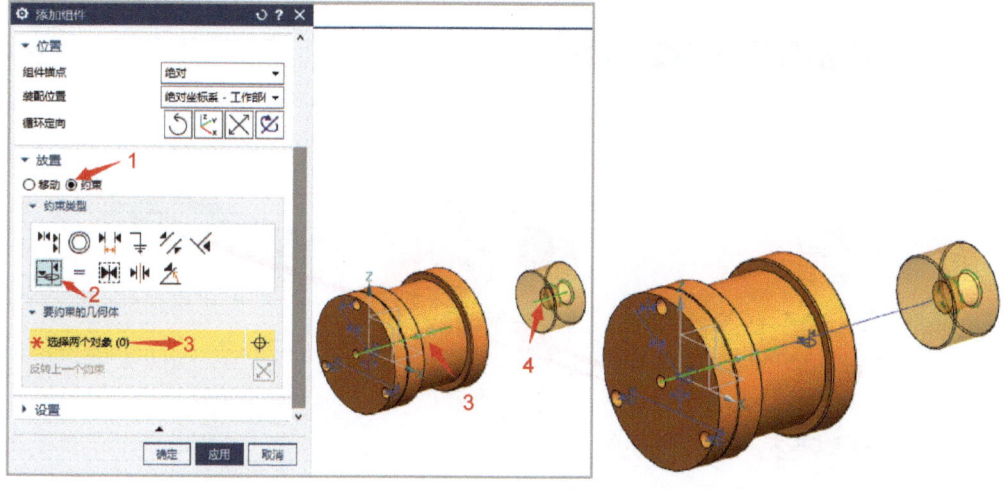

图 2-59　中心轴线对齐操作过程

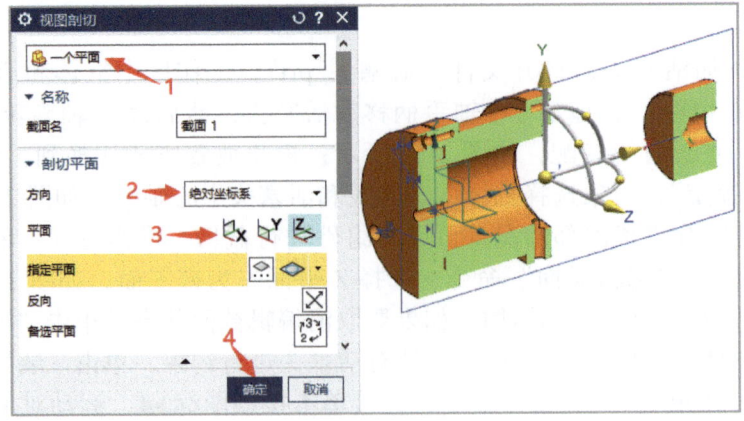

图 2-60　编辑截面操作过程与效果图

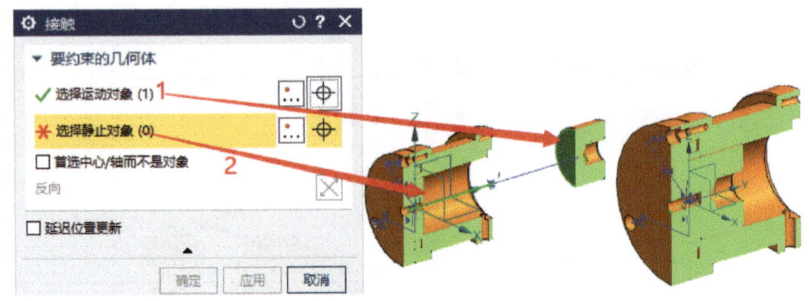

图 2-61　接触约束操作过程与效果图

（4）装配活塞杆

Step8：先添加活塞杆，再进行约束。①约束类型选"对齐/锁定"，两个对象分别为活塞杆中心轴线和缸体中心轴线，如图 2-62 所示，使两轴线对齐；②约束类型选"接触对齐"，两个对象分别为活塞杆端面和活塞头上端面，如图 2-63 所示，使两面接触装配；③约束类型选"垂直"，图标为 ⊥，对象分别为活塞杆槽面和 XY 面，如图 2-64 所示，使槽面和 XY 面垂直，主要是方便后续装配，这样就完成了活塞杆装配。

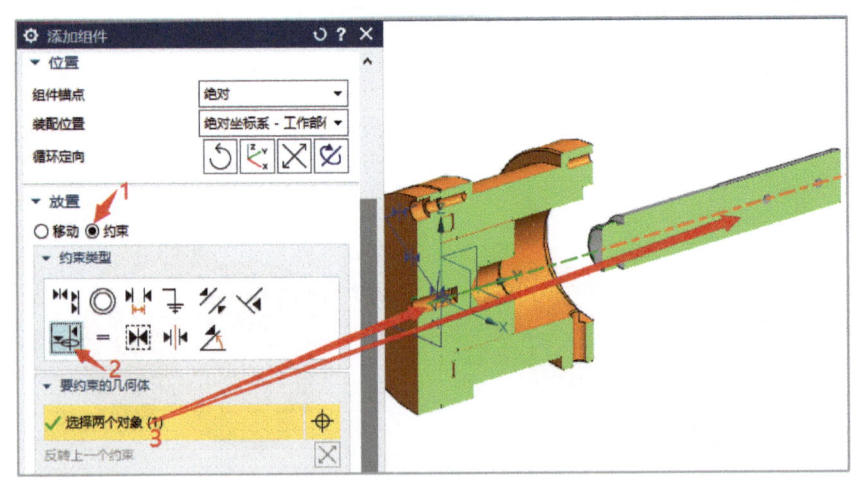

图 2-62　中心轴线对齐约束操作过程

项目 2　工业机器人之"手"——机械爪三维建模与虚拟装配

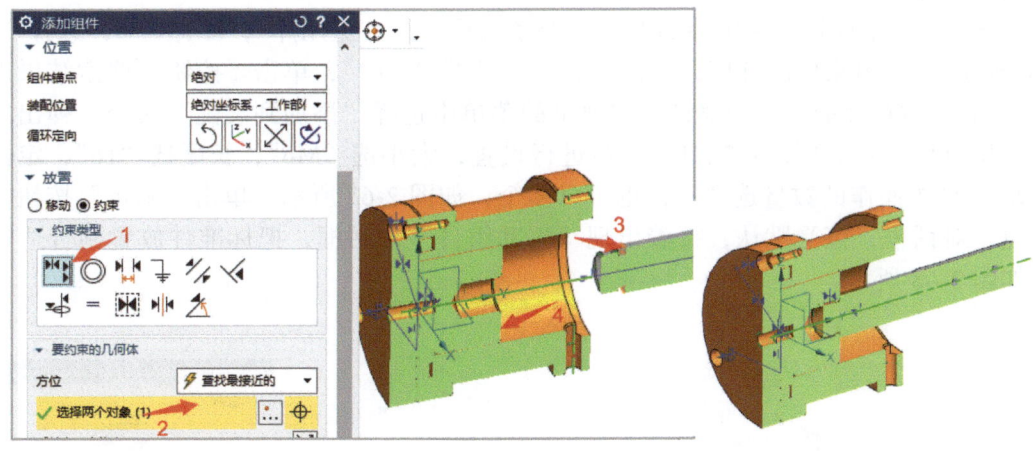

图 2-63　接触约束操作过程与效果图

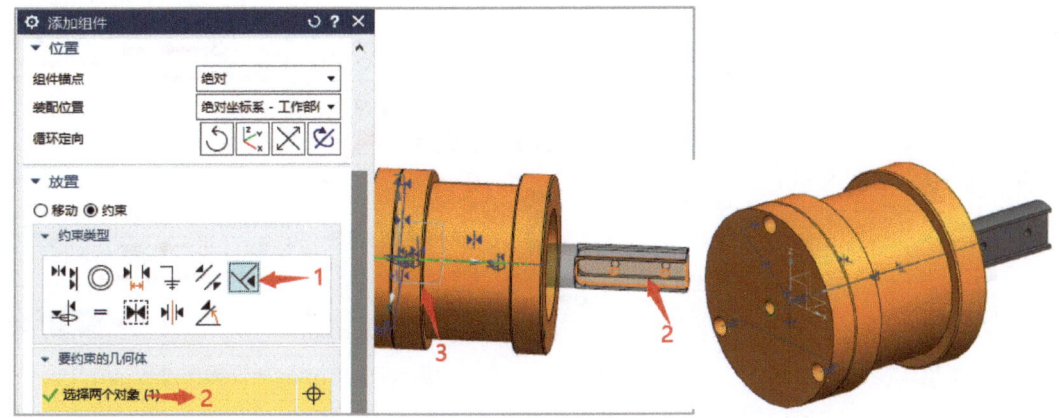

图 2-64　垂直约束操作效果图

（5）装配前缸盖

Step9：先添加前缸盖，再进行约束。①约束类型选"对齐/锁定"，两个对象分别为缸体孔中心线和前缸盖孔中心线（两处），使两处孔中心线对齐，同时注意活塞杆 A 面与前缸盖 B 面呈垂直状态，以免影响后续装配；②约束类型选"接触"，对象分别为缸体端面和前缸盖端面，最终前缸盖装配效果图如图 2-65 所示。

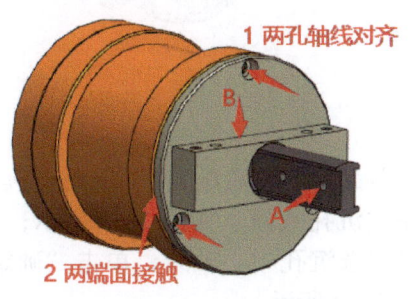

图 2-65　前缸盖装配效果图

(6)装配螺钉(GB/T 70.1—2008,M6×16)

Step10:调用螺钉。单击界面左侧资源条选项下的"重用库",图标为 ,选择"GB Standard Parts"国家标准件库,在搜索栏输入代号"70.1",单击 按钮,搜索结果出现螺钉,如图2-66所示。右击螺钉,在弹出的菜单中选择"添加到装配"命令,弹出"添加可重用组件"对话框,对螺钉主参数进行设置,大小选"M6",长度选"16",定位选"移动",每次操作的数量选"1",也可以多个,如图2-67所示,单击"确定"按钮,弹出"点"对话框,接受默认,接着出现"移动组件"对话框,把标准件放置到合适的地方,如图2-68所示。

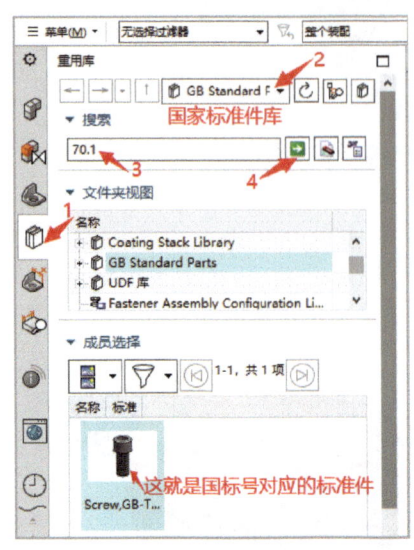

图2-66 重用库搜索标准件过程

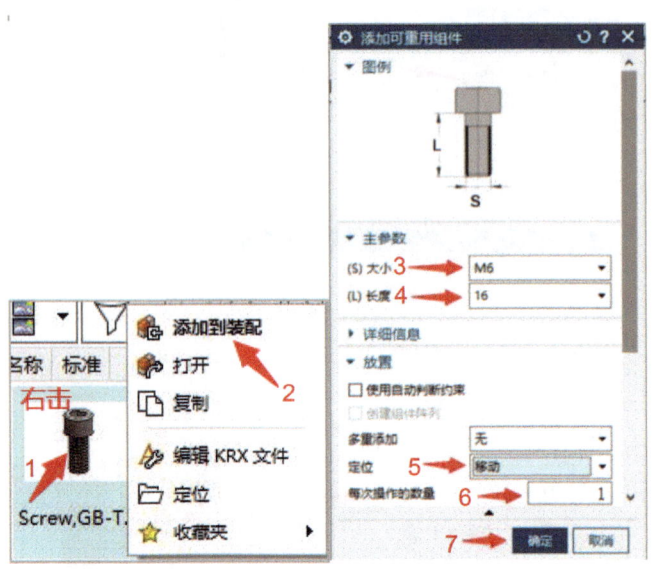

图2-67 添加标准件操作过程

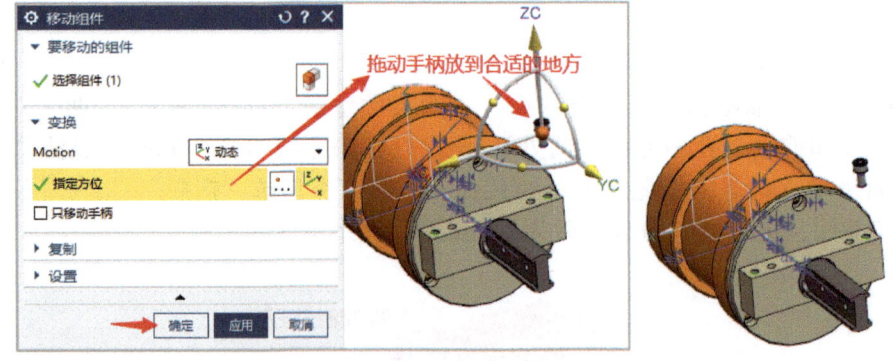

图2-68 标准件放置操作过程

Step11:装配螺钉。装配螺钉跟前面装配自制零件一样。①单击"接触"图标 ,运动对象选螺钉端面,静止对象选沉孔底面,如图2-69所示;②单击对齐约束图标 ,运动对象选螺钉中心轴线,静止对象选沉孔中心轴线,单击"确定"按钮使轴线对齐,这样就完成了一个螺钉的装配,如图2-70所示。

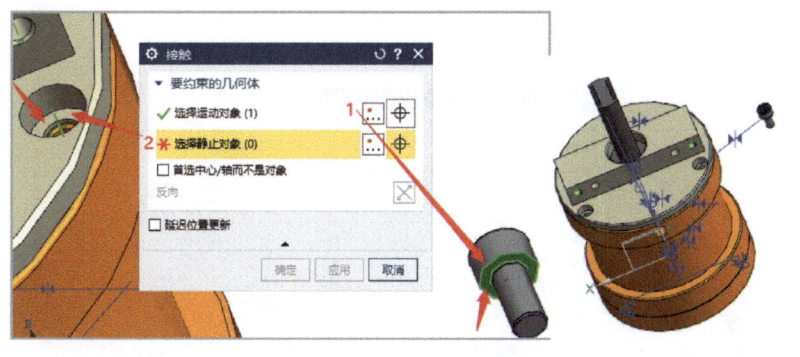

图 2-69 接触约束操作过程　　　　图 2-70 一个螺钉装配效果图

Step12：阵列螺钉。单击"装配"菜单，选择"组件"－"阵列组件"命令或单击阵列组件图标，弹出"阵列组件"对话框，如图 2-71 所示，选择组件螺钉，布局选"圆形"，旋转轴矢量选 YC 轴，指定点选某圆中心，间距选"数量和间隔"，数量为"3"，间隔角为"120°"，单击"确定"按钮完成阵列，这样，其余两个螺钉也装配完成。

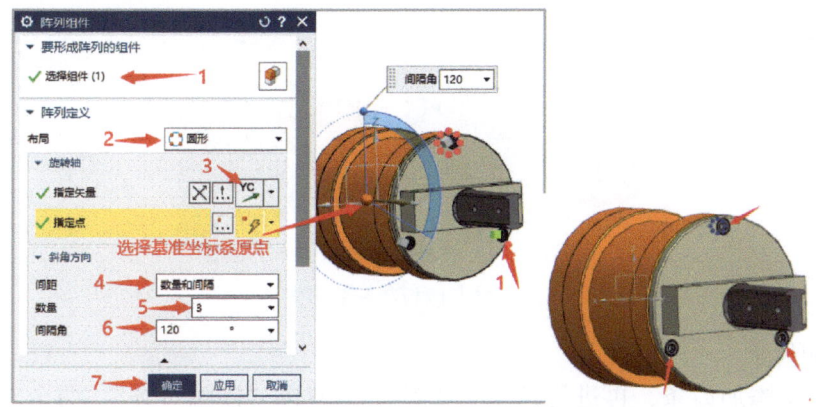

图 2-71 螺钉阵列操作过程与效果图

Step13：重复 Step11、Step12 的操作，完成后缸盖与缸体的螺钉装配，如图 2-72 所示，到此为止，活塞组件就完成了装配。

图 2-72 完成螺钉装配

（7）装配侧板

Step14：先添加侧板，再进行约束。①约束类型选"接触对齐"，两个对象选侧板侧面和前缸盖凸台侧面，如图 2-73 所示；②约束类型选"对齐／锁定"，两个对象选前缸盖孔中心轴线和侧板孔中心轴线，重复操作一次，将两处孔对齐，如图 2-74 所示，这样就完成了一块侧板的装配。同样地，完成另一块侧板的装配，如图 2-75 所示，如果侧板影响后面零件的装配，可以对其进行隐藏。

机械爪虚拟装配 2

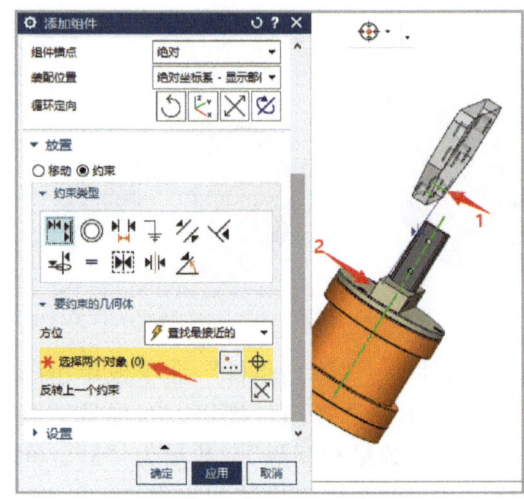
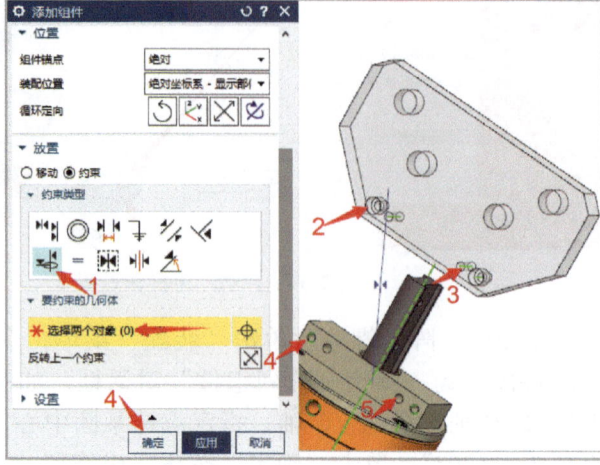

图 2-73　接触约束操作过程　　　　　　图 2-74　对齐约束操作过程（两处）

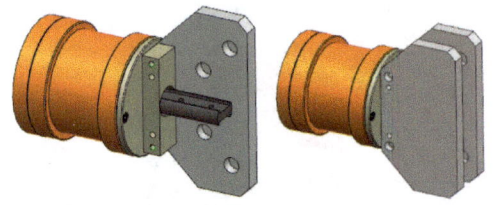

图 2-75　侧板装配效果图

（8）装配齿条

Step15：先添加齿条，再进行约束。①约束类型选"接触对齐"，两个对象选活塞杆槽面和齿条底面，如图 2-76 所示；②约束类型选"对齐/锁定"，两个对象选活塞杆槽面孔轴线和齿条孔轴线，完成一侧齿条装配，如图 2-77 所示。同样地，完成另一侧齿条装配。考虑到结构对称性，待装配完后面零件后再应用"镜像装配"命令进行操作也是可以的，齿条可以先装一个。

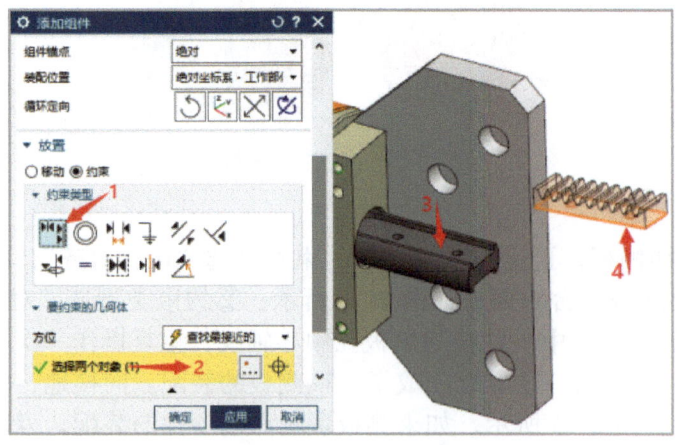

图 2-76　接触对齐约束操作过程

项目 2　工业机器人之"手"——机械爪三维建模与虚拟装配

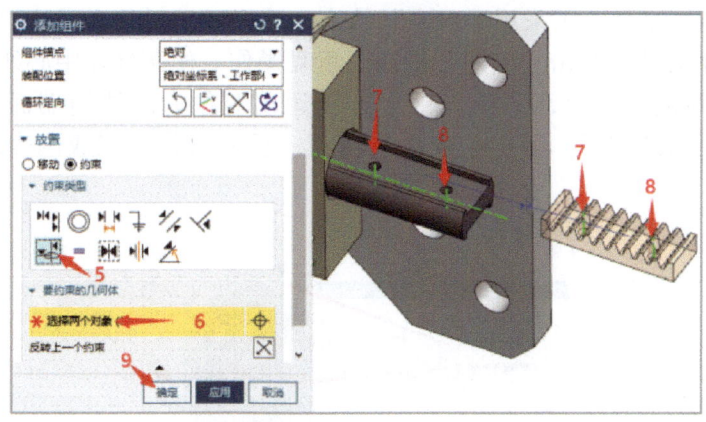

图 2-77　对齐/锁定约束操作过程

（9）装配圆柱销（GB/T 119.1—2000，5×18）

Step16：调标准件。在搜索栏输入代号"119.1"，设置主参数，直径大小选"5"，长度选"18"，每次操作的数量选"2"，单击"确定"按钮，弹出"点"对话框，接受默认，单击"确定"按钮，弹出"移动组件"对话框，拖动手柄，把标准件放置到合适的位置即可，单击"确定"按钮，如图 2-78 所示，这时可能只看到一个圆柱销，其实有两个，只是重叠在一起了。

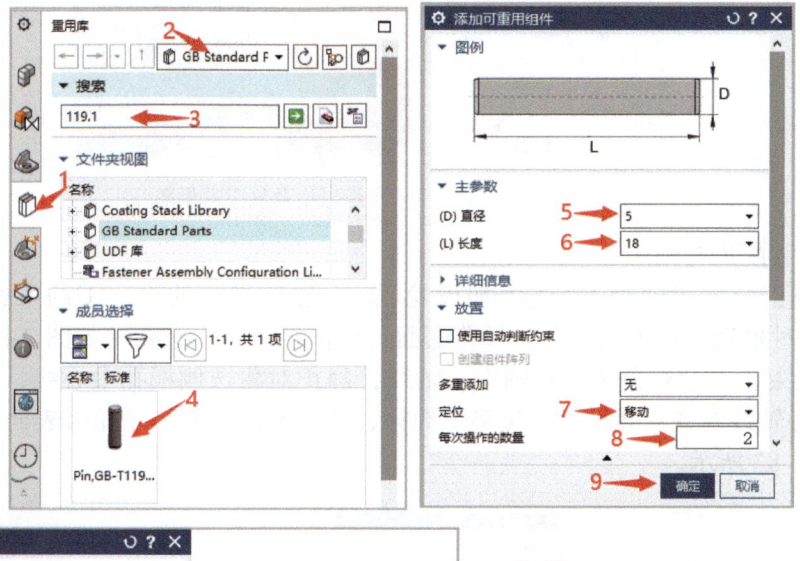

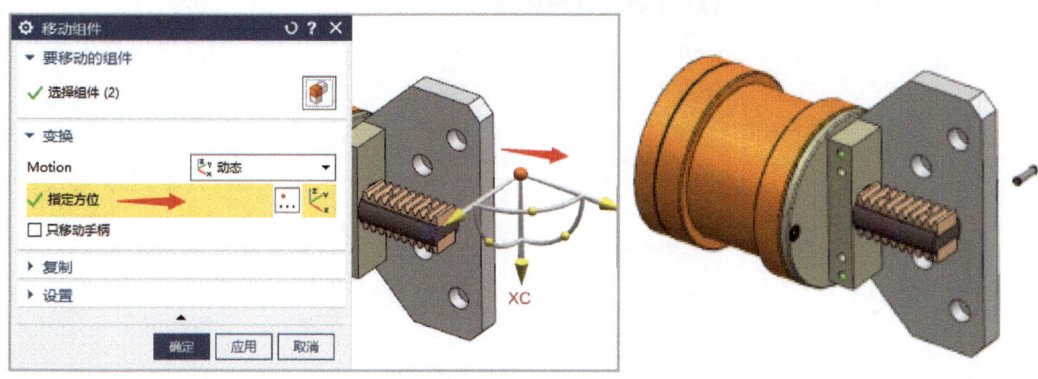

图 2-78　调用标准件操作过程

Step17：装配标准件。①采用"对齐"约束，选择运动对象为圆柱销中心线，选择静止对象为齿条孔中心线，单击"应用"按钮，重复操作，使两处孔中心线对齐，如图2-79所示；②采用"距离"约束，图标为 ，选择运动对象为圆柱销端面，选择静止对象为基准面YZ，距离选"9"，单击"应用"按钮，重复操作，完成两个圆柱销装配，如图2-80所示。

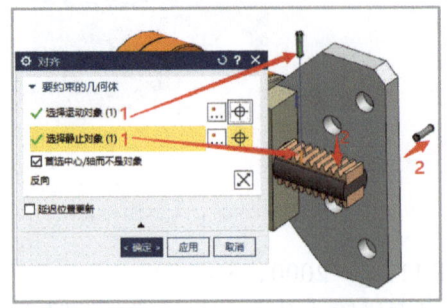

图2-79 对齐约束操作过程

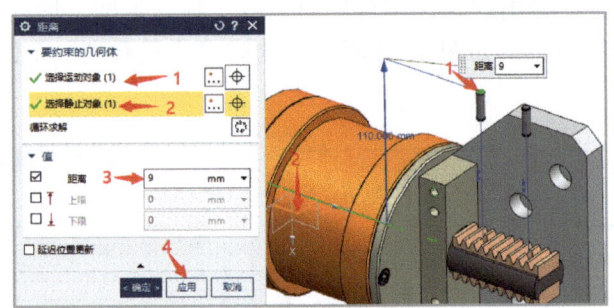

图2-80 距离约束操作过程及最终效果图

（10）装配齿轮轴1

Step18：装配齿轮轴1。先添加齿轮轴1，然后进行约束。①约束类型选"接触对齐"，两个对象选齿轮轴端面和侧板孔底面，单击"确定"按钮，如图2-81所示；②采用"对齐"约束，运动对象选齿轮轴中心轴线，静止对象选侧板孔中心线，如图2-82所示，使两者中心轴线对齐；③采用"接触"约束，使中间区域的齿轮轮齿表面与齿条表面相接触，如图2-83所示。

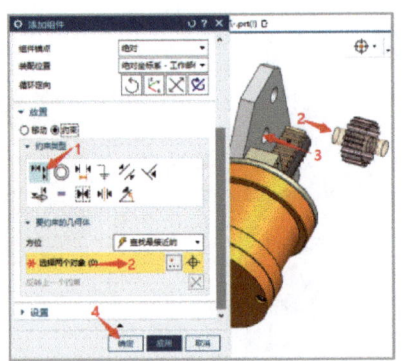

图2-81 接触约束操作过程

项目 2　工业机器人之"手"——机械爪三维建模与虚拟装配

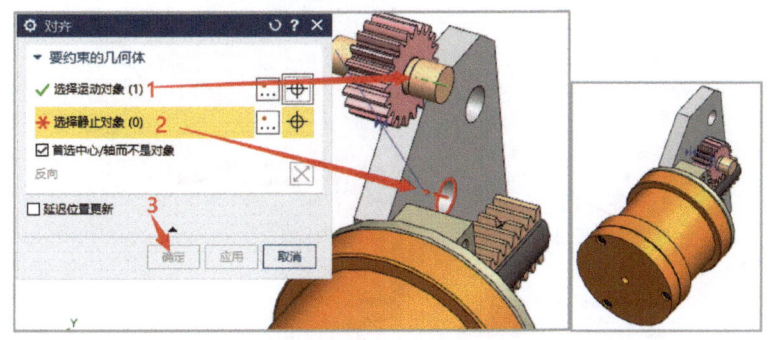

图 2-82　对齐约束操作过程

图 2-83　齿轮与齿条接触约束与最终效果图

（11）装配齿轮轴 2

Step19：同 Step18，完成齿轮轴 2 的装配，注意齿轮轴 2 两个孔的位置，最终效果图如图 2-84 所示。

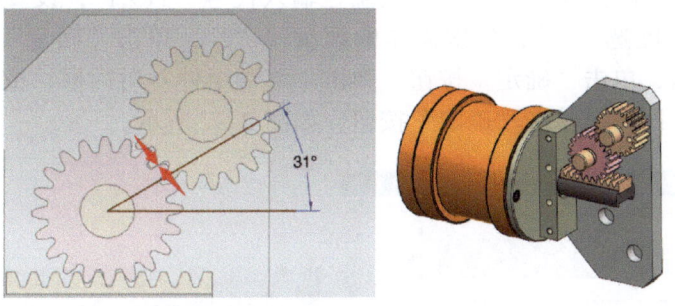

图 2-84　齿轮轴 2 装配效果图

> **温馨小知识**
>
> **想一想**：为什么要注意齿轮轴 2 的孔位？

（12）装配卡爪

Step20：添加卡爪，再进行约束。①约束类型选"接触对齐"，两个对象选卡爪腔内侧面和齿轮轴 2 外侧面，单击"确定"按钮，如图 2-85 所示；②采用"对齐"约束，运动对象选卡爪孔中心线，静止对象选齿轮轴 2 孔中心线，单击"应用"按钮，重复对齐约束一次，使两处孔中心线对齐，如图 2-86 所示，这样就完成了卡爪的装配。

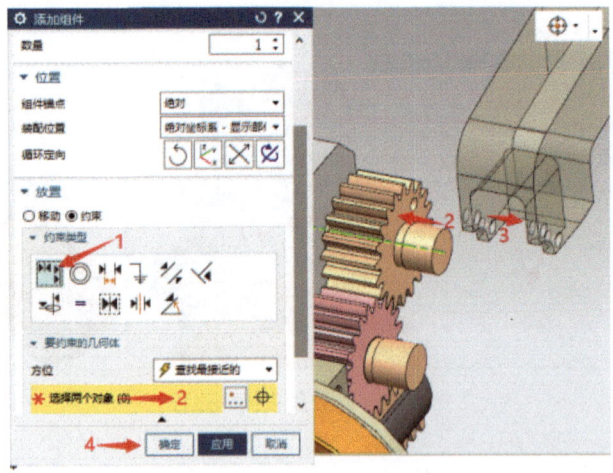

图 2-85 接触约束操作过程

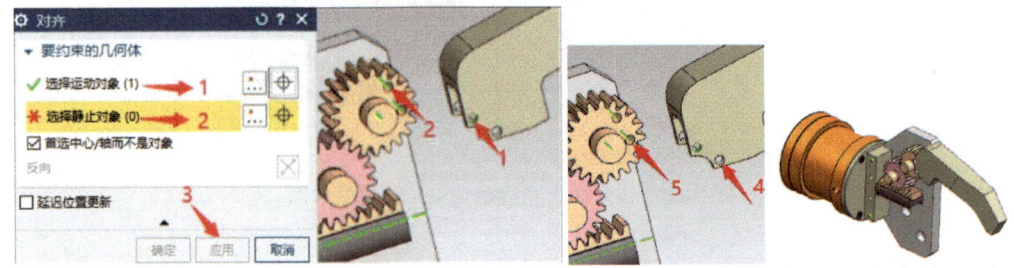

图 2-86 对齐约束操作过程与装配效果图

（13）装配圆柱销 5×28（GB/T 119.1—2000）

Step21：调标准件。同 Step16，在搜索栏输入代号"119.1"，设置圆柱销主参数，直径大小选"5"，长度选"28"，每次操作的数量选"2"，单击"确定"按钮，弹出"点"对话框，接受默认，单击"确定"按钮，弹出"移动组件"对话框，拖动手柄，把标准件放置到合适的位置即可，单击"确定"按钮，如图 2-87 所示。

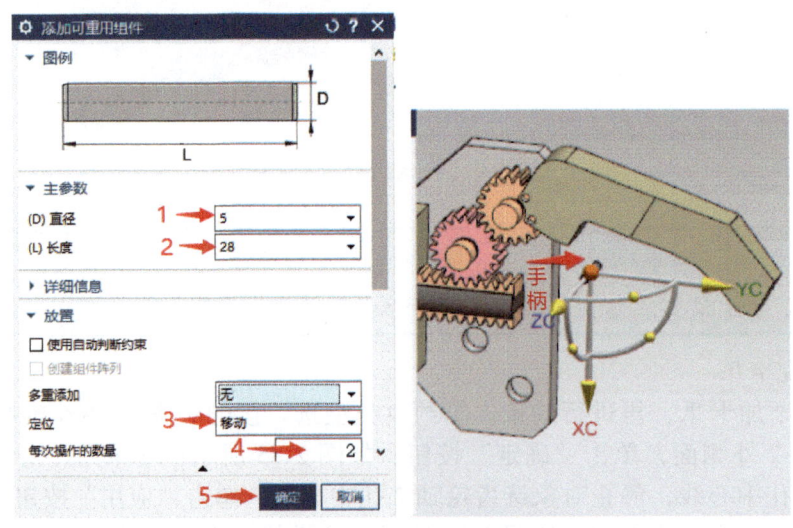

图 2-87 调标准件操作过程

项目2　工业机器人之"手"——机械爪三维建模与虚拟装配

Step22：装配标准件。采用"对齐"约束，运动对象选圆柱销中心轴线，静止对象选卡爪孔中心轴线，单击"应用"按钮，使轴线对齐，继续采用"对齐"约束，运动对象选圆柱销端面，静止对象选卡爪侧面，使两面对齐，如图2-88所示，重复操作，完成第二个圆柱销的装配，如图2-89所示。

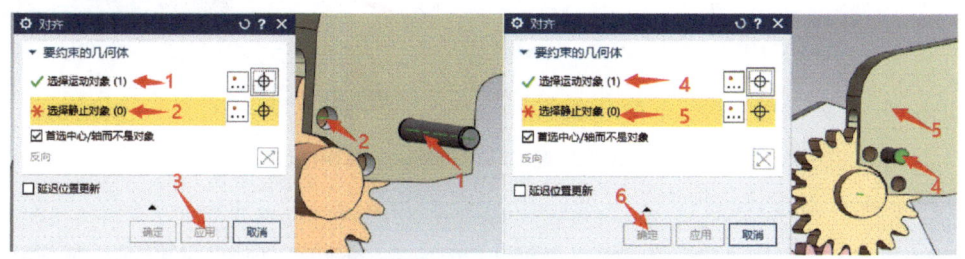

图2-88　对齐约束操作过程

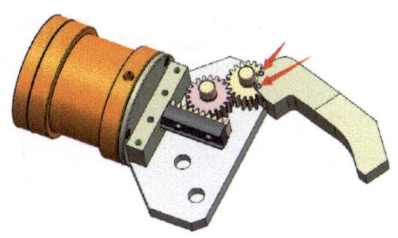

图2-89　圆柱销装配效果图

（14）镜像装配

Step23：镜像装配。将Step18～Step22重复操作一遍，即可完成另一半的装配，由于机械爪结构对称，为了缩短装配时间，可以应用"镜像装配"命令对齿轮轴、卡爪、圆柱销进行镜像装配，具体操作：单击"装配"菜单，选择"组件"-"镜像装配"命令或直接单击镜像装配图标，弹出镜像装配向导，单击"下一步"按钮进入选定的组件，点选"齿条齿轮轴1、齿轮轴2、卡爪、圆柱销"，如图2-90所示；单击"下一步"按钮进入选择平面，单击创建基准平面图标，弹出"基准平面"对话框，如图2-91所示，类型选择"YC-ZC平面"，作为镜像平面，单击"确定"按钮；再单击"下一步"按钮，命名策略接受默认，即命名规则是"将此作为前缀添加到原名中"，单击"下一步"按钮，选中所有零件，再单击关联镜像图标按钮，单击"下一步"按钮，最后单击"完成"按钮结束镜像装配，如图2-92所示，镜像装配效果图如图2-93所示。

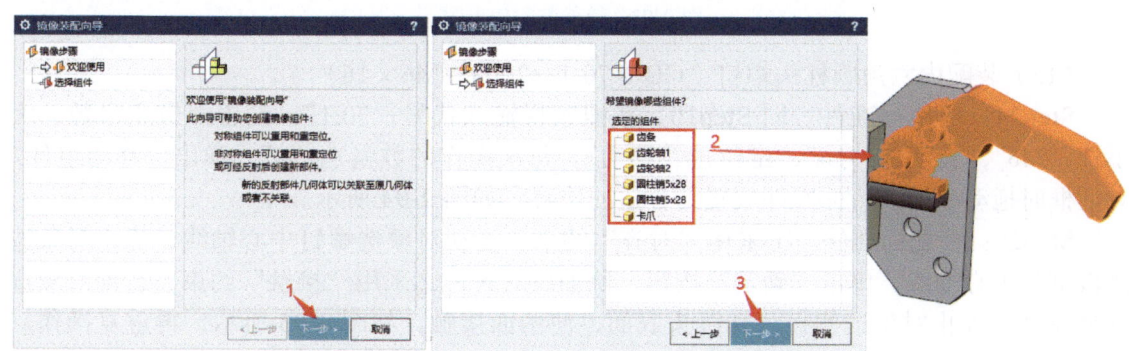

图2-90　进入镜像装配向导并选择组件操作过程

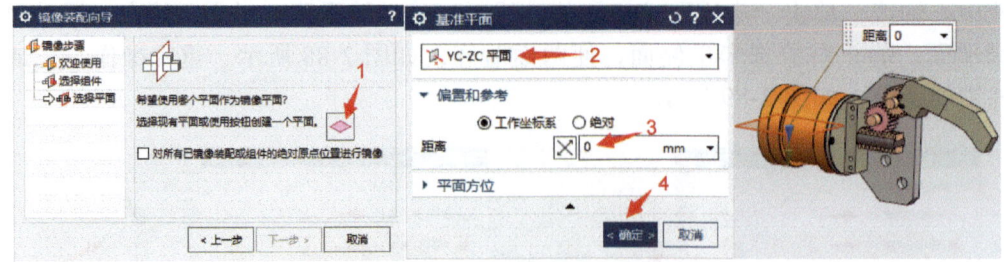

图 2-91　镜像装配向导创建镜像平面操作过程

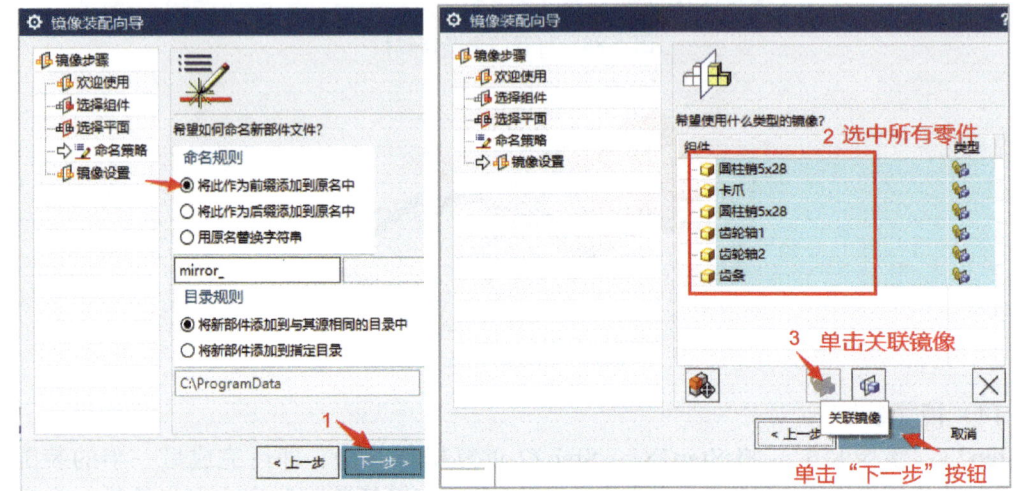

图 2-92　镜像装配向导命名策略与镜像设置操作过程

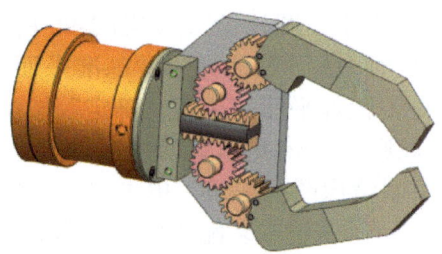

图 2-93　镜像装配效果图

（15）装配内六角圆柱头螺钉（GB/T 70.1—2008，M6×16）

Step24：调用标准件。同 Step10，在搜索栏输入代号"70.1"，设置螺钉主参数，大小选"M6"，长度选"16"，定位选"移动"，每次操作的数量选"4"，弹出"移动组件"对话框时拖动手柄，将标准件放置到合适的位置，如图 2-94 所示。

Step25：装配标准件。①采用"对齐"约束，运动对象选螺钉中心轴线，静止对象选侧板沉孔中心轴线，单击"确定"按钮，使轴线对齐；②采用"接触"约束，运动对象选螺母端面，静止对象选侧板沉孔沉头底面，使两面接触，如图 2-95 所示，再重复操作三次，把其他三个螺钉也装上，如图 2-96 所示。

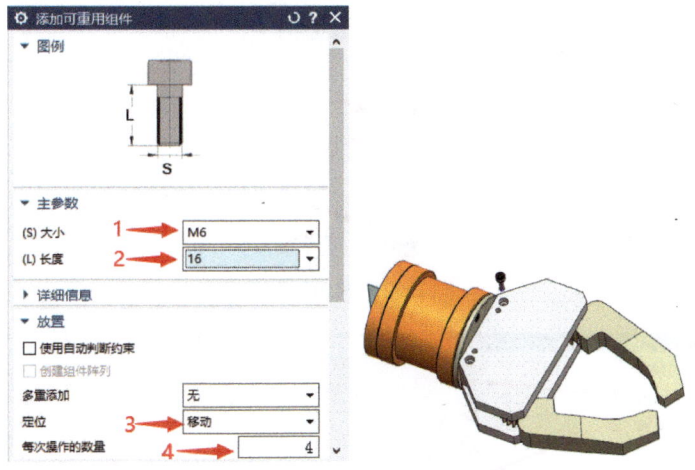

图 2-94 调用标准件操作过程

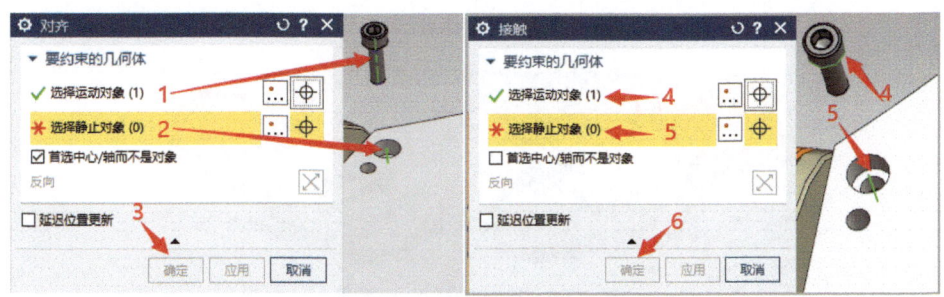

图 2-95 对齐与接触约束操作过程

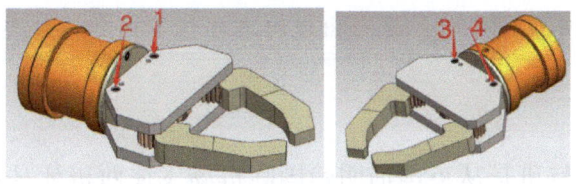

图 2-96 螺钉装配效果图

（16）装配圆柱销（GB/T 119.1—2000，6×16）

Step26：调用标准件，设置圆柱销主参数，每次操作的数量选"4"，如图 2-97 所示；再进行装配，采用"对齐"约束，运动对象选圆柱销中心轴线，静止对象选侧板孔中心轴线，单击"应用"按钮，使轴线对齐，继续采用"对齐"约束，运动对象选圆柱销端面，静止对象选侧板侧面，使两面对齐，如图 2-98 所示，重复操作三次，把其余三个圆柱销装上，如图 2-99 所示，这样机械爪装配就完成了。

当然也可以先装好一侧的两个螺钉 M6×16 和两个圆柱销 6×16，再镜像装配，请读者自行尝试。

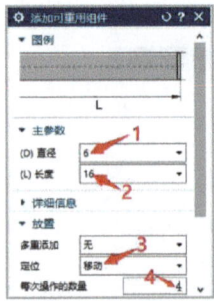

图 2-97　调用标准件

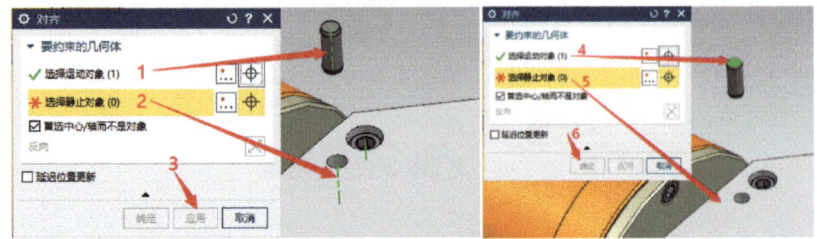

图 2-98　对齐约束操作过程

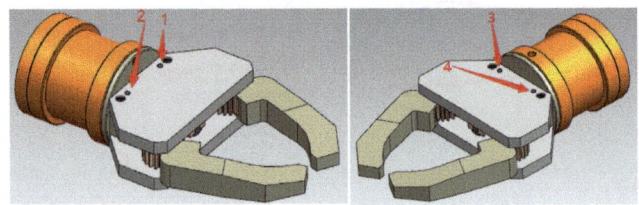

图 2-99　圆柱销装配效果图

温馨小知识

试一试：再次打开装配体时，是否出现标准件找不到的情况呢？应如何处理？

素质教育案例

英国航空 5390 号航班是从英国伯明翰国际机场飞往西班牙马拉加机场的定期航线。1990 年 6 月 10 日，正在执飞的英国航空 5390 航班 BAC111 型客机驾驶舱左前风挡玻璃突然挣脱窗框飞离机体，没有系安全带的机长被吸出机外，幸亏被副驾驶和随后赶来的空乘抓住，飞机在副驾驶的操纵下安全备降。调查发现，飞机在事发前一天检修过风挡，机务用了错误型号的螺栓固定风挡，导致在巡航时无法承受压力差而迸裂。大到飞机，小到上述装配的机械爪，都是由众多零件组成，其中一个零件失效或者装配不到位，都可能导致整个机械无法完成功能甚至发生意想不到的灾难，因此，工作中务必严谨认真，养成精益求精的工作作风。

课后拓展

任务描述：根据装配图（见图 2-100）对采摘机械手进行装配，要求符合工作原理，零件位置正确，约束方式自行选择，缺少的自制零件找教师申请。

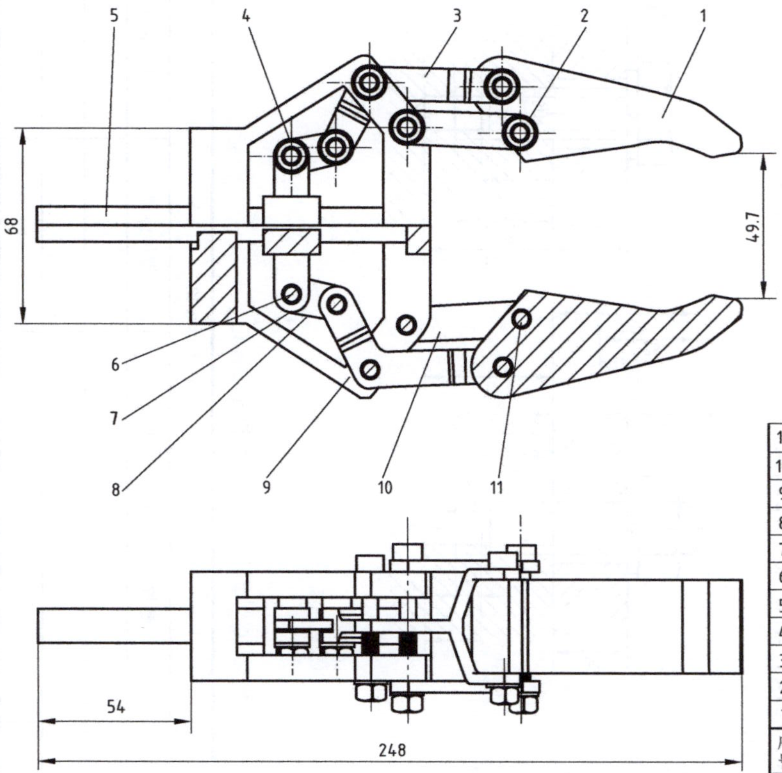

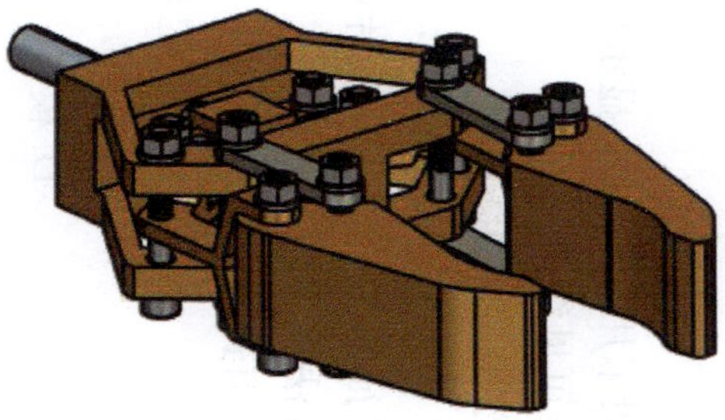

项目 2　工业机器人之"手"——机械爪三维建模与虚拟装配

11	GB/T 70.1—2008	M6×45	8	45	外购
10	JXS-02	长连杆	4	45	自制
9	JXS-05	支架	1	45	自制
8	JXS-01	短连杆	2	45	自制
7	JXS-03	杆连接器	4	45	自制
6	GB/T 70.1—2008	M6×20	1	45	外购
5	JXS-07	柱130	12	45	自制
4	GB/T 6170—2015	M6螺母	2	45	外购
3	JXS-06	连接器	12	45	自制
2	GB/T 95—2002	垫圈	2	45	外购
1	JXS-04	爪	2	45	自制
序号	代号	名称	数量	材料	备注

技术要求
1. 装配过程中零件不允许磕碰、划伤和锈蚀。
2. 装配过程中紧固螺栓、螺母时，严禁打击或使用不合适的钳具和扳手。
3. 泵在进行油压试验时，所有密封装置处不得漏油。

图 2-100　采摘机械手装配图

项目测评

一、选择题

1. 为了让零件模型在图形区域看上去比较真实,一般采用(　　)显示模式。
   A. 着色　　　　　　　　　　　　B. 隐藏线可见线框
   C. 隐藏线变灰的线框　　　　　　D. 隐藏线变虚线的线框

2. 以下说法正确的是(　　)。
   A. 一个拉伸特征可以包含多个体　　B. 拉伸特征只能包含实体或片体
   C. 一个拉伸特征只能包含一个体　　D. 以上说法都不对

3. 在 UG NX 中创建出国家标准规定的齿轮图样需要用到(　　)命令。
   A. 分析　　　　　　B. 工具　　　　　　C. 格式　　　　　　D. GC 工具箱

4. 在 UG NX 中设计齿轮时,可以不用的参数是(　　)。
   A. 压力角　　　　　B. 齿顶高　　　　　C. 齿宽　　　　　　D. 模数

二、简答题

根据图 2-101 所示螺纹连接,结合查《机械设计手册》,完成表 2-10 中的螺纹标记。

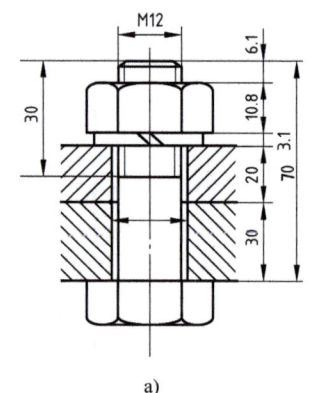
a)

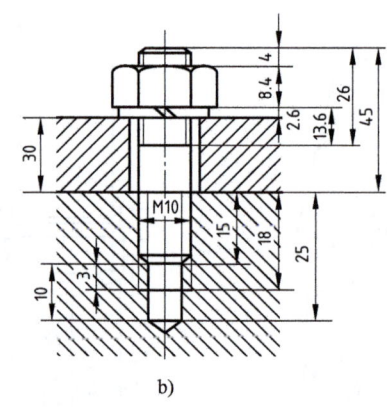
b)

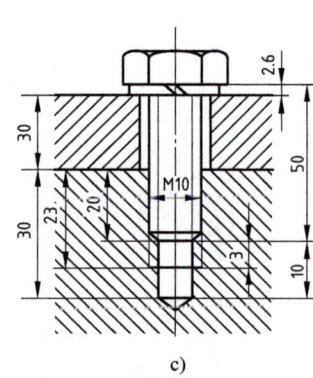
c)

图 2-101　不同形式的螺纹连接

表 2-10　螺栓、螺柱、螺钉连接标记

连接类型	标准件规格		
	螺栓/螺柱/螺钉标记	螺母标记	垫圈标记
图 2-101a,普通螺栓连接			
图 2-101b,螺柱连接			
图 2-101c,螺钉连接			

第 2 篇

进阶篇

项目 3

流体调控之"咽喉"——旋塞阀三维建模与图样表达

项目描述

阀是流体控制系统的核心部件,小至医药用口径仅数毫米的输液止回阀,大至南水北调管路用口径数米的蝶阀,产品谱系极为丰富。在众多阀门品类中,截断阀凭借其广泛适用性占据市场主导地位,该品类又可细分为多个子类,其中闸阀主要用于工程机械中的混凝土泵送机械(见图 3-1),调控混凝土输送量,旋塞阀则在能源领域表现突出,是天然气长输管道的核心控制元件,我国"西气东输"等战略工程中便大量采用了高压旋塞阀技术(见图 3-2)。

图 3-1 闸阀在混凝土机械设备中的应用

图 3-2 旋塞阀在"西气东输"管道中的应用

"西气东输"工程是一条气贯中华大地的能源大动脉,西起新疆塔里木气田,东至上海黄浦江畔，这项世纪工程自 2002 年盛夏破土动工，于 2004 年金秋实现全线贯通，如今它跨越千山万水，送达千家万户，融入了近 4 亿中国人的生活，成为一个奔跑向前的大国不可或缺的动力。

本项目以结构相对简单、又具有典型性的旋塞阀为载体，学习旋塞阀的工作原理，根据旋塞阀零件图和装配图，采用自下而上的设计方法进行建模、出图及虚拟装配，最终完成旋塞阀整套数字化资料，包括三维模型、装配体、零件图及装配图。

任务 1 旋塞阀零件三维建模

任务引入

旋塞阀是塞子绕阀体中心线旋转 90° 达到启闭目的的一种阀（见图 3-3），具有结构紧凑、流阻系数小等特点，在管道中起调控、切断流量或改变流向的作用。

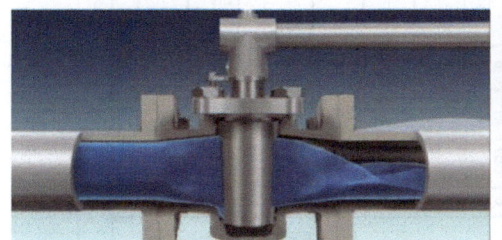
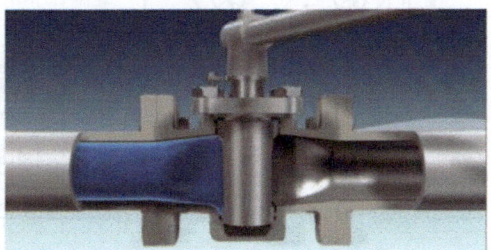

旋塞阀介绍与任务引入

图 3-3 旋塞阀通断示意图

本任务根据某企业提供的旋塞阀图样，包括一张装配图（见图 3-4）和零件图，使用三维软件对该 7 个零件建模，要求思路清晰，模型正确，尺寸准确，步骤简洁，用时合理。由于本任务涉及零件数量较多，根据零件结构特点，划分成两个子任务来完成，如图 3-5 所示。

子任务 1 旋塞壳和塞子三维建模

课前预习

1. 查一查：旋塞阀是如何实现快速开启或关闭的？

2. 小测
1）机械行业标准的表示符号是以下哪种？（　　　）
A. GB　　　　　　B. JB　　　　　　C. QB　　　　　　D. NY
2）平面图形中的尺寸按其作用可分为定形和定位两类。（判断题）　　　　（　　　）
3）机件的真实大小以所标注的尺寸数值为依据，与比例及视图大小有关。（判断题）
（　　　）

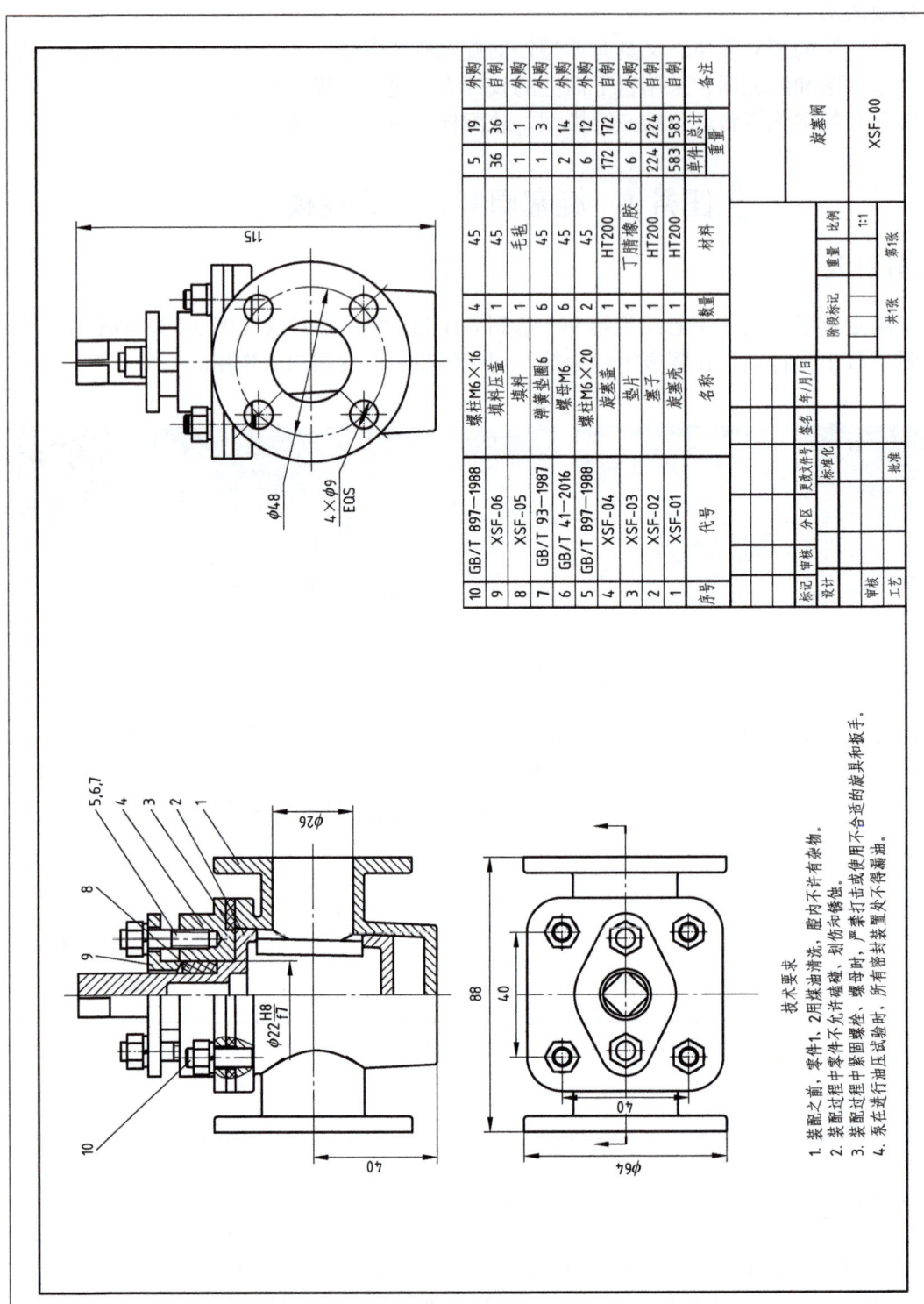

图 3-4 旋塞阀装配图

项目 3　流体调控之"咽喉"——旋塞阀三维建模与图样表达

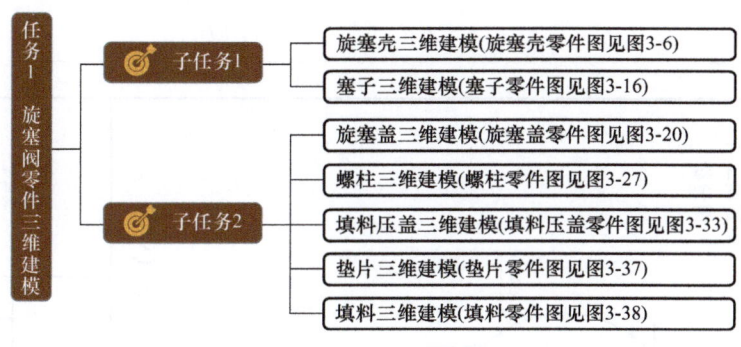

图 3-5　任务分解

任务实施

一、旋塞壳三维建模

1. 旋塞壳建模思路分析

旋塞壳零件图如图 3-6 所示,其结构较为复杂,通过分析图样,该零件基本结构是左右对称且孔贯通,中间是圆锥体,左右两侧是圆形法兰,上侧是方形法兰。旋塞壳建模思路很多,现提供一种供参考,具体建模思路:①创建阀芯圆锥体;②创建上侧法兰;③创建右侧管道和法兰;④创建左侧的管道和法兰。具体建模过程见表 3-1。

表 3-1　旋塞壳建模过程

步骤	图示	步骤	图示
第 1 步　用"旋转"命令创建阀芯圆锥体		第 4 步　用"镜像"命令创建左侧管道和法兰	
第 2 步　用"拉伸"和"孔"命令创建上侧法兰		第 5 步　最终效果图	
第 3 步　用"拉伸"命令创建右侧管道和法兰			

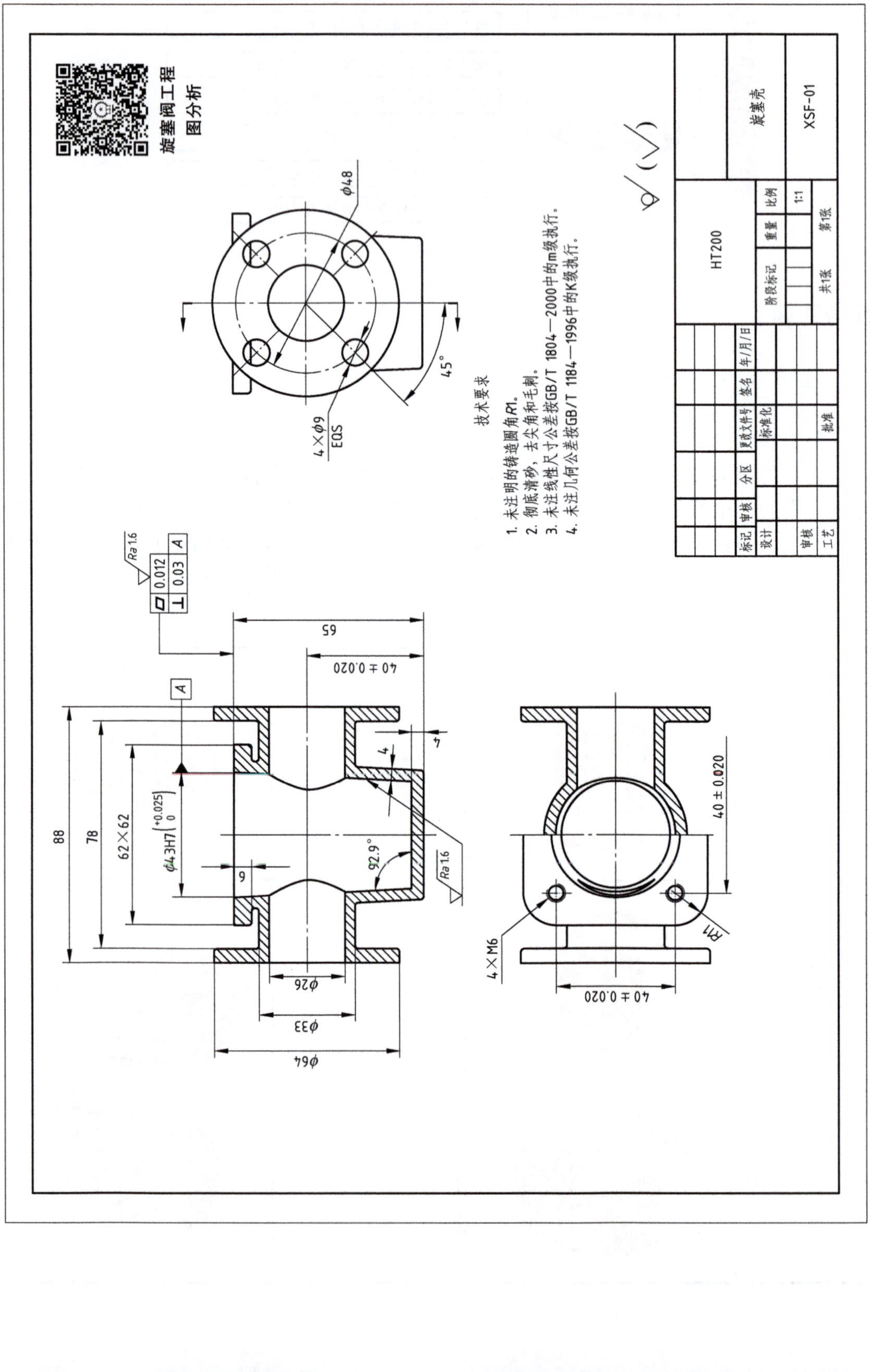

图 3-6 旋塞壳零件图

2. 旋塞壳建模实践

鉴于前面对建模过程有详细描述，从本任务开始，主要针对关键步骤进行描述。

（1）创建阀芯圆锥体

Step1：新建"旋塞壳"文件，保存到"D:\ 旋塞阀建模与虚拟装配\"文件夹。

Step2：选择 YZ 平面草绘，应用"旋转"命令完成创建，如图 3-7 所示。

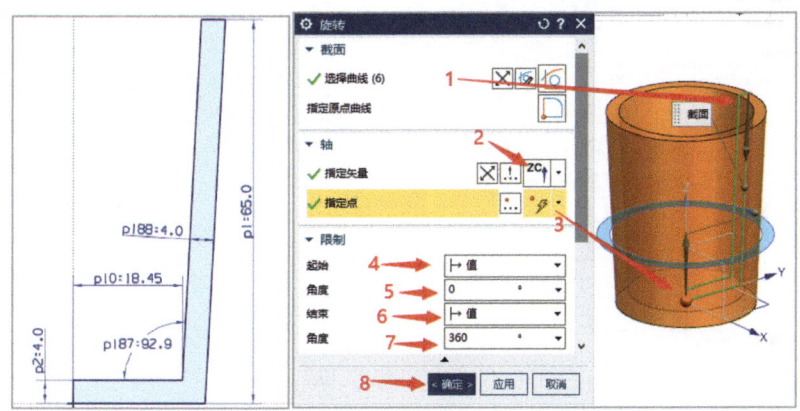

旋塞壳三维建模

图 3-7　草图绘制与旋转操作过程及效果图

（2）创建上侧法兰

Step3：选择阀芯圆锥体上端面为草绘平面，选择曲线时，注意不要忘记选择 $\phi 43$ 的圆，如图 3-8 所示，应用"拉伸"命令创建法兰主体，如图 3-9 所示。

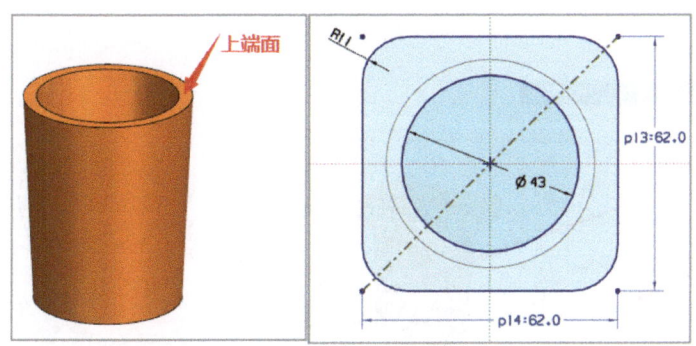

图 3-8　绘制草图

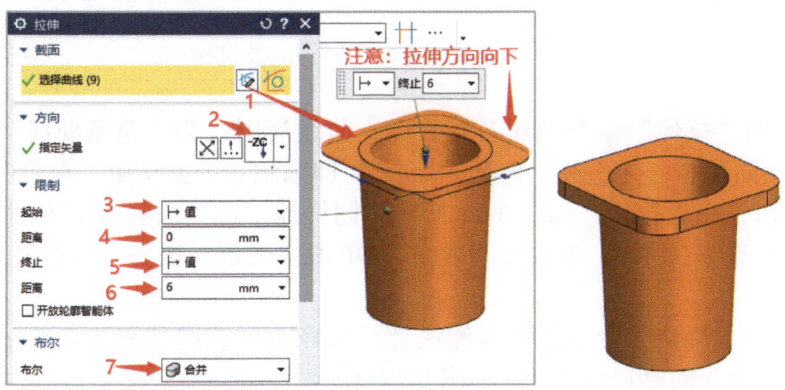

图 3-9　拉伸操作过程与效果图

Step4：应用"孔"命令创建 4×M6 螺纹孔，如图 3-10 所示。

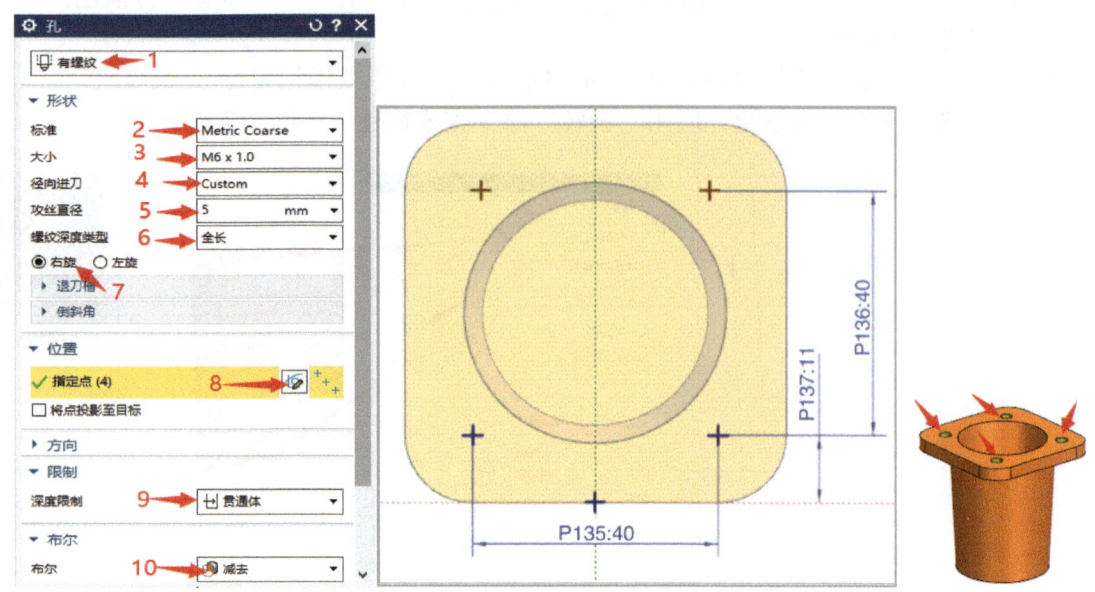

图 3-10　孔命令操作过程与效果图

（3）创建右侧管道和法兰

Step5：首先，平行于基准面 XZ 新建一个平面，在新建平面上绘制草图，如图 3-11 所示。

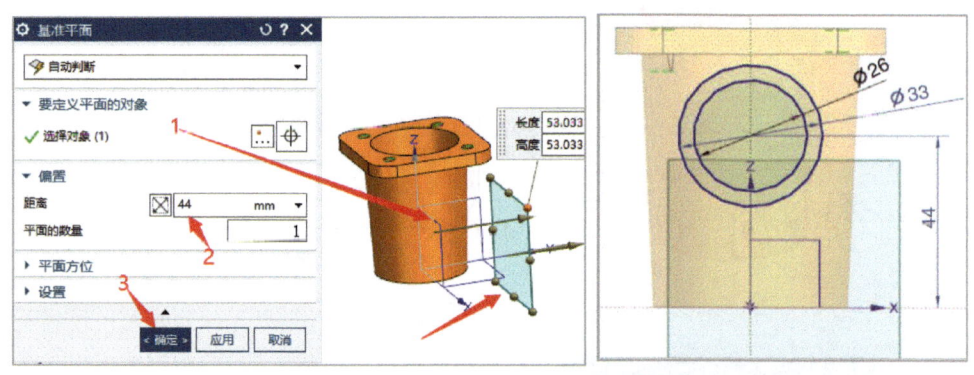

图 3-11　新建基准平面与草绘操作过程

Step6：应用"拉伸"命令创建右侧管道，曲线规则改为"单条曲线"，选择曲线为 $\phi33$ 圆，方向朝向阀芯，终止选"直至下一个"，即到相邻的面结束，布尔选"合并"，单击"应用"按钮，完成拉伸，如图 3-12 所示。同样地，选择曲线为 $\phi26$ 圆，方向朝向阀芯，终止选"直至下一个"，布尔选"减去"，单击"确定"按钮完成打孔，右侧的管道如图 3-13 所示。

Step7：应用"拉伸"命令创建右侧法兰，选择右侧管道端面为草绘平面绘制草图，再应用"拉伸"命令创建右侧法兰，如图 3-14 所示。

项目3 流体调控之"咽喉"——旋塞阀三维建模与图样表达

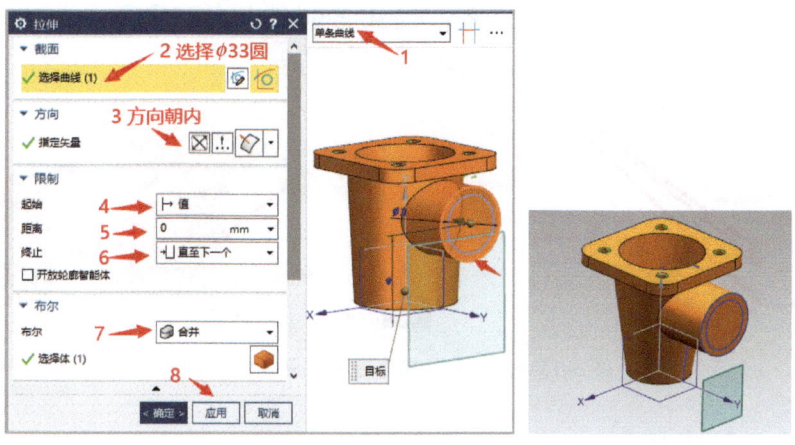

图 3-12 拉伸外圆 φ33 操作过程与效果图

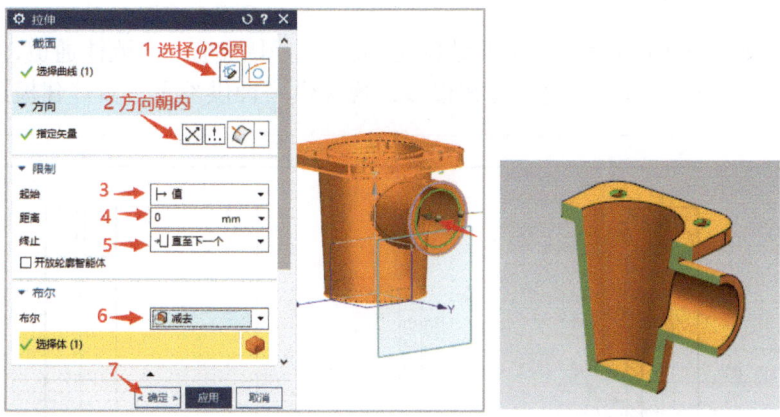

图 3-13 拉伸内圆 φ26 操作过程与效果图

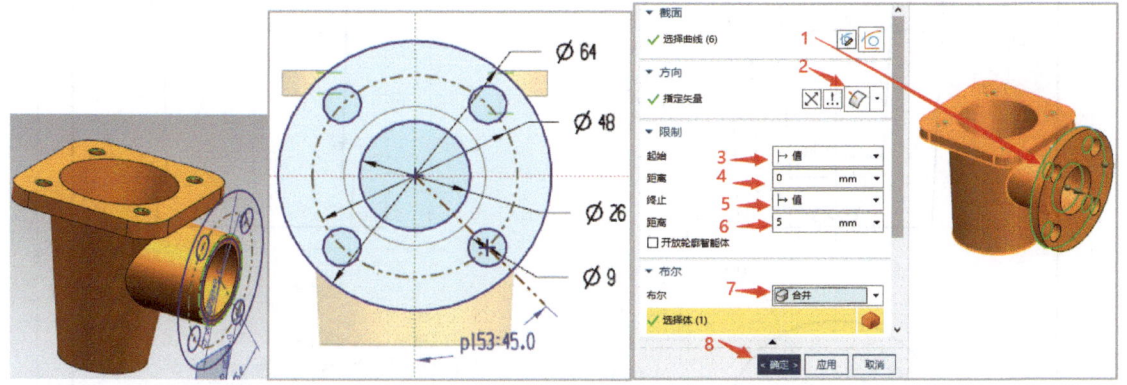

图 3-14 在右侧管道端面草绘与拉伸操作过程

温馨小知识

想一想：如图 3-14 中，将 φ48 圆由实线变双点划线是由什么命令实现的？

（4）创建左侧管道和法兰

Step8：应用"镜像特征"命令完成左侧管道和法兰的创建，如图 3-15 所示。

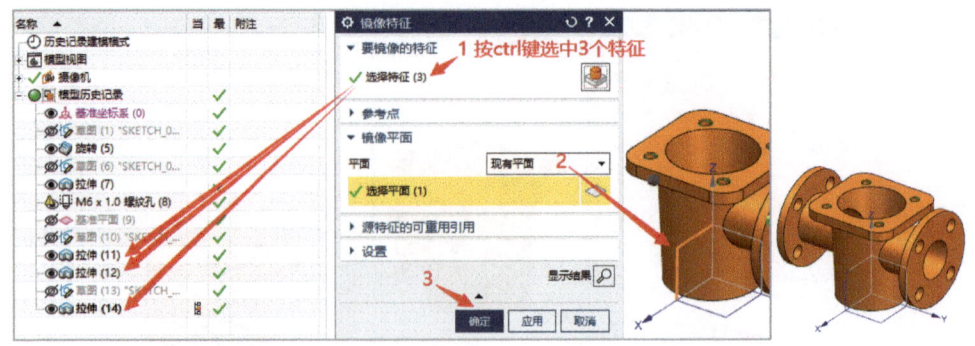

图 3-15 镜像特征操作过程与最终效果图

二、塞子三维建模

1. 塞子建模思路分析

塞子零件图如图 3-16 所示，其主要结构是回转体，中间是一个流体通道，顶部是一个四面体，是旋转塞子的施力部位，建模方案很多，现提供一种供参考，具体建模过程见表 3-2。

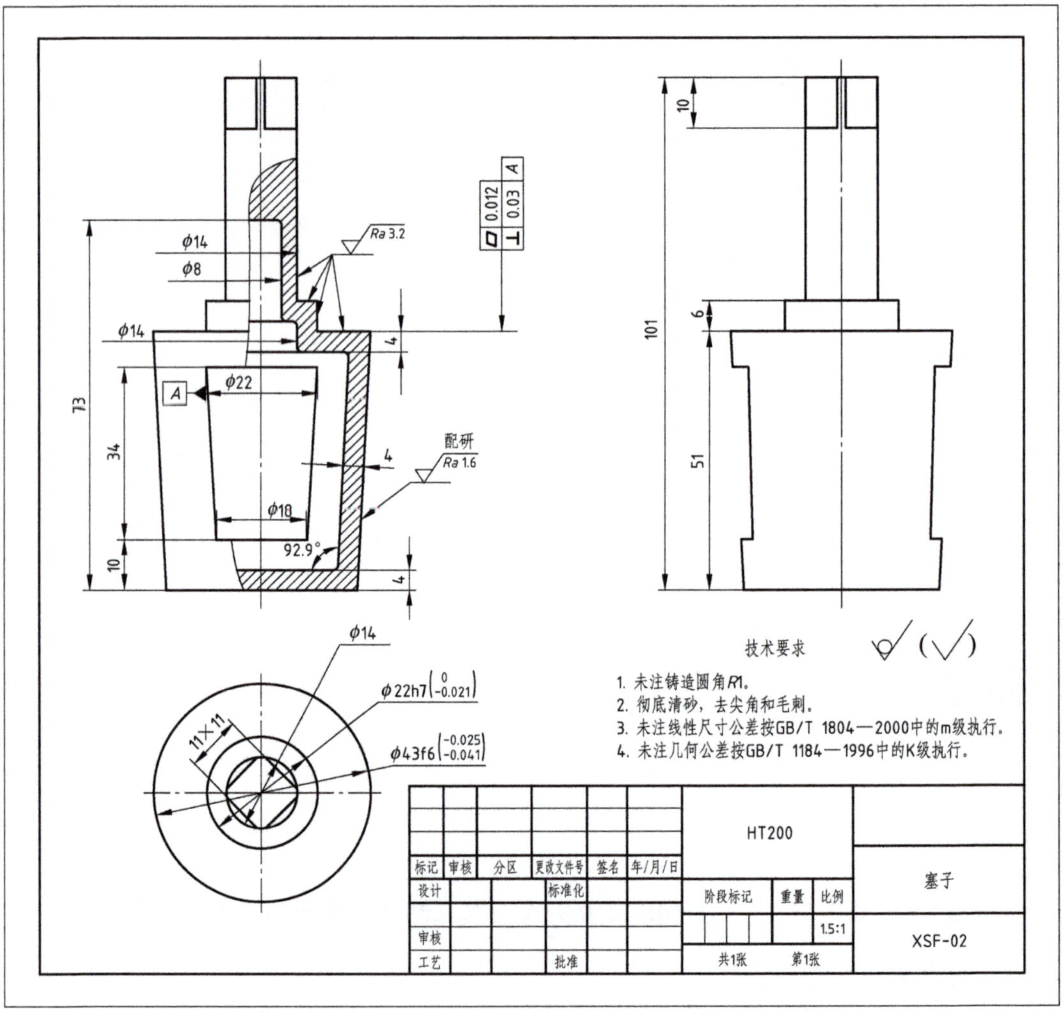

图 3-16 塞子零件图

表 3-2 塞子建模过程

步骤	图示	步骤	图示
第1步 用"旋转"命令创建塞子主体		第3步 用"拉伸"命令创建顶部四面体	
第2步 用"拉伸"命令创建流体通道		第4步 最终效果图	

2. 塞子建模实践

具体内容见二维码：

塞子三维建模（文本）　　塞子三维建模

素质教育案例

大家在前面画旋塞壳和塞子时，已经感受到了只有将几个视图联系起来才能想象出模型的空间形状，否则无法读懂零件图，自然也无法创建旋塞壳模型，这也告诉我们一个道理：事物是关联的，不要片面、孤立、静止地看问题，不要"盲人摸象"（见图3-17），要用变化、全面、发展的眼光看问题，树立正确的人生观、价值观和世界观。

图 3-17　盲人摸象漫画

课后拓展

球心阀（见图3-18）是一种常见的管道阀门，用于截止介质并防止反流，主要由阀体、阀芯、阀杆圈等零件组成，属90°开关切断阀。它借助手柄或驱动装置在阀杆上端施加一定的转矩并传递给球体，使它旋转90°，球体的通道与壳体通孔中心线重合或垂直，完成全开或全关动作。任务：根据阀体零件图（见图3-19）进行三维建模，要求建模思路合理且效率高，模型形状正确，尺寸准确。

图 3-18　球心阀

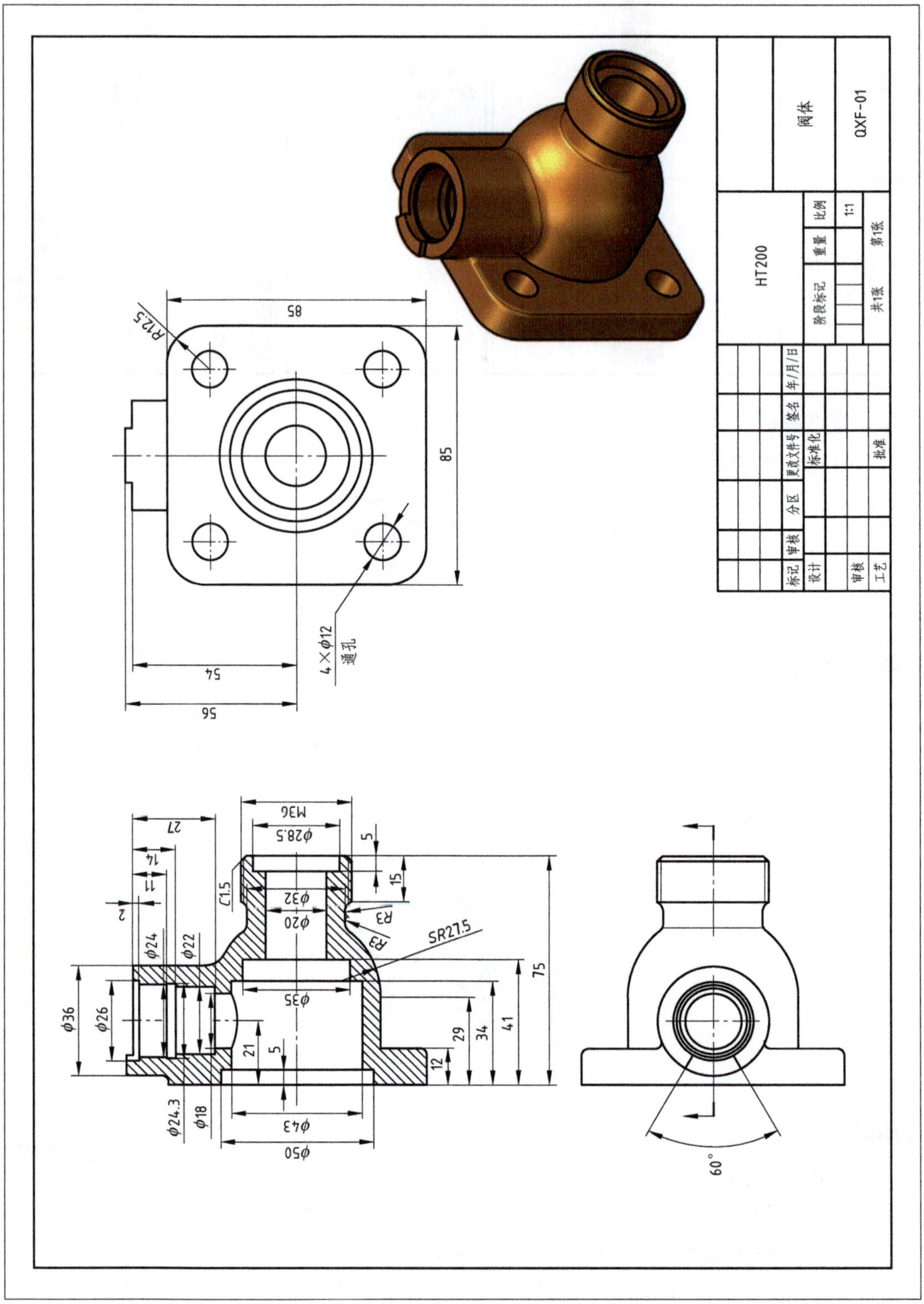

图 3-19 阀体零件图

子任务 2　旋塞盖、螺柱、填料压盖、垫片、填料三维建模

课前预习

1. 查一查：旋塞阀是如何实现密封的？

2. 小测
1) 螺纹的要素不包括（　　）。（单选题）
A. 牙型　　　　　　　B. 小径　　　　　　　C. 螺距　　　　　　　D. 旋向
2) 外螺纹的公称直径为大径，内螺纹的公称直径为小径。（判断题）　　（　　）
3) 内、外螺纹的五要素不全相同时，它们也可以互相旋合。（判断题）　　（　　）

任务实施

一、旋塞盖三维建模

1. 旋塞盖建模思路分析

旋塞盖零件图如图 3-20 所示，其结构不复杂，形状规则，有螺纹孔和通孔等，建模思路很多，现提供一种思路供参考，具体过程见表 3-3。

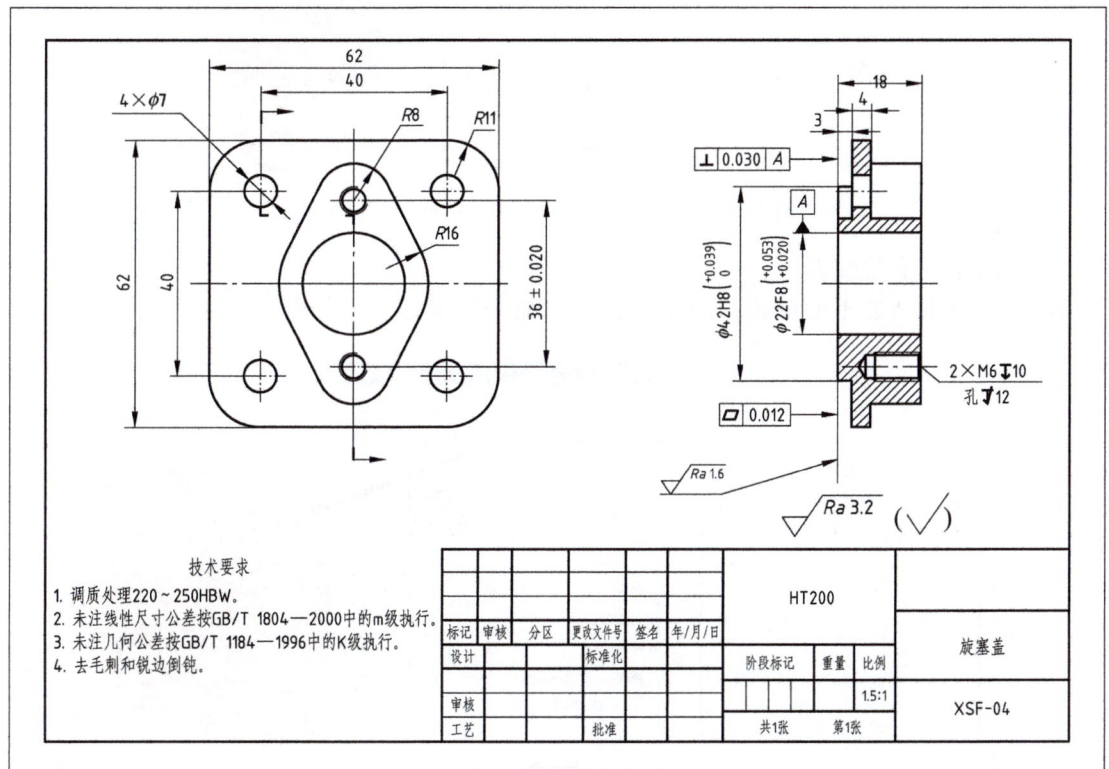

图 3-20　旋塞盖零件图

表 3-3　旋塞盖建模过程

步骤	图示	步骤	图示
第1步　用"拉伸"命令创建旋塞盖凸台		第3步　用"孔"命令创建螺纹孔和通孔	
第2步　用"拉伸"命令创建旋塞盖底板		第4步　最终效果图	

2. 旋塞盖建模实践

（1）创建旋塞盖凸台

Step1：新建旋塞盖文件，保存到"D:\旋塞阀建模与虚拟装配\"文件夹。

Step2：选择 YZ 平面草绘，应用"拉伸"命令完成创建，如图 3-21 所示。

旋塞盖三维建模

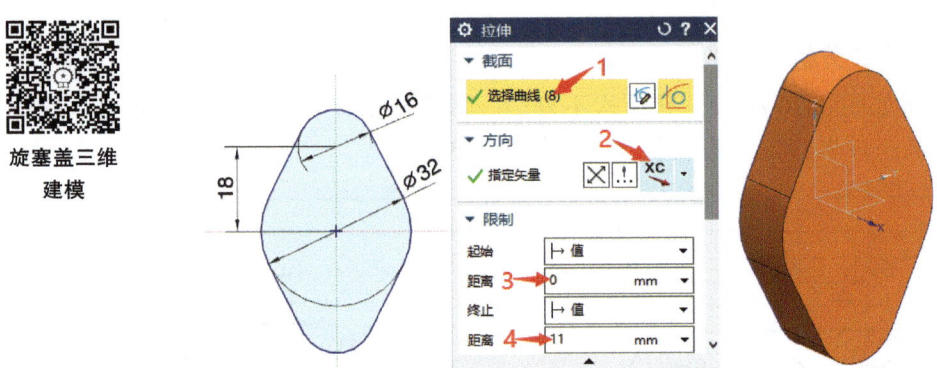

图 3-21　旋塞盖凸台草图绘制与拉伸操作过程

（2）创建旋塞盖底板

Step3：选择 YZ 平面草绘，应用"拉伸"命令完成创建，如图 3-22 所示。

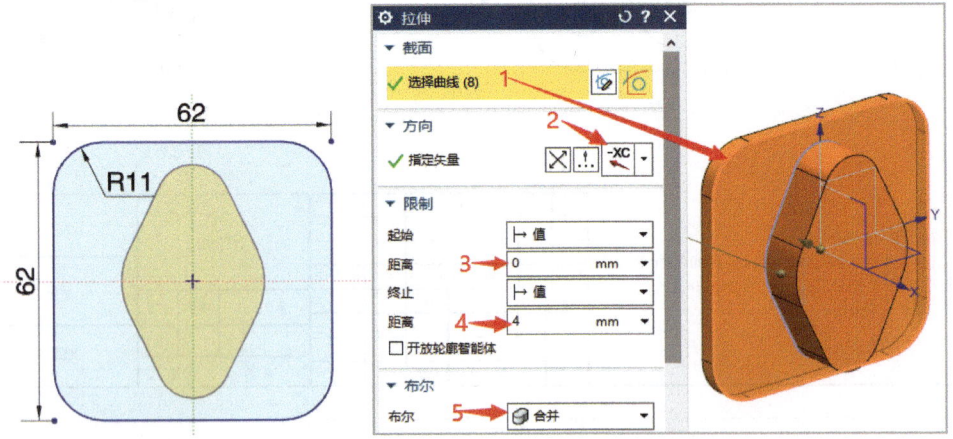

图 3-22　旋塞盖底板草图绘制与拉伸操作过程（一）

Step4：选择 YZ 平面草绘，应用"拉伸"命令完成旋塞盖底板创建，如图 3-23 所示。

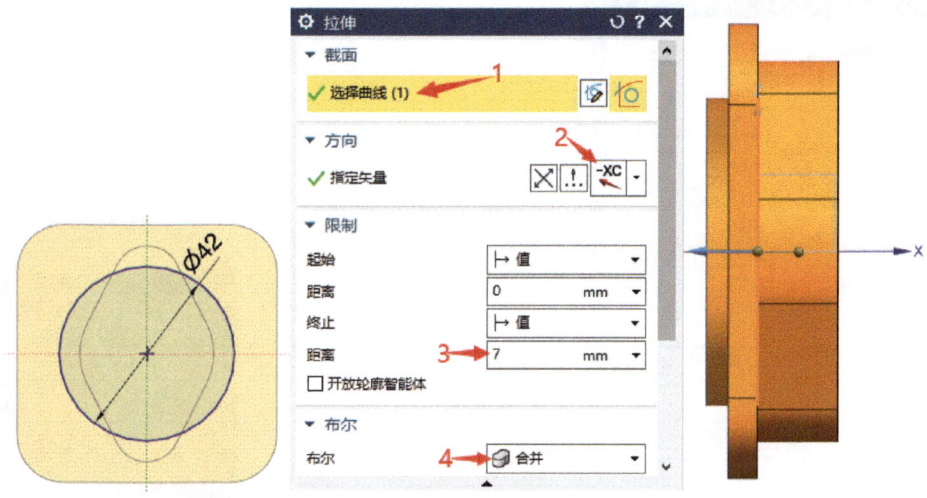

图 3-23　旋塞盖底板草图绘制与拉伸操作过程（二）

（3）创建孔

Step5：创建 $\phi22$ 通孔。选择 YZ 平面草绘，应用"拉伸"命令贯通，如图 3-24 所示。

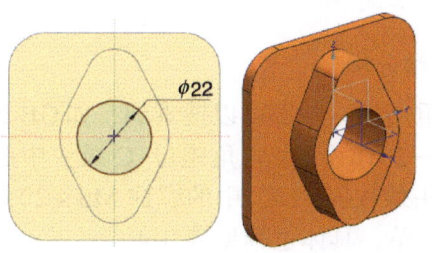

图 3-24　草图绘制与拉伸通孔效果图

Step6：创建 $2\times M6$ 螺纹孔。应用"孔"命令完成螺纹孔创建，如图 3-25 所示。

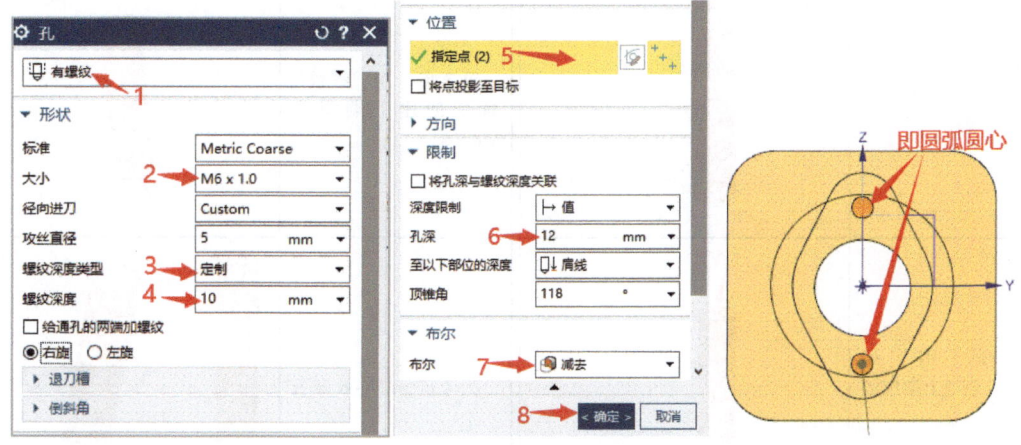

图 3-25　孔命令设置过程与效果图（一）

Step7：创建 $4\times\phi7$ 通孔。应用"孔"命令完成旋塞盖创建，如图 3-26 所示。

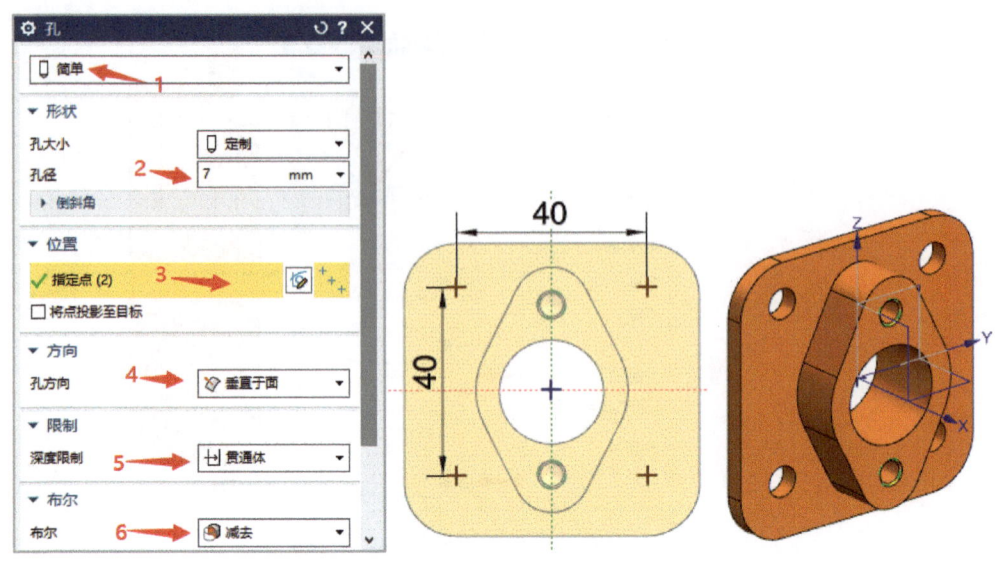

图 3-26　孔命令设置过程与效果图（二）

二、螺柱 M6×20 三维建模

1. 螺柱 M6×20 建模思路分析

标准件在 UG NX 软件重用库一般都可以搜索到，如 GB 93—1987《标准型弹簧垫圈》中的弹簧垫圈 6，GB/T 41—2016《1 型六角螺母 C 级》中的螺母 M6，但是有的搜索不到，如 GB 897—1988《双头螺柱 $b_m=1d$》中的螺柱 M6×20，需要自行建模，其零件图如图 3-27 所示，建模思路很简单，具体过程见表 3-4。

表 3-4　螺柱建模过程

步骤	图示	步骤	图示
第 1 步　用"拉伸"命令创建螺杆		第 3 步　用"螺纹"命令创建下端螺纹 M6×8	
第 2 步　用"螺纹"命令创建上端螺纹 M6×12		第 4 步　最终效果图	

注：采用符号螺纹创建，不显示螺纹牙型，但方便出图

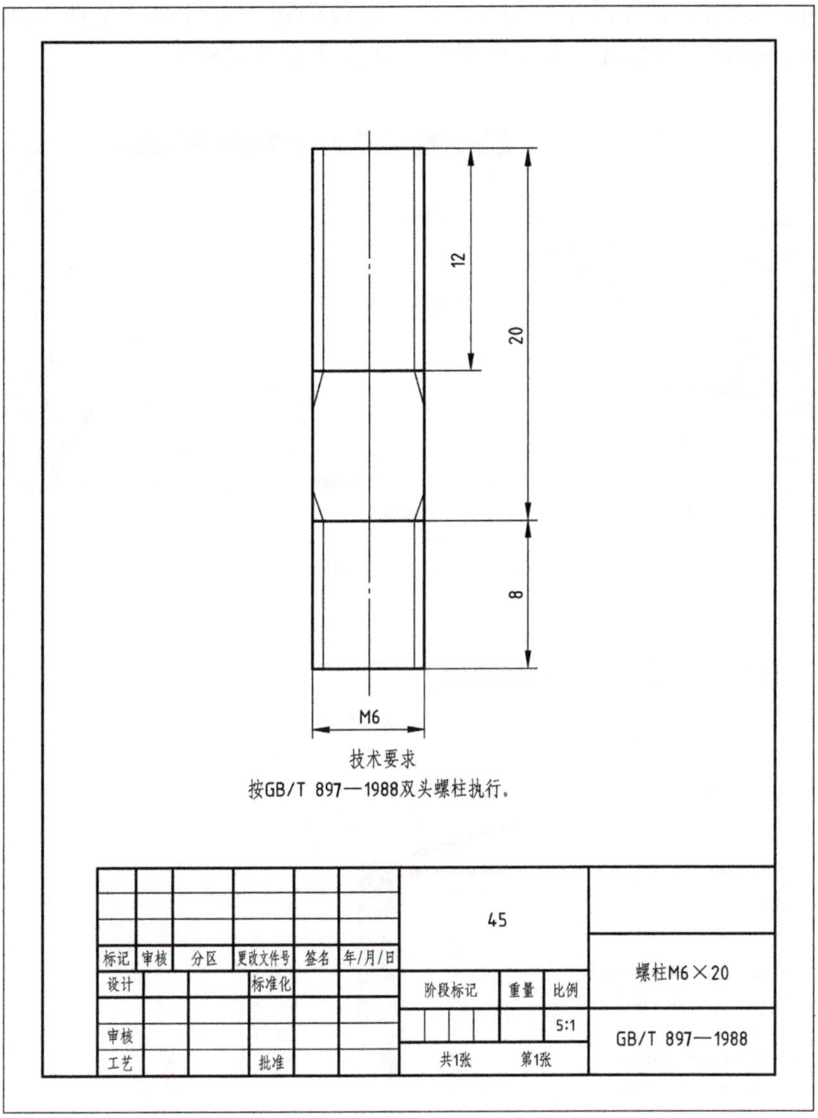

项目 3 流体调控之"咽喉"——旋塞阀三维建模与图样表达

图 3-27 螺柱 M6×20 零件图

2. 螺柱建模实践

（1）创建螺杆

Step1：新建螺柱 M6×20 文件，保存到"D:\旋塞阀建模与虚拟装配\"文件夹。

Step2：选择 XY 平面作为草绘平面绘制草图，应用"拉伸"命令创建螺杆，如图 3-28 所示。

螺柱 M6×20 三维建模

（2）创建上端螺纹 M6×12

创建外螺纹有两种方法，即创建详细螺纹与符号螺纹，详细螺纹见项目 2 活塞杆建模，下面介绍符号螺纹的创建。

Step3：单击"插入"菜单，选择"设计特征"-"螺纹"命令或直接单击螺纹命令图标，弹出图 3-29 所示对话框，螺纹类型选"符号"，单击圆柱体上半部分，则默认上端面为起始面，根据图 3-29 所示完成 M6×12 螺纹创建。符号螺纹是看不到螺纹牙型的，但在二维图中会显示，当需出二维工程图时，建议采用符号螺纹。

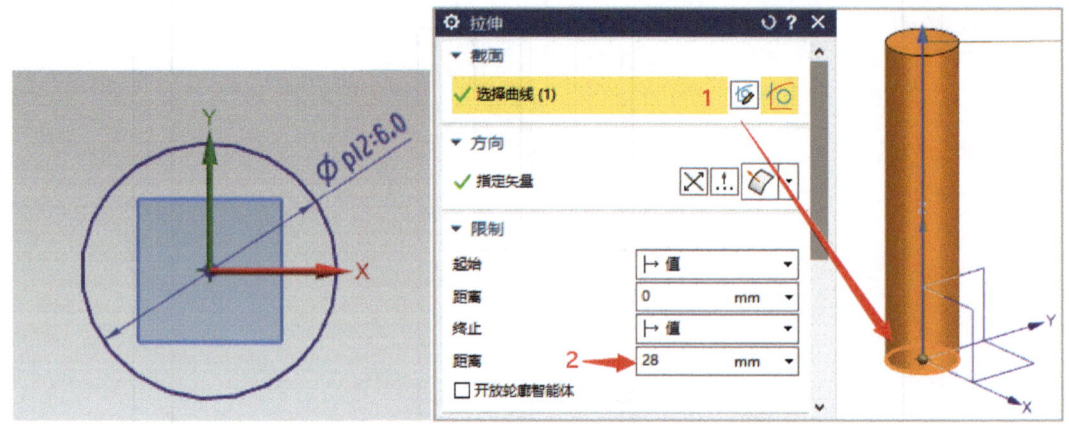

图 3-28　草图绘制与拉伸操作过程

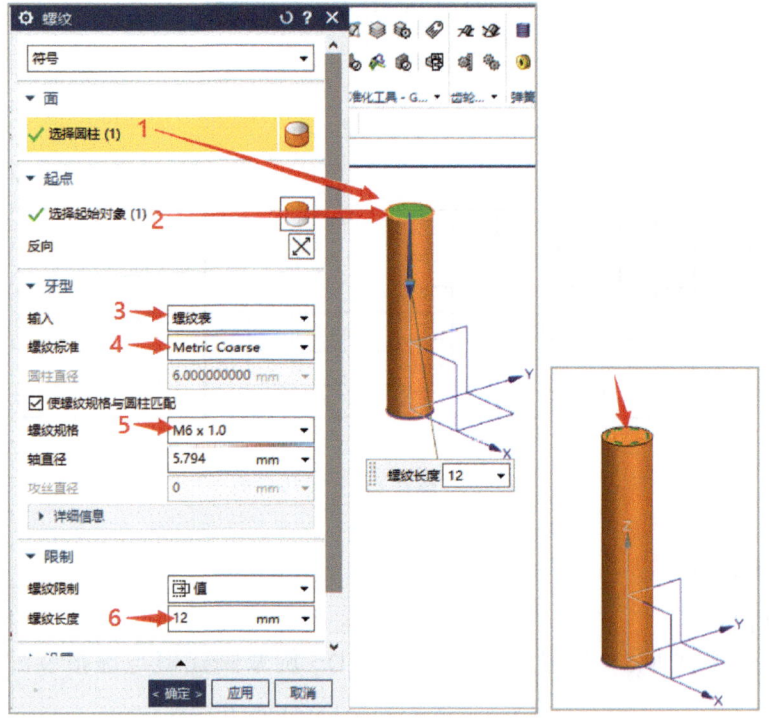

图 3-29　螺纹参数设置过程与效果图

（3）创建下端螺纹 M6×8

Step4：螺纹创建同 Step3，单击圆柱体下半部分，则默认下端面为起始面，螺纹生成方向朝上，螺纹长度为"8"，如图 3-30 所示，完成 M6×8 的螺纹创建。

因为螺柱 M6×16（见图 3-31）建模思路与螺柱 M6×20 一样，故不再重复。

项目3 流体调控之"咽喉"——旋塞阀三维建模与图样表达

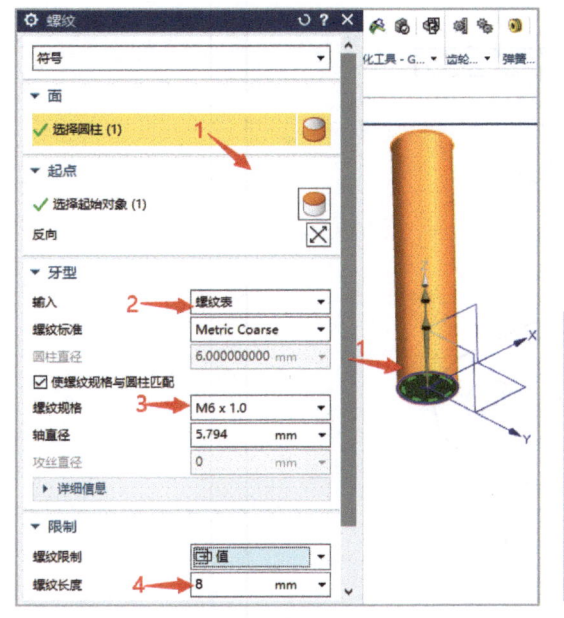
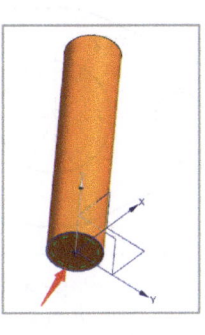
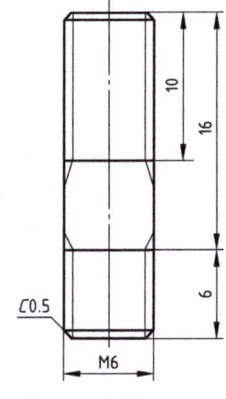

图 3-30 螺纹参数设置过程与效果图　　　　图 3-31 螺柱 M6×16

素质教育案例

螺杆、螺母、螺钉的共同之处是具有螺纹，螺纹连接几乎无处不在，2019年我国螺纹紧固件使用量达到了850万t，拧紧螺纹最直接的结果就是被连接件贴合比较紧密，但是在振动、变载荷和交变温度的影响下，会发生松动，如果未能及时拧紧，可能会导致严重事故。有着中国深海钳工"第一人"之称的大国工匠管延安，拧螺栓就非常有经验，在港珠澳大桥建设过程中，在海底仅靠一把扳手拧了60多万颗螺栓（见图3-32），实现了33根180m长的沉管间的毫米级连接，为世界首条"滴水不漏"的外海沉管隧道建设找到了中国方案。钳工虽不起眼，但不可替代！其实不管从事什么样的工作，只要我们热爱它，脚踏实地地做好每一件事情，在做到精益求精的同时不断挑战自我，就一定能够实现自我价值，成就梦想。

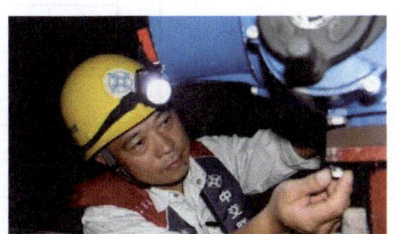

图 3-32 深海钳工管延安

三、填料压盖三维建模

填料压盖零件图如图3-33所示，其结构并不复杂，建模思路简单，提供一种参考，具体过程如下。

（1）创建填料压盖主体

Step1：新建填料压盖文件，保存到"D:\旋塞阀建模与虚拟装配"文件夹。

Step2：绘制草图。选择XY平面作为草绘平面绘制草图，应用"拉伸"命令创建填料压盖主体，如图3-34所示。

填料压盖三维建模

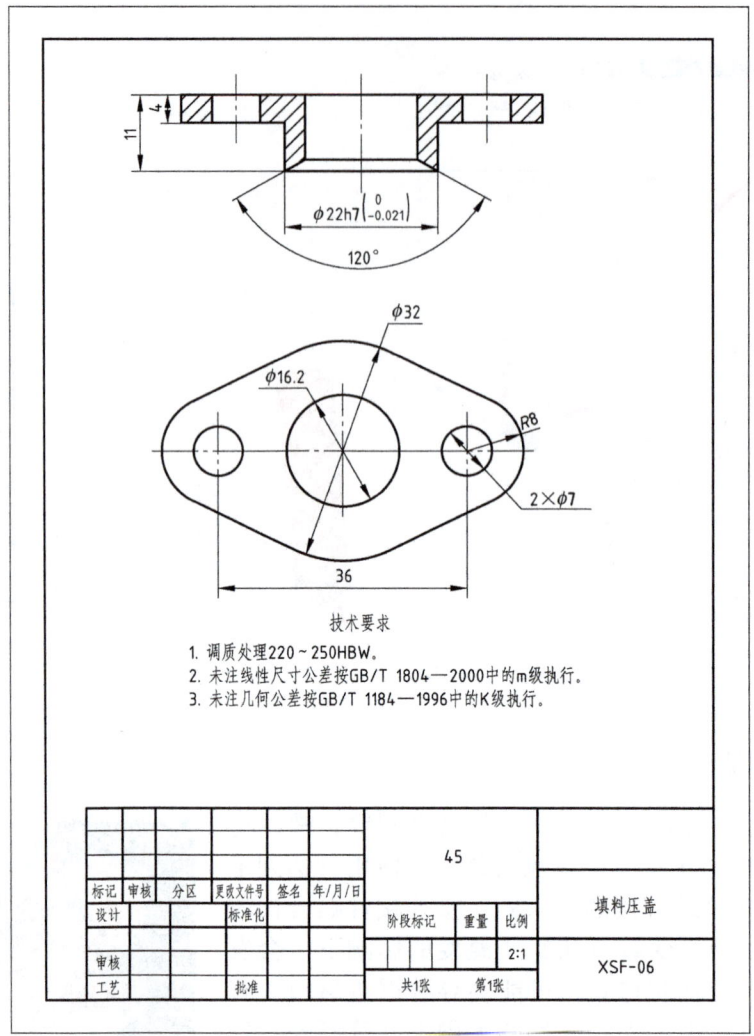

图 3-33　填料压盖零件图

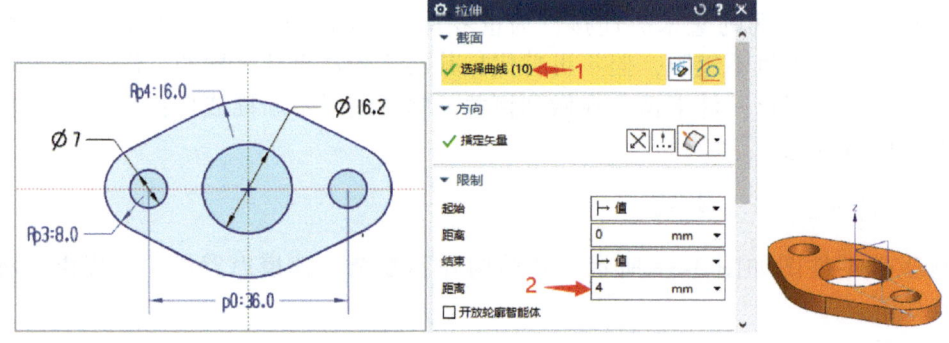

图 3-34　绘制草图与拉伸参数设置过程

（2）创建压紧凸台

Step3：选择 XZ 平面草绘，应用"旋转"命令创建压紧凸台，如图 3-35 所示。这样就完成了填料压盖三维模型的创建，填料压盖效果图如图 3-36 所示。

项目3 流体调控之"咽喉"——旋塞阀三维建模与图样表达

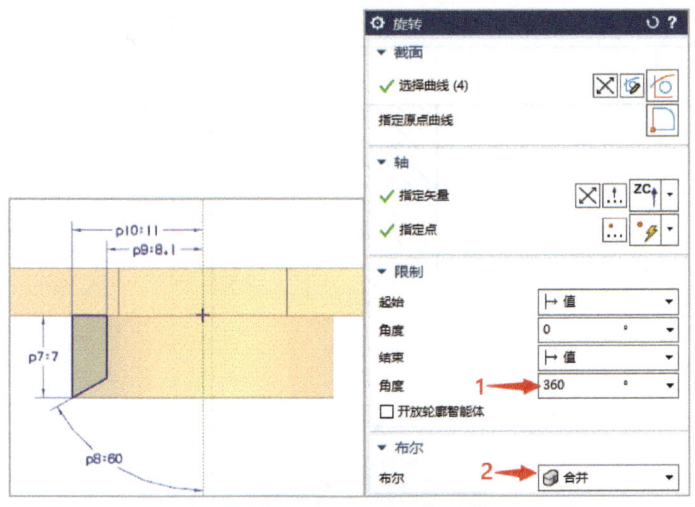

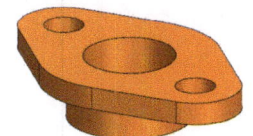

图 3-35 绘制草图与旋转参数设置过程

图 3-36 填料压盖效果图

四、垫片和填料建模

垫片（见图 3-37）和填料（见图 3-38）结构简单，通过"拉伸命令"可以简单实现，此处不再详述建模过程。

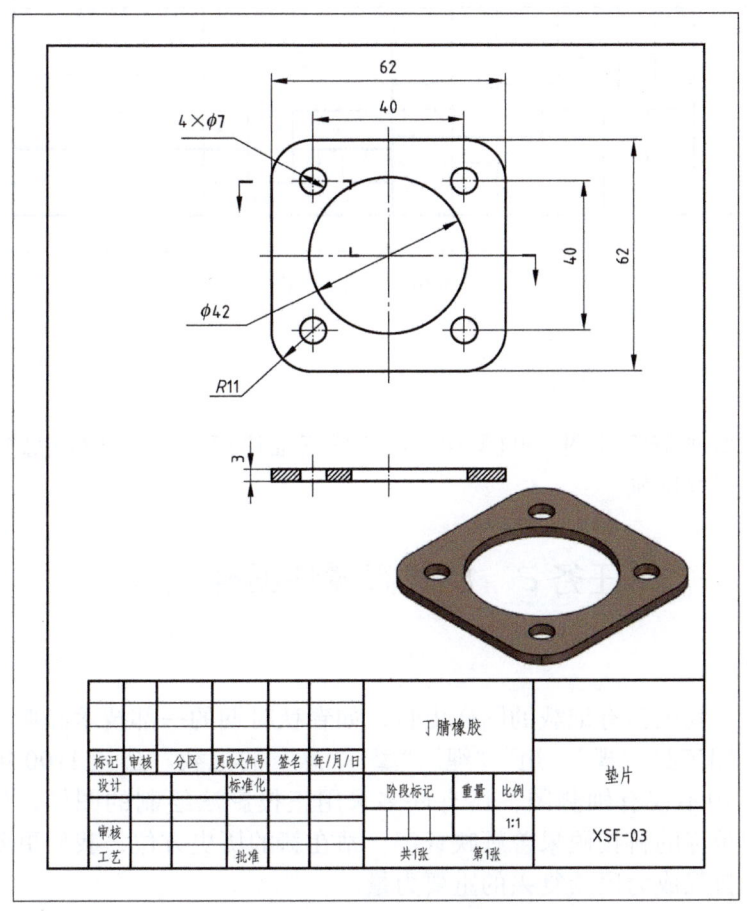

图 3-37 垫片零件图

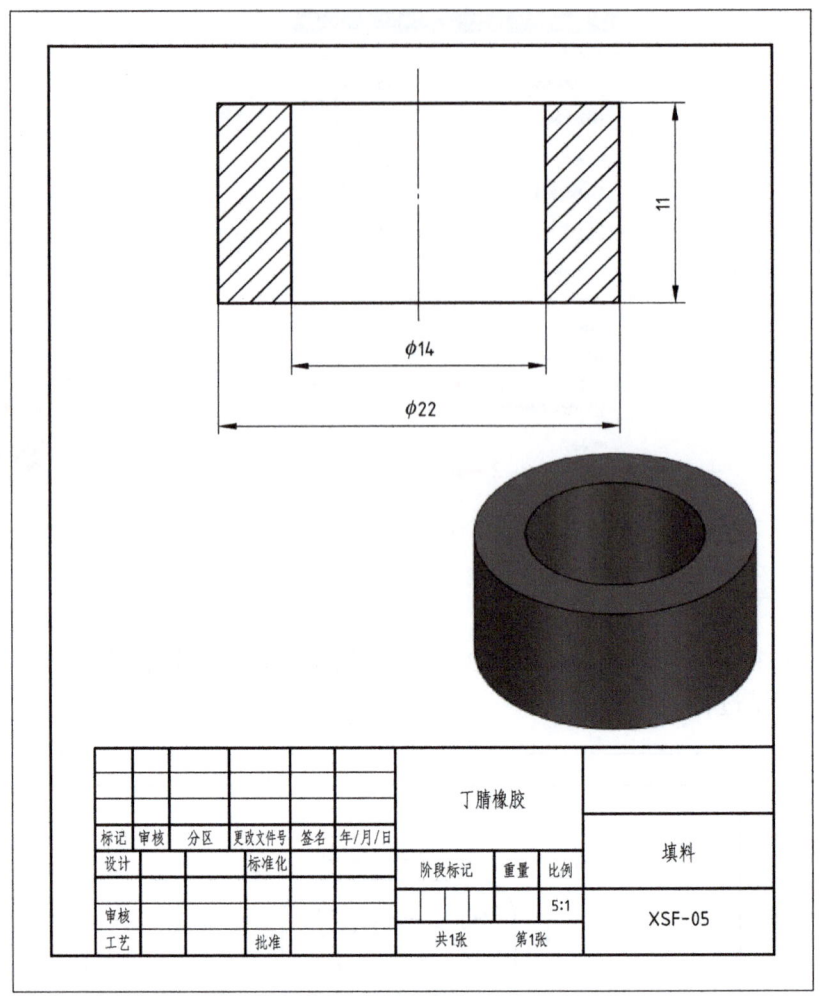

图 3-38 填料零件图

课后拓展

任务描述：对阀盖零件图（见图 3-39）进行三维建模，要求建模思路合理且效率高，模型形状正确，尺寸准确。

任务 2　旋塞阀零件图样表达

任务引入

两千多年前，我国已有记载的图样史料，如春秋时期的一部技术经典著作《周礼·考工记》中已有画图工具"规""矩""绳""墨""悬"的记载。公元 1100 年宋代李诫所著的《营造法式》中不仅有轴测图，还有许多采用正投影法绘制的图样，如图 3-40 所示。五千年华夏文明孕育的科技硕果曾辉映寰宇，站在新的历史方位，我们更要挺起自主创新的脊梁，让科技自强成为民族复兴的重要力量。

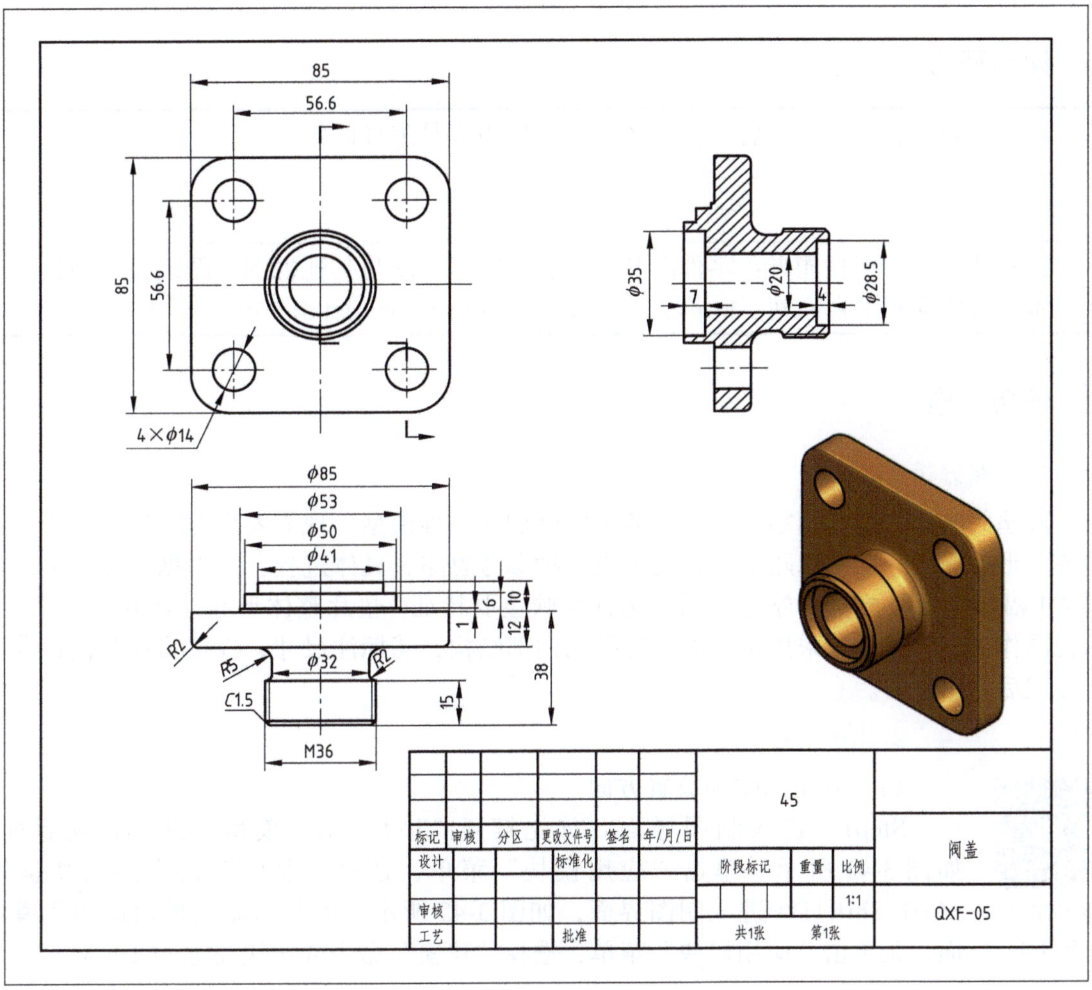

图 3-39 阀盖零件图

图 3-40 《营造法式》中的图例

本任务是对垫片、旋塞盖、旋塞壳和塞子 4 个零件图样进行表达，要求：图样模板选择合适，视图表达清晰，尺寸标注规范，公差与表面粗糙度标注合理，标题栏填写完整，图样整体美观。根据零件的结构特点，本任务分成三个子任务来完成，即垫片图样表达，旋塞盖图样表达，旋塞壳和塞子图样表达。

子任务 1　垫片图样表达

课前预习

1.查一查：新中国成立后，工程图学的发展历程是怎样的？

2.在线学习知识技能点：零件图基本内容，基本视图与其他视图、图纸模板创建。本书对应课程平台网站：https://www.xueyinonline.com/detail/250118572。

任务实施

1.思路分析

旋塞阀的垫片是自制零件，在任务 1 中已创建三维模型，现需要出图表达。垫片结构简单，形状规则，出图思路很多，现提供一种参考思路，具体过程：①根据尺寸大小，采用 A4 幅面图纸竖放；②放置视图，选择反映主要特征（垫片整体形状、四孔分布情况）的视图作为主视图；③采用阶梯剖表达孔的内部结构；④标注尺寸；⑤填写标题栏；⑥检查无误后导出图样。

2.出图实践

垫片工程
图创建

（1）确定图幅和放置方向

Step1：进入制图界面。首先打开"垫片.prt"模型，进入建模界面，如图 3-41 所示。单击"应用模块"菜单，选择"制图"命令或按快捷键 <Ctrl+Shift+D> 进入制图界面，如图 3-42 所示。若要从制图界面返回建模界面，则单击"应用模块"菜单，选择"建模"命令或按快捷键 <Ctrl+M>。

 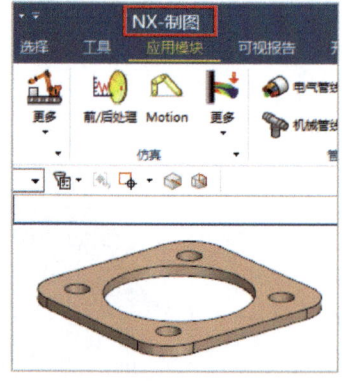

图 3-41　零件处于建模状态　　　　图 3-42　零件处于制图状态

Step2：创建 A4 图幅且竖放。单击"插入"菜单，选择"图纸页"命令或直接单击新建图纸页图标，弹出"图纸页"对话框，如图 3-43 所示，大小类型选"定制尺寸"，高度为"297"，长度为"210"，比例为"1∶1"，单位选"毫米"，投影法选第一角投影，单击"确定"按钮。

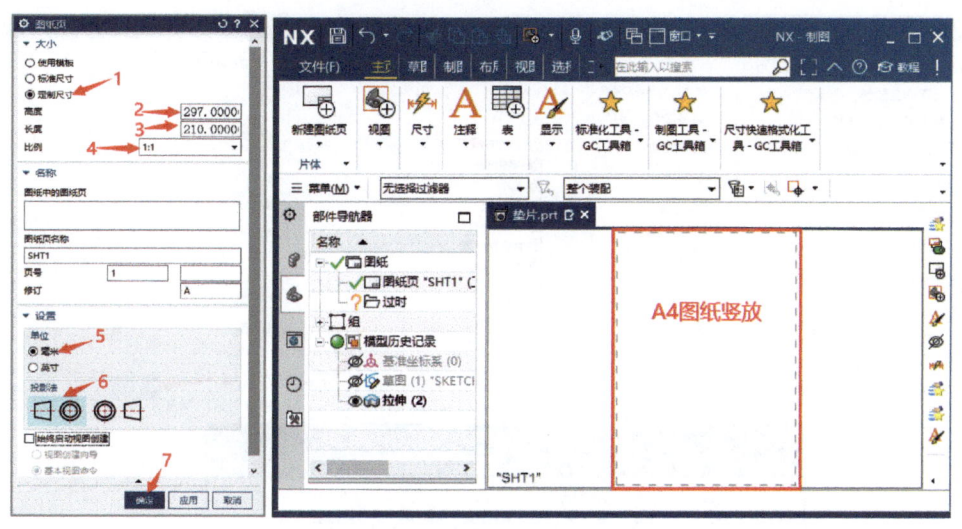

图 3-43　图纸页参数设置与图幅效果图

Step3：调用图纸模板。图纸模板可以采用 UG NX 软件自带的模板，也可以导入自行设计的模板，下面分别进行介绍。

方法 1：调用 UG NX 软件提供的图纸模板。单击"GC 工具箱"菜单，选择"制图工具"-"替换模板"命令，弹出"工程图模板替换"对话框，如图 3-44 所示，选择替换模板"A4-无视图"，单击"确定"按钮，A4 图纸模板就加载上了。**注意**：软件自带的模板标题栏不满足国家标准，如果要求标题栏满足国家标准，需要先自行创建，然后作为模板导入，见方法 2。

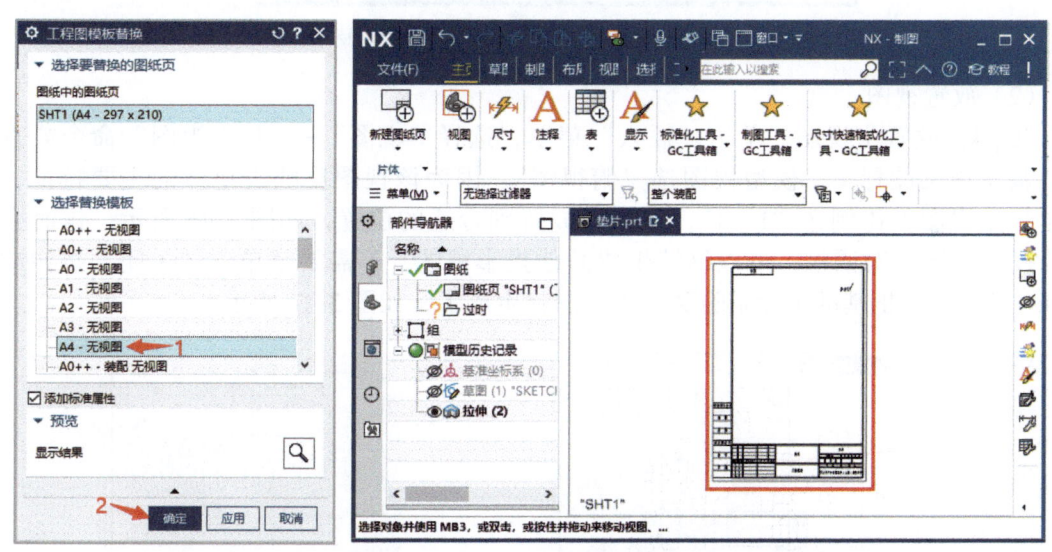

图 3-44　调用 UG NX 软件自带图纸模板的过程与效果图

方法 2：调用自行创建的满足国家标准的图纸模板。单击"文件"菜单，选择"导入"-"部件"命令，弹出"导入部件"对话框，如图 3-45 所示，接受默认设置，单击"确定"按钮，弹出"导入部件"对话框，导入已准备好的"A4 模板"，单击"确定"按钮，弹出"点"对话框，接受默认，单击"确定"按钮，则 A4 图纸模板就导入成功了。本书图纸模板都是采用自行创建且符合国家标准的模板。

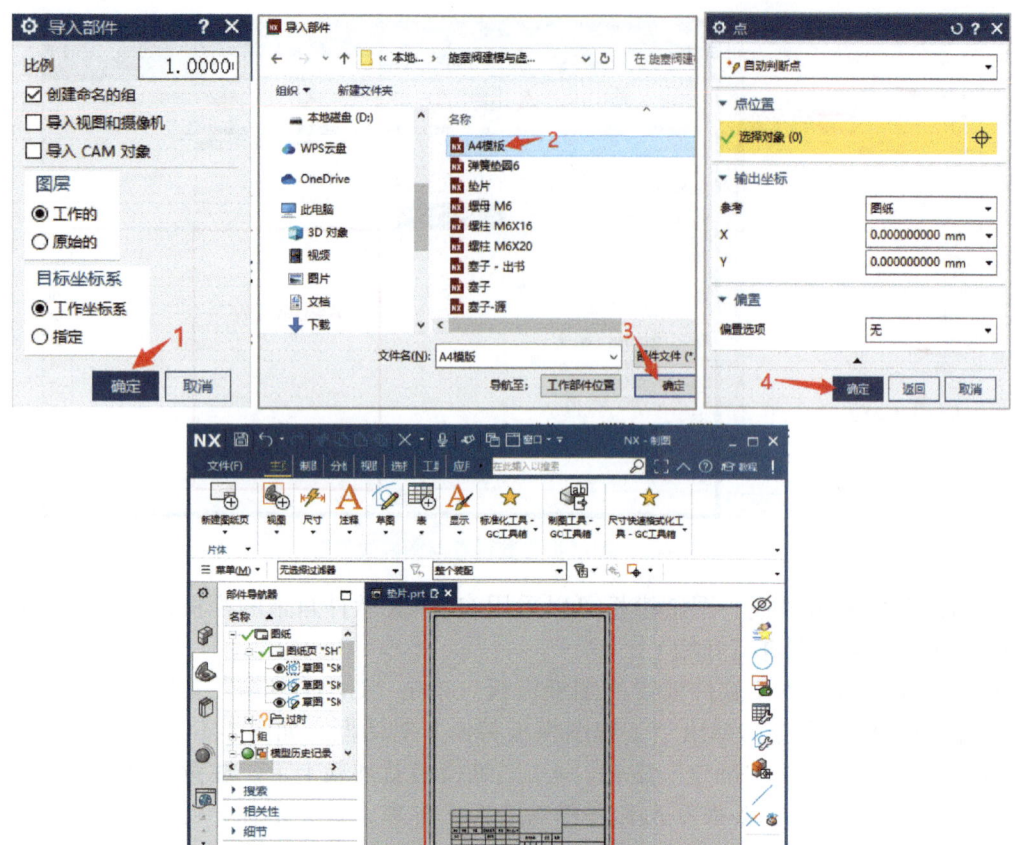

图 3-45　调用自行创建图纸模板的操作过程及效果图

（2）放置视图

Step4：放置主视图。单击"插入"菜单，选择"视图"-"基本视图"命令或直接单击基本视图图标，模型视图选"俯视图"，因为该视图反映出垫片的主要特征，可以作为主视图，比例选"1∶1"，将视图放置到合适的位置，如图 3-46 所示，这时会弹出"投影视图"对话框，可以继续生成其他投影视图，不需要就单击"关闭"按钮或按<Esc>键退出，把基准坐标系隐藏，主视图就生成了，如图 3-47 所示。

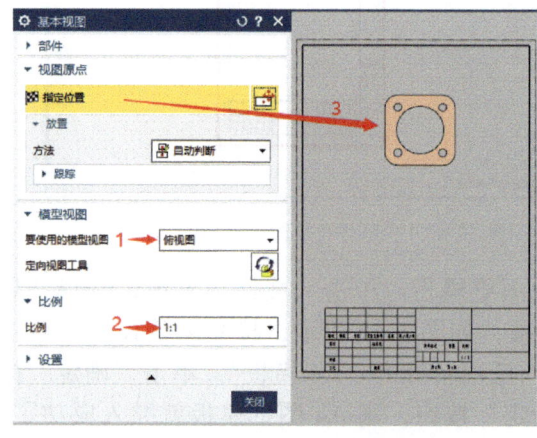

图 3-46　基本视图设置过程

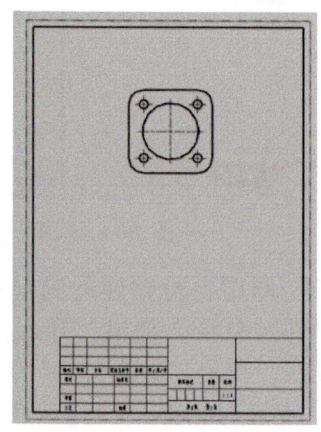

图 3-47　主视图效果图

项目3 流体调控之"咽喉"——旋塞阀三维建模与图样表达

（3）放置剖视图

Step5：添加剖视图。为了表达孔的内部结构，采用阶梯剖。单击"插入"菜单，选择"视图"-"剖视图"命令或直接单击剖视图图标▣，弹出"剖视图"对话框，如图3-48所示，定义选"动态"，方法选"简单剖/阶梯剖"，指定位置需指定两个点，第一次指定点为φ42圆圆心，再次单击指定位置图标⋯，第二次指定点为φ7圆圆心，单击指定位置图标⋯，鼠标朝下拖动，把视图放置在合适的地方后单击鼠标左键，完成剖视图。

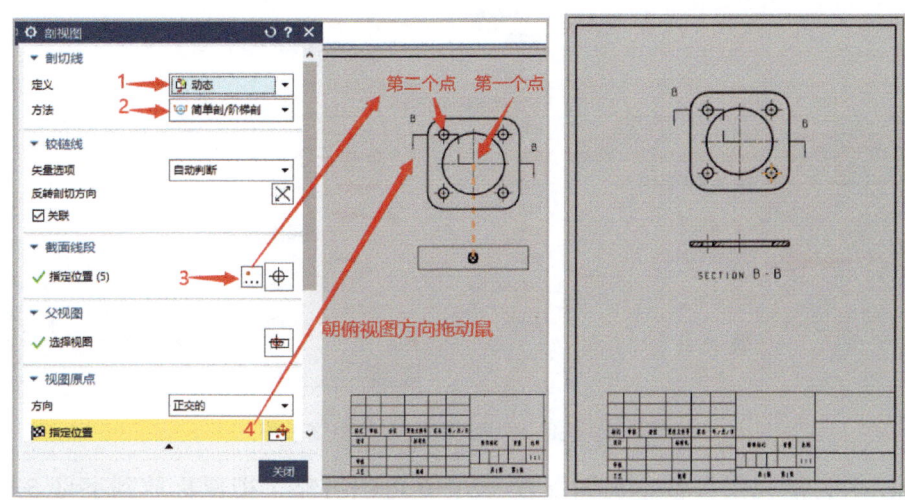

图3-48 阶梯剖参数设置与效果图

Step6：检查剖视图，发现剖视图缺一根实线，需要补全，补线具体过程：把鼠标指针移至剖视图区域，出现红框表明已选中，此时右击，在弹出的菜单中选择"活动草图视图"命令便可激活草图，单击"草图"菜单，选择"直线"命令，绘制一条直线，最后单击左上方完成草图图标完成补线，如图3-49所示。

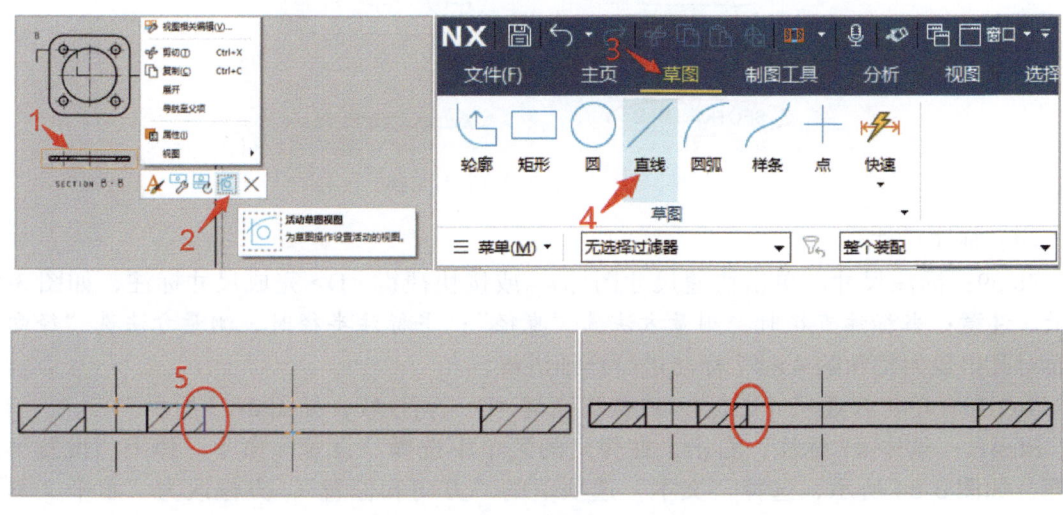

图3-49 补线操作过程与效果图

Step7：修改剖面线，根据 GB/T 4457.5—2013《机械制图 剖面区域的表示法》，非金属材料的剖面线是网格线▨，修改剖面线的具体过程：将鼠标指针置于剖面线区域，剖面线显示红色表示已选中，右击，在弹出的菜单中选择"编辑"命令，弹出"剖面线"对话框，如图 3-50 所示，图样选"网格线"，距离选"2"，角度选"45°"，其他接受默认设置，单击"确定"按钮完成剖面线修改。

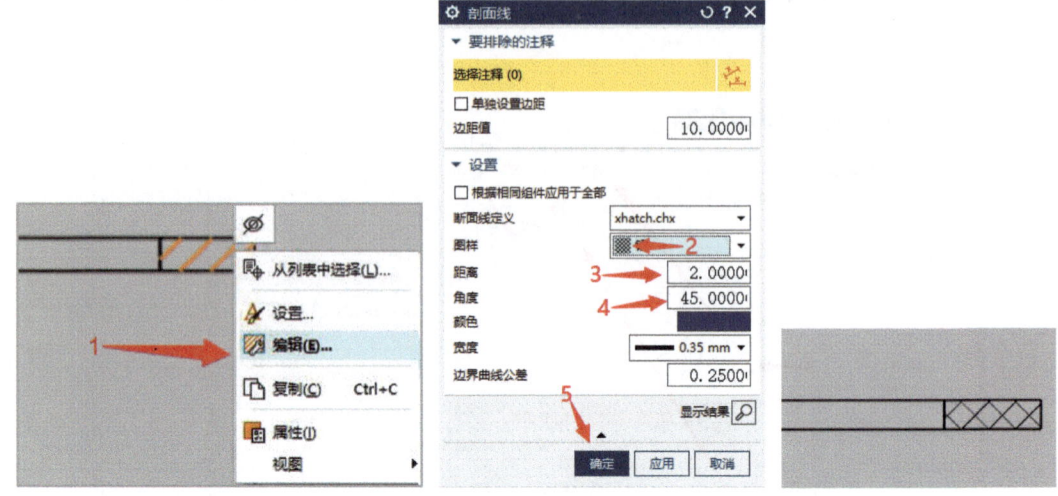

图 3-50　剖面线修改操作过程与效果图

Step8：因为剖视图按基本视图配置，B—B 可以省略，把鼠标放到字母 B—B 旁边，出现红色字体表明已选中，此时右击，选择"隐藏"命令，重复操作，即可把字母全部隐藏，如图 3-51 所示。

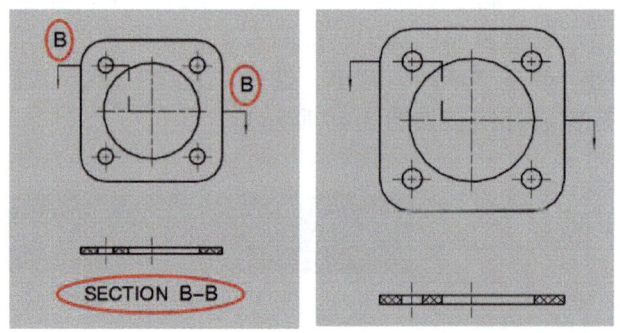

图 3-51　字母隐藏前后对比图

（4）标注尺寸

Step9：标注尺寸。单击快速尺寸图标 ⚡ 或按快捷键 <D> 完成尺寸标注，如图 3-52 所示。**注意**：当标注直径时，测量方法选"直径"；当标注半径时，测量方法选"径向"。下面对其中较为特殊的 $4\times\phi7$ 标注进行详细讲解。

Step10：单击快速尺寸图标 ⚡ 或按快捷键 <D> 标注 $\phi7$，如图 3-53 所示。

Step11：选中 $\phi7$ 标注，右击，在弹出的菜单中选择"设置"命令，弹出"设置"对话框，如图 3-54 所示，选择"文本"选项下的"方向和位置"，方位改为"水平文本"，位置为"文本在短划线之上"，单击关闭按钮，完成标注的水平书写。

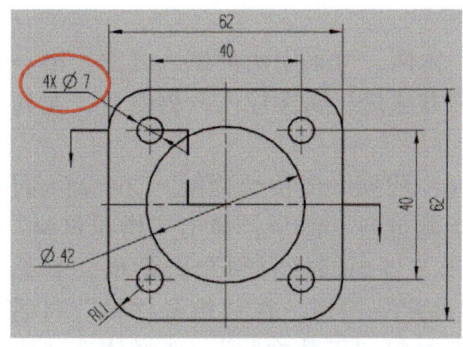

图 3-52　完整的尺寸标注

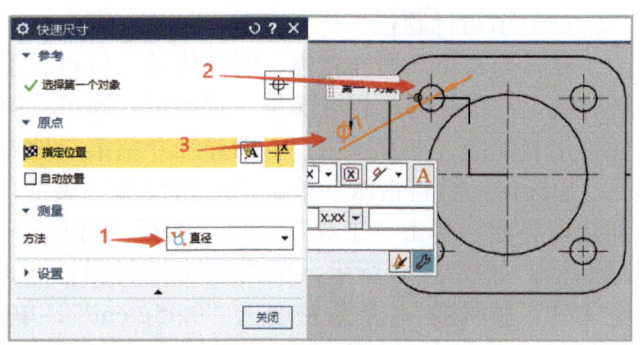

图 3-53　标注 $\phi 7$ 参数设置过程

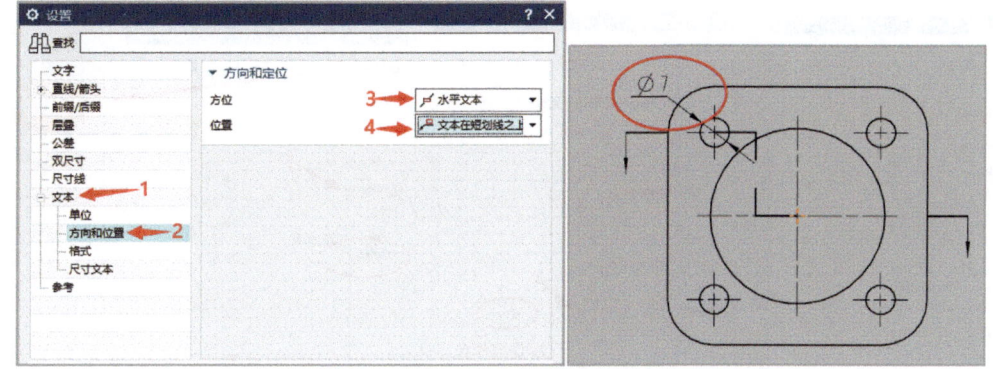

图 3-54　标注方位和位置设置过程及效果图

Step12：选中 $\phi 7$ 标注，右击，在弹出的菜单中选择"编辑附加文本"命令，弹出"附加文本"对话框，如图 3-55 所示，输入数字"4"，符号选"×"，如果数字太小，选中数字"4"后，把默认字号"1"改为"1.75"，完成 $4\times\phi 7$ 标注。

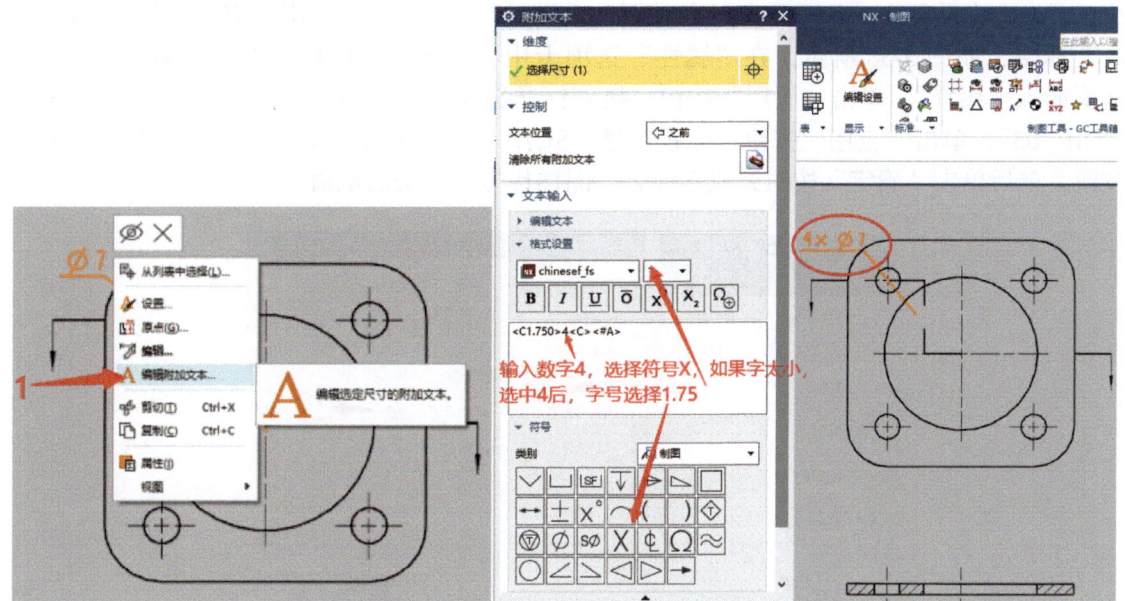

图 3-55　附加文本操作过程与效果图

（5）填写标题栏

在标题栏填入图样名称、图样代号、材料、重量、比例，可采用两种填入方法：第一种方法是双击标题栏相应部位，直接填入即可；第二种方法是从属性导入，更专业，尤其便于出装配图，推荐采用，下面详细介绍第二种方法。

Step13：材料指派。单击"应用模块"菜单，选择"建模"或按快捷键 <Ctrl+M> 回到建模界面，单击"工具"菜单，选择"材料"-"指派材料"命令，弹出"指派材料"对话框，如图 3-56 所示，单击创建材料图标 ，弹出"各向同性材料"对话框，名称输入"丁腈橡胶"，质量密度选"0.95g/cm³"，单击"确定"按钮。在"指派材料"对话框材料列表中选"本地材料"，这时会显示刚才指派的材料"丁腈橡胶"，选择体选"垫片"，单击"确定"按钮，完成材料指派，这样软件就可以自动计算出零件质量。

图 3-56　材料指派操作过程与效果图

Step14：属性赋值，单击"文件"菜单，选择"属性"命令，弹出"显示部件属性"对话框，如图 3-57 所示，单击"质量"标签，在"质量"选项卡中单击立即更新质量属性按钮 ，生成质量值，勾选"在保存时更新质量属性"，单击"应用"按钮。然后单击"属性"标签，如图 3-58 所示，在"属性"选项卡中，标题选"DB_PART_NAME"，图样名称值输入"垫片"，单击"应用"按钮；接着标题选择"DB_PART_NO"，图样代号值输入"XSF-03"，单击"应用"按钮；标题选择"SCALE"，比例值输入"1∶1"，单击"应用"按钮，最后单击"确定"按钮完成零件名、图样代号、比例的赋值。

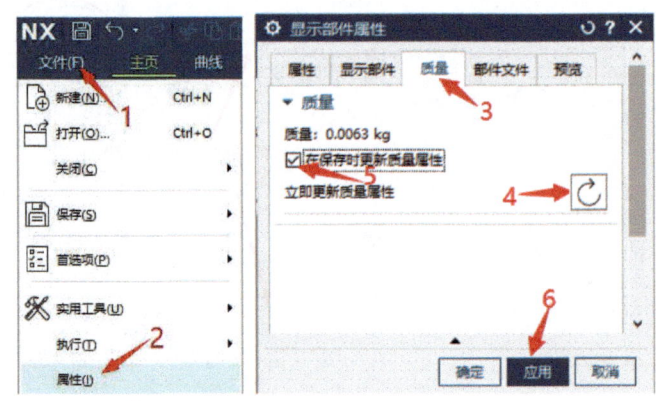

图 3-57　零件质量生成操作过程

项目 3 流体调控之"咽喉"——旋塞阀三维建模与图样表达

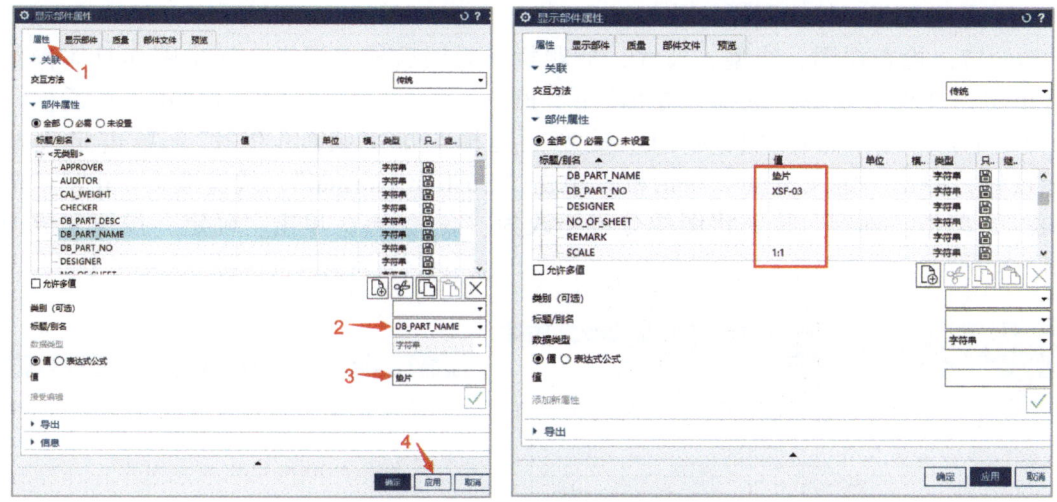

图 3-58 属性赋值操作过程与效果图

Step15：导入图样名称"垫片"。单击"应用模块"菜单，选择"制图"命令，回到制图界面，将鼠标指针移至标题栏的图样名称栏，栏框显示黄色即选中，右击，在弹出的菜单中选择"导入"-"属性"命令，弹出"导入属性"对话框，导入类型选"工作部件属性"，属性选"DB_PART_NAME"，单击"确定"按钮，图样名称"垫片"就显示在标题栏里了，如图 3-59 所示。

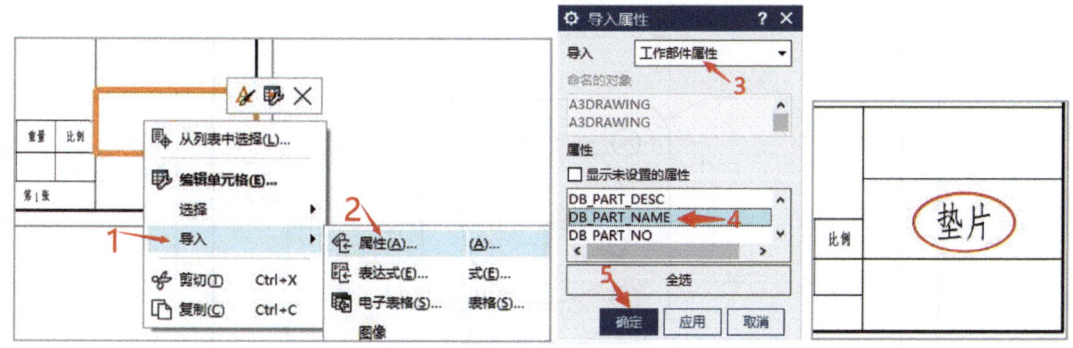

图 3-59 图样名称"垫片"导入操作过程与效果图

Step16：导入其他。同 Step15，选中相应的位置，属性选"DB_PART_NO"，则导入图样代号"XSF-03"；属性选"SCALE"，则导入比例"1：1"；属性选"NX_Material"，则导入材料"丁腈橡胶"；属性选"NX_Mass"，则导入重量"0.006272"，如图 3-60 所示。如果出现字体没有居中，则文本对齐选"中心"；如果有的字体太小或有的数字没有显示出来（是因为字体太大），则可以进行调整。

图 3-60 标题栏效果图

(6)检查无误后导出图样

Step17：检查视图、线型、尺寸、标题栏，无误后导出图样，导出图样具体操作过程：单击"文件"菜单，选择"导出"-"PDF"命令，弹出"导出PDF"对话框，如图 3-61 所示，目标保存文件为"D:\旋塞阀建模与虚拟装配\垫片"，单击定义宽度图标按钮，弹出"定义宽度"对话框，单击"Custom Normal"，线宽改为"0.7"，单击"指派"，单击"确定"按钮将图像分辨率改为"高"，再次单击"确定"按钮完成图样导出。

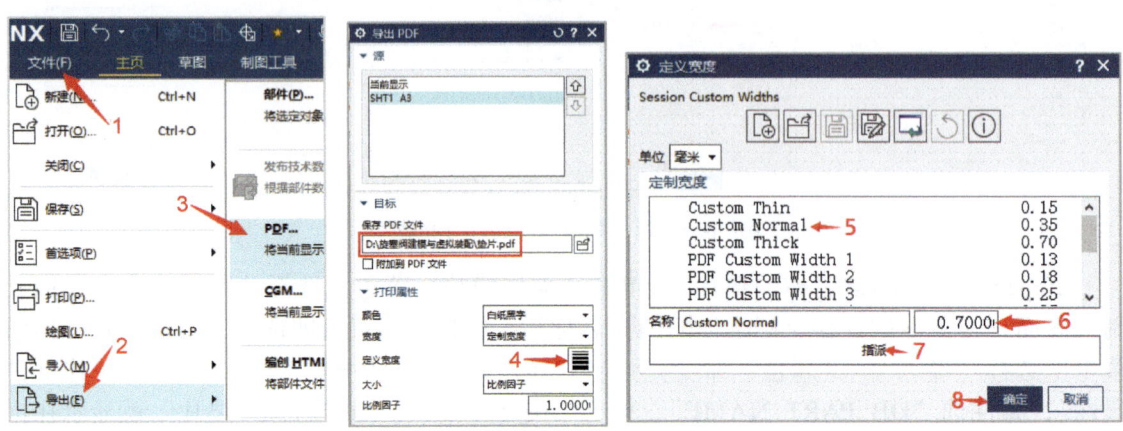

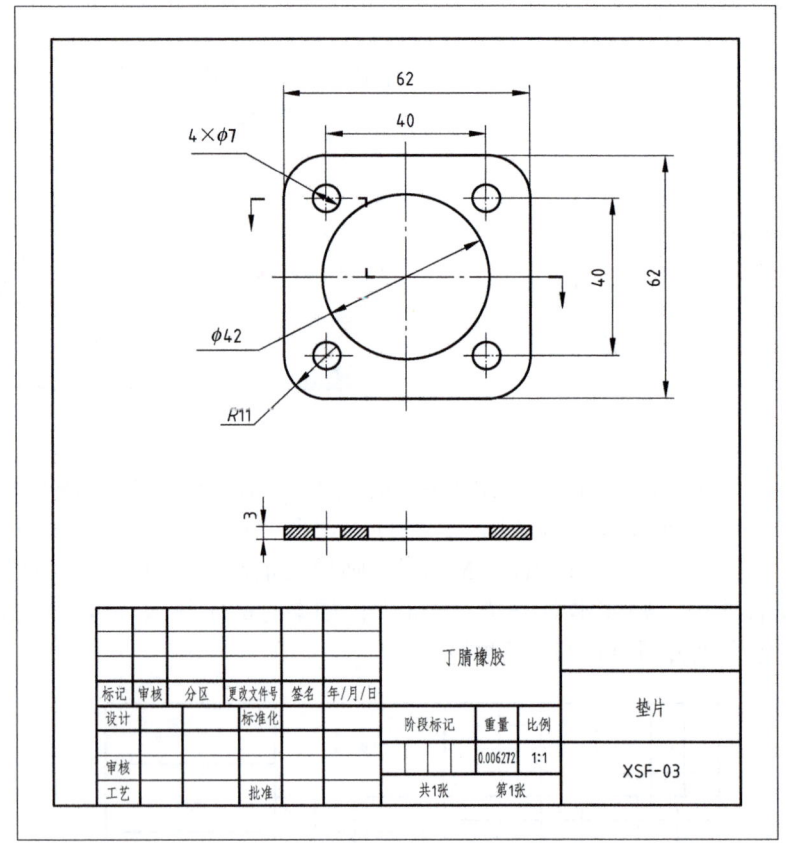

图 3-61　图样输出操作过程与效果图

素质教育案例

标注尺寸是出工程图样的重要一环，失之毫厘，谬之千里，标多了会产生重复标注，标少了无法加工出产品，标注错了则会出废品。某企业发生的一个真实案例：一位年轻的机械设计人员因为没分清斜度和锥度概念，本该标锥度 1∶5（▷ 1∶5）却标成了斜度 1∶5（∠1∶5），如图 3-62 所示，导致锥孔变大，零件批量报废，企业受到严重损失，这名设计人员也受到了严厉惩罚。作为机械设计人员一定要严谨细致，严格遵守国家标准，养成良好的职业素养，同时多为加工生产人员考虑，尽量使图样清晰明了，多传 3D 模型，尽量避免错误的发生概率。斜度和锥度的区别，你分得清吗？

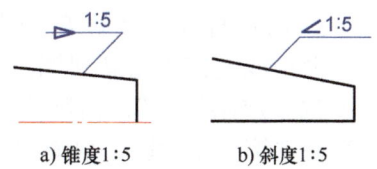

图 3-62　锥度 1∶5 与斜度 1∶5 示意图

课后拓展

本拓展任务是对阀盖（项目 3 任务 1 的子任务 2 课后拓展已完成三维模型创建）进行零件图样表达，阀盖模型如图 3-63 所示。要求：图样模板选择合适，视图表达清晰，尺寸标注规范，公差与表面粗糙度标注合理，标题栏填写完整，图样整体美观。

子任务 2　旋塞盖图样表达

图 3-63　阀盖模型

🔍 课前预习

1. 在线学习知识技能点：尺寸公差带、尺寸标注、几何公差、表面粗糙度。本书对应课程平台网站：https://www.xueyinonline.com/detail/250118572。

2. 小测
1) 零件图中不会出现的是（　　）。
A. 标题栏　　　　B. 明细栏　　　　C. 剖视图　　　　D. 技术要求
2) 表面粗糙度是衡量零件表面质量的重要指标，单位是（　　）。
A. cm　　　　　B. mm　　　　　C. m　　　　　　D. μm
3) 当几何公差框格指引线与尺寸线对齐时，被测要素为中心要素。（判断题）
（　　）

📚 任务实施

1. 思路分析

旋塞阀的旋塞盖是自制零件，在任务 1 中已创建三维模型，其形状规则且对称，具有螺纹孔、通孔等结构，出图思路很多，现提供一种参考思路，具体过程：①根据尺寸大小，采用 A3 幅面图纸横放；②放置视图，选择反映主要特征（旋塞盖整体形状、孔分布情况）的视图作为主视图；③采用阶梯剖表达孔的内部结构；④标注尺寸；⑤标注几何公差；⑥标注表面粗糙度；⑦填写技术要求；⑧填写标题栏；⑨检查无误后导出图样。

2. 出图实践

（1）确定图幅和放置方向

Step1：打开"旋塞盖.prt"模型，进入制图界面，单击"插入"菜单，选择"图纸页"命令或直接单击新建图纸页图标，弹出"图纸页"对话框，如图3-64所示，大小类型选"定制尺寸"，高度为"297"，长度为"420"，比例为"1∶1"，单位为"毫米"，投影法选第一角投影，取消"始终启动视图创建"，单击"确定"按钮。

旋塞盖工程图创建

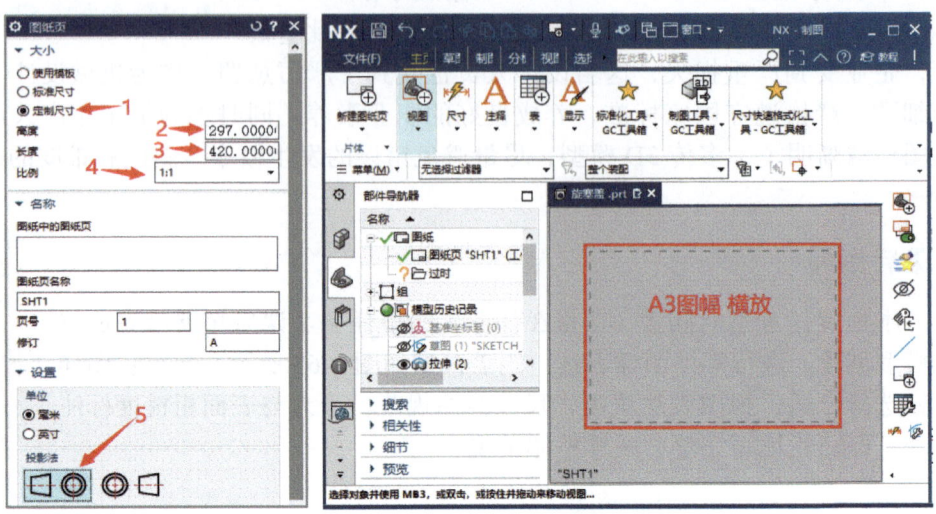

图3-64 图纸页参数设置与图幅效果图

Step2：调用自行创建的满足国家标准的图纸模板，单击"文件"菜单，选择"导入"-"部件"命令，导入已准备好的A3模板，如图3-65所示。

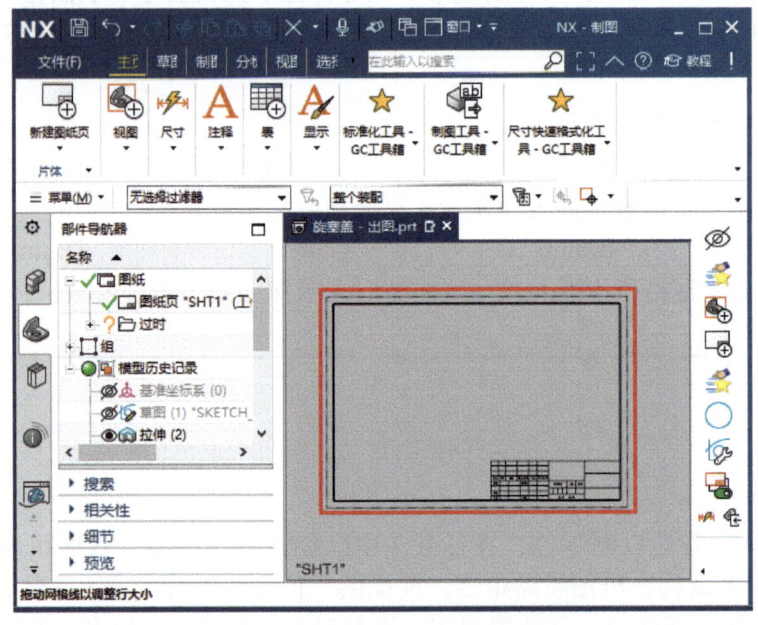

图3-65 调用自行创建的A3图纸模板效果图

（2）放置视图

Step3：放置主视图。单击"插入"菜单，选择"视图"－"基本视图"命令，弹出"基本视图"对话框，如图3-66所示，模型视图选"前视图"，因为该视图反映旋塞盖的主要特征，可作为主视图，比例选"1∶1"，将视图放置到合适的位置，这时会弹出"投影视图"对话框，可以继续自动生成其他投影视图，这里不需要自动生成投影视图，单击关闭按钮或按<Esc>键退出，这样单独的主视图就生成了（如果视图中显示了基准坐标系，则把它隐藏）。

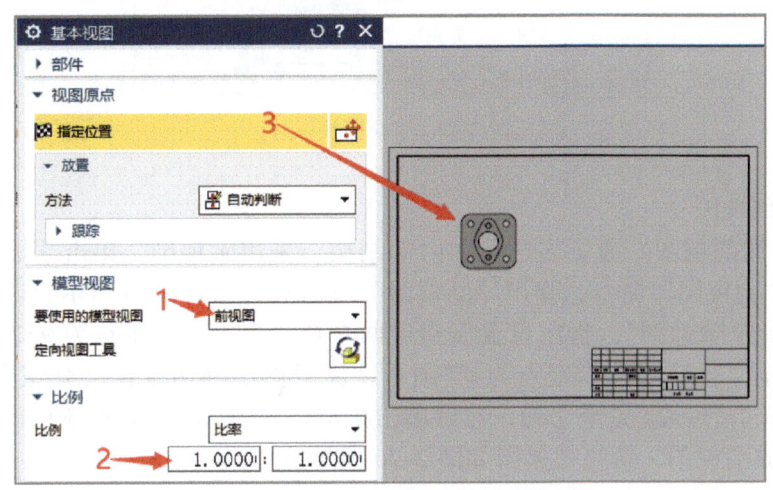

图3-66　主视图生成操作过程与效果图

Step4：修改比例。因为发现主视图在图框中整体偏小，需要将比例修改为1.5∶1，修改过程：把鼠标指针置于主视图区域，出现红色边框表示已选中，右击，在弹出的菜单中选择"设置"命令，弹出"设置"对话框，如图3-67所示，单击"常规"，比例选"比率"，输入"1.5∶1"，单击"确定"按钮完成比例修改，效果图如图3-68所示。

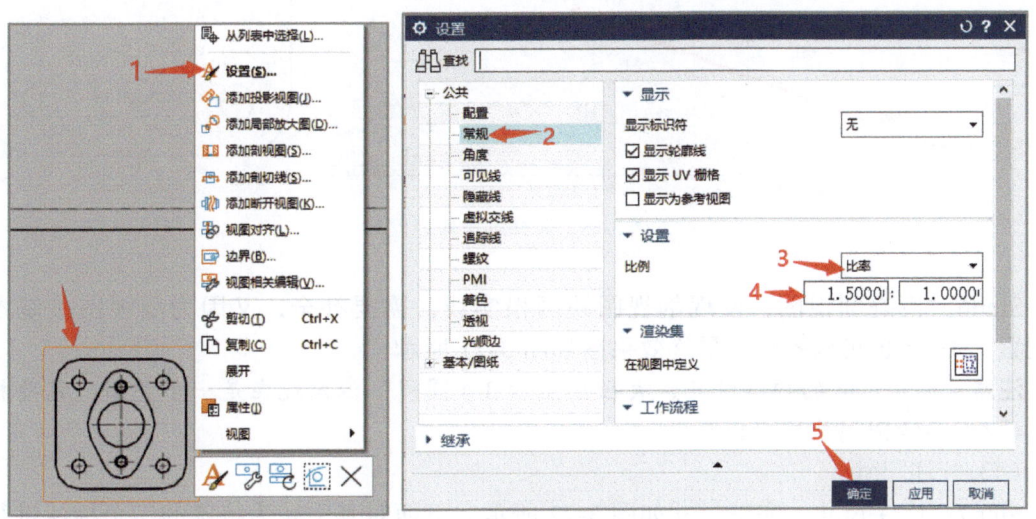

图3-67　修改比例操作过程

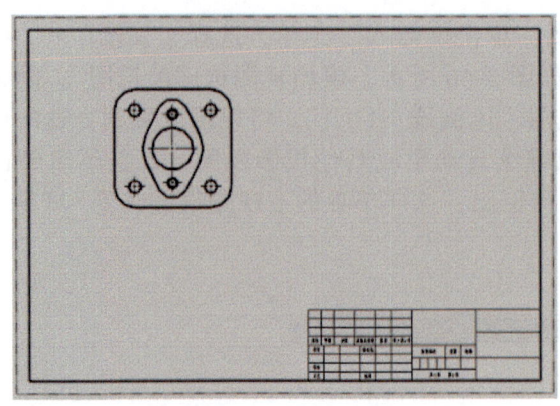

图 3-68 主视图效果图

（3）放置剖视图

Step5：添加剖视图。为了表达孔的内部结构，采用阶梯剖。单击"插入"菜单，选择"视图"－"剖视图"命令，弹出"剖视图"对话框，如图 3-69 所示，定义选"动态"，方法选"简单剖/阶梯剖"，指定位置需指定两个点，第一次指定点为 $\phi22$ 圆心，再次单击指定位置图标，第二次指定点为 $\phi7$ 圆心，注意由于剖切位置没有完全剖切 $\phi22$ 圆，须朝上拖动箭头，使 $\phi22$ 完全切到，然后单击指定位置图标，向右拖动视图，在合适的地方后单击完成剖视图，最终效果图如图 3-70 所示。

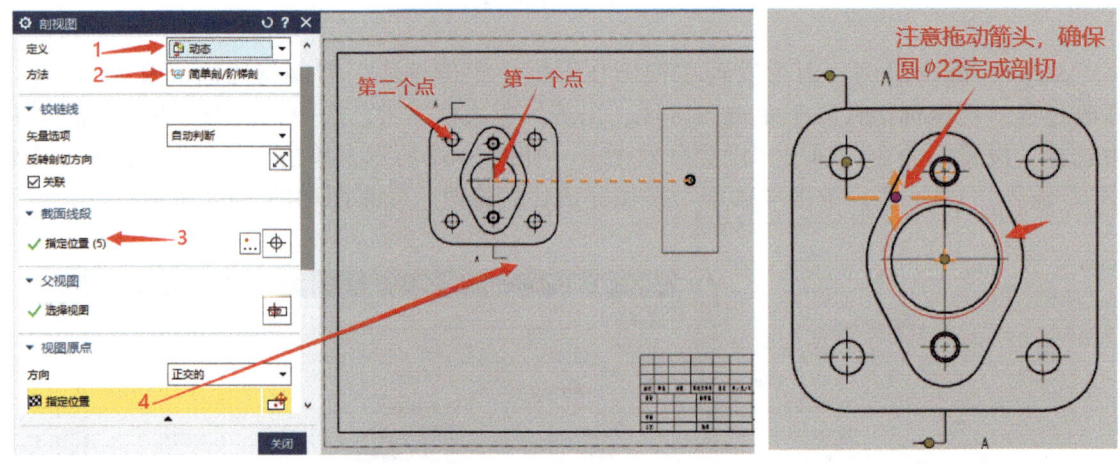

图 3-69 阶梯剖操作过程

Step6：检查剖视图，发现剖视图缺两根实线，需要补全，又因为剖视图按基本视图配置，$A—A$ 也可以省略，最终效果图如图 3-71 所示。

注意：两个 M6 的内螺纹孔，大径应显示 3/4 圆周，但是现在是一个整圆，需要把整圆隐藏掉，3/4 圆周就显示出来。

（4）标注尺寸

Step7：标注尺寸。完整尺寸如图 3-72 所示，下面对其中较为特殊的三个标注进行详细讲解。

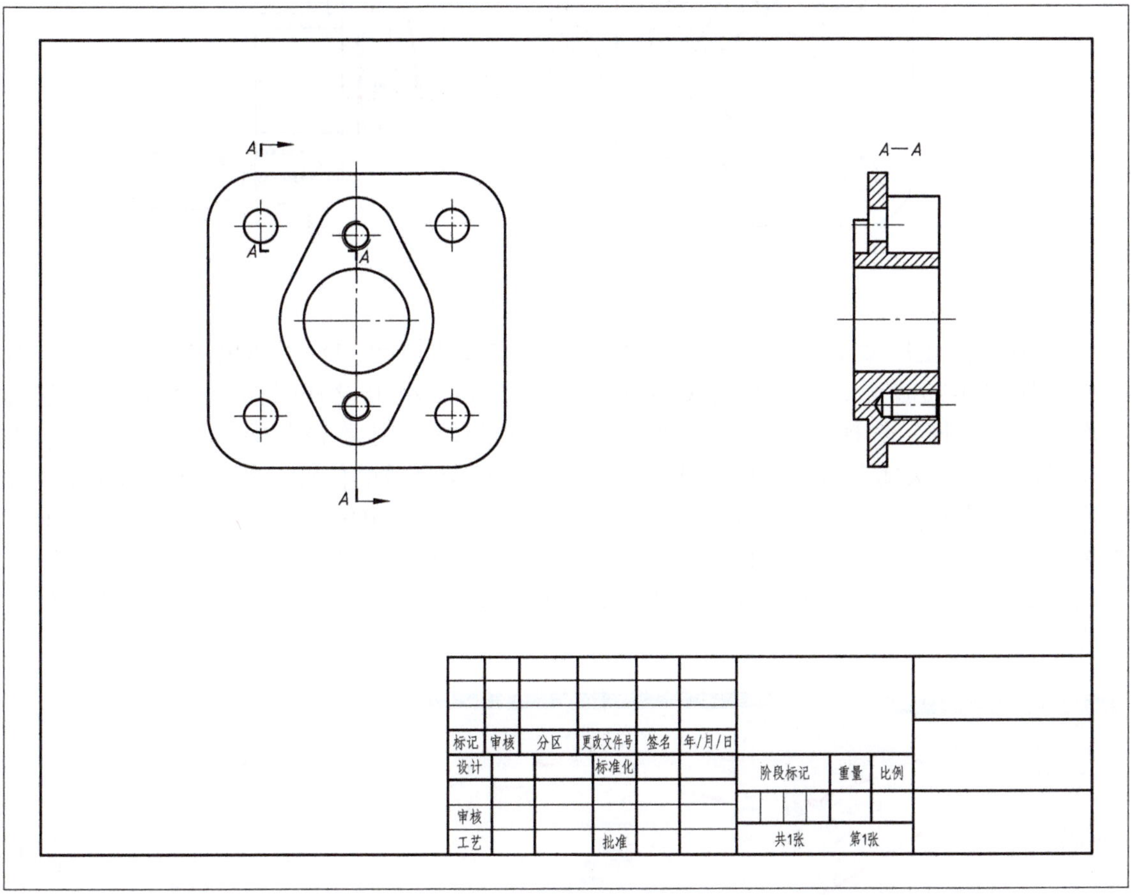

项目 3　流体调控之"咽喉"——旋塞阀三维建模与图样表达

图 3-70　剖视图效果图

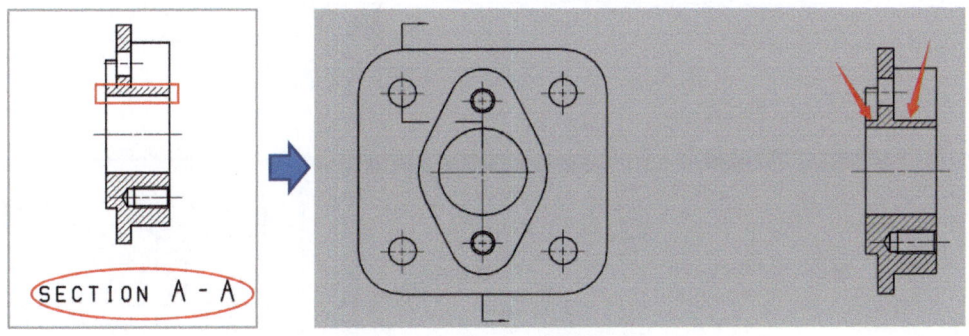

图 3-71　剖视图最终效果图

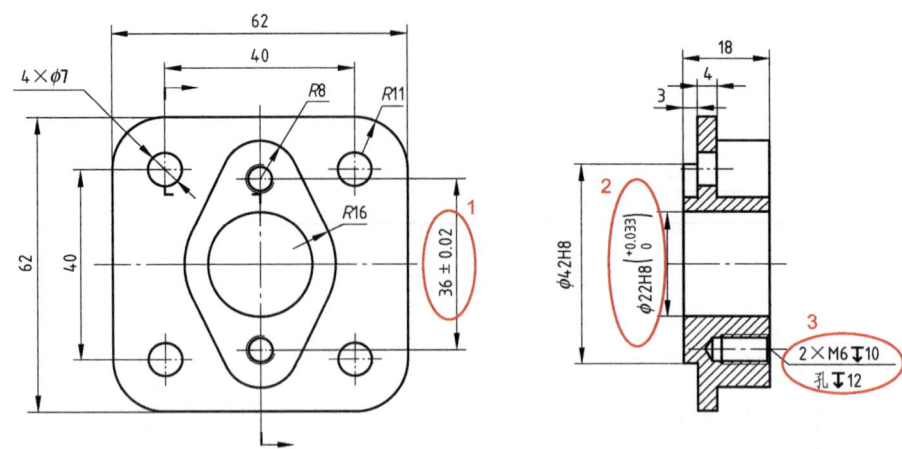

图 3-72　完整的尺寸标注

Step8：标注尺寸 1。单击快速尺寸图标 或按快捷键 <D>，弹出"快速尺寸"对话框，如图 3-73 所示，两个参考对象分别选择圆心，单击设置图标 ，弹出"快速尺寸设置"对话框，选择"公差"，类型选"等双向公差"，小数位数输入"2"，公差输入"0.02"，单击"关闭"按钮完成尺寸设置，把尺寸移至合适的位置。若发现尺寸偏小，可以修改尺寸大小，修改过程：在尺寸处右击，在弹出的菜单中选择"设置"命令，弹出"线性尺寸设置"对话框，如图 3-74 所示，单击"文本"，选择"尺寸文本"，高度输入"5"，选择"公差文本"，高度输入"3.5"，其他接受默认，单击"关闭"按钮，完成尺寸修改。

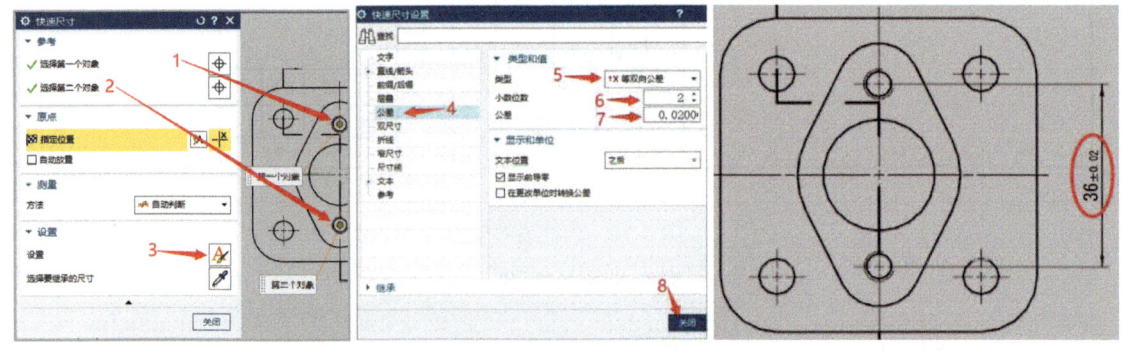

图 3-73　尺寸公差标注操作过程与效果图

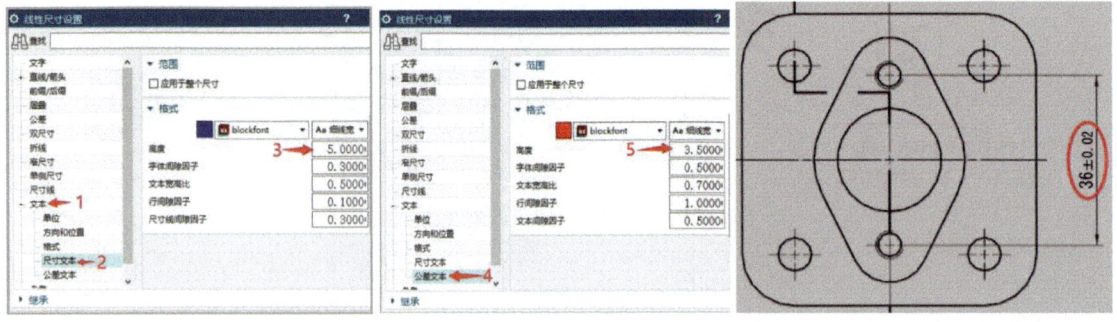

图 3-74　尺寸数字字高修改过程与效果图

Step9：标注尺寸 2。单击快速尺寸图标或按快捷键 <D>，弹出"快速尺寸"对话框，如图 3-75 所示，测量方法选"圆柱式"，两个参考对象分别选择圆 ϕ22 上下两条边，完成 ϕ22 圆标注，右击，在弹出的菜单中选择"设置"命令，弹出"快速尺寸设置"对话框，选择"公差"，类型选"H7 限制和配合"，限制和配合类型选"孔"，偏差选"H"，等级选"8"，格式选"带公差配合"，对齐选"中心值"，勾选"显示公差括号"，单击"关闭"按钮完成尺寸设置，把尺寸移至合适的位置。同样，可修改尺寸大小，尺寸文本高度输入"5"，公差文本高度输入"3.5"，最终效果图如图 3-75 所示。

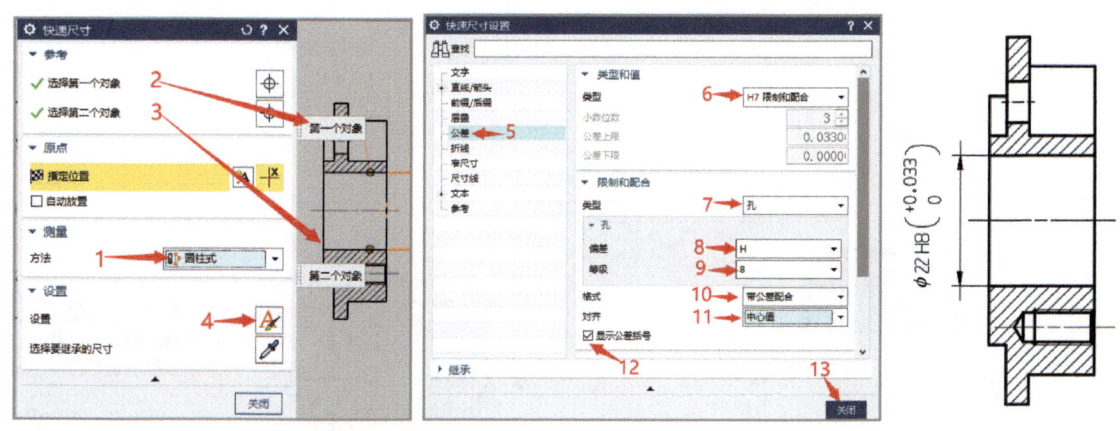

图 3-75　尺寸公差代号与上、下极限偏差设置过程与效果图

Step10：标注尺寸 3。单击"插入"菜单，选择"注释"-"注释"命令，弹出"注释"对话框，如图 3-76 所示，在文本框输入"2<#A>M6<#D>10 孔<#D>12"（**注意**：2、M6、10、孔、12 从键盘输入，其他特殊符号从符号栏里找），为了使上下文本对齐，在孔前键入一个空格；然后往下拖动滚动条，单击"设置"，文本对齐选择 ▦（顶行文本下面，延伸至最长）；最后放置标注，先选定中心点，然后按住鼠标左键，拖动到合适的位置才松开，单击放置标注，单击"关闭"按钮，然后双击指引线，类型改为箭头，单击"关闭"按钮完成尺寸标注。

（5）标注几何公差

Step11：标注平面度。单击"插入"菜单，选择"注释"-"特征控制框"命令或直接单击特征控制框图标，弹出"特征控制框"对话框，如图 3-77 所示，单击选中控制对象后按住鼠标左键向左拖动，至合适的位置松开鼠标左键，特征类型选择平面度 ▱，公差值输入"0.012"，单击"确定"按钮完成平面度标注。

Step12：标注基准特征符号。单击"插入"菜单，选择"注释"-"基准特征符号"命令或直接单击基准特征符号图标，弹出"基准特征符号"对话框，如图 3-78 所示，单击选中控制对象后按住鼠标左键向上拖动，直到合适的位置松开左键，再次单击左键放置基准特征符号，单击"关闭"按钮。由图可知，基准特征符号偏大，需要修改，基准特征符号大小修改过程：选中基准特征符号，右击，在弹出的菜单中选择"设置"命令，弹出"设置"对话框，将高度修改为"3.5"。

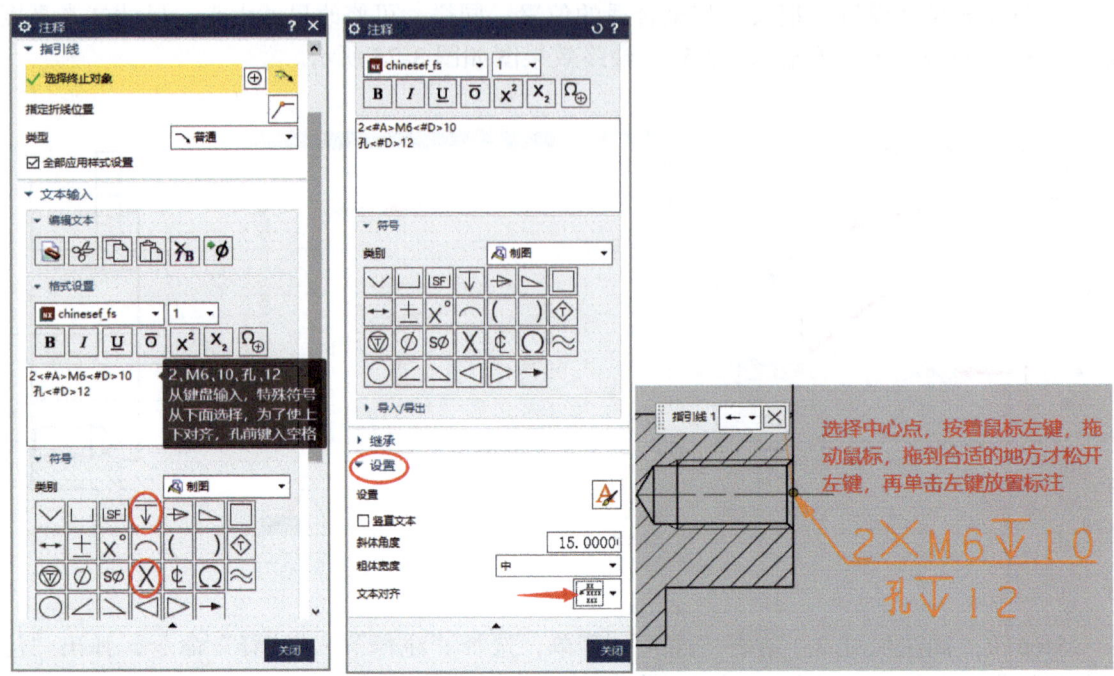

图 3-76 应用"注释"标注螺纹操作过程与效果图

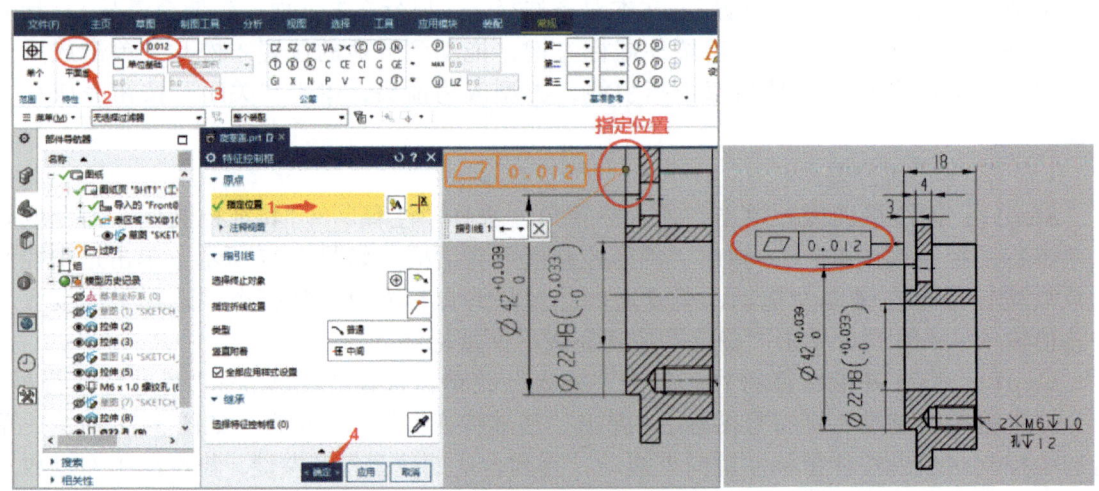

图 3-77 平面度标注设置过程与效果图

项目 3　流体调控之"咽喉"——旋塞阀三维建模与图样表达

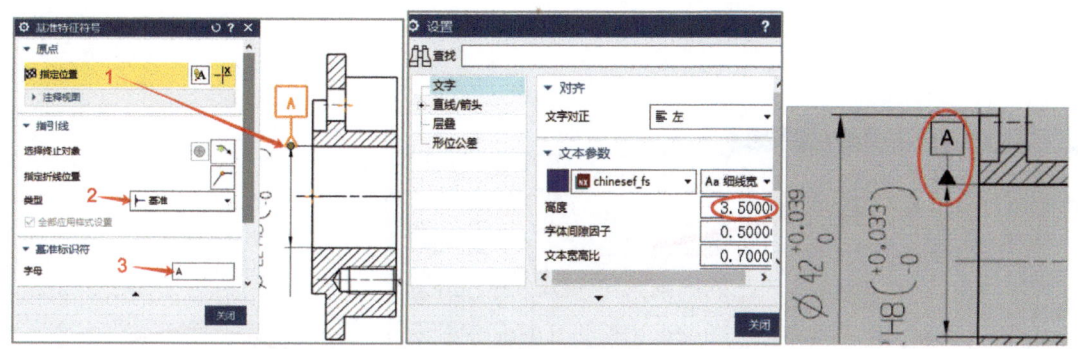

图 3-78　基准特征符号标注设置过程与效果图

Step13：标注垂直度。直接单击特征控制框图标，首先，将指引线放置在合适的位置，特征类型选择垂直度⊥，公差值输入"0.03"，参考基准为"A"，单击"确定"按钮完成垂直度标注，如图 3-79 所示。

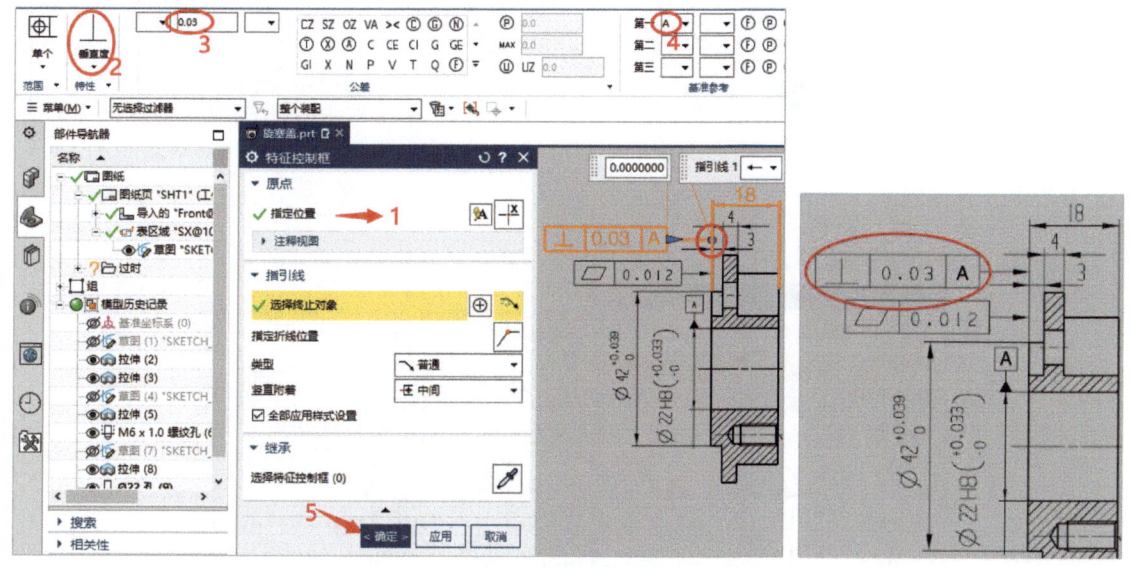

图 3-79　垂直度标注设置过程与效果图

（6）标注表面粗糙度

Step14：标注表面粗糙度 $Ra1.6$。单击"插入"菜单，选择"注释"-"表面粗糙度符号"命令或直接单击表面粗糙度符号图标√，弹出"表面粗糙度"对话框，如图 3-80 所示，除料选"修饰符，需要除料"，波纹（c）选"Ra 1.6"，然后按住 <Alt> 键拖动鼠标，把表面粗糙度放置于合适的位置后松开鼠标，完成表面粗糙度的标注。

Step15：标注其余表面粗糙度 $Ra3.2$。同 Step14，弹出"表面粗糙度"对话框，如图 3-81 所示，除料选"修饰符，需要除料"，波纹（c）选"Ra 3.2"，放置于标题栏上方，完成 $Ra3.2$ 粗糙度标注。继续单击表面粗糙度符号图标√，弹出"表面粗糙度"对话框，如图 3-82 所示，除料选"开放"，下拉滚动条，单击"设置"展开下拉列表，"圆括号"选"两侧"，位置放置在 $Ra3.2$ 右边，这样就完成了其余表面粗糙度 $Ra3.2$ 的标注。

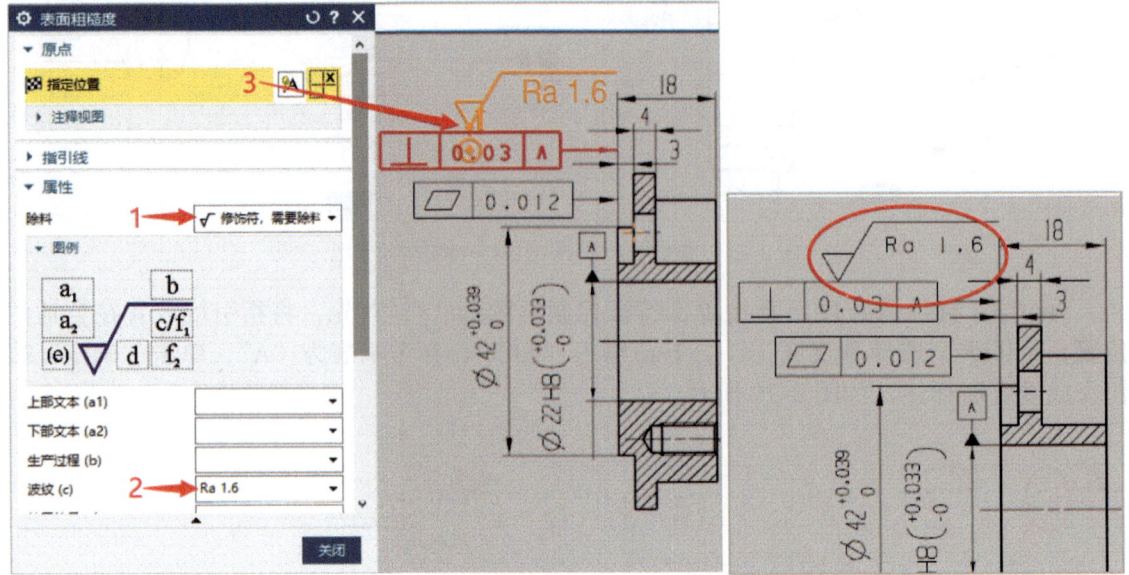

图 3-80 表面粗糙度标注设置过程与效果图

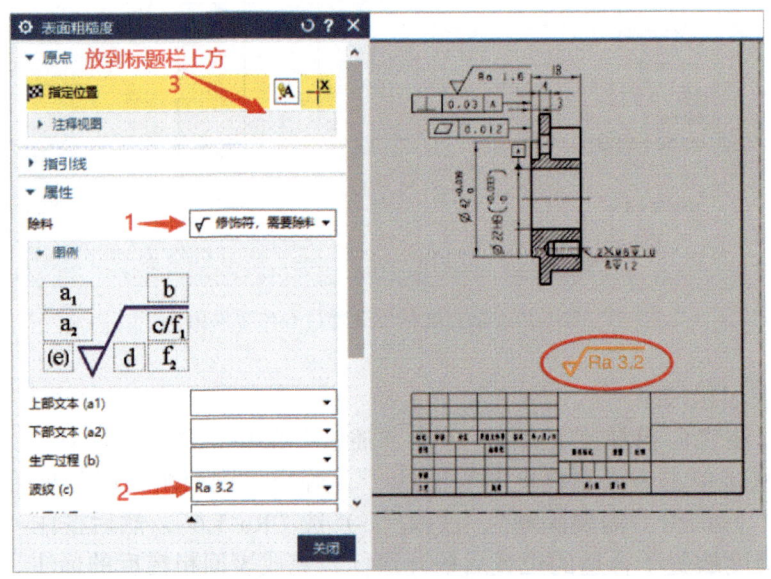

图 3-81 Ra3.2 表面粗糙度标注设置过程与效果图

项目3 流体调控之"咽喉"——旋塞阀三维建模与图样表达

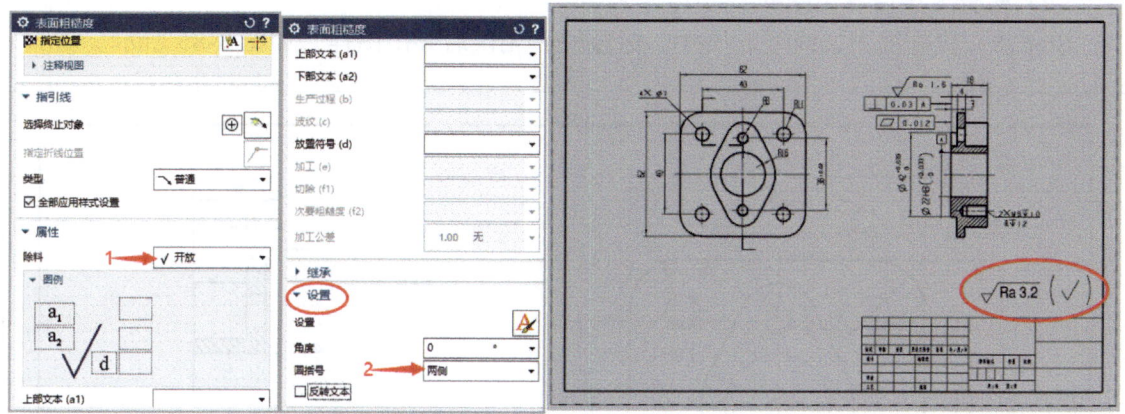

图 3-82　其余表面粗糙度标注设置过程与效果图

（7）填写技术要求

Step16：填写技术要求。单击"插入"菜单，选择"注释"－"注释"命令或者直接单击注释图标 A，弹出"注释"对话框，如图 3-83 所示，输入技术要求，放在左下角。

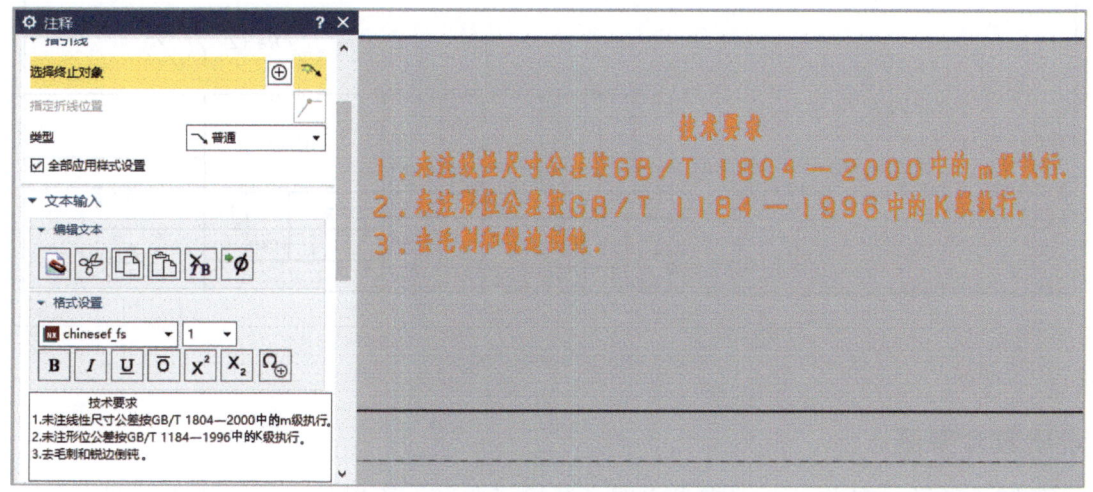

图 3-83　技术要求填写过程与效果图

（8）填写标题栏

Step17：在标题栏填入图样名称"旋塞盖"、图样代号"XSF-04"、材料"HT200"、重量"0.171608"、比例"1.5∶1"。其中，HT200 密度为 $0.70g/cm^3$，由于在上一个任务中有详细操作过程，此处不再重复，最终效果图如图 3-84 所示。

图 3-84　标题栏效果图

（9）检查无误后导出图样

Step18：检查视图、线型、尺寸、标题栏，无误后导出图样，如图 3-85 所示。

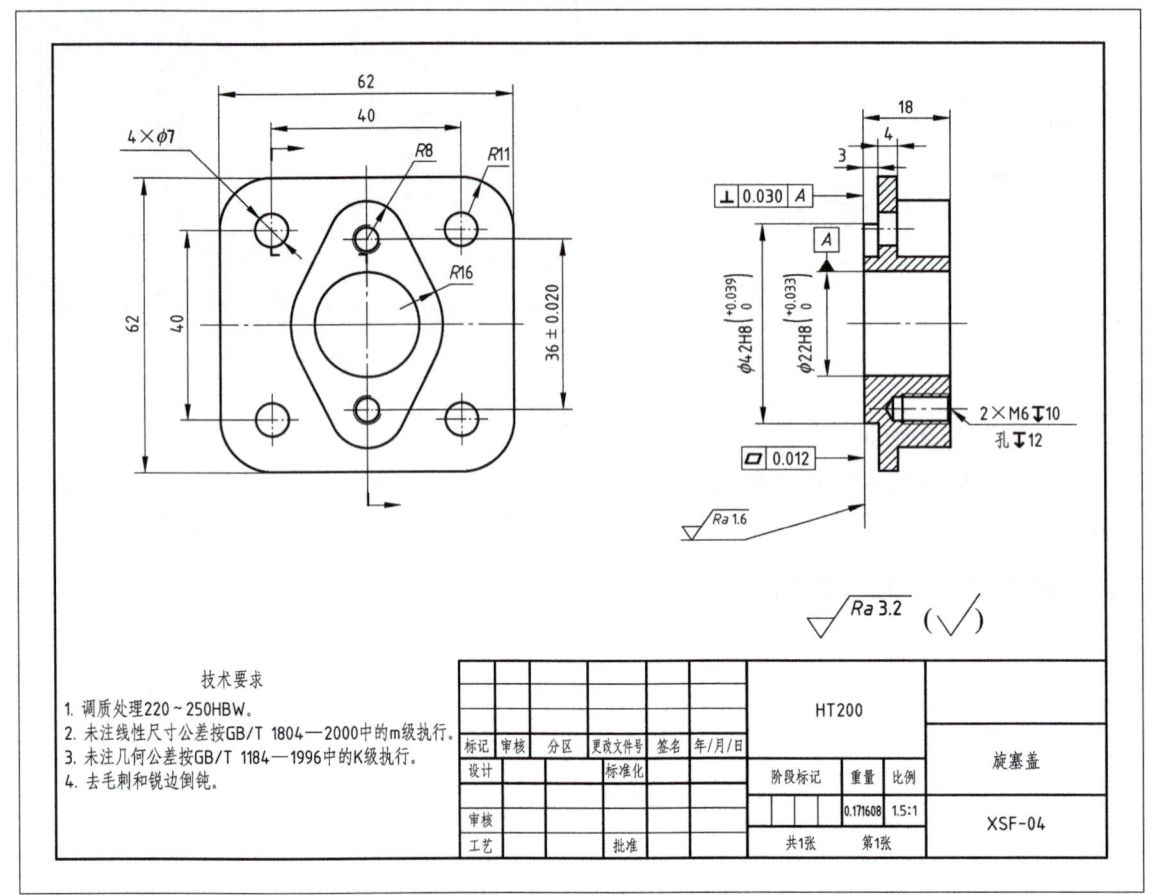

图 3-85　图样输出效果图

素质教育案例

孟轲《孟子·离娄上》："离娄之明，公输子之巧，不以规矩，不能成方圆。"这句话的意思是："像从前离娄那样精明的眼睛，公输班那样的巧匠，不凭规和矩，是画不成方圆的。"强调无论是个人修为还是治国理政，皆需依循"规矩"，即道德准则与礼法制度。同样，只有严格遵守机械制图国家标准（见图 3-86），才能做出规范的零件图样。机械制图国家标准对图样中涉及的格式、文字、图线、图形简化和符号含义等制定出统一的规格。我国的机械制图国家标准制定于 1959 年，先后多次修订，对优化我国机械制图工作、提高工作效率及更加规范地制图发挥了重要作用。

课后拓展

本拓展任务是对前缸盖零件（项目 2 任务 1 的子任务 2 已完成三维建模创建）进行图样表达，如图 3-87 所示。要求：图样模板选择合适，视图表达清晰，尺寸标注规范，公差与表面粗糙度标注合理，标题栏填写完整，图样整体美观。

项目 3　流体调控之"咽喉"——旋塞阀三维建模与图样表达

图 3-86　国家标准一则

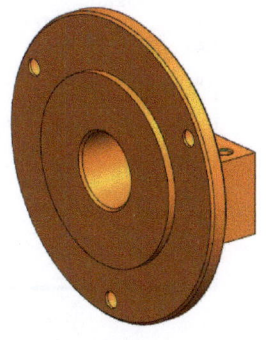

图 3-87　前缸盖三维模型

子任务 3　旋塞壳和塞子图样表达

课前预习

1）剖视图的种类可以分为（　　）。
A. 全剖视图和半剖视图　　　　　　B. 全剖视图和局部剖视图
C. 半剖视图和局部剖视图　　　　　D. 全剖视图、半剖视图和局部剖视图
2）零件图的作用是指导制造、验收和加工零件。（判断题）　　　　　（　　）
3）零件图中标注尺寸必须正确、完整、清晰、合理。（判断题）　　　（　　）

任务实施

一、旋塞壳图样表达

1. 旋塞壳出图思路分析

旋塞壳（零件图见图 3-6）形状规则且对称，具有锥孔、通孔等结构，出图思路很多，现提供一种参考思路，具体过程：①根据尺寸大小，采用 A3 幅面图纸横放；②放置视图：主视图采用全剖，以表达内部情况，俯视图采用半剖视图，一半表达外形，一半表达内部；③标注尺寸；④标注几何公差；⑤标注表面粗糙度；⑥填写技术要求；⑦填写标题栏；⑧检查无误后导出图样。

2. 旋塞壳出图实践

（1）确定图幅和放置方向

Step1：打开"旋塞壳.prt"模型，进入制图界面，采用 A3 图纸且横放，导入 A3 横放模板，如图 3-88 所示，也可以采用软件自带的模板。

旋塞壳工程图创建

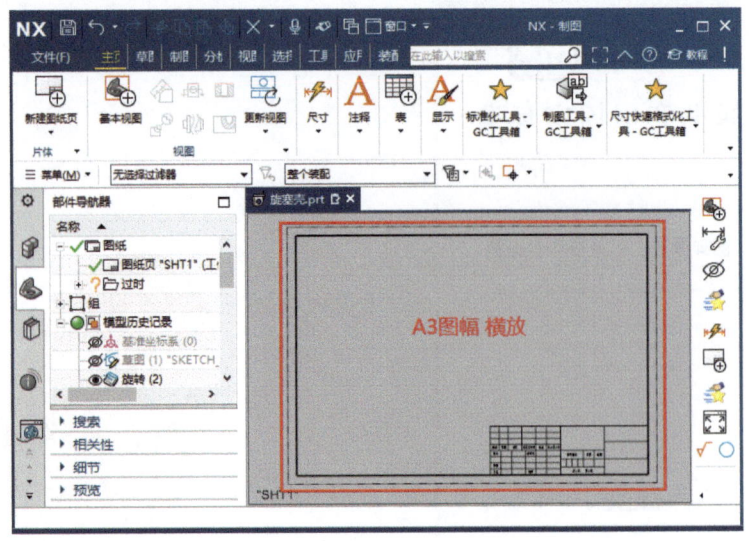

图 3-88 调用自行创建的 A3 图纸模板效果图

（2）放置视图（主视图采用全剖、俯视图采用半剖）

Step2：放置视图。单击"插入"菜单，选择"视图"－"基本视图"命令，弹出"基本视图"对话框，如图 3-89 所示，模型视图选"右视图"，因为该视图反映旋塞盖的主要特征，可作为主视图，比例选"1∶1"，将视图放置到合适的位置，这时会弹出"投影视图"对话框，向右拖动鼠标生成左视图，向下拖动鼠标生成俯视图，隐藏基准坐标系。

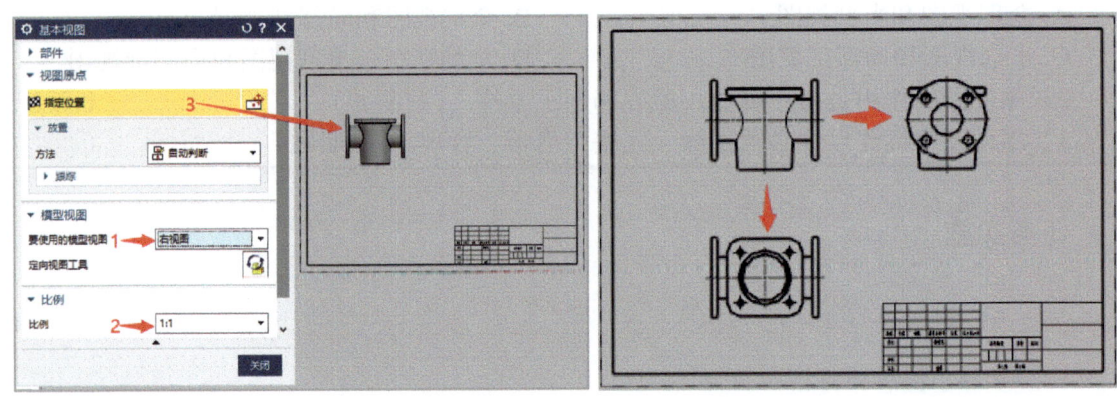

图 3-89 基本视图生成操作过程与效果图

Step3：主视图全剖。为了更清楚地表达内部结构，主视图采用全剖，俯视图采用半剖。首先，把鼠标移至主视图区域并单击视图，出现红色边框表示主视图被选中，按 <Del> 键删除主视图，同样删除俯视图，如图 3-90 所示，如果作图者思路清晰，Step2 可只放置左视图，一步到位。接着单击"插入"菜单，选择"视图"－"剖视图"命令，弹出"剖视图"对话框，如图 3-91 所示，剖视方法选"简单剖/阶梯剖"，截面位置选左视图 $\phi 64$ 圆心，向左拖动鼠标，生成剖视图，隐藏剖切字母。

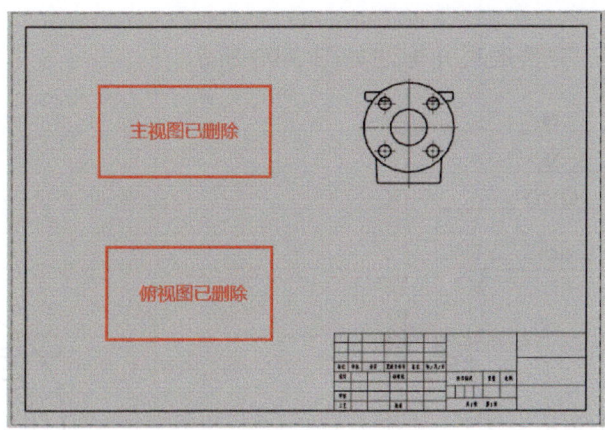

图 3-90　删除主、俯视图

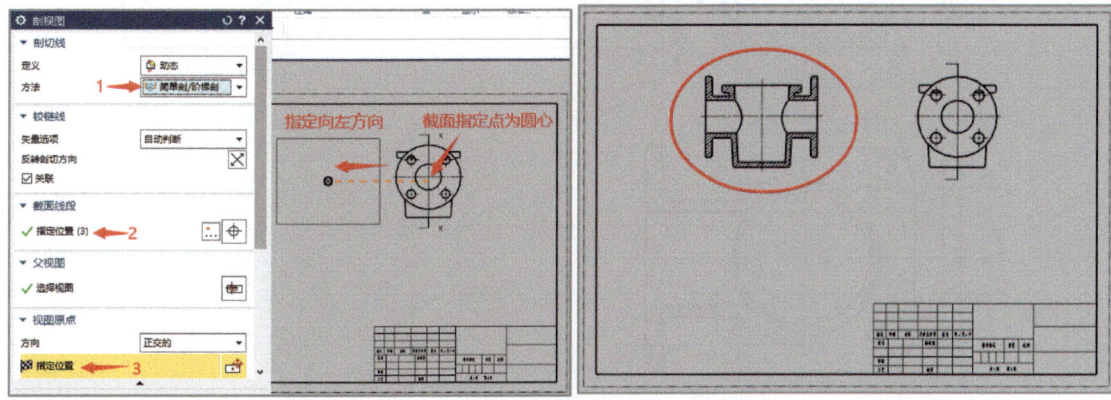

图 3-91　主视图全剖操作过程与效果图

Step4：俯视图半剖。单击"插入"菜单，选择"视图"-"剖视图"命令，弹出"剖视图"对话框，如图 3-92 所示，剖视方法选"半剖"，截面位置选两个点，向下拖动鼠标生成剖视图，隐藏剖切字母，调整中心线，内螺纹大径 3/4 圆显示表示。

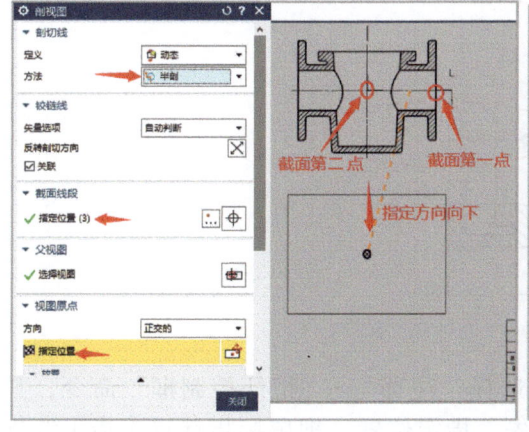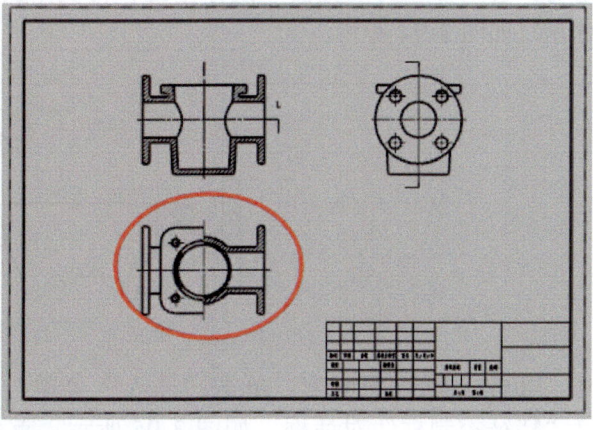

图 3-92　俯视图半剖操作过程与效果图

(3) 标注尺寸

Step5：标注尺寸。完整的尺寸标注如图 3-93 所示。

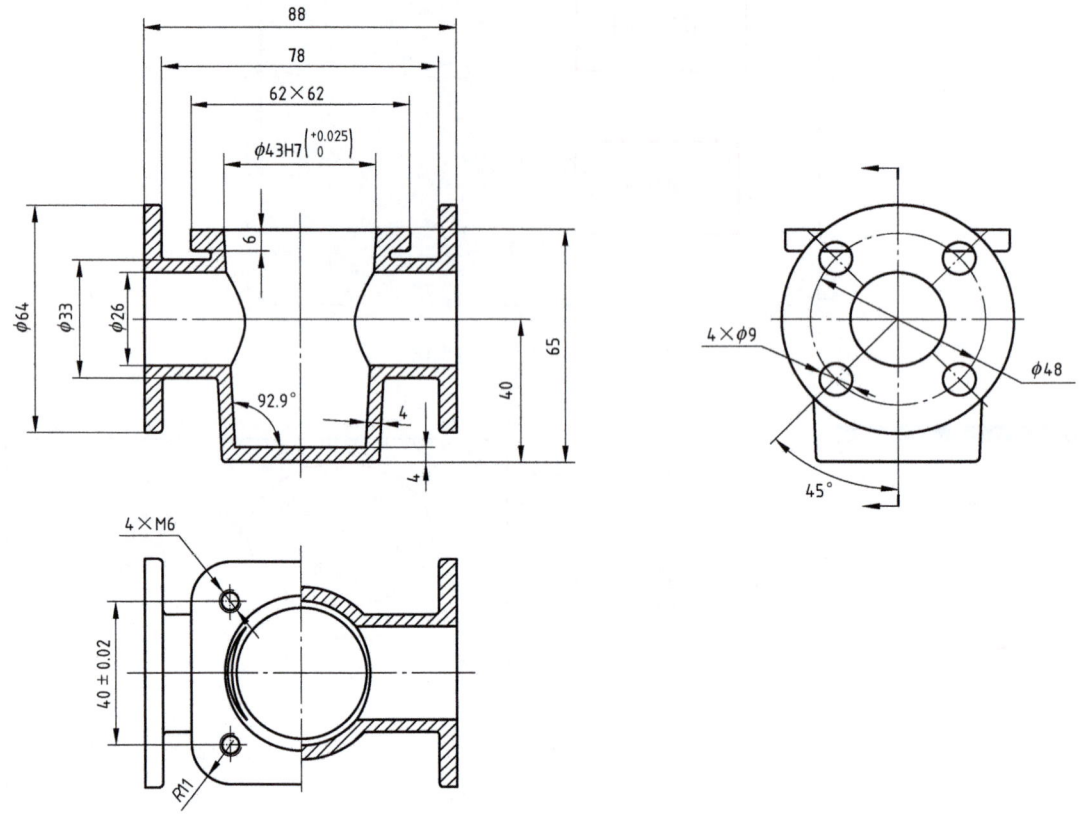

图 3-93　完整的尺寸标注

(4) 标注几何公差

Step6：标注基准特征符号。单击"插入"菜单，选择"注释"-"基准特征符号"命令，弹出"基准特征符号"对话框，把鼠标放到指引线指向点区域后按住鼠标左键向右拖动，直至合适的位置松开鼠标左键，再次单击放置基准特征符号，注意指引线与尺寸线对齐，如图 3-94 所示。

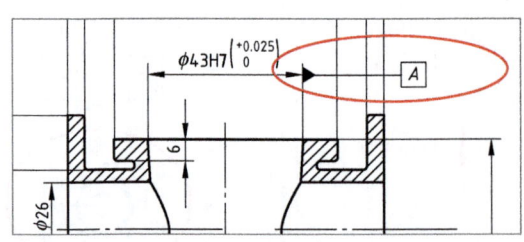

图 3-94　基准特征符号与尺寸线对齐效果图

Step7：标注平面度。单击"插入"菜单，选择"注释"-"特征控制框"命令，弹出"特征控制框"对话框，如图 3-95 所示。首先，指定位置，把鼠标指针置于指引线指向点区域后按住鼠标左键向上拖动，直至合适的位置松开鼠标左键，然后单击进行放置。此时，指引线是斜的，单击指定折线位置，用鼠标调整指引线成 90°，特征类型选平面度

□，公差值输入"0.012"，单击"确定"按钮完成平面度标注。

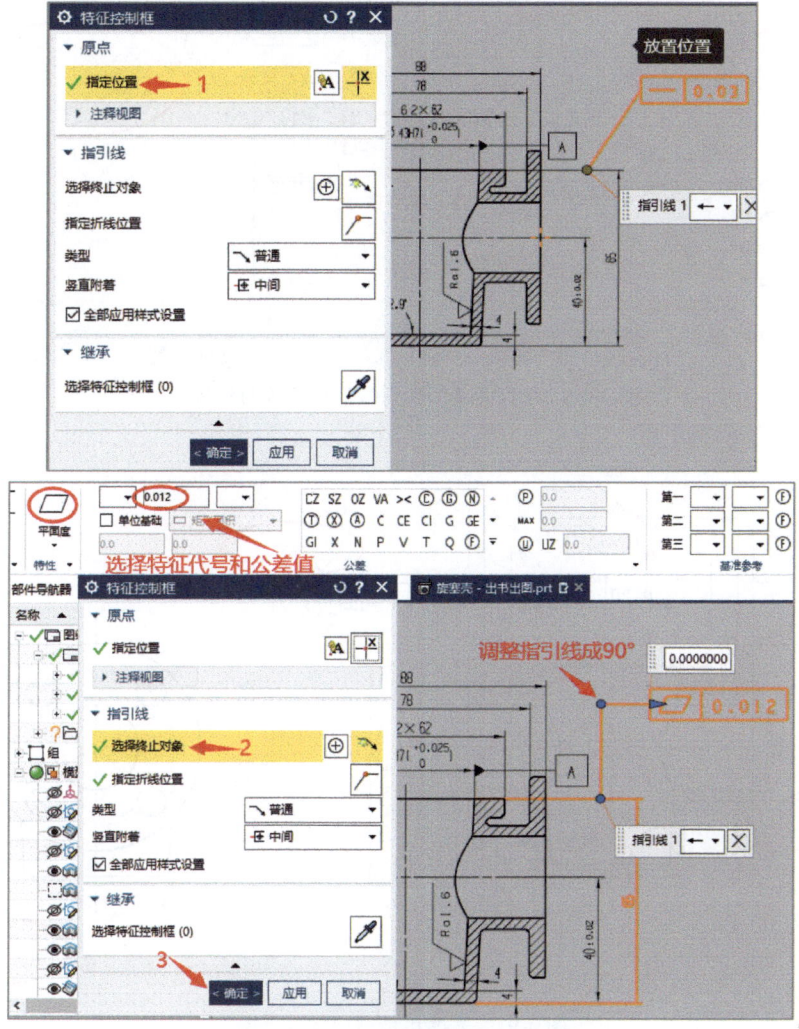

图 3-95　平面度设置操作过程与效果图

Step8：标注垂直度。单击特征控制框图标 ⊥，因为与上述平面度共用指引线，所以指定位置时，把控制框移动到已有控制框旁边，软件会自动识别，使两者成为一个整体，特征类型选"垂直度⊥"，公差值输入"0.012"，参考基准为"A"，单击"确定"按钮完成垂直度标注，如图 3-96 所示。

（5）标注表面粗糙度
Step9：标注表面粗糙度 Ra1.6 和其余粗糙度，如图 3-97 所示。

（6）填写技术要求
Step10：填写技术要求，如图 3-98 所示。

（7）填写标题栏
Step11：在标题栏填入图样名称"旋塞壳"、图样代号"XSF-01"、材料"HT200"、重量"0.582622"、比例"1∶1"，最终效果图如图 3-99 所示。

（8）检查无误后导出图样
Step12：检查视图、线型、尺寸、标题栏，无误后导出图样，如图 3-100 所示。

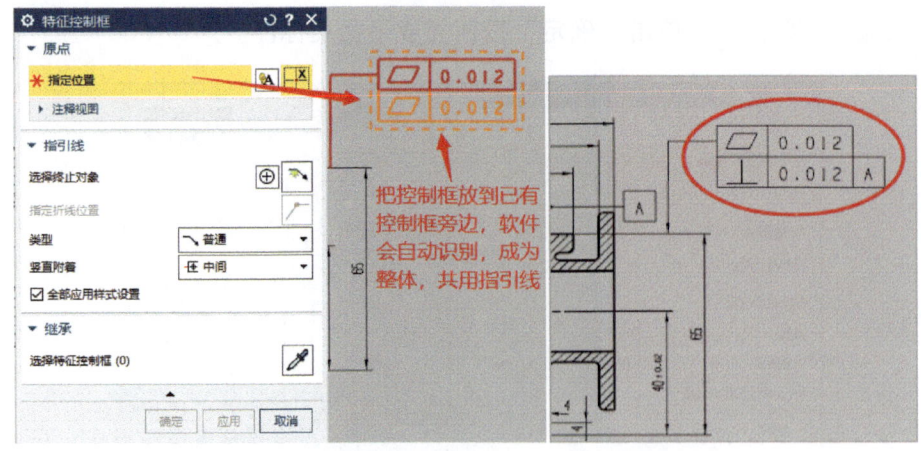

图 3-96　垂直度共用指引线操作过程与效果图

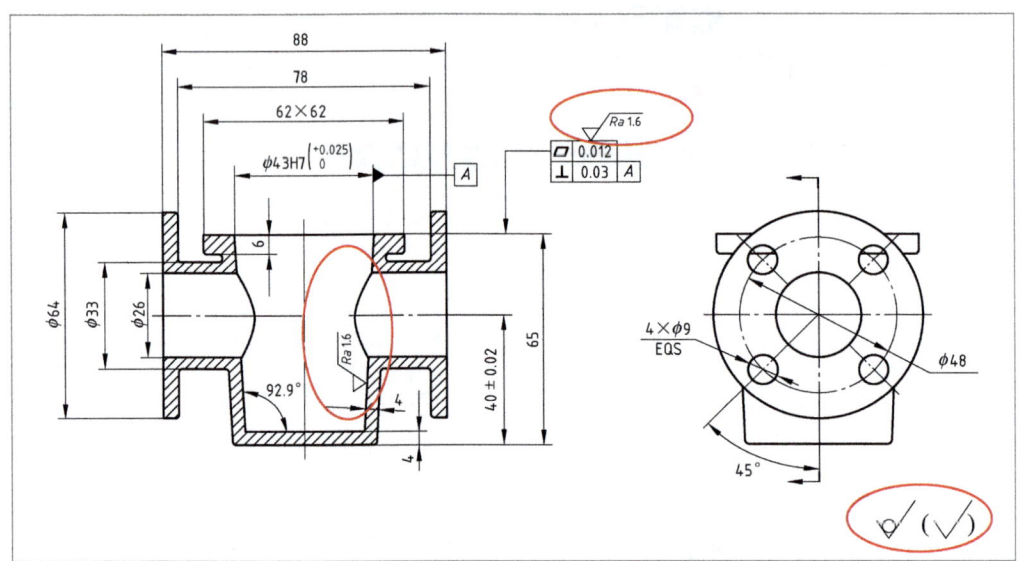

图 3-97　表面粗糙度标注效果图

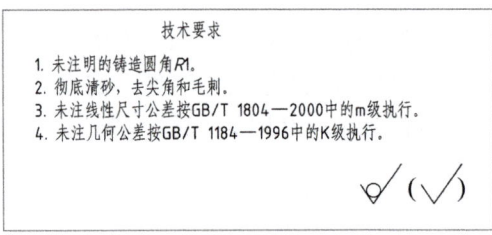

图 3-98　技术要求填写效果图

图 3-99　标题栏填写效果图

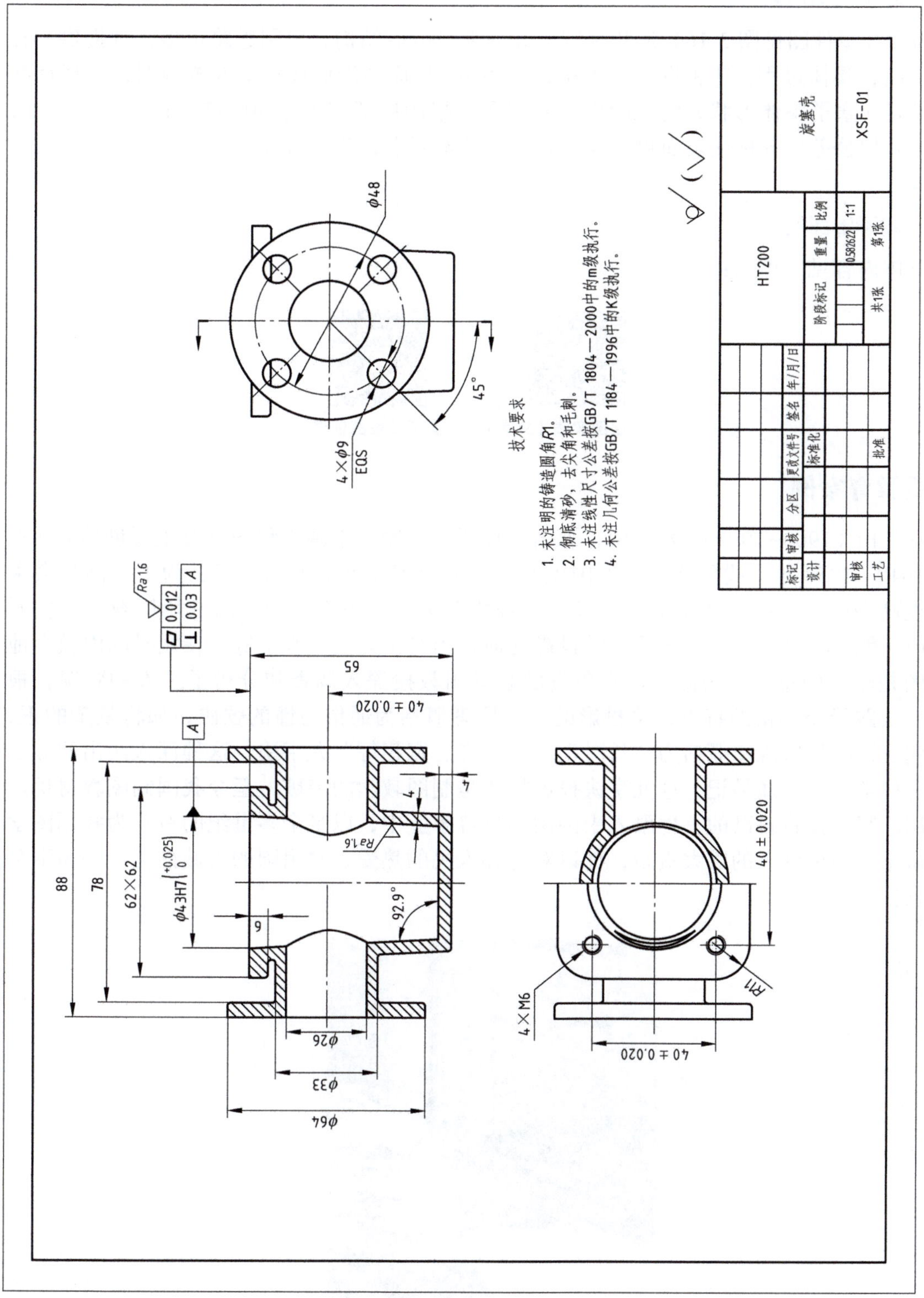

项目 3 流体调控之"咽喉"——旋塞阀三维建模与图样表达

图 3-100 图样输出效果图

二、塞子图样表达

1. 塞子出图思路分析

塞子（零件图见图 3-16）形状规则，其内部是空腔结构，出图思路很多，现提供一种参考思路，具体过程：①根据尺寸大小，采用 A3 幅面图纸横放；②放置视图，选择反映主要特征（塞子整体形状）的视图作为主视图，采用局部剖表达内腔结构；③标注尺寸；④标注几何公差；⑤标注表面粗糙度；⑥填写技术要求；⑦填写标题栏；⑧检查无误后导出图样。

2. 塞子出图实践

具体内容见二维码：

塞子出图实践（文本）　　塞子工程图创建

素质教育案例

赵学田（1900-1999），号稼生，著名工程图学专家，中国工程图学会主要创始人（见图 3-101）。1953 年，我国处于发展国民经济第一个五年计划的第一年，为了提高社会主义建设高潮中工人的科技水平，武汉市科普协会请赵学田教授到武昌造船厂教工人们看图知识，他欣然答应。学看图须先学投影几何，当时工人文化水平低，在短时间内教会他们看图是非常困难的。为此，认真负责的赵学田教授深入调查和分析了工人的状况，根据他们实践经验丰富的特点，将投影的一些原理概括为通俗易懂的歌诀，如将复杂的正、俯、侧三视图投影规律概括为"长对正、高平齐、宽相等"九字诀。这种深入浅出的方法既符合科学，又好懂易记，这九字诀投影规律是制图教学的突破，至今我国制图教材仍广泛采用。赵教授将自己的一生融入中国图学科普事业中，以半个多世纪的奋斗为我国图学发展做出了不可磨灭的巨大贡献，他以对党和人民的热爱、对祖国的忠诚谱写了一曲奉献者之歌！

图 3-101　图学专家赵学田

课后拓展

本拓展任务是对阀体（项目3任务1的子任务1课后拓展已完成三维建模）进行零件图样表达，阀体三维模型如图3-102所示。要求：图样模板选择合适，视图表达清晰，尺寸标注规范，公差与表面粗糙度标注合理，标题栏填写完整，图样整体美观。

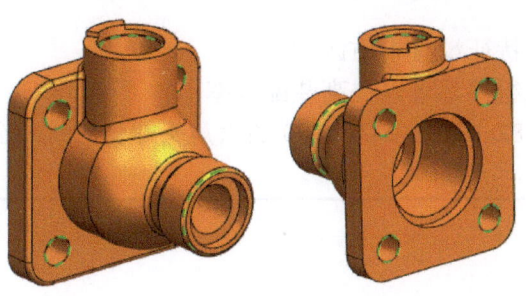

图 3-102　阀体三维模型

任务3　旋塞阀虚拟装配

任务引入

机械产品开发时存在两种设计思路：一种是自下而上（或自底向上）的设计方法，即先把零件设计好，再进行产品装配，主要适用于依靠较多已有零部件或设计参考数据完成产品的升级改造，不足之处是零件修改不方便，当修改了其中一个零件的尺寸后，与之关联的其他零件就会报错；另一种就是自上而下（或自顶向下）的设计方法，先进行概念设计与整体规划，再详细设计各组成部分，从而更容易得到较理想的创新性设计结果，此方法在项目4中会详细介绍。两种设计方法对比如图3-103所示。

旋塞阀虚拟装配引入与分析

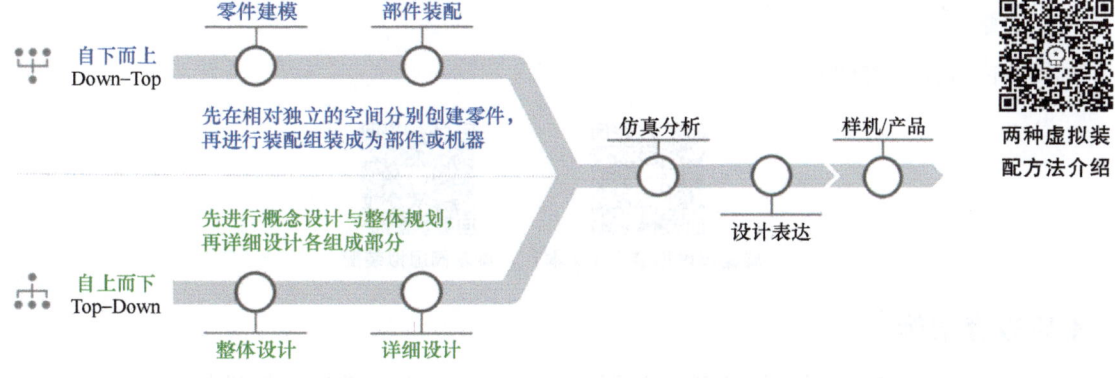

两种虚拟装配方法介绍

图 3-103　"自下而上"与"自上而下"两种设计方法对比

本任务根据旋塞阀装配图（见图3-4）自下而上进行虚拟装配，要求制定装配方案，装配原理正确，位置准确，约束合理，符合旋塞阀运动规律，必要时可视情况进行零件结构优化。

课前预习

1. 查一查：旋塞阀使用场合有哪些？提供两个使用案例。

2. 小测（判断题）
1）阵列组件和阵列特征没有本质区别。　　　　　　　　　　　　　　　　（　　）
2）阵列组件和镜像组件都可以提高装配效率。　　　　　　　　　　　　（　　）
3）标记为 GB/T 5782—2016 M16×80 的六角头螺栓的螺纹公称直径为 16mm，螺栓长度为 80mm。　　　　　　　　　　　　　　　　　　　　　　　　　　　　　　（　　）

任务实施

1. 思路分析

根据旋塞阀装配图，装配思路很多，因为涉及零件多，约束也多，不便于一一列出，下面提供一种装配顺序，具体过程如图 3-104 所示。

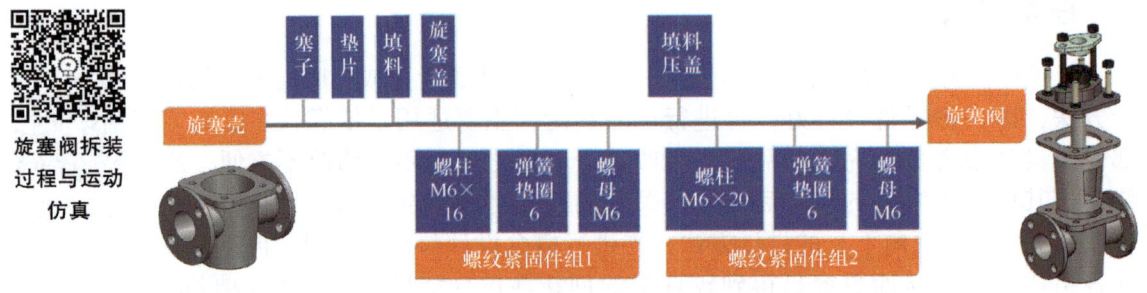

图 3-104　旋塞阀装配思路

2. 装配实践

具体内容见二维码：

旋塞阀虚拟装配（文本）

旋塞阀虚拟装配

素质教育案例

一双慧眼、一双巧手，堪比精密仪器；工艺精湛，无惧重压，挺进神秘深海世界，以 0.01mm 的精度为"蛟龙"点睛。他就是顾秋亮（见图 3-105），蛟龙号载人潜水器首席装配钳工技师，凭借双手和智慧让自己成长为一位"大国工匠"，先后主持和参加了包括蛟龙号 7000m 载人潜水器在内的数十项国家重大工程项目的机械加工和安装调试工作。曾经作为潜水器装配保障组组长和首席装配钳工技师，他带领全组成员，以严肃的科学态度和踏实的工作作风，保质保量完成了蛟龙号总装集成、数十次水池试验和四次海试过程中的部件拆装与维护，用实际行动演绎着对祖国载人深潜事业的忠诚与热爱。因其丰富的经验和职业水准，退休后被返聘，继续为国之重器发光发热，同时向青年钳工毫无保留地传授装配经验，参加"劳模工匠进校园"等宣讲活动，致力于引导更多年轻人弘扬传承工匠精神。

图 3-105 "大国工匠"顾秋亮

课后拓展

任务描述：根据球心阀装配图（见图 3-106）对球心阀进行虚拟装配，要求符合工作原理，零件位置正确，约束方式自行选择，如有缺的自制零件可由指导教师提供。

任务 4　旋塞阀装配图样表达

任务引入

装配图是表示产品及其组成部分的连接、装配关系及技术要求的图样。作为与零件图具有本质区别的技术文件，二者在工程应用中存在明确分工：在制造流程中，首先依据零件图进行零部件的加工制造和质量检测，继而按照装配图制定工艺规程完成整机装配；在设备运维阶段，技术人员通过研读装配图来掌握设备的工作原理和装配关系。装配图基本内容包括一组视图、必要的尺寸、技术要求、零件序号、标题栏和明细栏。

本任务是对任务 3 的旋塞阀装配体进行图样表达，要求：图样模板选择合适，视图表达清晰，尺寸标注规范，明细栏与序号标注合理，有必要的技术要求，标题栏填写完整，图样整体美观。

课前预习

1. 查一查：装配图的作用是什么？

2. 在线学习知识/技能点：装配图的基本内容、零件编号和明细栏生成。
本书对应课程平台网站：https://www.xueyinonline.com/detail/250118572。

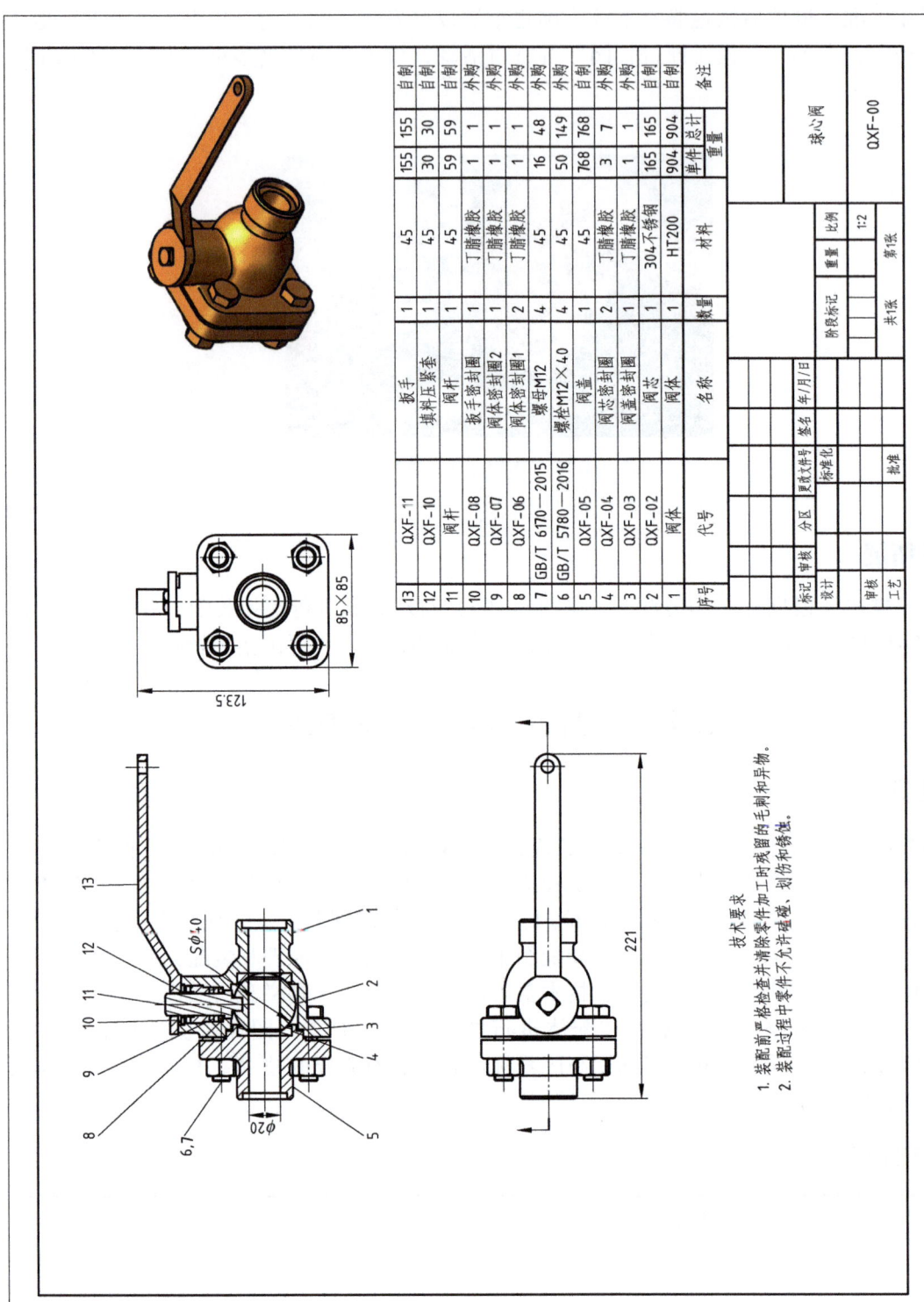

图 3-106 球心阀装配图

项目 3　流体调控之"咽喉"——旋塞阀三维建模与图样表达

任务实施

1. 思路分析

旋塞阀是一种通过旋转阀芯控制流体流量的阀门，其结构对称，可以采用半剖视图表达内部结构，采用局部剖对螺纹紧固件进行表达，出图思路很多，现提供一种参考思路，具体过程：①根据尺寸大小，采用 A3 幅面图纸横放；②放置视图，选择反映主要特征的视图作为主视图，结合半剖和局部剖等辅助视图表达内部结构；③标注尺寸；④生成明细栏；⑤标注零件序号；⑥填写技术要求；⑦填写标题栏；⑧检查无误后导出图样。

2. 装配实践

（1）确定图幅和放置方向

Step1：进入制图界面。首先打开"旋塞阀 .prt"模型文件，进入建模界面，如图 3-107 所示，单击"应用模块"菜单，选择"制图"命令或按快捷键 <Ctrl+Shift+D> 进入制图界面，如图 3-108 所示，若要从制图界面返回建模界面，则单击"应用模块"菜单，选择"建模"命令或按快捷键 <Ctrl+M>，这一步与三维模型出零件图样是一样的。

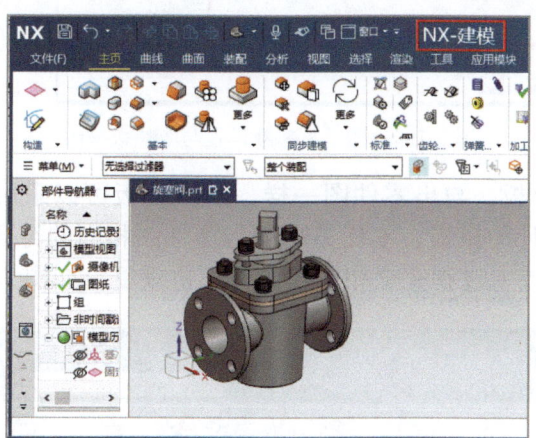

图 3-107　装配体处于建模状态

旋塞阀装配图之图幅与视图的创建

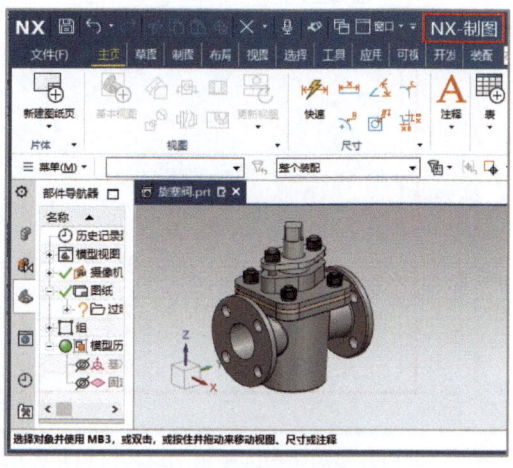

图 3-108　装配体处于制图状态

Step2：创建 A3 图幅且横放。单击"插入"菜单，选择"图纸页"－"新建图纸页"命令或直接单击新建图纸页图标，弹出"图纸页"对话框，如图 3-109 所示，大小类型选"定制尺寸"，高度为"297"，长度为"420"，比例为"1∶1"，单位为"毫米"，投影法选第一角投影，单击"确定"按钮。

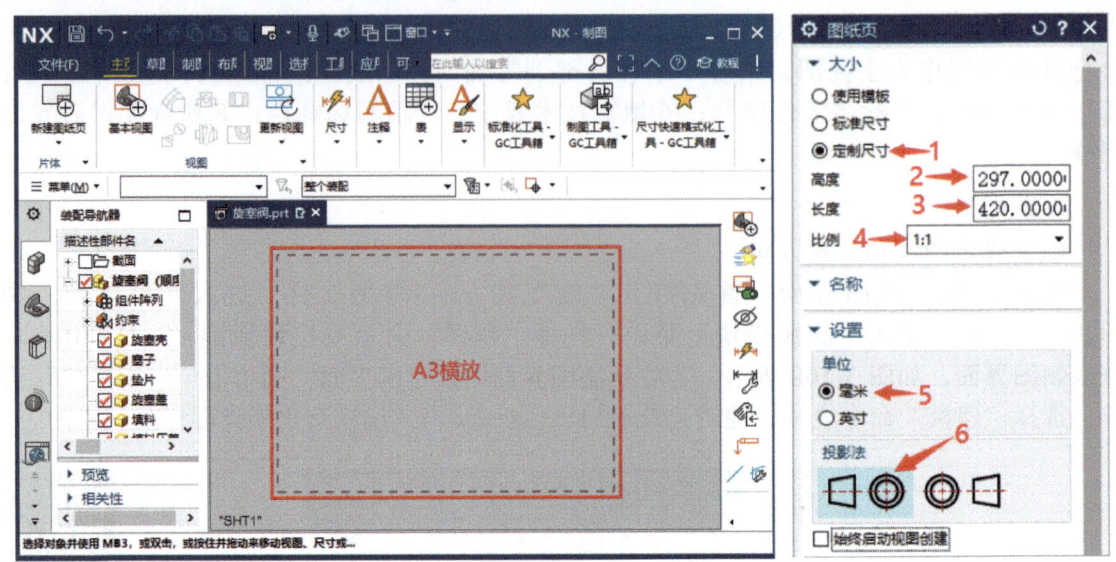

图 3-109　图纸页参数设置与图幅效果图

Step3：调用图纸模板。与出零件图一样，图纸模板可以采用 UG NX 软件自带的模板，也可以导入自行设计的模板，本任务采用与零件图相同的符合国家标准的 A3 图纸模板，导入过程与零件图导入过程完全相同，此处不再重复，如图 3-110 所示。

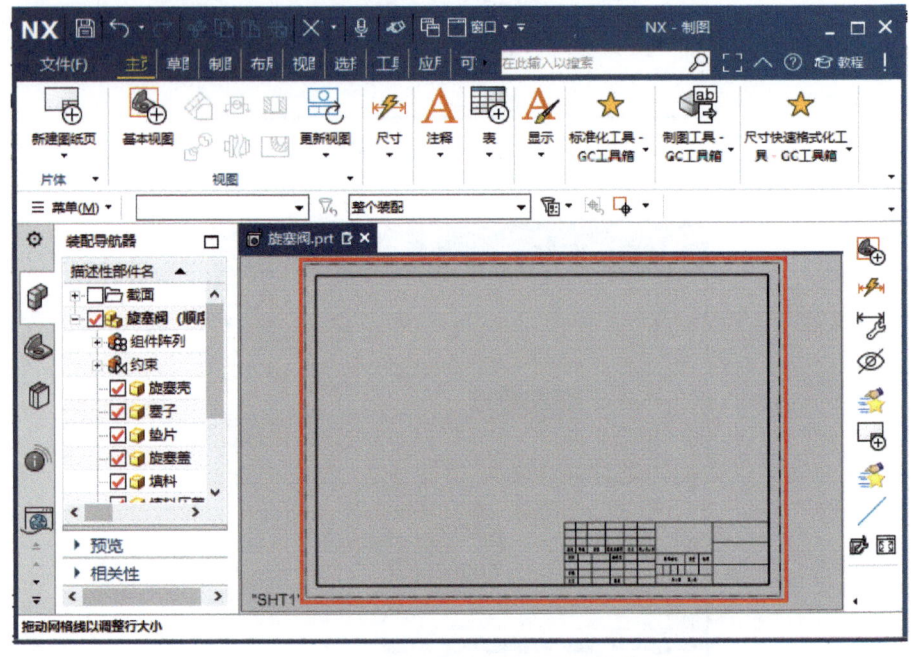

图 3-110　调用自行创建图纸模板的操作过程及效果图

（2）放置视图（主视图采用半剖、局部剖）

Step4：放置视图。单击"插入"菜单，选择"视图"-"基本视图"命令，模型视图选"左视图"，因为该视图能反映旋塞阀的主要特征，可以作为主视图，比例选"1∶1"，把视图放置到合适的位置，这时会弹出"投影视图"对话框，向右拖动鼠标生成左视图，向下拖动鼠标生成俯视图，如图3-111所示。

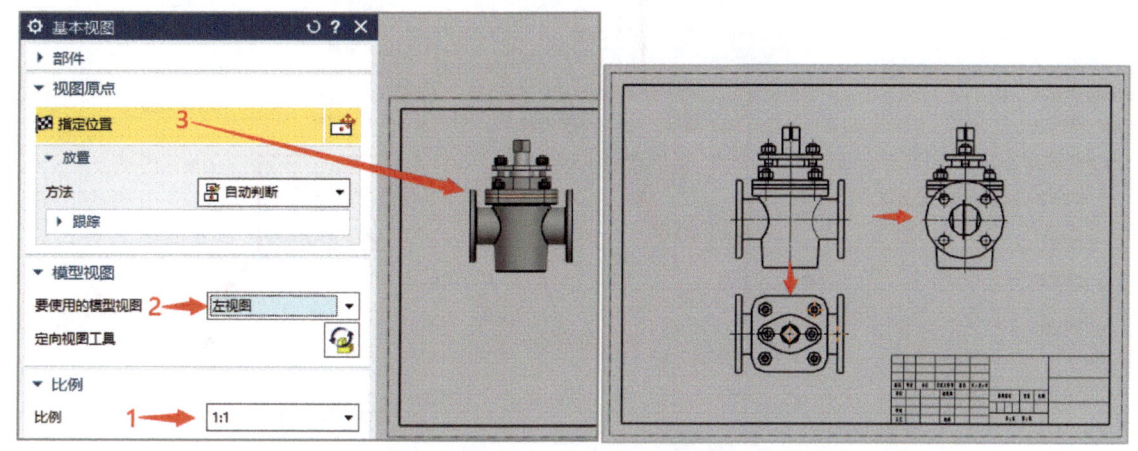

图3-111　旋塞阀三视图

Step5：主视图半剖。为了更清楚地表达旋塞阀内部结构，主视图采用半剖。首先删除主视图，然后单击"插入"菜单，选择"视图"-"剖视图"命令，弹出"剖视图"对话框，如图3-112所示，剖切方法选"半剖"，在指定截面位置选两个中心点，向下拖动滚动条，单击"设置"，"非剖切"对象选螺柱、螺母、弹簧垫圈，选取多个对象时，注意按住<Ctrl>键，指定位置为竖直向上，拖动鼠标，把剖视图放到合适的位置。

Step6：修改半剖视图。对于软件自动生成的剖视图要仔细检查，如本图存在三处不足：①断裂的轮廓线应连接起来；②垫圈和填料都是非金属材料，剖面线应采用网格线；③按基本视图放置，剖切字母可以省略。修改后的效果图如图3-113所示。至于螺纹连接处小径的显示，在Step7中统一修改。

Step7：主视图局部剖。为了表达螺柱M6×16螺纹连接局部结构，可采用局部剖。局部剖的操作过程：①激活主视图草图，单击"草图"菜单，选择"样条曲线"命令，绘制断裂轮廓，完成草图，如图3-114所示；②单击"插入"菜单，选择"视图"-"局部剖"命令或直接单击局部剖图标，弹出"局部剖"对话框，如图3-115所示，左下方提示栏提示"选择一个生成局部剖的视图"，此处选择主视图，提示"定义基点－选择对象以自动判断点"，则选择俯视图中的螺柱中心，提示"定义拉伸矢量或接受默认定义并继续－选择对象以自动判断矢量"，则按鼠标中键接受默认定义，提示"选择起点附近的断裂线"，则选择样条曲线，单击"应用"按钮，则可生成局部剖。检查局部剖，因为螺杆纵向剖切，故剖面线不要，断裂轮廓线型太粗，修改为"3.5"，同一零件剖面线一致，故此处剖面线要与Step6剖面线一致，螺柱下端螺纹小径没有显示出来，要补画，长度为6，最终局部剖，如图3-115所示。

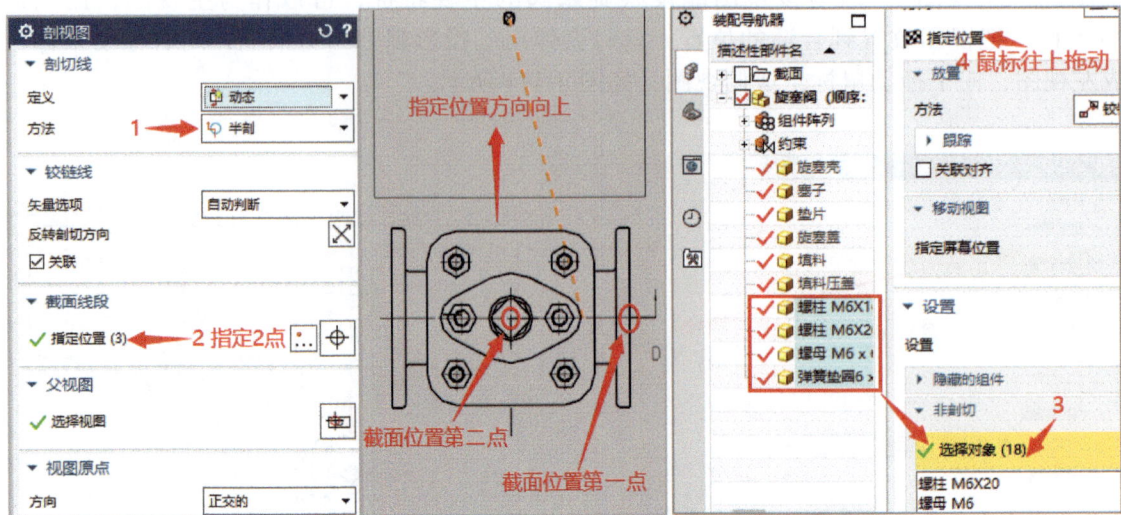

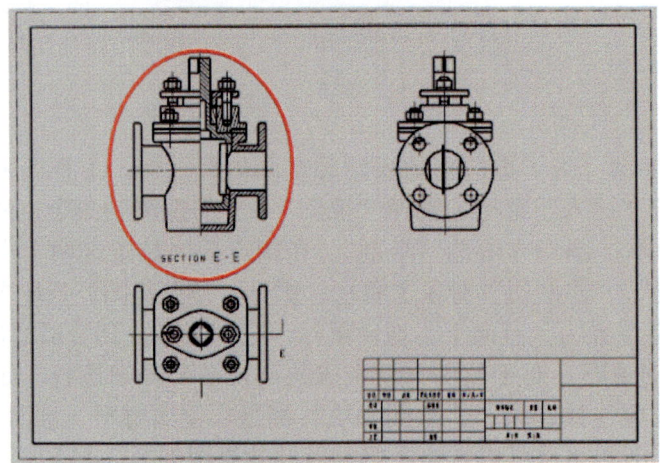

图 3-112　主视图半剖视图

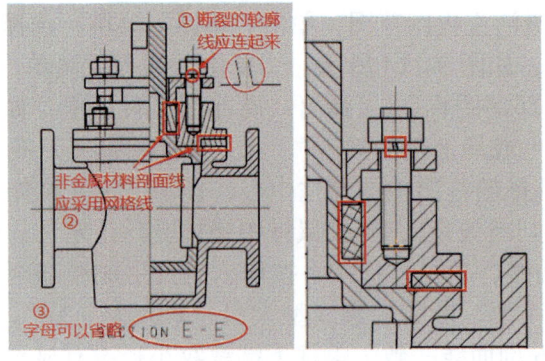

图 3-113　修改后的半剖视图

项目3 流体调控之"咽喉"——旋塞阀三维建模与图样表达

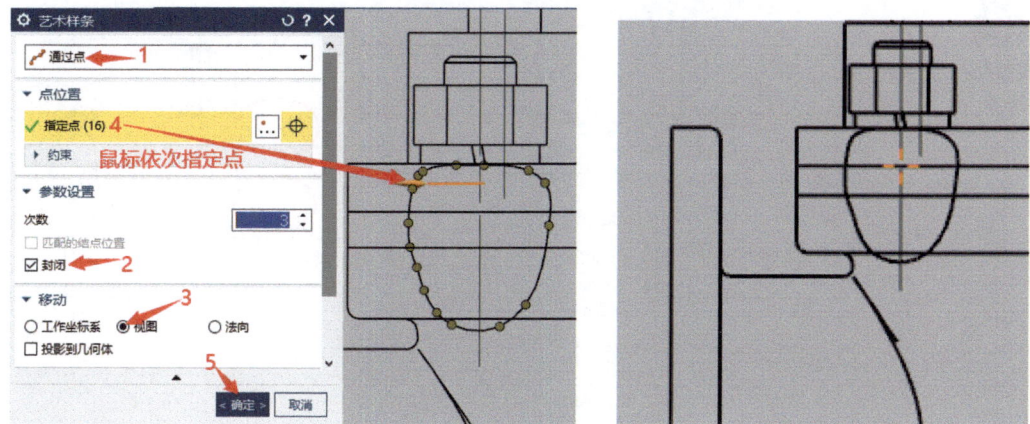

图 3-114 断裂轮廓

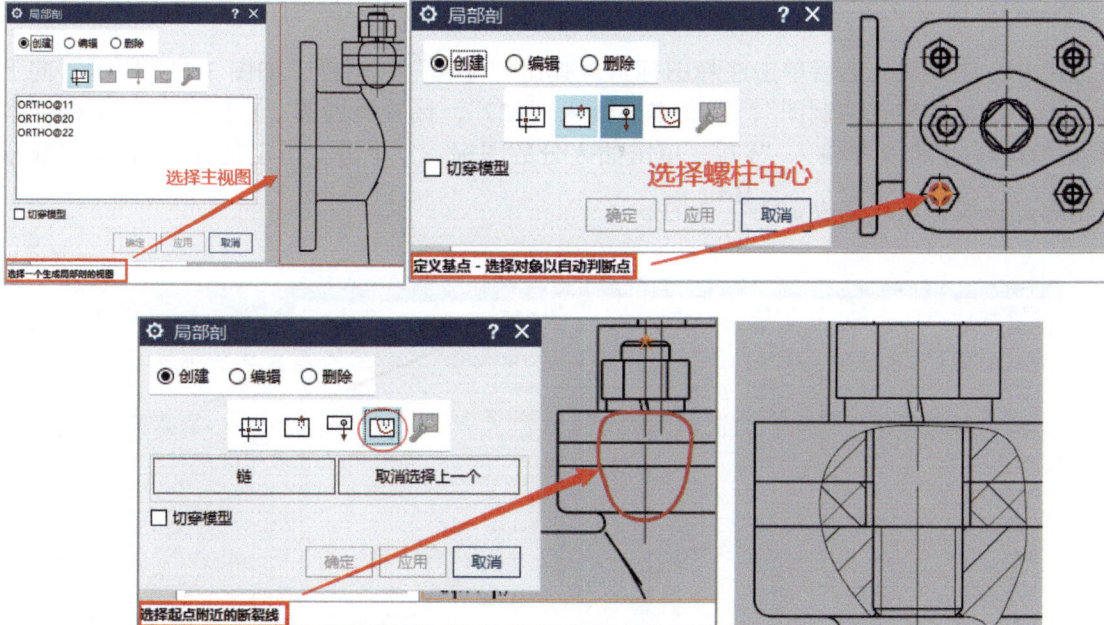

图 3-115 局部剖设置操作过程与最终效果图

(3) 标注尺寸

Step8：标注尺寸。完成下列 10 个尺寸的标注，字高设置为"5"，对其中较为典型的三个尺寸标注进行详细讲解，如图 3-116 所示。

旋塞阀装配图之尺寸标注

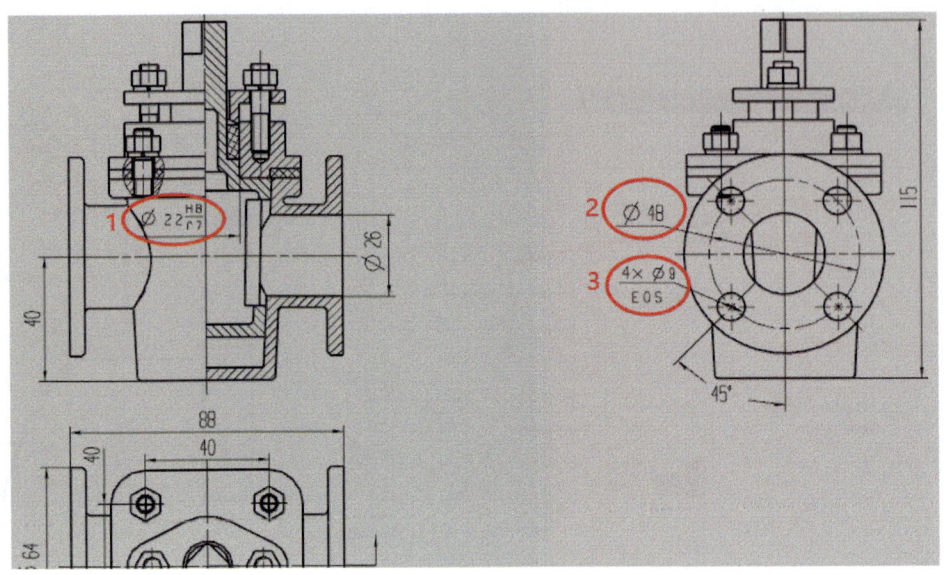

图 3-116 尺寸标注

Step9：标注 $\phi22\dfrac{H8}{f7}$。首先，激活主视图草图，沿轮廓线绘制直线（线宽为"0.35"），作为尺寸标注界线，然后单击注释图标 A，弹出"注释"对话框，如图 3-117 所示，向下拖动滚动条，类别选"制图"，在文本框输入"$\phi22$"，接着类别选"1/2 分数"，上部文本输入"H8"，下部文本输入"f7"，单击插入分数图标 1/2，单击"指定位置"，将指引线指向轮廓延长线，从而完成 $\phi22\dfrac{H8}{f7}$ 标注。

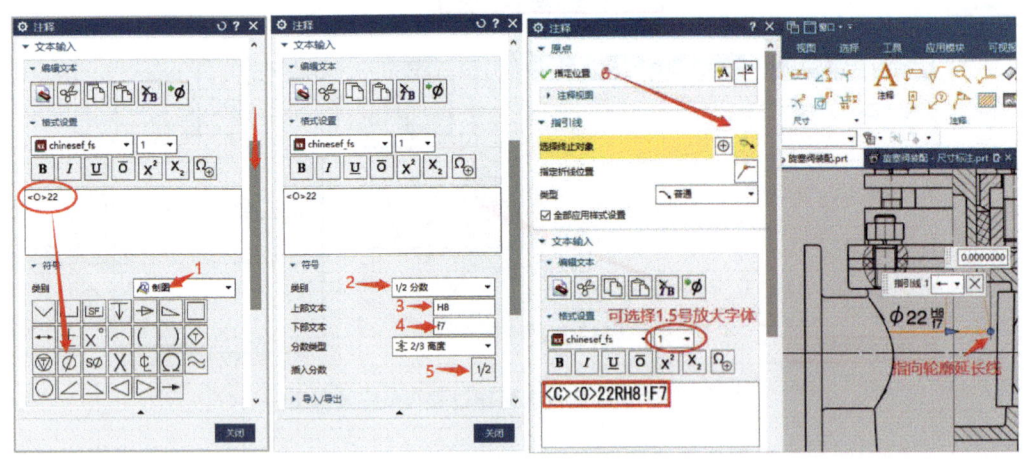

图 3-117 $\phi22\dfrac{H8}{f7}$ 标注设置过程与效果图

Step10：标注 $\phi48$。首先，单击"中心标记"下拉菜单，选择"螺栓圆中心线"命令，弹出"螺栓圆中心线"对话框，如图 3-118 所示，类型选"通过 3 个或多个点"，放置对象选三处圆心，完成螺栓圆中心线，再标注 $\phi 48$。

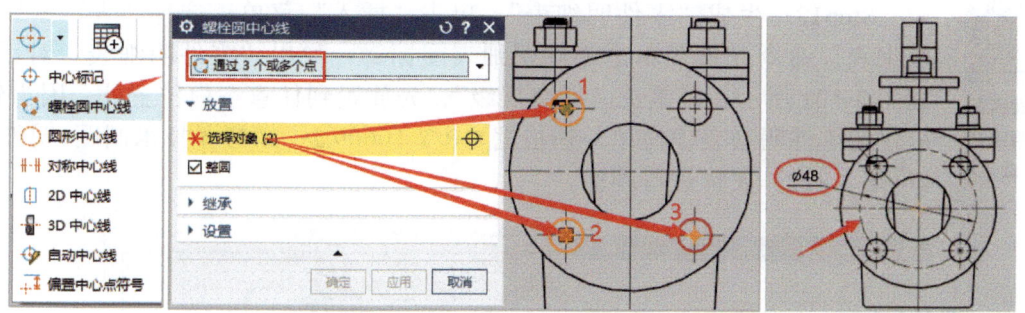

图 3-118　$\phi 48$ 标注过程与效果图

Step11：标注 $4 \times \phi 9$（EQS）。首先，应用快速尺寸标注命令标注 $\phi 9$，测量方法选"直径"，对象选 $\phi 9$ 圆，单击设置图标，单击"文本"，选择"方向和位置"命令，方位选"水平文本"，位置选"文本在短划线之上"，完成 $\phi 9$ 标注，如图 3-119 所示。接着选中 $\phi 9$ 尺寸，右击，在弹出的菜单中选择"编辑附加文本"命令，弹出"附加文本"对话框，如图 3-120 所示，文本位置选"之前"，输入"4×"，因为数字"4"太小，选择字号"2"，完成 $4 \times \phi 9$ 标注，再单击注释图标 A，输入"EQS"，放置到 $4 \times \phi 9$ 下方合适的位置，最终效果图如图 3-120 所示。

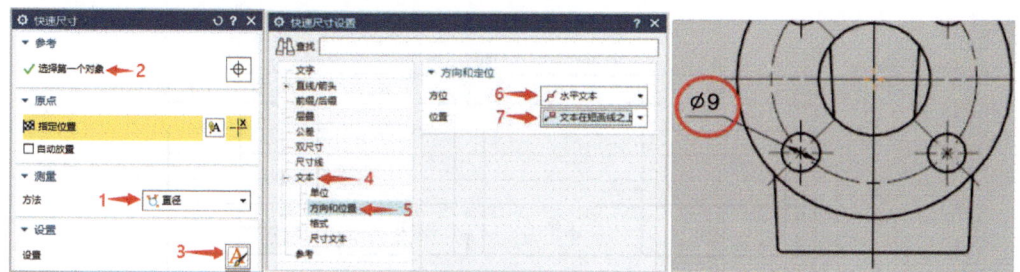

图 3-119　$\phi 9$ 标注设置过程与效果图

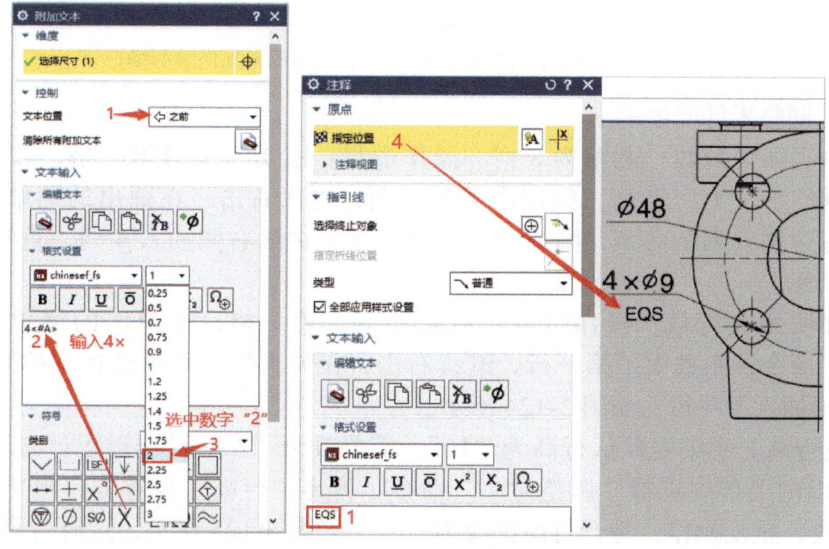

图 3-120　$4 \times \phi 9$ 标注设置过程与效果图

旋塞阀装配图之明细栏生成

（4）生成明细栏

Step12：生成"零件明细表"。单击"插入"菜单，选择"表"－"零件明细表"命令或直接单击零件明细表图标，弹出"零件明细表"对话框，如图3-121所示，范围选"所有层级"，先放置到任意空白位置处，因为软件提供的零件明细表很简单，须根据GB/T 10609.2—2009《技术制图 明细栏》（见图3-122）要求进行调整。

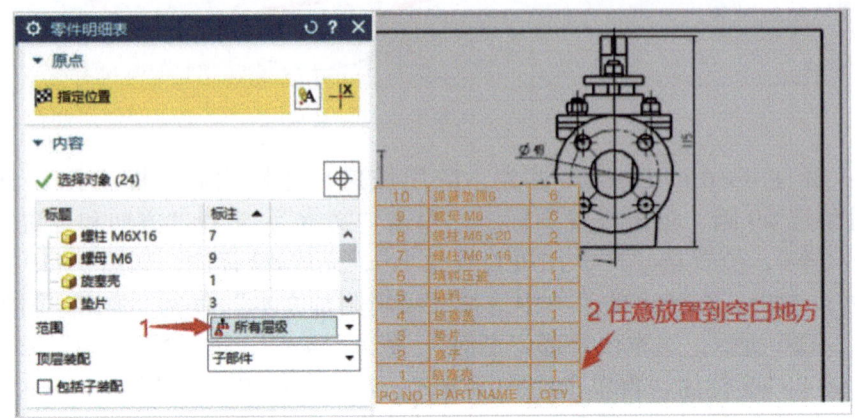

图3-121 软件生成的简易零件明细表

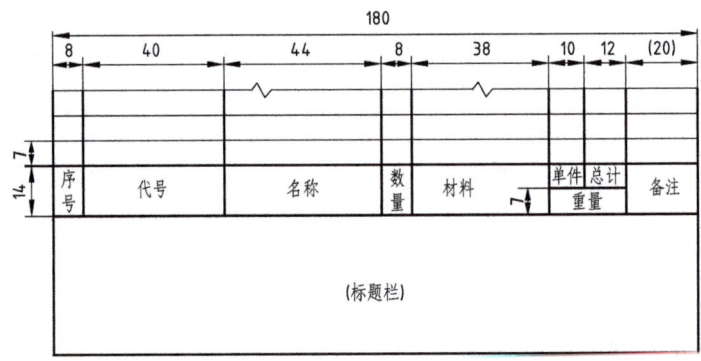

图3-122 GB/T 10609.2—2009《技术制图 明细栏》提供的明细栏格式

Step13：调整零件明细表。

1）增加明细表列数，调整为8列。操作过程：右击左下方第一格，在弹出的菜单中选择"选择"－"列"命令，则选中了第一列，再次右击，在弹出的菜单中选择"插入"－"在右边插入列"命令，则插入了一列，接着在最右侧插入4列，重复操作四次，如图3-123所示。

2）增加明细表行数。操作过程：右击左下方第一格，在弹出的菜单中选择"选择"－"行"命令，则选中了第一行，继续右击，在弹出的菜单中选择"插入"－"标题行"命令，则插入了一行，如图3-124所示。

3）调整行高。明细表默认行高为"10"，需要改为"7"。操作过程：先选中第一行，右击，在弹出的菜单中选择"调整大小"命令，弹出"行高"设置框，填"7"，则第一行行高已修改，重复操作，每行行高都改为"7"，如图3-125所示，这时行里的内容变成了"##"，这是因为字大行低的缘故，先不要管，后面再修改字高为"3.5"即可解决。

项目 3　流体调控之"咽喉"——旋塞阀三维建模与图样表达

图 3-123　零件明细表增加列数操作过程与效果图

图 3-124　零件明细表增加一行操作过程与效果图

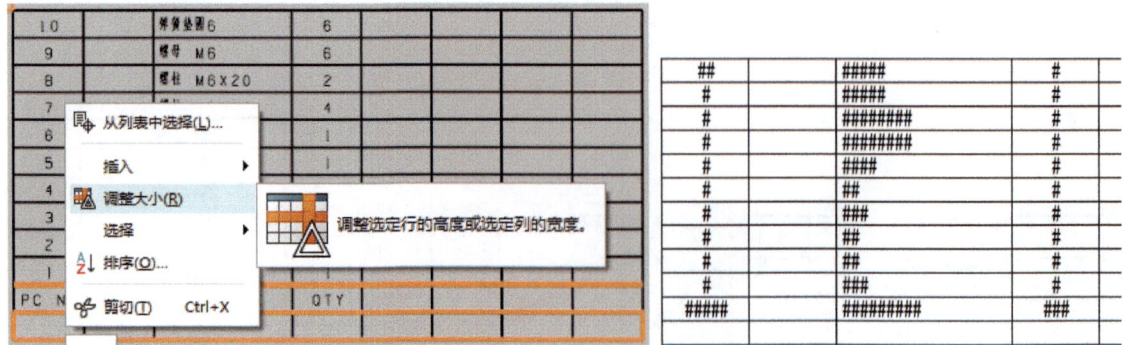

图 3-125　零件明细表行高调整操作过程与效果图

4）调整列宽。操作过程：先选中第一列，右击，在弹出的菜单中选择"调整大小"命令，弹出"列宽"设置框，填入"8"，则第一列列宽已修改，重复操作，把第二列改为"40"，第三列改为"44"，第四列改为"8"，第五列改为"38"，第六列改为"10"，第七列改为"12"，第八列改为"20"，如图 3-126 所示。

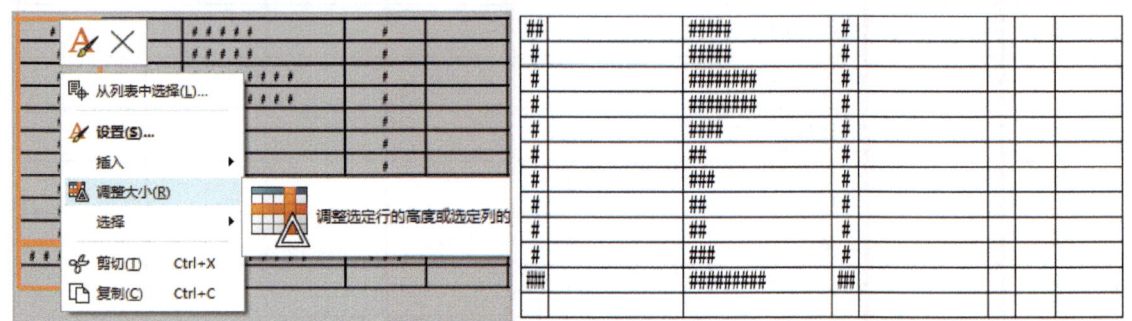

图 3-126　零件明细表列宽调整操作过程与效果图

5）合并单元格。操作过程：先选中左下方第一、二行第一列的两个单元格，右击，在弹出的菜单中选择"合并单元格"命令，完成第一列单元格的合并，重复操作，完成第二、三、四、五、八列单元格合并，再选择第一行第六、七列两个单元格，完成单元格合并，如图 3-127 所示。

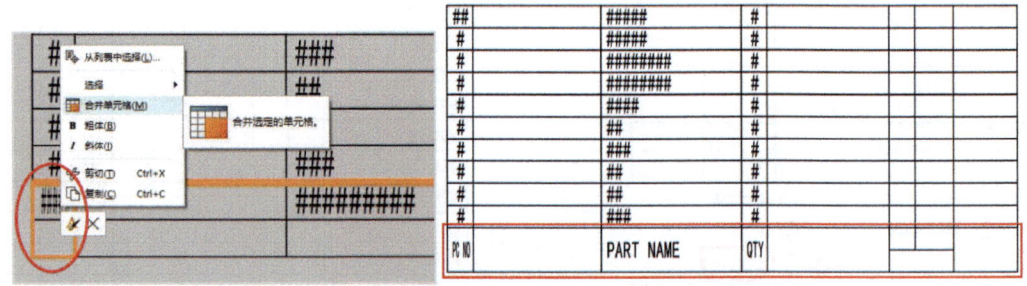

图 3-127　零件明细表合并单元格操作过程与效果图

6）输入文字。选中整个明细栏，右击，在弹出的菜单中选择"编辑"命令，弹出"零件明细表"对话框，单击"设置"图标，把文字高度改为"3.5"，其他不变，则明细栏里面的内容又显示出来了，如图 3-128 所示。然后根据明细栏国家标准要求双击对应的单元格，在第一、二行里填入相应内容，如图 3-129 所示，发现第三列即"名称"列内容没有居中，则选中该列，右击，在弹出的菜单中选择"设置"命令，弹出"设置"对话框，如图 3-130 所示，单击"单元格"，对齐方式选"中心"，内容即可居中。

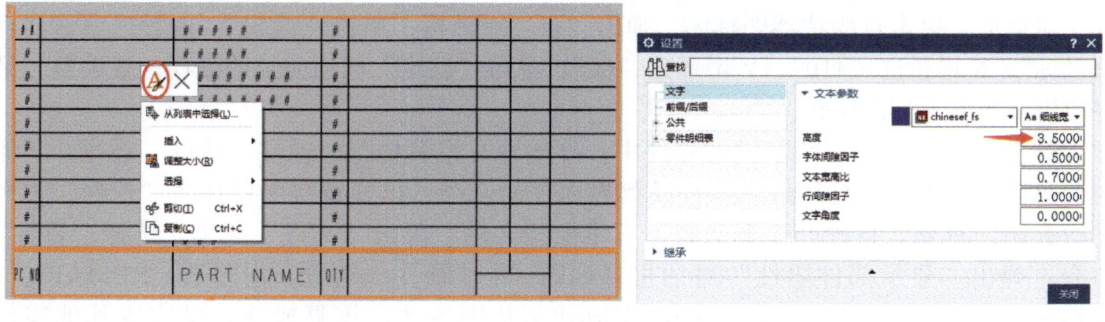

10		弹簧垫圈6	6		
9		螺母 M6	6		
8		螺柱 M6X20	2		
7		螺柱 M6X16	4		
6		填料压盖	1		
5		填料	1		
4		旋塞盖	1		
3		垫片	1		
2		塞子	1		
1		旋塞壳	1		
序号		名称	数量		

图 3-128 零件明细表整体调整字高

序号	代号	名称	数量	材料	单件	总计	备注
					重量		

图 3-129 零件明细表第一、二行填入相应内容

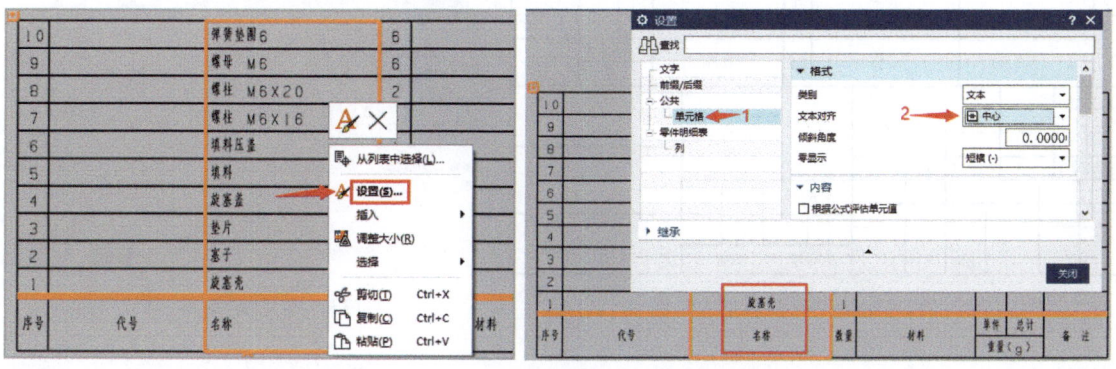

图 3-130 名称居中设置操作过程与效果图

7）调整明细栏位置。把明细栏放置到标题栏正上方，操作过程：选中整个明细栏，右击，在弹出的菜单中选择"设置"命令，弹出"设置"对话框，如图3-131所示，单击"表区域"，对齐位置选右下角，关闭对话框。选中整个明细栏，右击，在弹出的菜单中选择"编辑"命令，弹出"零件明细表"对话框，单击原点工具图标，弹出"原点工具"对话框，单击点构造器图标，弹出"点"对话框，单击"偏置"，偏置选项选"直角坐标"，X增量选"410"，Y增量选"66"，单击"确定"按钮完成明细栏位置调整，最终效果图如图3-132所示。

8）填写备注1。在旋塞阀的零件中，外购件有弹簧垫圈、螺柱、螺母、垫片，其他均为自制件，备注信息须进入零件模型界面才能修改，以弹簧垫圈备注为"外购"为例进行介绍，首先，打开"弹簧垫圈"三维模型文件，单击"文件"菜单，选择"属性"命令，弹出"显示部件属性"对话框，如图3-133所示，标题/别名选"REMARK"，值输入"外购"，单击"应用"按钮完成弹簧垫圈备注，重复操作，可完成其他零件备注。

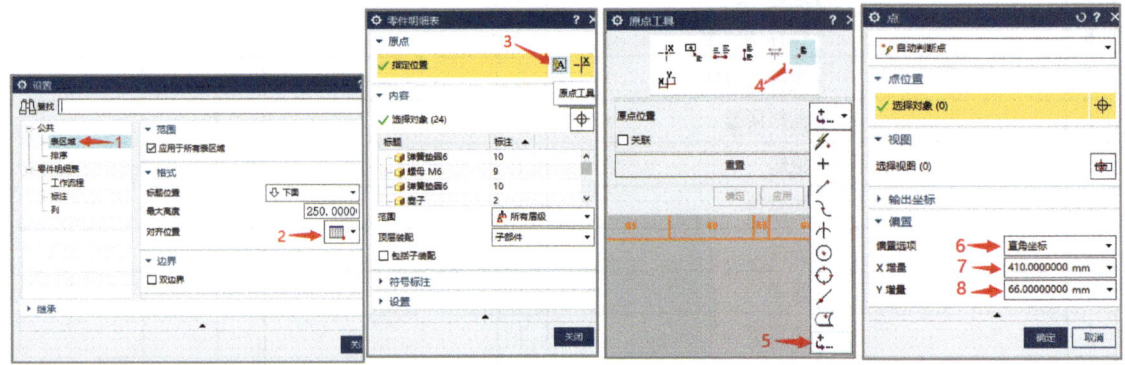

图3-131　调整明细栏位置操作过程

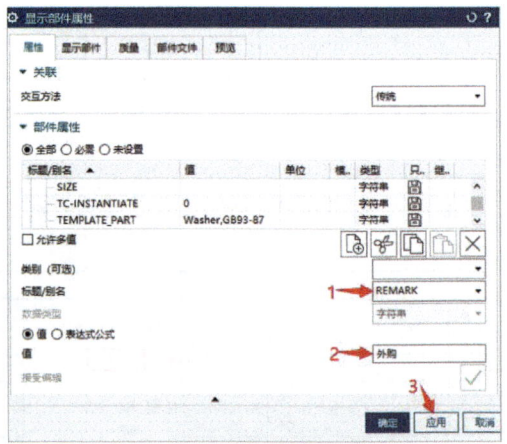

图3-132　明细栏位置调整效果图　　　　图3-133　弹簧垫圈备注修改过程

9）填写代号。选择第二列（即代号列），右击，在弹出的菜单中选择"设置"命令，弹出"设置"对话框，如图3-134所示，单击展开"零件明细表"，选择"列"，行为范围选"列中的所有单元格"，单击属性名称图标，弹出"属性名称"对话框，选"DB_PART_NO"，完成代号填写。

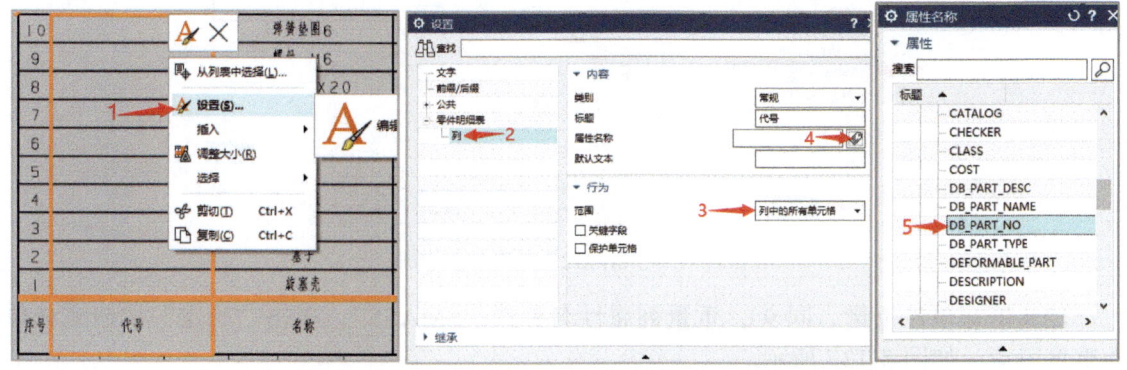

图3-134　代号设置过程与效果图

10）填写材料。同9），材料列属性名称选"Material"，单击"确定"按钮完成材料填写，如图3-135所示。

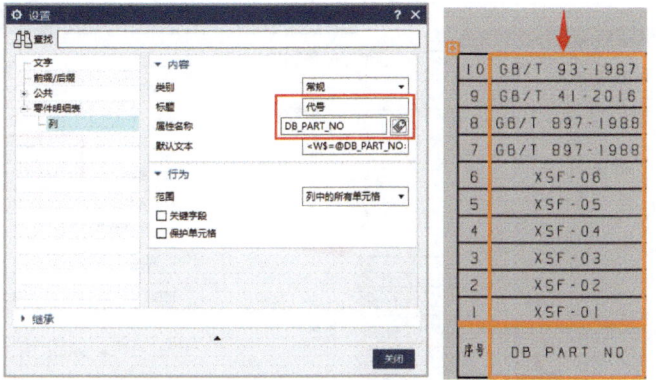

图3-135　材料设置过程与效果图

11）填写备注2。同9），备注列属性名称选"REMARK"，单击"确定"按钮完成备注填写，如图3-136所示。

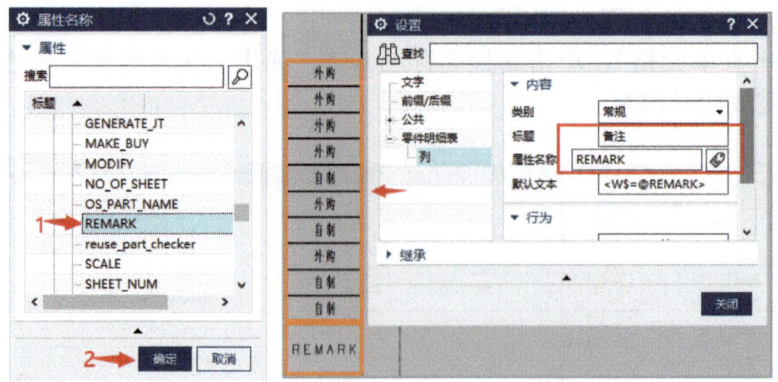

图 3-136 备注设置过程与效果图

12）填写单件重量。同 9），重量列属性名称选"$MASS"，单击"确定"按钮完成单件重量填写，如图 3-137 所示。

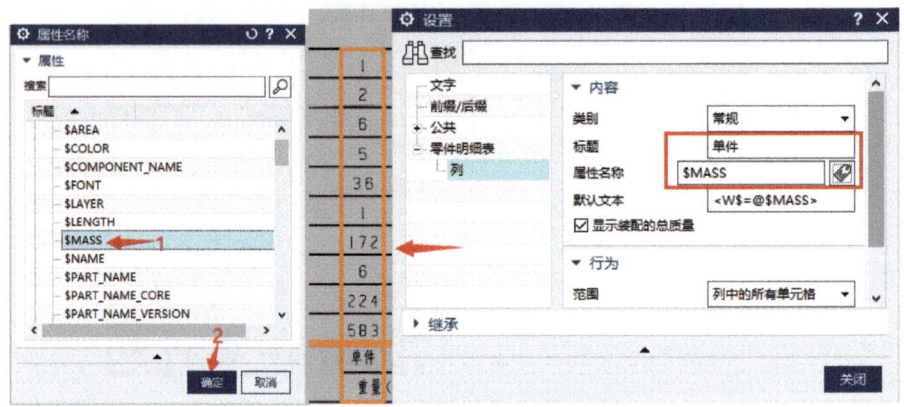

图 3-137 重量列设置过程与效果图

13）填写总计，选择"总计"列，类别选"数量"，属性名称仍然选"$MASS"，单击"确定"按钮完成总计填写，如图 3-138 所示。至此，便完成了明细栏的填写，如图 3-139 所示。

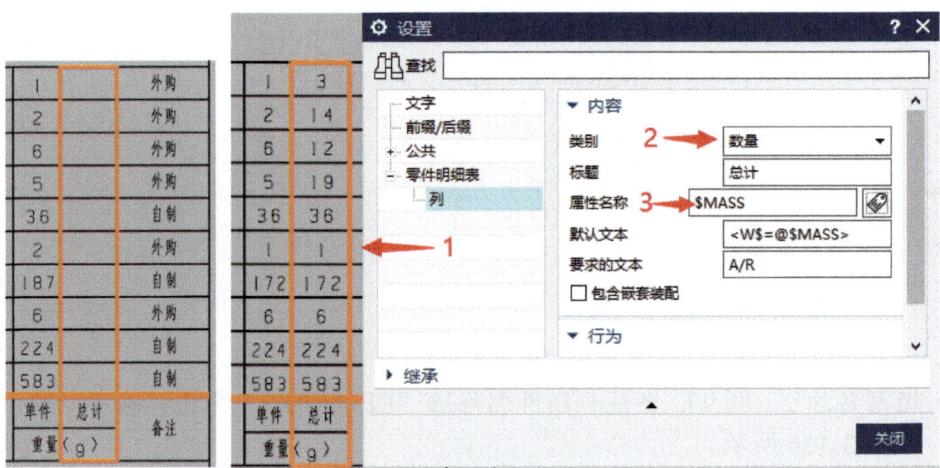

图 3-138 总计列设置过程与效果图

项目 3 流体调控之"咽喉"——旋塞阀三维建模与图样表达

10	GB/T 93—1987	弹簧垫圈6	6	45	1	3	外购
9	GB/T 41—2016	螺母M6	6	45	2	14	外购
8	GB/T 897—1988	螺柱M6×20	2	45	6	12	外购
7	GB/T 897—1988	螺柱M6×16	4	45	5	19	外购
6	XSF-06	填料压盖	1	45	36	36	自制
5	XSF-05	填料	1	毛毡	1	1	外购
4	XSF-04	旋塞盖	1	HT200	172	172	自制
3	XSF-03	垫片	1	丁腈橡胶	6	6	外购
2	XSF-02	塞子	1	HT200	224	224	自制
1	XSF-01	旋塞壳	1	HT200	583	583	自制
序号	代号	名称	数量	材料	单件	总计	备注
					重量		

图 3-139 明细栏最终效果图

（5）标注零件序号

Step14：手动标注零件序号。

1）以手动标注零件序号1为例，单击"插入"菜单，选择"注释"-"符号标注"命令或直接单击符号标注图标，弹出"符号标注"对话框，如图 3-140 所示，类型选"下划线"，指引线类型选"普通"，文本输入"1"，指定位置时，先把鼠标指针移到合适的位置后按住鼠标左键拖动鼠标，指引线1选择填充圆点，至此，完成零件序号1的标注。

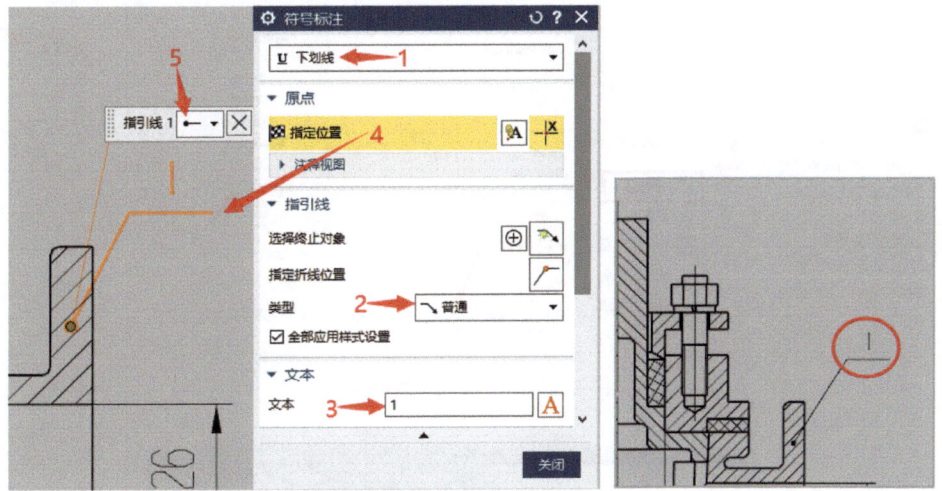

旋塞阀装配图之零件序号标注与其他

图 3-140 手动标注零件序号1

2）手动标注零件序号 2～10。重复1），依次输入"2、3……10"，沿逆时针方向排列，水平对齐、竖直对齐，结合明细栏完成零件序号标注，如图 3-141 所示。手动标注存在的问题是当零件多时较费时，紧固件组不方便设置成公共指引线。下面介绍自动标注零件序号。

Step15：自动标注零件序号。

1）在部件导航器中展开"零件明细表"，选择"零件明细表区域（1）"，右击，在弹出的菜单中选择"编辑"命令，弹出"零件明细表"对话框，如图 3-142 所示，勾选"显示"，视图列表选择主视图，单击设置图标，弹出"零件明细表设置"对话框，单击"标注"，符号选"下划线"，单击右下角"关闭"按钮，则主视图已自动标注零件序号，这时的零件序号是比较乱的，需要进一步调整。

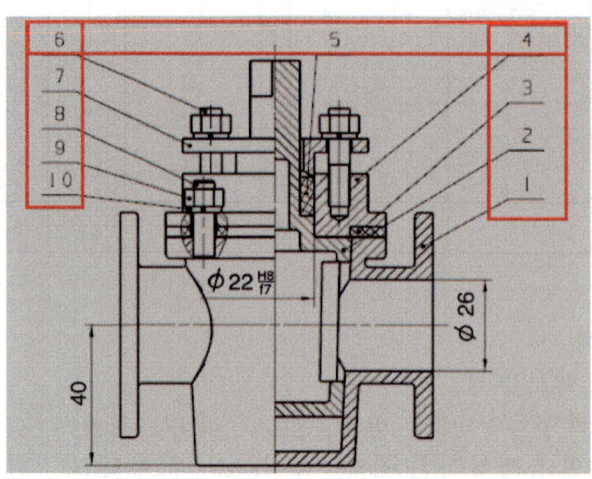

图 3-141　零件序号标注最终效果图

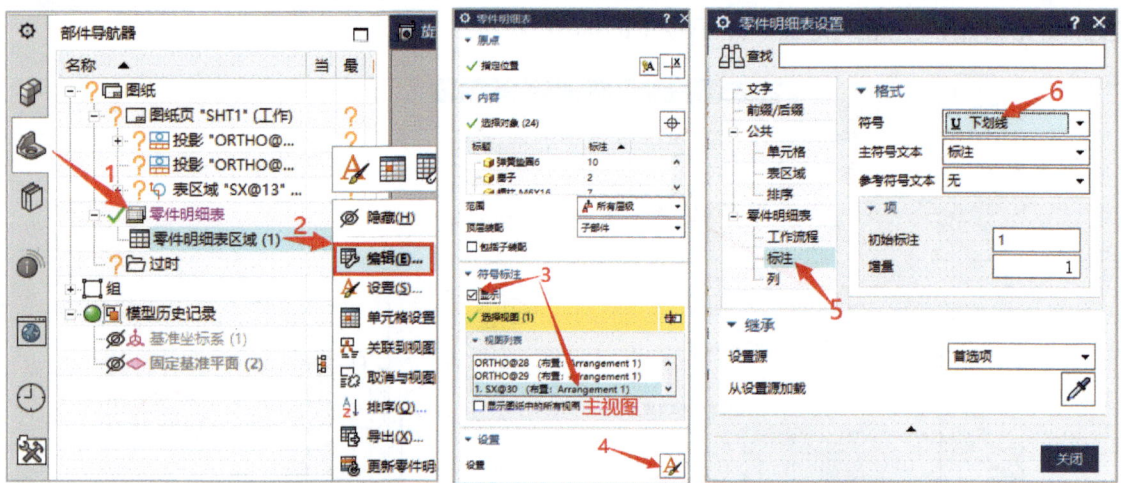

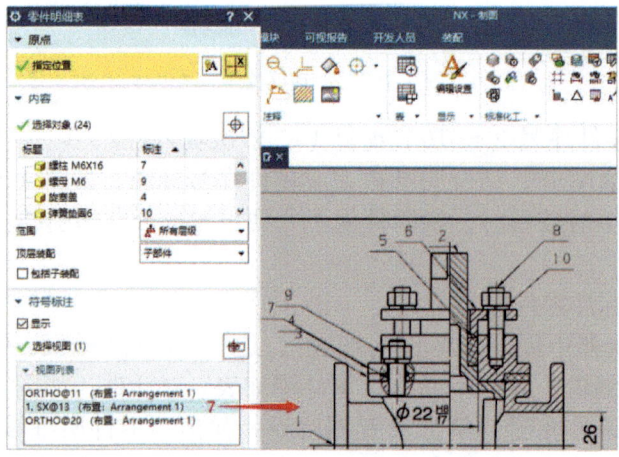

图 3-142　自动标注零件序号设置过程与效果图

2）调整零件序号位置。因为半剖视图在主视图右侧，所以零件序号尽量标注在右侧，以使零件表达得更清晰，只要是同一个零件，调整零件序号的位置是没有影响的。以调整序号1为例，把序号1从左边调到右边。首先，双击序号1，然后单击要放置的位置，则指引线就移到了放置位置，同时将指引线末端改为实心圆点，将指引线类型改为"普通"，单击"关闭"按钮，再用鼠标拖动箭头到右侧，如图3-143所示，便完成了序号1的位置调整。依次完成序号2、3、4的调整，接下来，标注紧固件组8、9、10，因为接在序号4的后面，所以需要把序号8、9、10挪到序号5、6、7的位置。

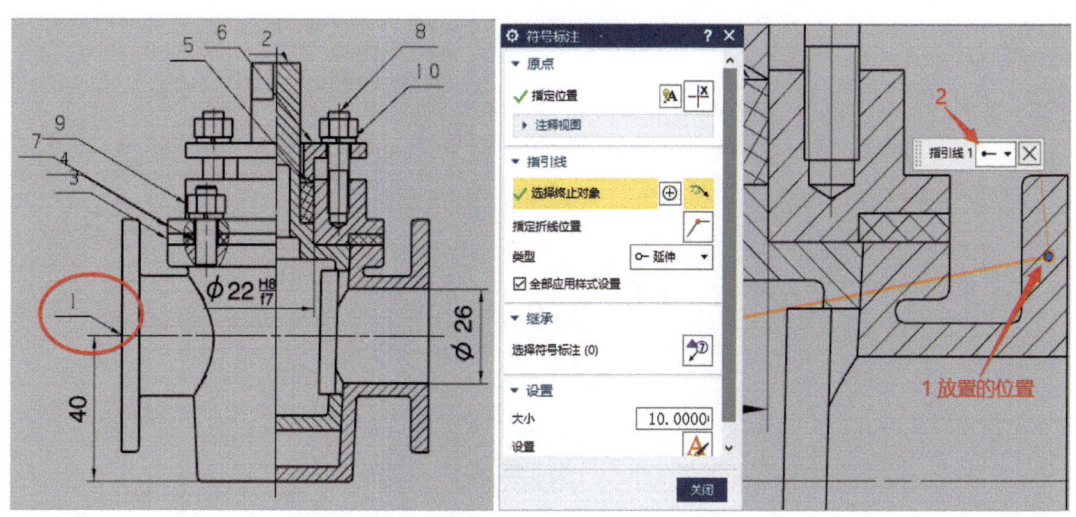

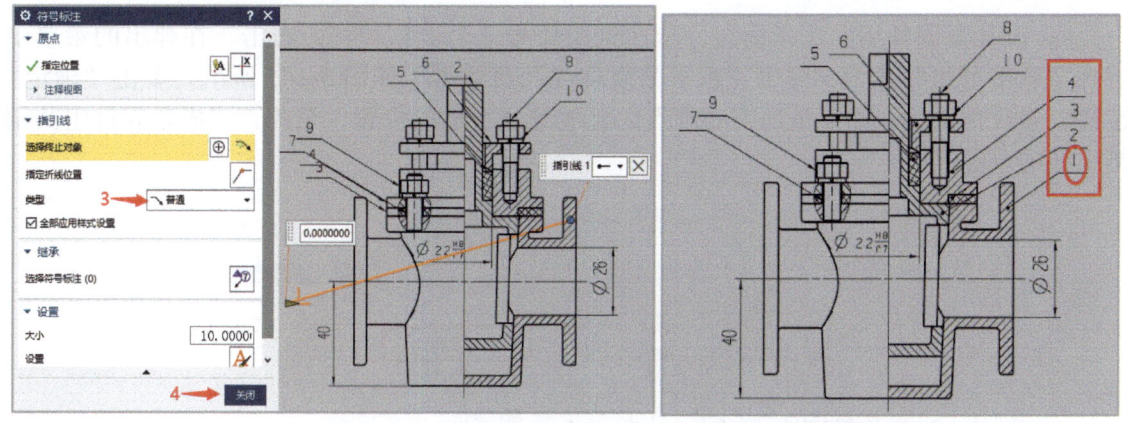

图3-143　调整零件序号（1、2、3、4）位置操作过程

3）零件序号排序。在部件导航器展开"零件明细表"，选择"零件明细表区域（1）"，右击，在弹出的菜单中选择"编辑"命令，弹出"零件明细表"对话框，如图3-144所示，单击设置图标，弹出"零件明细表设置"对话框，单击"公共"中的"排序"，排序方法选"手动"，选择"序号8"，单击右侧的下移箭头，将其移到序号4的上方，同样地，把序号9下移到序号5的上方，把序号10下移到序号6的上方，关闭对话框，这时序号8、9、10排到了5、6、7，且明细栏中的顺序也一起调整了，如图3-144所示。

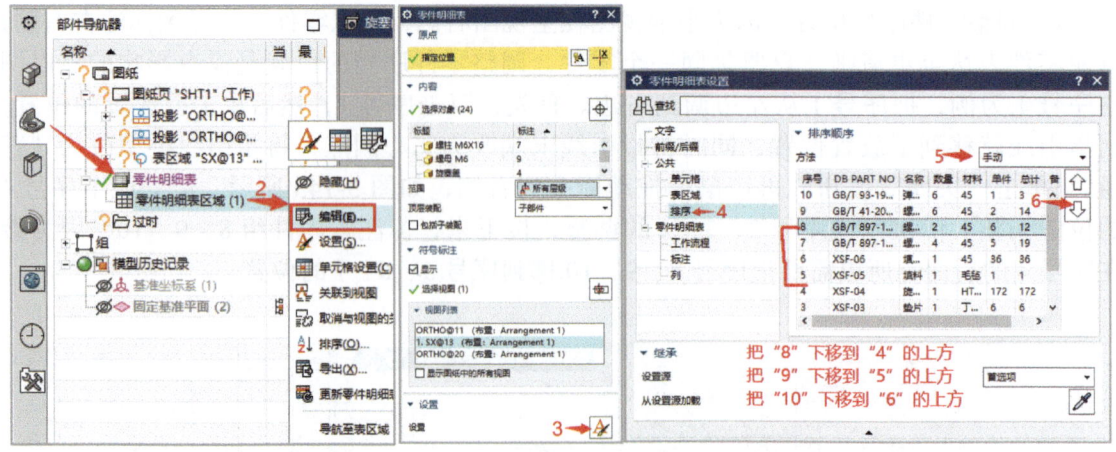

图 3-144 零件序号（5、6、7）排序操作过程与效果图

4）设置紧固件组共用指引线。依次选中序号"5""6""7"，右击，在弹出的菜单中选择"水平分组"命令，弹出"水平分组标注"对话框，如图 3-145 所示，单击"确定"按钮，修改指引线末端箭头为实心圆点，且放置到合适的位置，至此，完成紧固件组共用指引线的设置。

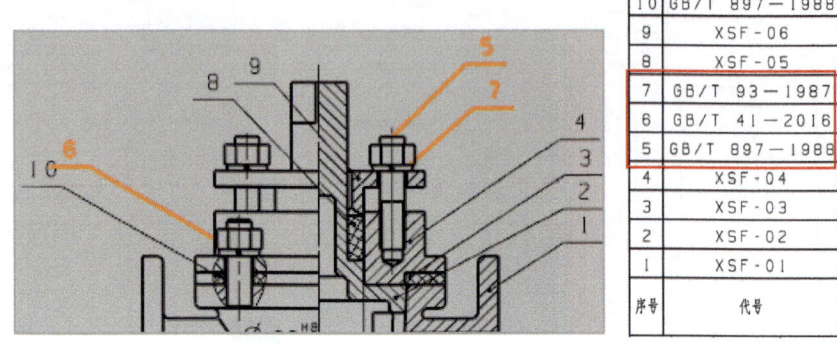

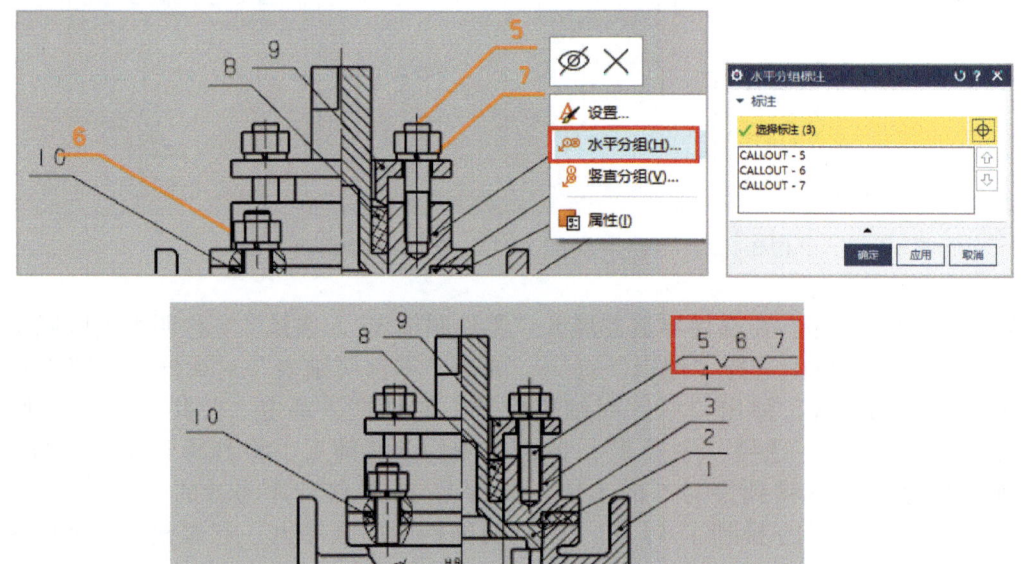

图 3-145 紧固件组共用指引线设置过程与效果图

5）完成8、9、10序号。修改指引线末端为实心圆点，并放置到合适的位置，序号水平对齐、竖直对齐。这样就完成了自动标注零件序号，如图3-146所示。

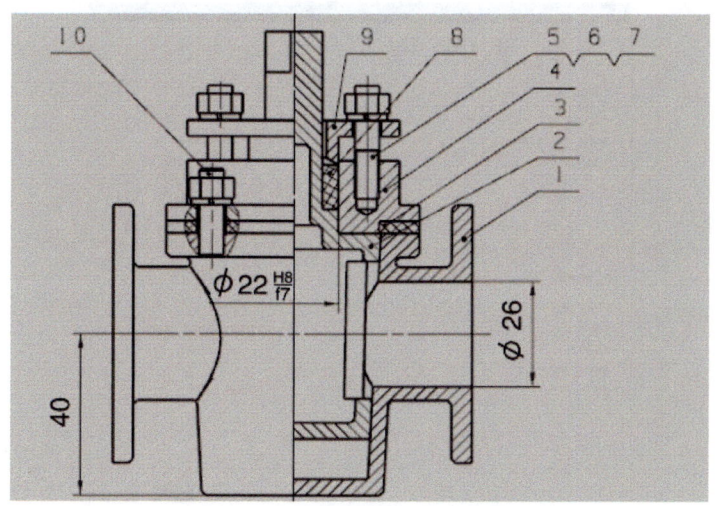

图3-146　自动标准零件序号最终效果图

（6）填写技术要求

Step16：填写技术要求，如图3-147所示。

技术要求
1. 装配之前，零件1、2用煤油清洗，腔内不许有杂物。
2. 装配过程中零件不允许磕碰、划伤和锈蚀。
3. 装配过程中紧固螺栓、螺母时，严禁打击或使用不合适的旋具和扳手。
4. 泵在进行油压试验时，所有密封装置处不得漏油。

图3-147　技术要求

（7）填写标题栏

Step17：完善装配体属性。按快捷键<Ctrl+M>进入建模界面，单击"文件"菜单，选择"属性"命令，弹出"显示部件属性"对话框，如图3-148所示，标题/别名选择"DB_PART_NAME"，值输入"旋塞阀"，单击"应用"按钮；标题/别名再选"DB_PART_NO"，值输入"XSF-00"，单击"应用"按钮；标题/别名接着选"SCALE"，值输入"1：1"，单击"应用"按钮，至此，便完成了装配体属性设置。

Step18：导入图样名称"旋塞阀"。单击"应用模块"菜单，选择"制图"命令或按快捷键<Ctrl+Shift+D>回到制图界面，将鼠标指针置于标题栏的图样名称栏，栏框显示黄色即选中，右击，在弹出的菜单中选择"导入"-"属性"命令，弹出"导入属性"对话框，如图3-149所示，导入类型选"工作部件属性"，属性选"DB_PART_NAME"，单击"确定"按钮，则图样名称"XSF-00"就显示在标题栏里了。同样地，可导入图样代号和比例。

（8）检查无误后导出图样

Step19：检查视图、线型、尺寸、标题栏，无误后导出图样，导出图样具体操作过程：单击"文件"菜单，选择"导出"-"PDF"命令，弹出"导出PDF"对话框，目标保存文件为"D:\旋塞阀建模与虚拟装配\旋塞阀"，单击"确定"按钮，如图3-150所示。

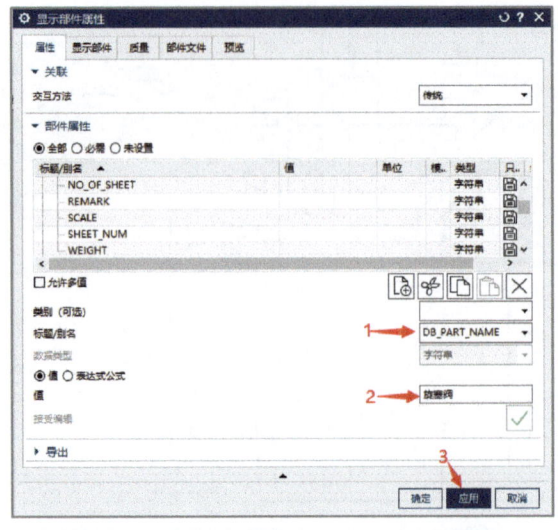

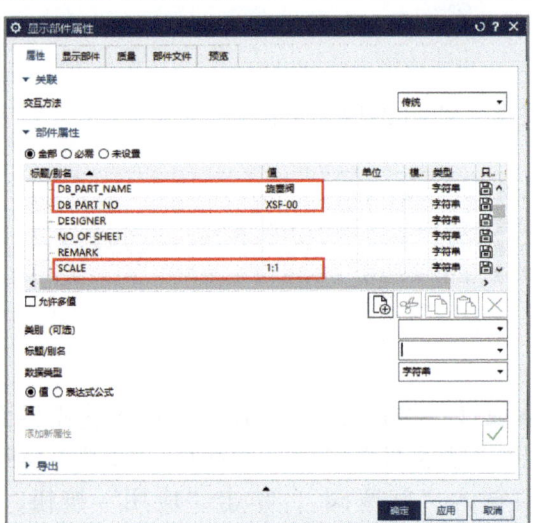

图 3-148　旋塞阀装配体属性设置操作过程

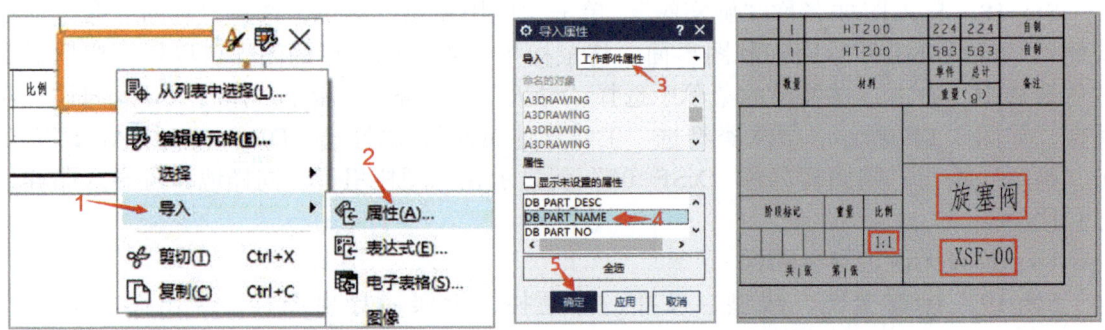

图 3-149　塞阀装配体标题栏属性导入过程与效果图

项目3 流体调控之"咽喉"——旋塞阀三维建模与图样表达

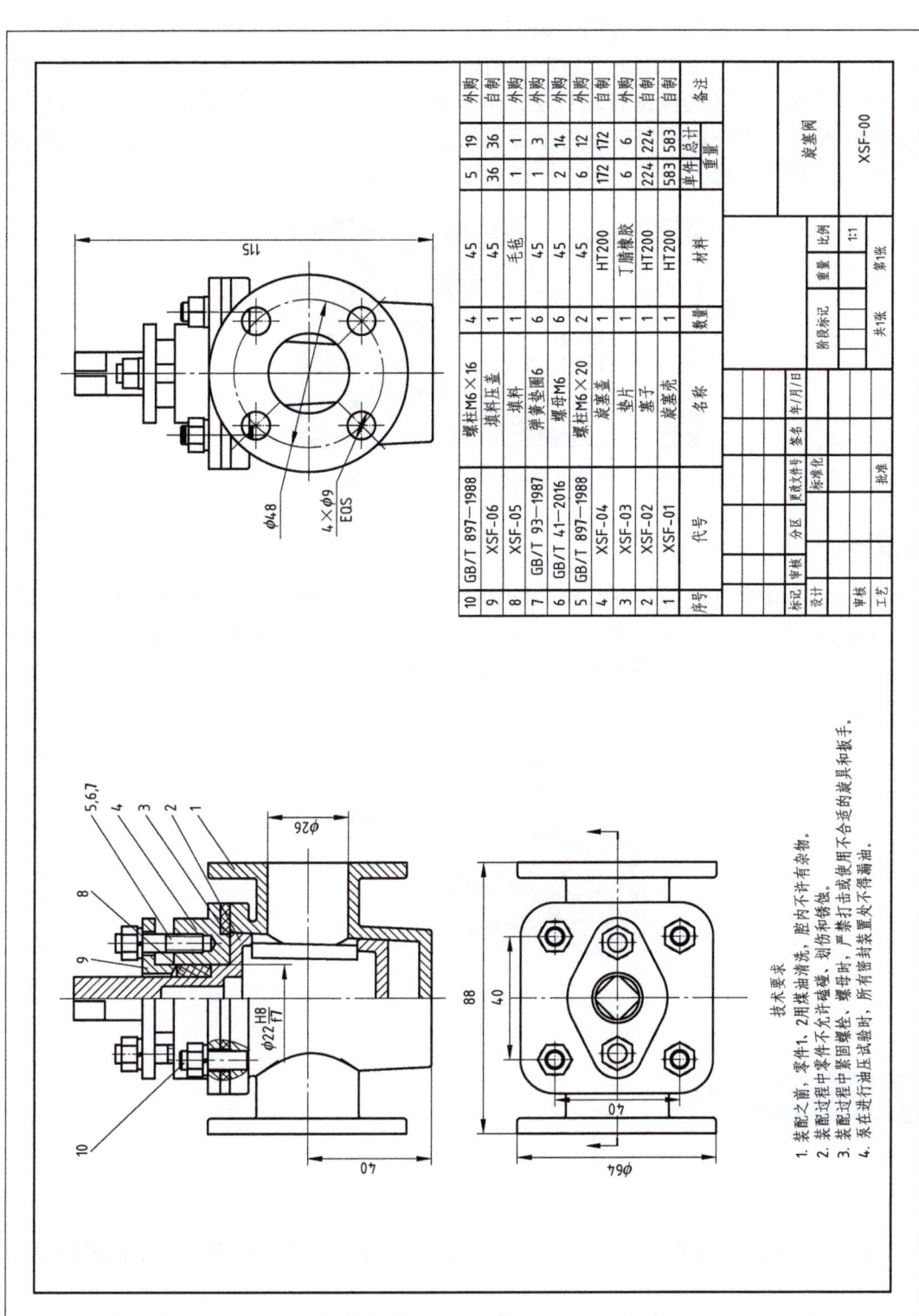

图3-150 旋塞阀装配图最终效果图

素质教育案例

对于企业来说，工程图（零件图、装配图）、三维模型是其智力资产的集中体现，牵动着企业的利益与发展，每年因员工窃取公司机密图样获刑的案件不在少数。对待公司技术机密，一定要遵守相关的保密管理规定，如不慎泄露，轻则给工作单位造成经济损失，重则泄露国家机密。保守国家秘密是每个公民的法定义务（见图3-151），我们应该做到保密意识人人有，保密法规人人守，增强保密意识，筑牢安全防线。

图3-151　保守国家秘密是每个公民的义务

课后拓展

任务描述：本拓展任务是对球心阀装配体（项目3任务2的子任务3课后拓展已完成装配）进行图样表达，球心阀三维模型如图3-152所示。要求：图样模板选择合适，视图表达清晰，尺寸标注规范，明细栏与序号标注合理，技术要求全面，标题栏填写完整，图样整体美观。

图3-152　球心阀三维模型

项目测评

一、选择题

1. 在UG NX软件的草图中，可以将（　　）和尺寸关系作为约束，以全面捕捉设计意图。

　　A. 几何关系　　　　B. 非线性相关关系　　C. 线性相关关系　　　D. 依赖关系

2. 基准坐标系提供一组关联的对象，包括（　　）个轴、三个平面、一个坐标系和一个原点。

A. 一   B. 二   C. 三   D. 四

3. UG NX 应用模块包括（   ）。

A. 建模   B. PMI（产品和制造信息）

C. 制图   D. 增材制造

二、简答题

1. 装配图的基本内容包括哪些？
2. 零件图和装配图有何异同？

项目 4

液压系统之"心脏"——叶片泵三维建模与运动仿真

项目描述

长沙，这座承载三千年文明的历史名城，不仅以岳麓书院的书香墨韵、橘子洲头的壮阔江景闻名于世，更在当代工业文明中书写了新的传奇。自20世纪90年代起，工程机械产业为这座古城注入了强劲发展动能，三一重工、中联重科等领军企业强势崛起，长沙荣膺"世界工程机械之都"的桂冠。2013年，三一重工助力上海中心大厦建设，以632m的建筑高度创造世界纪录（见图4-1），展示了"敢为人先"的湖湘精神。大家知道是靠什么将建筑材料输送到这么高的地方吗？那就是液压系统的心脏——超高压液压泵。

图 4-1　超高压拖式混凝土泵与632m高的上海中心

工程机械的泵送与换向等核心动作主要依靠液压系统驱动，如图4-2所示。作为液压系统的核心动力元件，液压泵的性能直接决定着整个系统的运行效能。根据结构原理的差异，液压泵主要可分为齿轮泵、叶片泵和柱塞泵等。

自上而下的设计开始于功能，整体设计、分块细化、全程关联，易变更，出错率低，设计线清晰，适合于新产品研发，不足之处是参数关联层级较多且逻辑复杂；自下而上的设计始于结构细节，设计内容单一，装配简单，数据关联参考较少，对设计者要求较低，不足之处是零件独立设计，匹配修改量大，适合于产品改造，不适合产品开发。

鉴于不同种类液压泵的不同复杂程度，本项目选取叶片泵作为载体，要求根据叶片泵装配图和零件图，采用自上而下的方法对叶片泵进行整体设计和关联建模，并通过运动仿真展示工作原理，最终提供叶片泵运动仿真视频。

项目 4 液压系统之"心脏"——叶片泵三维建模与运动仿真

图 4-2 某工程机械液压系统

任务 1 叶片泵零件三维建模

🛈 任务引入

叶片泵（见图 4-3）属于容积式泵，具有容积效率高，运转平稳，流量均匀性好，噪声低，工作压力高等优点。叶片泵的工作原理是当转子轴旋转时，带动大滑块和小滑块运动，从而使密闭容积发生变化，迫使液体从进油孔被吸入，从出油孔被挤出。

叶片泵任务
引入与分析

图 4-3 叶片泵断面图

本任务根据装配图（见图 4-4）和 10 张零件图（泵体零件图见图 4-5、衬套零件图见图 4-36、转子轴零件图见图 4-46、泵盖零件图见图 4-56、小轴零件图见图 4-65、大滑块零件图见图 4-71、小滑块零件图见图 4-82、密封填料零件图见图 4-90、压盖零件图见图 4-95、垫片零件图见图 4-101），采用"自上而下"（即"top-down"）的设计方法，对叶片泵零件进行三维建模，要求思路清晰，结构正确，尺寸准确，步骤简洁，用时合理。

🔍 课前预习

1. 查一查："top-down"与"down-top"的设计发展历程。

2. 在线学习知识点："自上向下"与"自下向上"设计方法。
本书对应课程平台网站：https://www.xueyinonline.com/detail/250118572。

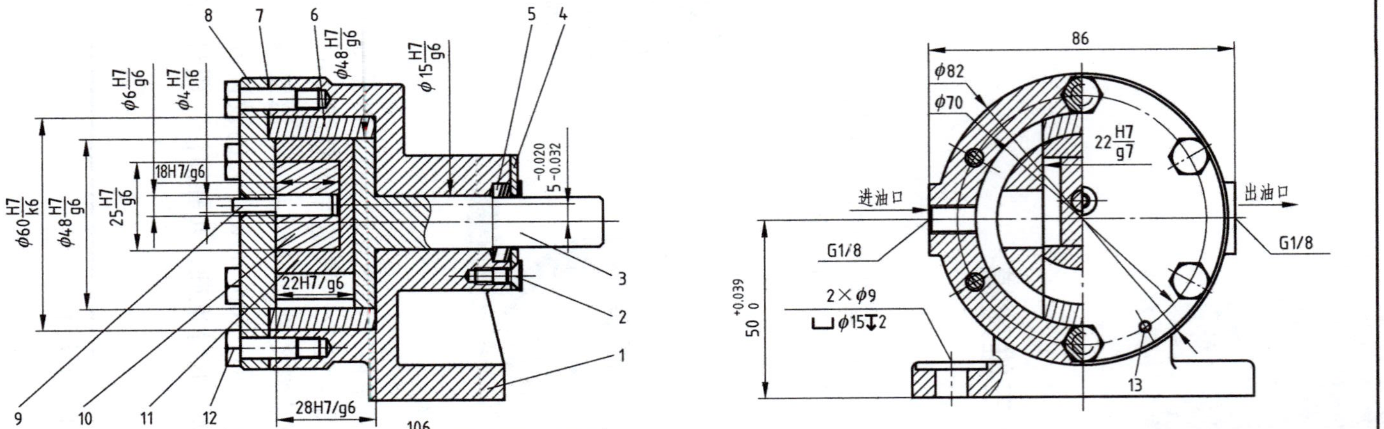

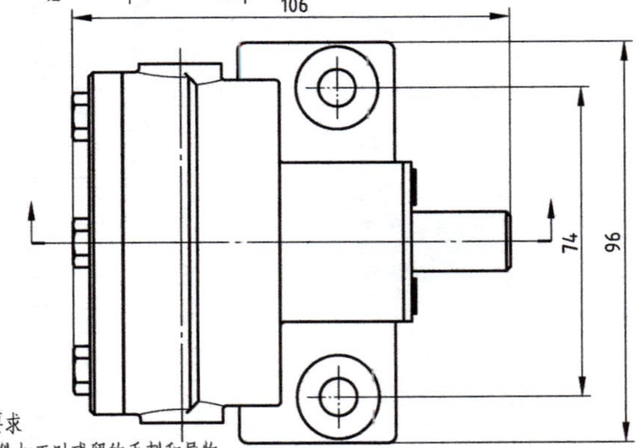

技术要求

1. 装配前严格检查并清除零件加工时残留的毛刺和异物。
2. 装配过程中零件不允许磕碰、划伤和锈蚀。
3. 泵在进行油压试验时，所有密封装置处不得漏油。
4. 当转子轴3旋转时，因小轴9偏心造成小滑块10和大滑块11的侧隙体积发生变化，从而迫使液体从进油孔吸入向出油孔挤出。

序号	代号	名称	数量	材料	单件重量	总计重量	备注
13	GB/T 119.1—2000	销3×14	1	45	1	1	外购
12	GB/T 5780—2016	螺栓M6×16	6	45	6	36	外购
11	YPB-10	大滑块	1	HT200	53	53	自制
10	YPB-09	小滑块	1	45	38	38	自制
9	YPB-08	小轴	1	45	5	5	自制
8	YPB-07	泵盖	1	HT200	318	318	自制
7	YPB-06	垫片	1	工业用纸	-	-	自制
6	YPB-05	衬套	1	HT200	123	123	自制
5	YPB-04	密封环	1	工业毛毡	1	1	外购
4	YPB-03	压盖	1	45	14	14	自制
3	YPB-02	转子轴	1	45	265	265	自制
2	GB/T 68—2016	螺钉M4×8	3	45	1	3	外购
1	YPB-01	泵体	1	HT200	1235	1235	自制

标记	审核	分区	更改文件号	签名	年/月/日	阶段标记	重量	比例	叶片泵
设计			标准化					1:1	YPB-00
审核						共1张	第1张		
工艺			批准						

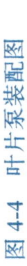

图 4-4　叶片泵装配图

项目 4 液压系统之"心脏"——叶片泵三维建模与运动仿真

任务实施

1. 建模思路分析

本任务采用"top-down"的设计方法进行设计。因为零件间存在关联性,所以对于零件建模顺序有先后要求,本方法对于识图能力要求较高,要能结合零件图和装配图快速提取有效信息,叶片泵的建模参考思路见表 4-1。

叶片泵自上而下设计整体布局

叶片泵拆装过程与运动仿真

表 4-1 叶片泵的建模参考思路

步骤	图示	步骤	图示
第1步 创建装配文件,泵体建模		第7步 关联设计,小滑块建模	
第2步 关联设计,衬套建模		第8步 关联设计,密封填料建模	
第3步 关联设计,转子轴建模		第9步 关联设计,压盖建模	
第4步 关联设计,泵盖建模		第10步 关联设计,垫片建模	
第5步 关联设计,小轴建模		第11步 叶片泵最终效果图(更改外观颜色)	
第6步 关联设计,大滑块建模			

2. 建模实践

(1)泵体建模 泵体零件图如图 4-5 所示。

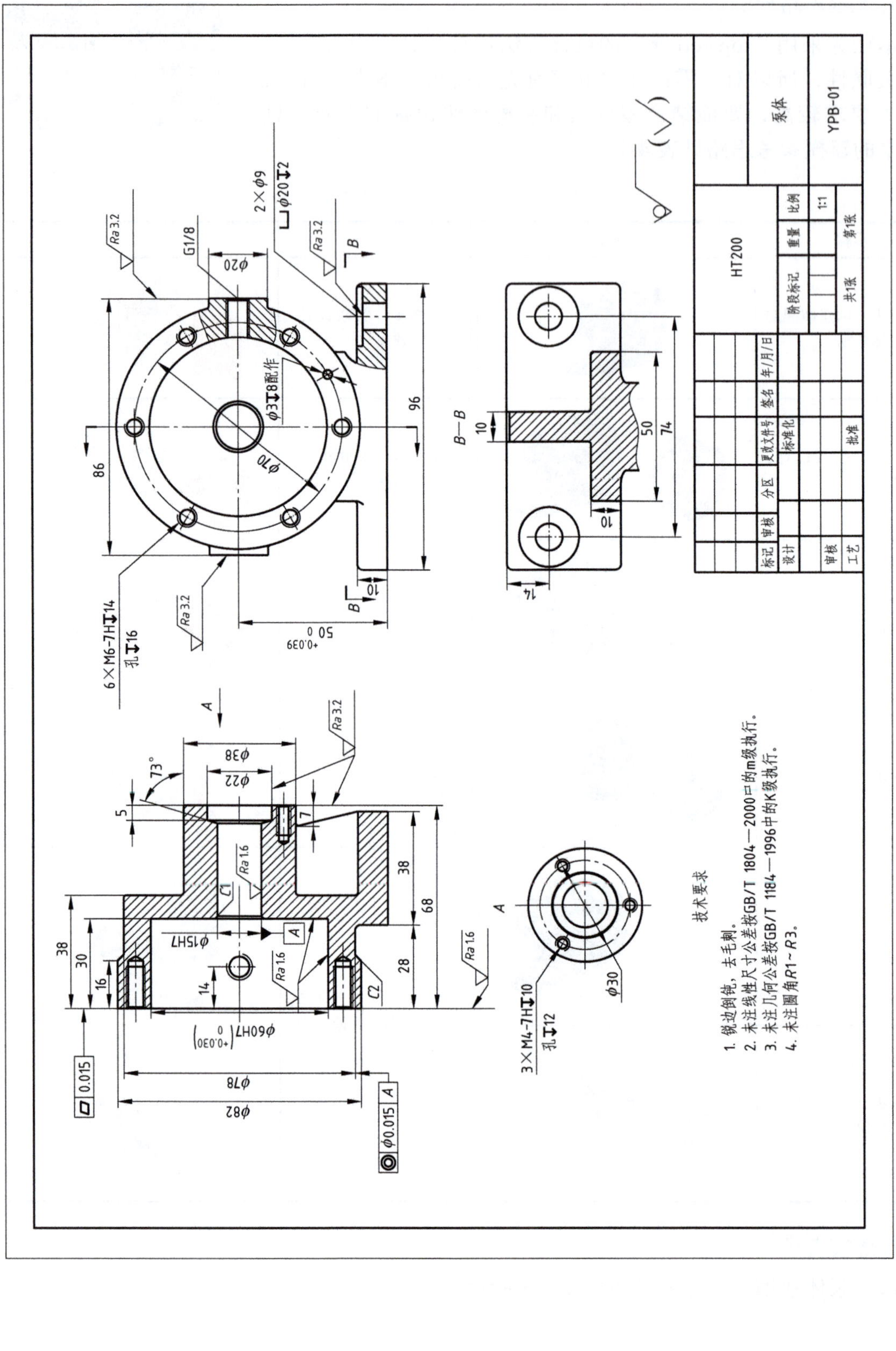

图 4-5 泵体零件图

1)新建装配文件。

Step1：新建"叶片泵"装配文件。模板选"装配"，名称为"叶片泵"，存储文件夹为"D:\叶片泵建模与虚拟装配"，如图4-6所示，单击"确定"按钮进入装配状态，弹出"装配"对话框，因为尚无零件，单击"取消"按钮。

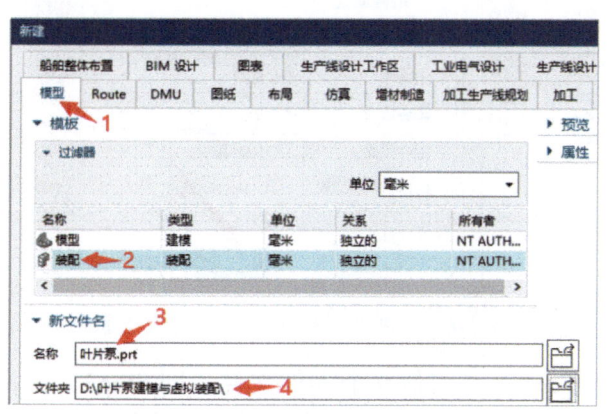

泵体关联建模

图4-6 新建装配文件对话框

Step2：更改装配首选项设置。单击"文件"菜单，选择"首选项"–"装配"命令，弹出"装配首选项"对话框，如图4-7所示，单击"组件"，新建组件选"从'文件新建'选择"，单击"确定"按钮，完成装配首选项的更改。

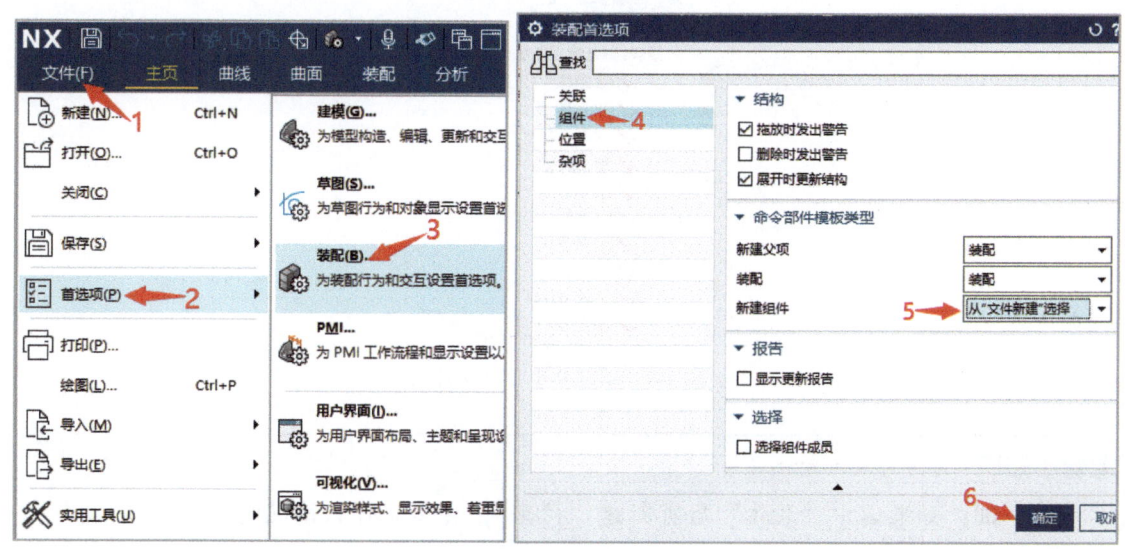

图4-7 更改装配首选项设置过程

Step3：新建"泵体.prt"零件文件。单击"装配"菜单，选择"新建组件"命令或直接单击新建组件图标，弹出"新建"对话框，如图4-8所示，模板选"模型"，名称为"泵体"，存储文件夹为"D:\叶片泵建模与虚拟装配"，跟前面的新建模型一样，单击"确定"按钮，弹出"新建组件"对话框，单击"确定"按钮，则"泵体"零件出现在装配导航器中。

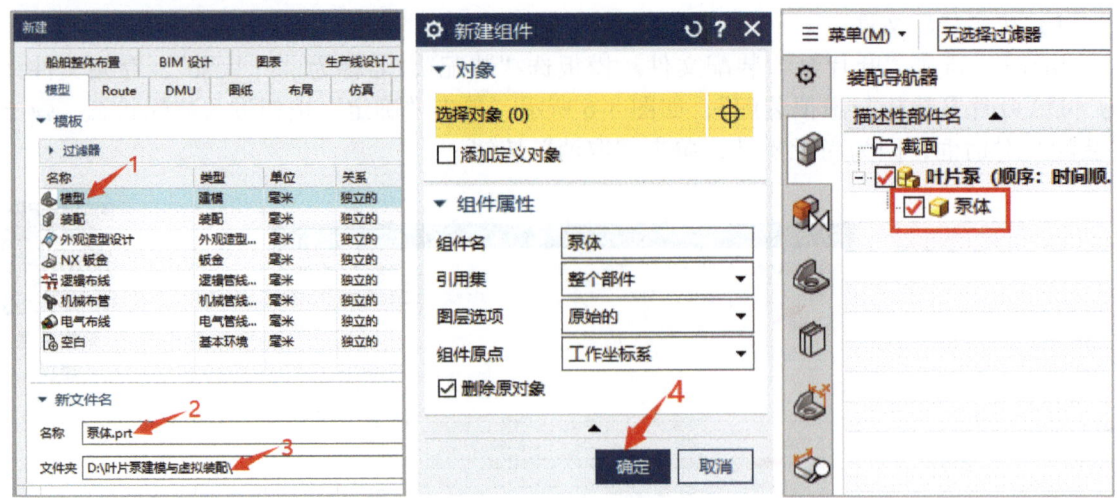

图 4-8 新建"泵体 .prt"组件文件过程

Step4：新建"衬套 .prt"等其他 9 个零件文件。同 Step3，选择"新建组件"命令，弹出"新建"对话框，模板选择"模型"，名称为"衬套"，单击"确定"按钮完成"衬套 .prt"零件文件的新建，则"衬套"零件也出现在装配导航器中。同样地，依次新建"转子轴 .prt""垫片 .prt""泵盖 .prt""小轴 .prt""大滑块 .prt""小滑块 .prt""密封填料 .prt""压盖 .prt"零件文件。此时装配导航器中出现了 10 个零件，如图 4-9 所示。

图 4-9 新建 9 个零件文件

> **温馨小知识**
>
> **试一试**：如果选中"泵体"后再新建"衬套"，会出现什么情况呢？

Step5：设置"泵体"为工作部件。选中装配导航器中的"泵体"，右击，在弹出的菜单中选择"设为工作部件"命令，则除"泵体"外的其他部件都是非工作部件，非工作部件图标为"灰色"，如图 4-10 所示。

Step6：新建基准坐标系。单击"主页"菜单，选择"基准坐标系"命令，弹出"基准坐标系"对话框，如图 4-11 所示，类型选"动态"，参考选"绝对坐标系-显示部件"，单击"确定"按钮完成基准坐标系的创建，为泵体建模提供参考基准。

项目 4　液压系统之"心脏"——叶片泵三维建模与运动仿真

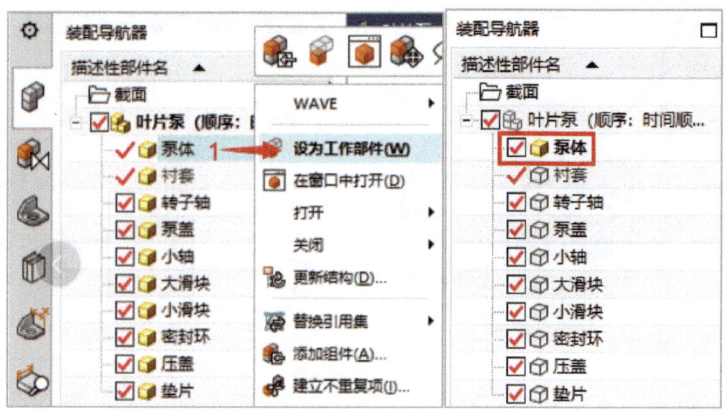

图 4-10　设置"泵体"为工作部件

图 4-11　新建基准坐标系

2）创建泵体主体。

Step7：以 XZ 平面作为草绘平面绘制草图（即绘制 $\phi 82$、$\phi 78$、$\phi 60$ 三个圆）。应用"拉伸"命令，选择单条曲线模式，依次对 $\phi 82$、$\phi 78$、$\phi 62$ 三个圆进行拉伸。图 4-12 所示为拉伸 $\phi 82$ 圆，图 4-13 所示为拉伸 $\phi 78$ 圆，图 4-14 所示为拉伸 $\phi 62$ 圆，最终效果图如图 4-15 所示。

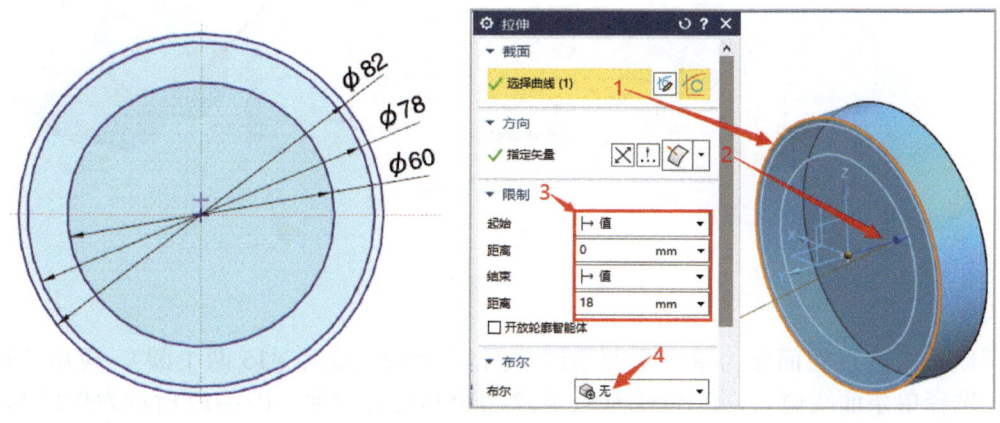

图 4-12　绘制草图与拉伸 $\phi 82$ 圆

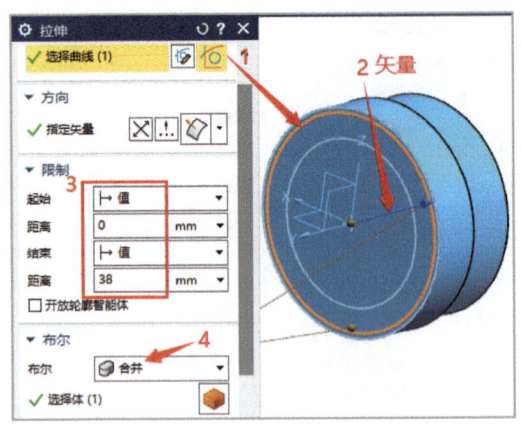
图 4-13 拉伸 φ78 圆

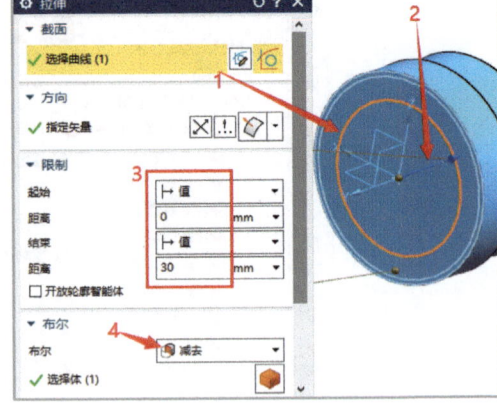
图 4-14 拉伸 φ62 圆

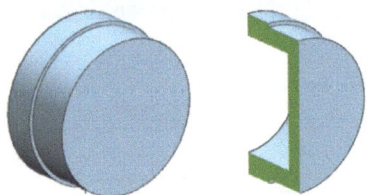
图 4-15 拉伸最终效果图

接着以 φ78 圆柱底面作为草绘平面绘制草图（即绘制 φ38 圆）。应用"拉伸"命令，完成拉伸操作，如图 4-16 所示。

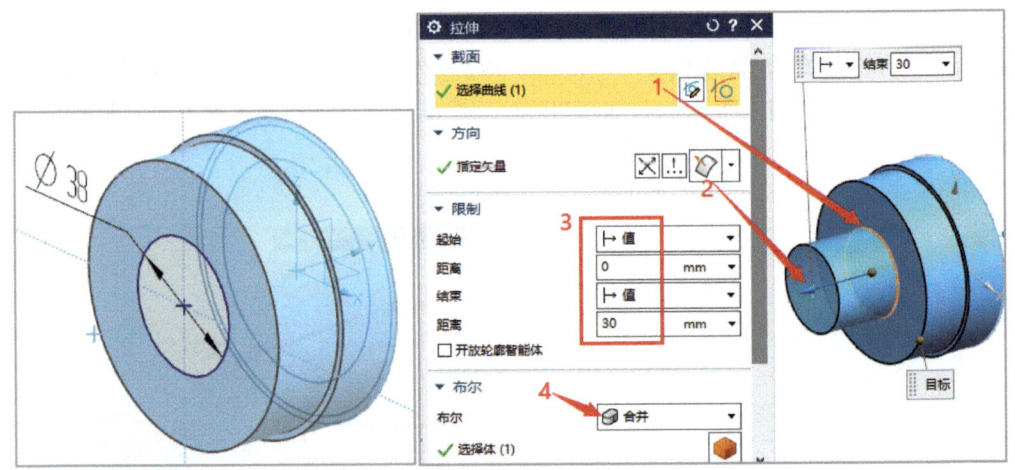
图 4-16 拉伸 φ38 圆

再以 φ38 圆柱底面作为草绘平面绘制草图（即绘制 φ22、φ15 两个圆）。应用"拉伸"命令，选择单条曲线模式，依次对 φ15、φ22 两个圆进行拉伸，图 4-17 所示为拉伸 φ15 圆，图 4-18 所示为拉伸 φ22 圆。最终效果图如图 4-19 所示，这样就完成了泵体主体的建模。

项目 4 液压系统之"心脏"——叶片泵三维建模与运动仿真

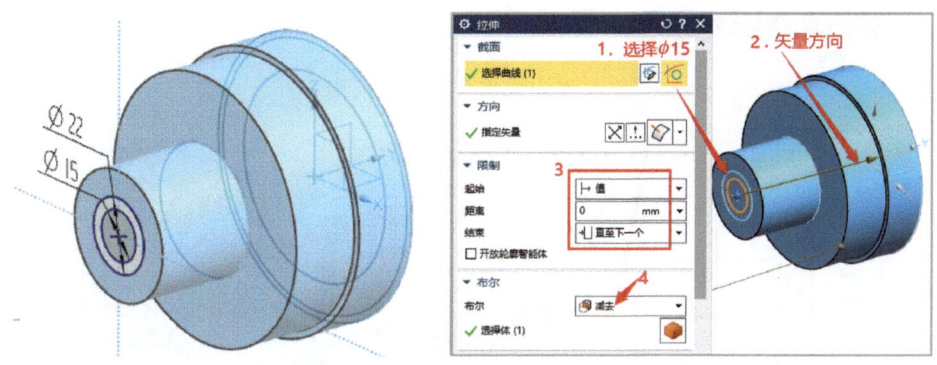

图 4-17 绘制草图与拉伸 φ15 圆

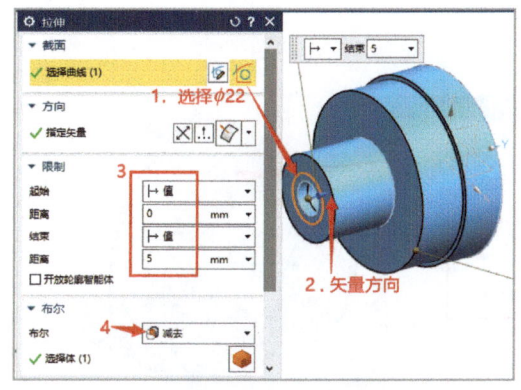

图 4-18 拉伸 φ22 圆

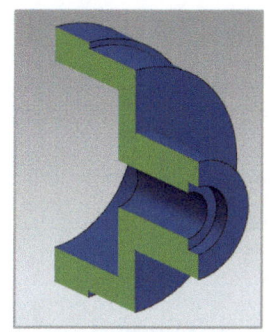

图 4-19 泵体主体最终效果图

3）创建泵体安装底板。

Step8：以左端面 A 面为草绘平面绘制草图（即绘制一个长方形，见图 4-20）。应用"拉伸"命令完成拉伸操作，如图 4-21 所示。

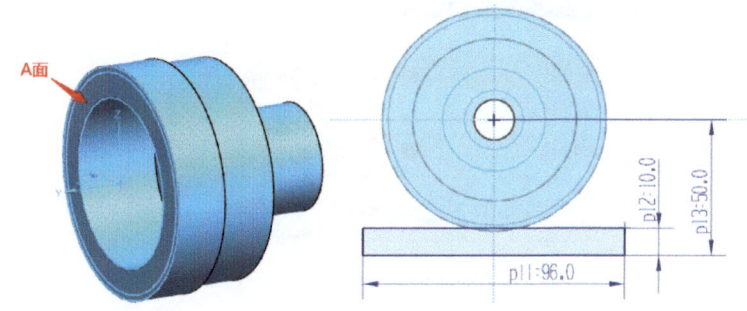

图 4-20 绘制草图

4）创建泵体支承板。

Step9：以底板上表面 B 面为草绘平面绘制草图（即绘制一个长方形）。应用"拉伸"命令进行拉伸，如图 4-22 所示，接着单击"菜单"选择"插入"-"组合"-"合并"命令或直接单击合并图标 ，将所有特征合并为一个整体，如图 4-23 所示。

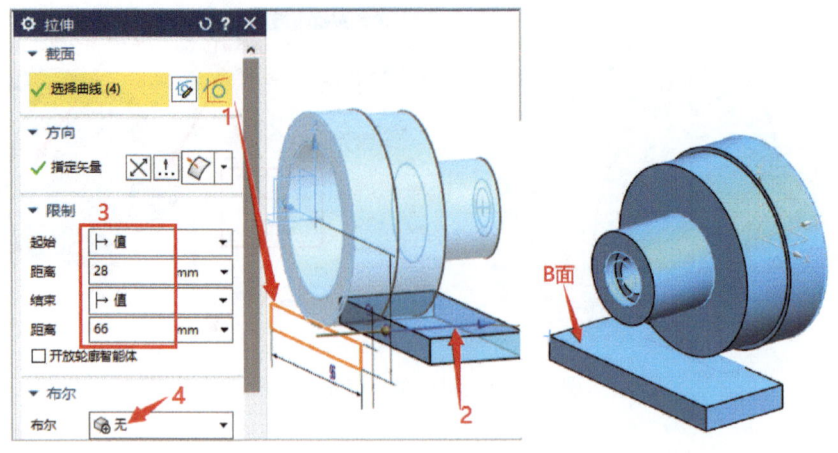

图 4-21 拉伸底板

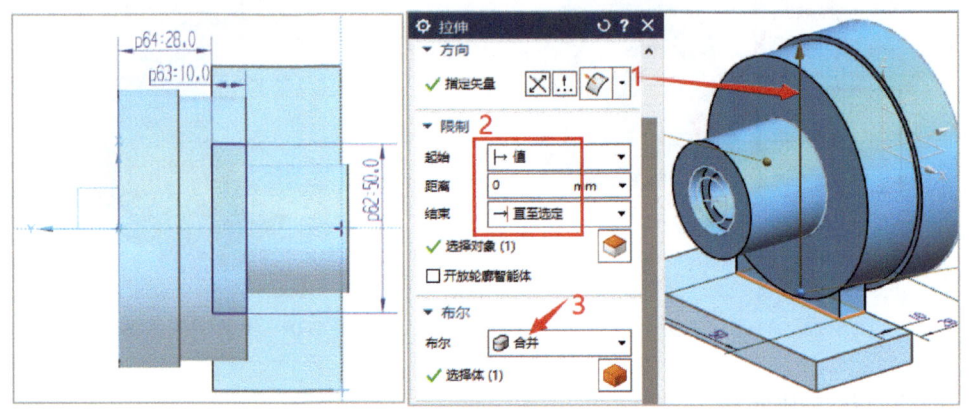

图 4-22 绘制草图与拉伸支撑板

图 4-23 合并操作

5）创建肋板。

Step10：以 YZ 平面为草绘平面绘制草图（即绘制一条直线）。单击"菜单"，选择"插入"-"设计特征"-"肋板"命令或直接单击肋板图标 ◈，弹出"肋板"对话框，如图 4-24 所示，截面选直线，壁选"平行于剖切平面"，维度选"对称"，厚度选"10"，单击"确定"按钮完成肋板创建。

项目 4　液压系统之"心脏"——叶片泵三维建模与运动仿真　173

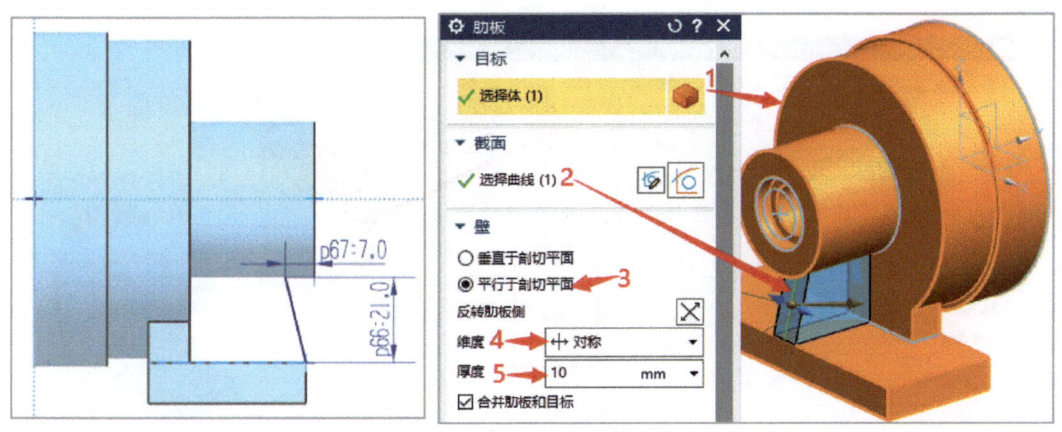

图 4-24　肋板的创建

6）创建凸台。

Step11：选择 YZ 平面作为草绘平面绘制草图。应用"拉伸"命令拉伸特征，完成左侧凸台的创建，如图 4-25 所示，应用"镜像特征"命令完成右侧凸台的创建。

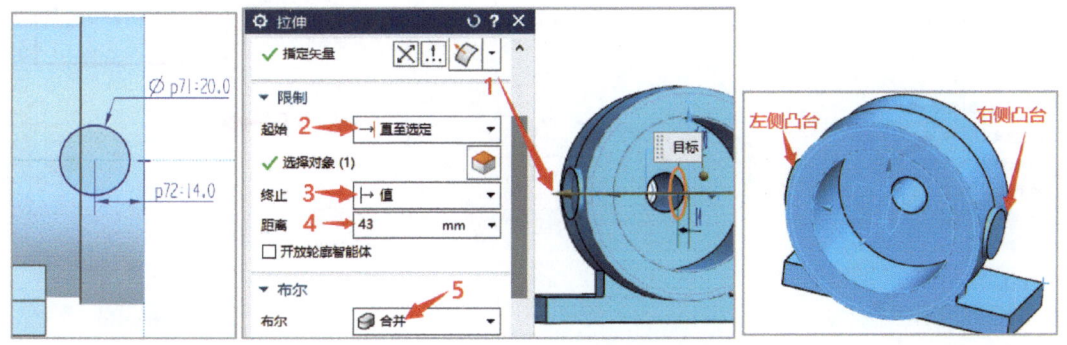

图 4-25　凸台的创建与效果图

7）创建各种孔。

Step12：创建螺纹孔 $G1/8$。单击"菜单"，选择"设计特征"-"孔"命令或直接单击孔命令图标，弹出"孔"对话框，如图 4-26 所示，孔类型选"有螺纹"，标准选"Inch NPT"，大小选"1/8-NPT"，其他接受默认。应用"镜像特征"命令，完成另一侧凸台螺纹的创建。

Step13：创建螺纹孔 M6。单击"菜单"，选择"设计特征"-"孔"命令或直接单击孔命令图标，弹出"孔"对话框，如图 4-27 所示，孔类型选"有螺纹"，标准选"Metric Coarse"，大小选"M6×1.0"，螺纹深度类型选"定制"，螺纹深度选"14"，选择"右旋"，其他接受默认，单击草绘图标。选择 $\phi 82$ 端面作为草绘平面草绘一个点，单击完成草图，以此指定螺纹位置。孔深选"16"，顶锥角选"118°"，布尔选"减去"，最后单击"确定"按钮完成一个螺纹孔的创建。应用"阵列特征"命令完成其余螺纹孔的创建，如图 4-28 所示。因为 $\phi 3$ 深 8 的定位孔在图样上标注为配作，所以可以不创建。

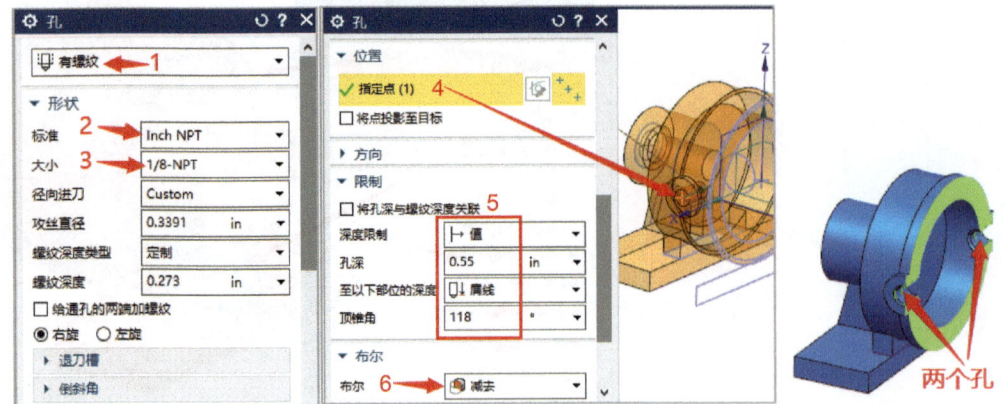

图 4-26 螺纹孔 G1/8 的创建过程与效果图

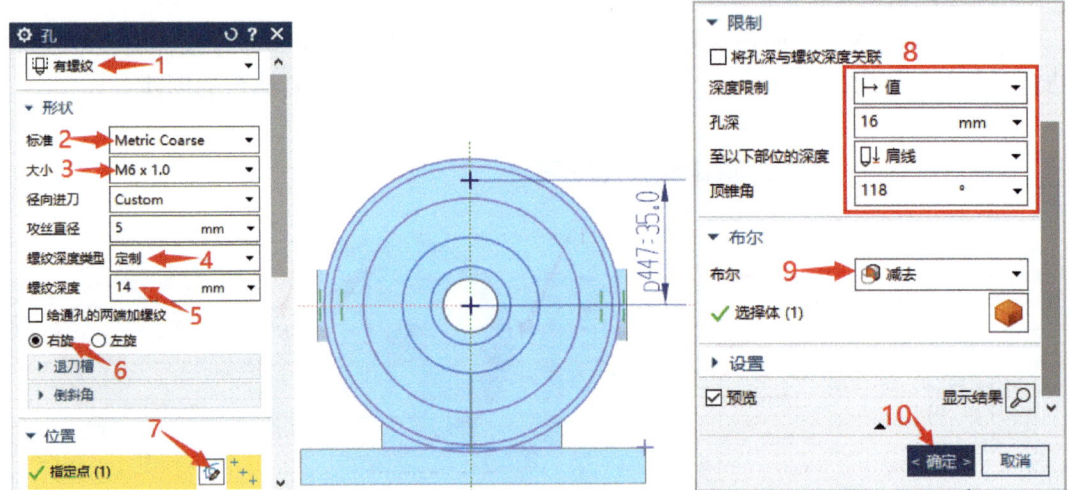

图 4-27 螺纹孔 M6 的创建过程

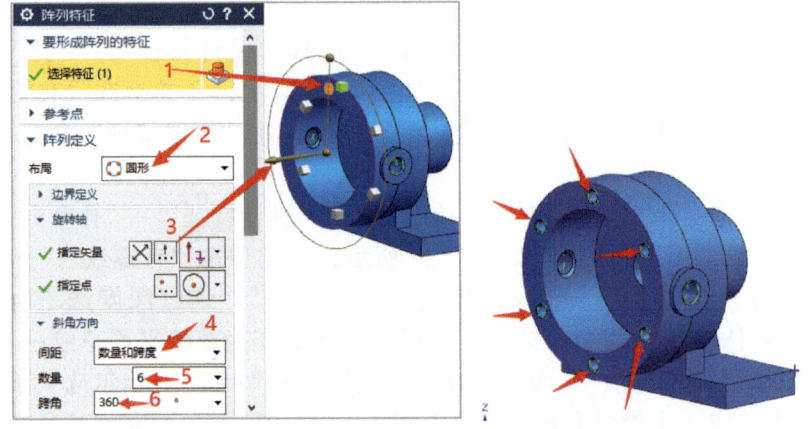

图 4-28 螺纹孔 M6 的阵列过程与效果图

Step14：创建螺纹孔 M4。应用"孔"命令，孔类型选"有螺纹"，大小选"M4×0.7"，螺纹深度选"10"，草绘孔指定点，孔深选"12"，完成一个 M4 螺纹孔的创建，如图 4-29 所示，应用"阵列特征"命令完成其余螺纹孔的创建，如图 4-30 所示。

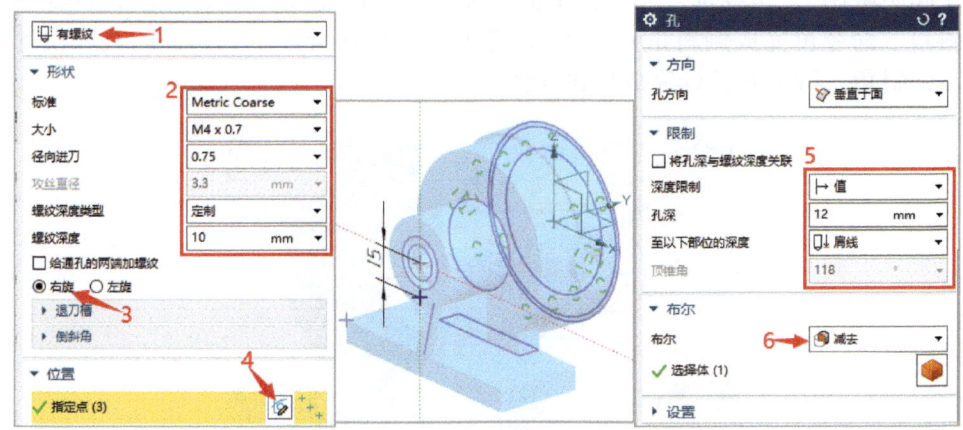

图 4-29　螺纹孔 M4 的创建过程

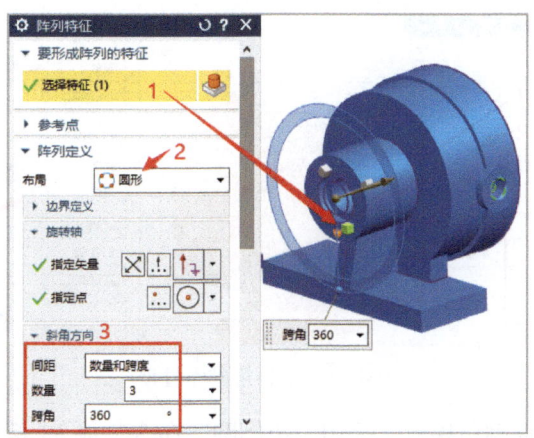

图 4-30　螺纹孔 M4 的阵列过程与效果图

Step15：创建沉孔。应用"孔"命令，孔类型选"沉头"，孔大小选"定制"，孔径选"9"，沉头直径选"20"，沉头深度选"2"，草绘一个孔指定点，深度限制选"贯通体"，完成一个沉孔的创建，应用"镜像特征"命令完成另一个沉孔的创建，如图 4-31 所示。

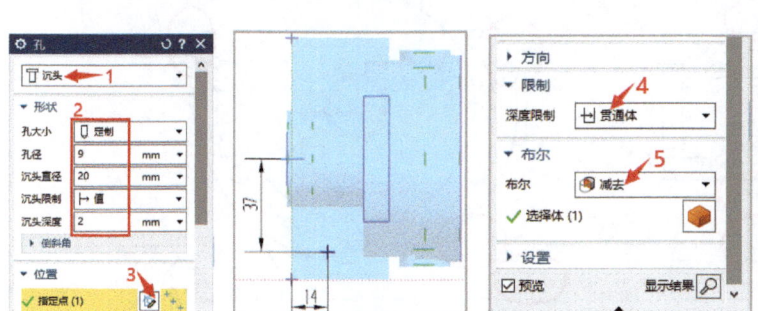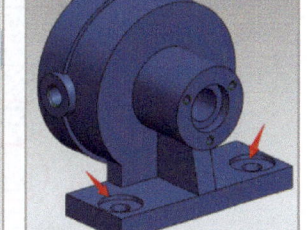

图 4-31　沉孔的创建过程与效果图

8）创建倒斜角和圆角。

Step16：泵体共三处需倒斜角，如图 4-32 所示。首先，倒斜角 73°，选择"拉伸"命令，选择倒斜角边（即 $\phi22$ 圆），起始距离选"0"，终止距离选"3"，布尔选"减去"，拔模选"从起始限制"，角度选"73°"，单击"确定"按钮完成倒斜角，如图 4-33 所示。应用"倒斜角"命令可完成倒斜角 $C1$、$C2$，考虑到此操作会影响到后面的关联设计，所以暂时可不倒斜角，待关联设计完成后再操作。

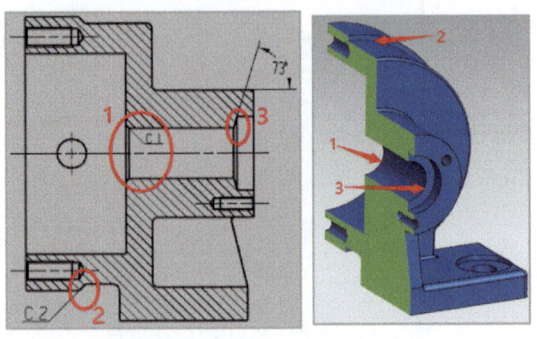

图 4-32 三处倒斜角

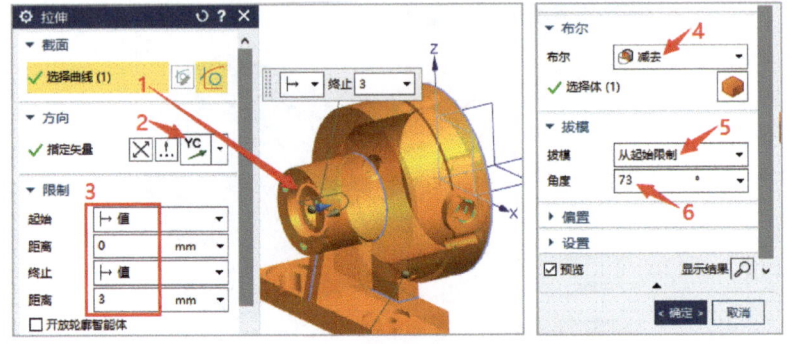

图 4-33 倒斜角操作过程

Step17：倒圆角。根据倒角提示，采用"边倒圆"命令完成 $R1$ 标注。重复操作，完成其他边倒圆标注。接着把显示的草图隐藏，最终结果如图 4-34 所示，这样就完成了泵体的建模。

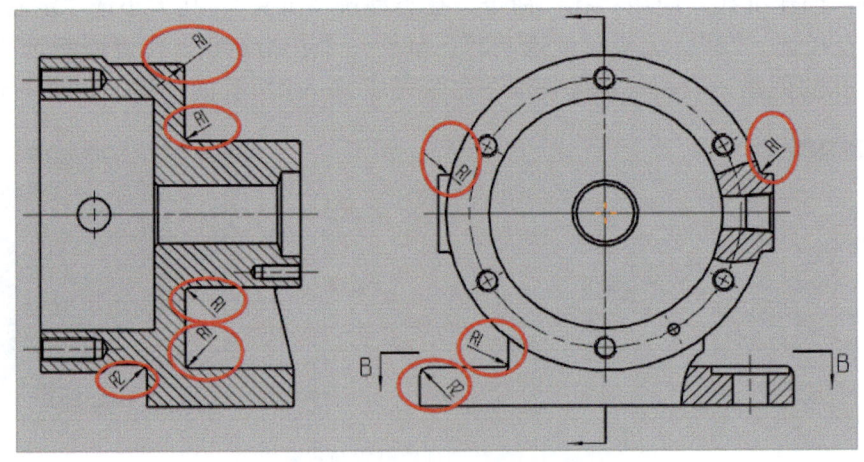

图 4-34 边倒圆与泵体最终效果图

项目 4　液压系统之"心脏"——叶片泵三维建模与运动仿真

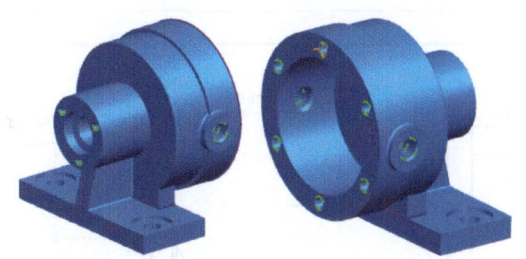

图 4-34　边倒圆与泵体最终效果图（续）

素质教育案例

传统的自下而上的设计方法是首先设计好各个零部件，然后将这些零部件通过对齐、接触等约束命令进行装配。如果在装配过程中发现某些零部件无法装配，则需要对相关零部件进行重新设计与装配，而在装配过程中存在很多父子关系，当修改完某些零部件后，会发现以这些零件的点、线、面为基准的其他零件装配不上去，缺失装配基准导致重新装配，大大降低了设计效率。自下而上的设计方法在有现有成品提供参考且产品系列单一的情况下是可以使用的，但对于全新的产品设计，如果事先没有做好规划，没有进行全局考虑，修改起来会特别麻烦，重复工作量大，往往造成人力和时间的浪费，对产品快速推出市场有很大的影响。为了缩短设计周期，提高设计效率，工程界引入了自上而下的设计方法。年轻人，有冲劲、有激情、有想法，未来有无限可能，但还是要对自己的人生有一个合理的规划（见图 4-35），做好顶层设计，明确人生目标，这会让你少走很多弯路，祝愿大家都有一个灿烂、美好的未来。

图 4-35　美好的人生需要做好规划

（2）衬套建模　衬套零件图如图 4-36 所示，它与泵体相对位置如图 4-37 所示。

Step18：将泵体几何体复制到衬套。单击"装配导航器"，双击"叶片泵"，则"叶片泵"和所有零件都处于工作部件状态，模型图标由灰色变成黄色，如图 4-38 所示。选择"泵体"，右击，在弹出的菜单中选择"WAVE"命令，选择"将几何体复制到部件"子命令，弹出"创建一个与位置无关的链接特征"对话框，如图 4-39 所示，单击"确定"按钮，弹出"选择部件"对话框，选择"衬套"，单击"确定"按钮，弹出"部件间复制"对话框，过滤选"边"，选择 $\phi 60$ 边线，单击"确定"按钮完成将几何体复制到部件。双击"衬套"，将"衬套"设为工作部件，在装配导航器中出现一条"链接复合曲线"，该曲线就是从泵体复制来的，如图 4-40 所示，这是自上而下设计的优势，可以舍去一些草图的绘制。

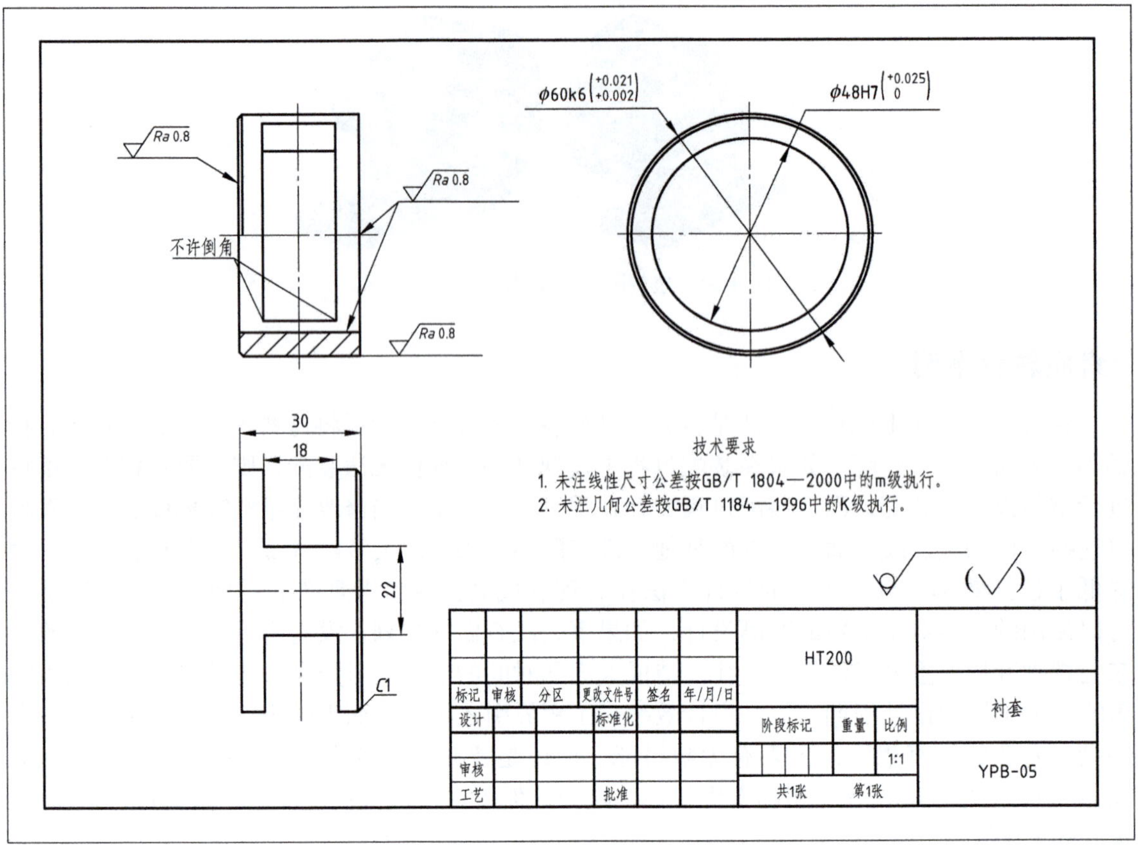

图 4-36 衬套零件图

衬套关联建模

图 4-37 衬套位置

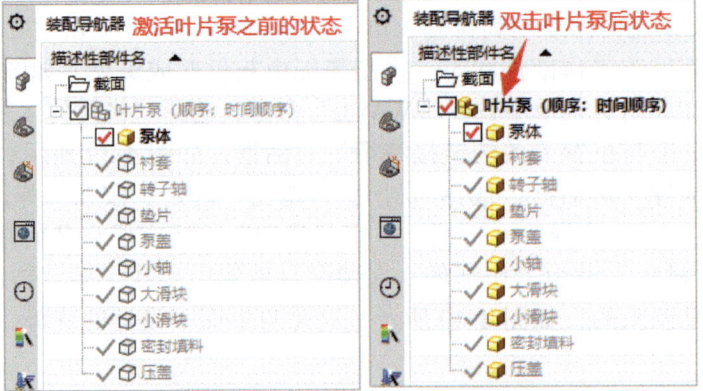

图 4-38 所有零件设置为工作状态

项目 4　液压系统之"心脏"——叶片泵三维建模与运动仿真

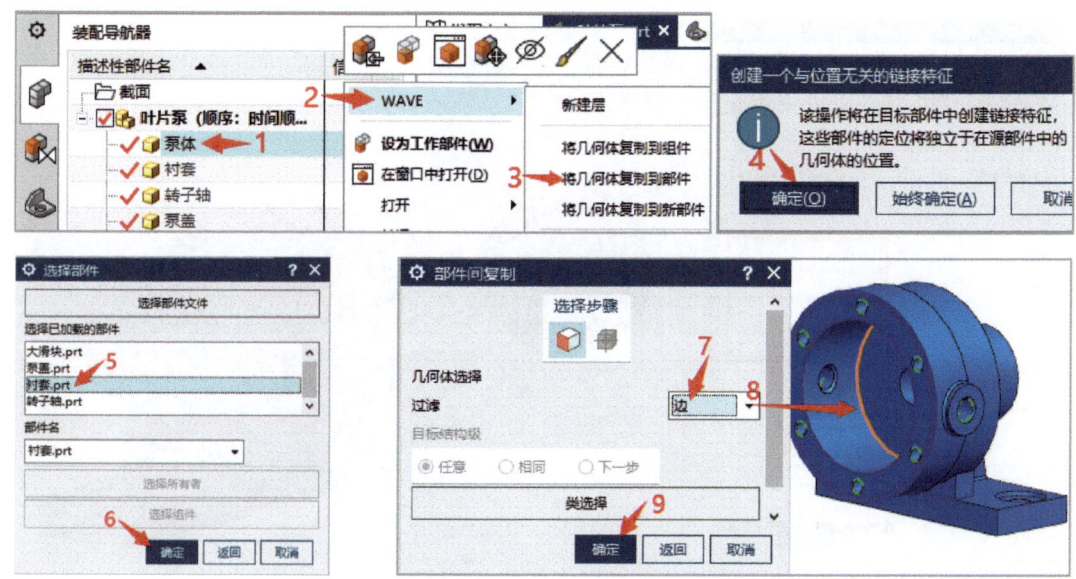

图 4-39　将泵体 φ60 边线复制到衬套

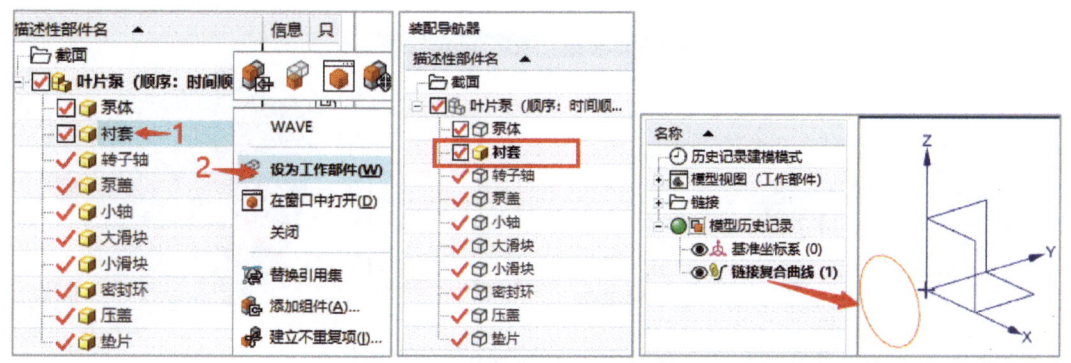

图 4-40　从泵体复制过来的 φ60 边线显示在衬套导航器

　　Step19：拉伸衬套主体。应用"拉伸"命令，草图选链接复合曲线，起始值选"0"，终止值选"30"，布尔选"无"，单击"确定"按钮完成衬套主体的拉伸，如图 4-41 所示。

　　Step20：拉伸衬套通孔。以前端面为草绘平面绘制 φ48 圆，应用"拉伸"命令完成衬套通孔的创建，如图 4-42 所示。

　　Step21：拉伸衬套凹槽。以 XY 平面为草绘平面绘制草图（即绘制一个长方形），应用"拉伸"命令完成衬套凹槽的创建，重复操作或应用"镜像特征"命令完成另一侧凹槽的创建，如图 4-43 所示。

　　Step22：倒斜角。选择"倒斜角"命令，选择一条倒斜角边（内侧外圆面），横截面选"对称"，距离选"1"，单击"确定"按钮完成倒斜角，这样就完成了衬套的关联建模，如图 4-44 所示。为了便于零件区分，可以自行设置不同颜色。

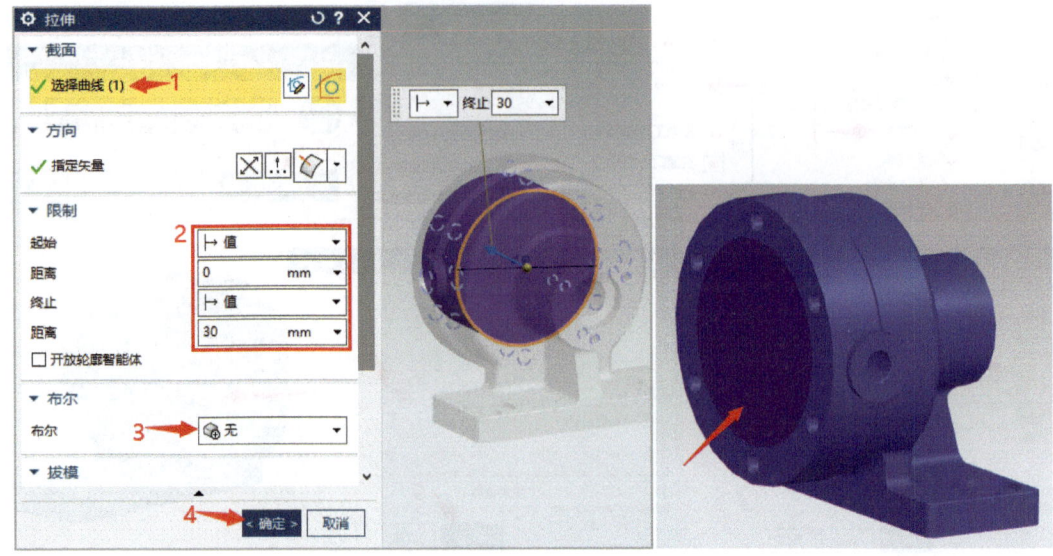

图 4-41 衬套主体的拉伸及效果图

图 4-42 衬套通孔的创建及效果图

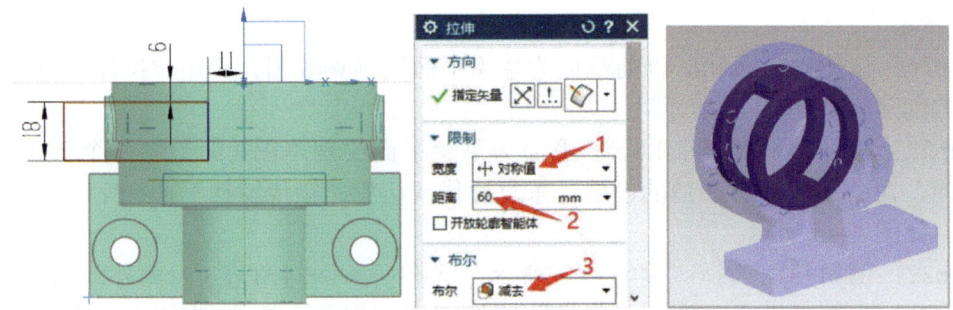

图 4-43 衬套凹槽的创建及效果图

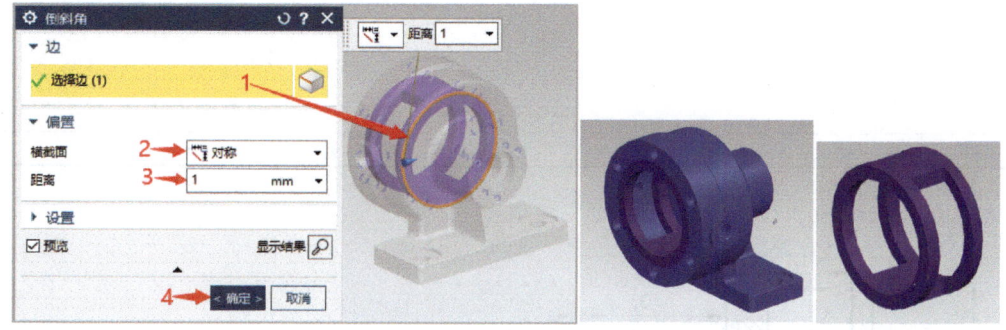

图 4-44 倒斜角与衬套最终效果图

注意：在双击"叶片泵"，使所有零件处于工作部件状态时，泵体和衬套都会显示出来，如果出现衬套不显示的情况，则在装配导航器中双击"衬套"，单独将衬套设为工作部件，选中"衬套"，右击，在弹出的菜单中选择"替换引用集"-"MODEL"命令（见图 4-45），回到所有零件处于工作部件状态，衬套就会显示出来了。

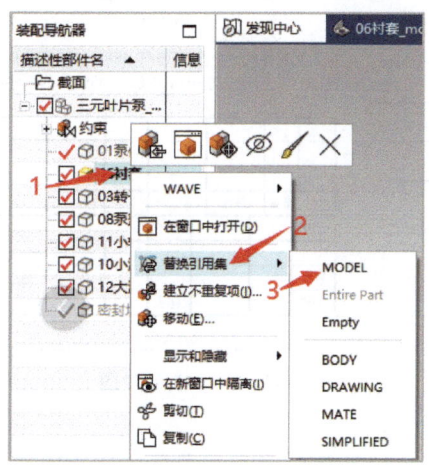

图 4-45 "替换引用集"设置过程

（3）转子轴建模　转子轴零件图如图 4-46 所示，它的相对位置如图 4-47 所示。

转子轴关联建模

Step23：将泵体和衬套相关几何体复制到转子轴。同 Step18，双击"叶片泵"，使所有零件处于工作部件状态。在装配导航器中选择"泵体"，右击，在弹出的菜单中选择"WAVE"命令，选择"将几何体复制到部件"子命令，弹出"创建一个与位置无关的链接特征"对话框，单击"确定"按钮，弹出"选择部件"对话框，如图 4-48 所示，选择"转子轴"，单击"确定"按钮，弹出"部件间复制"对话框，过滤选"边"，选择 $\phi15$ 边线，单击"确定"按钮完成泵体几何体复制到转子轴。同样地，在部件导航器中选择"衬套"，选择 $\phi48$ 边线，复制到转子轴，如图 4-49 所示。这时，将转子轴设为工作部件，在部件导航器中出现两条"链接复合曲线"，如图 4-50 所示。

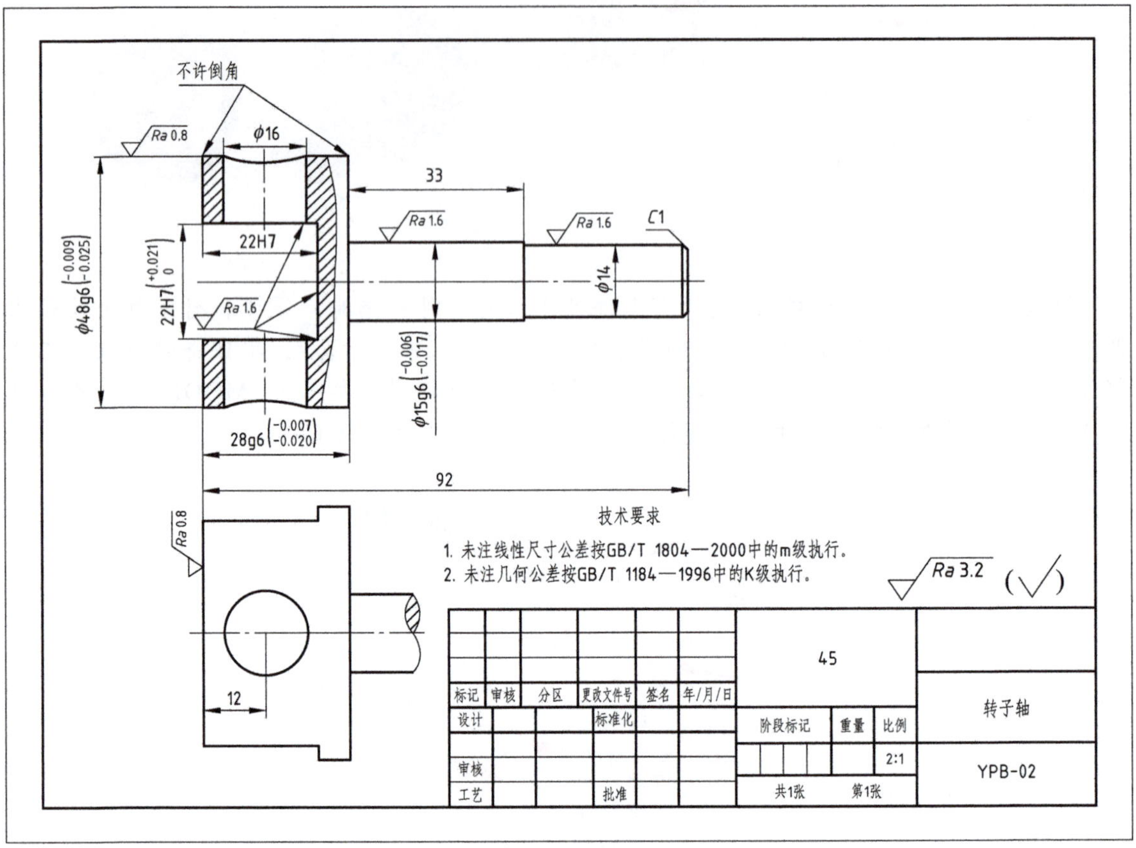

图 4-46 转子轴零件图

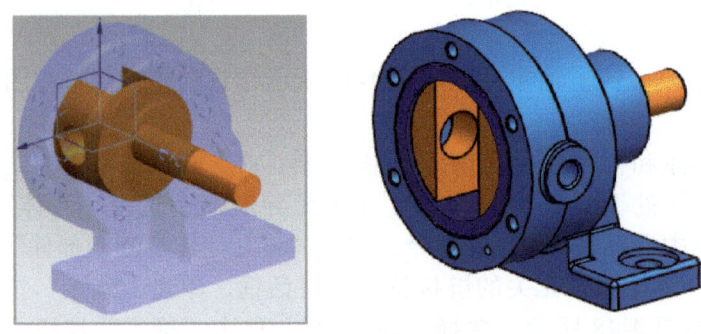

图 4-47 转子轴位置

项目 4 液压系统之"心脏"——叶片泵三维建模与运动仿真

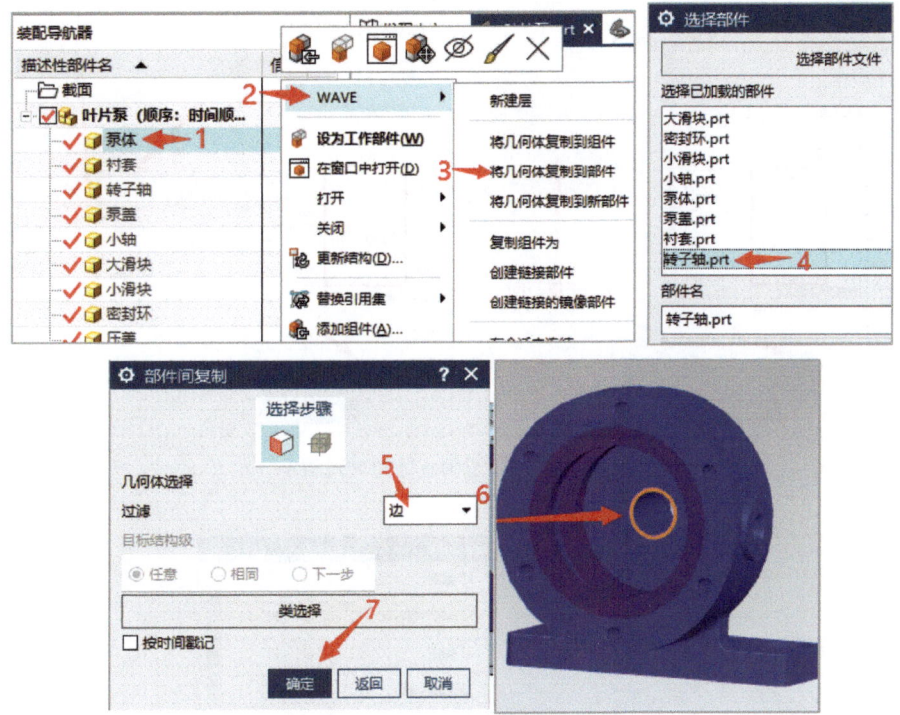

图 4-48 将泵体 $\phi 15$ 边线复制到转子轴操作过程

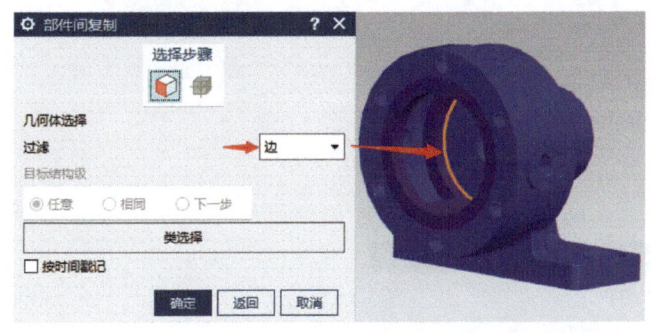

图 4-49 将衬套 $\phi 48$ 边线复制到转子轴操作过程

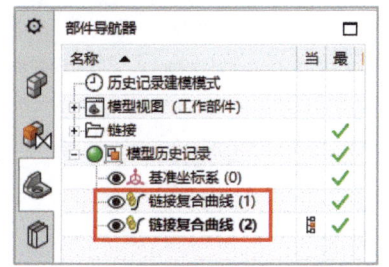

图 4-50 复制几何体显示在部件导航器

Step24：拉伸转子轴主体。应用"拉伸"命令，草图选择"链接复合曲线 2"即 $\phi 48$，起始值选"0"，终止值选"28"，布尔选"无"，单击"应用"按钮，继续选择"链接复合曲线 1"即 $\phi 15$，起始值选"0"，终止值选"33"，布尔选"合并"，单击"确定"按钮，完成转子轴主体拉伸过程，如图 4-51 所示。

Step25：拉伸 $\phi 14$ 小轴。以 $\phi 48$ 大端面作为草绘平面绘制 $\phi 14$ 圆，应用"拉伸"命令，起始值选"0"，终止值选"92"，布尔选"合并"，单击"确定"按钮，如图 4-52 所示。

Step26：拉伸 $\phi 16$ 通孔。为了不影响到选择对象，可以隐藏草图，以 YZ 平面作为草绘平面绘制 $\phi 16$ 圆，应用"拉伸"命令，宽度选"对称值"，距离选"96"，布尔选"减去"，单击"确定"按钮完成 $\phi 16$ 圆的拉伸贯通，如图 4-53 所示。

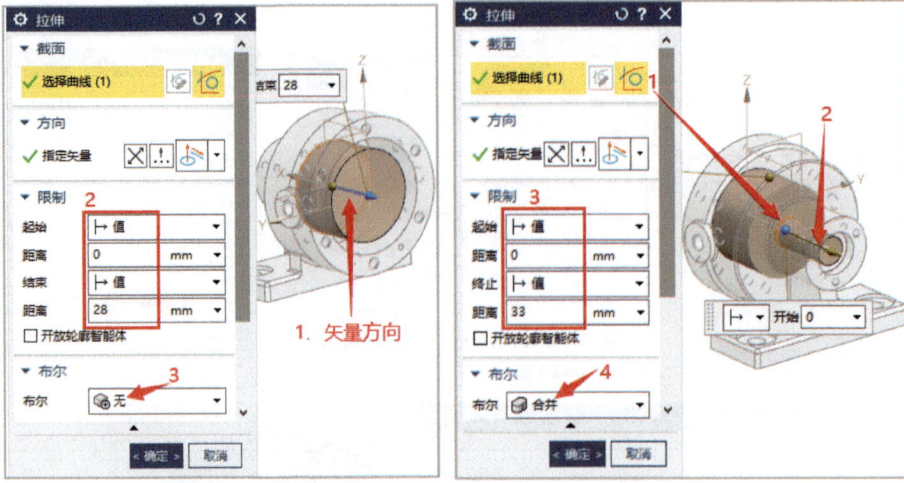

图 4-51 转子轴主体拉伸过程

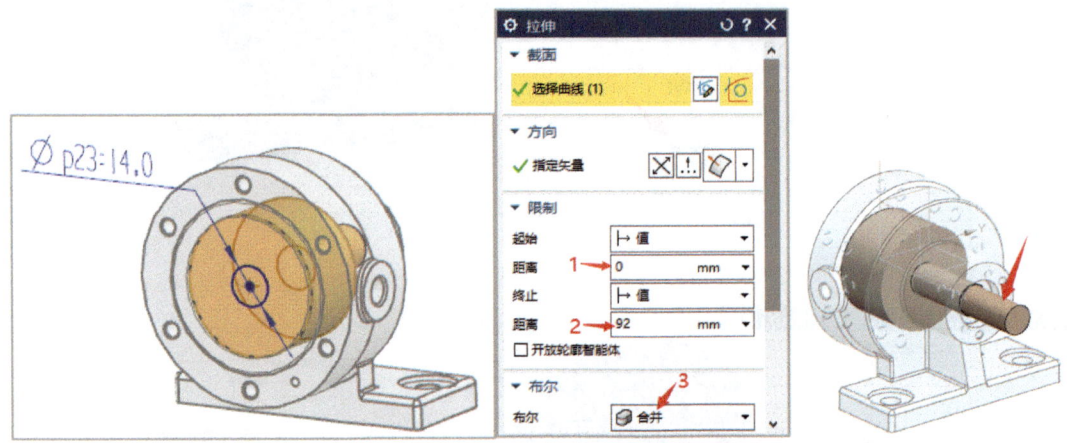

图 4-52 φ14 小轴的拉伸过程

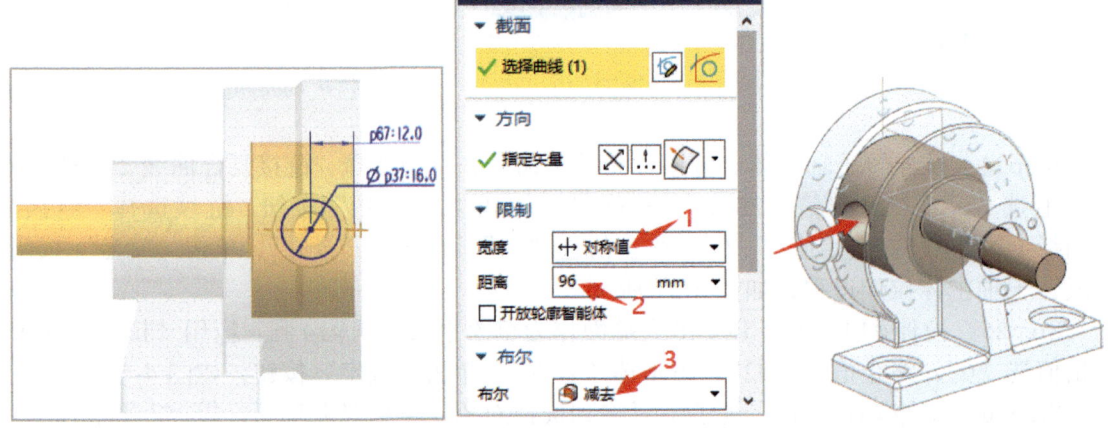

图 4-53 拉伸 φ16 通孔过程

Step27：切除通槽。以 XY 平面作为草绘平面绘制草图，应用"拉伸"命令，宽度选"对称值"，距离选"96"，布尔选"减去"，单击"确定"按钮完成通槽的切除，如图 4-54 所示。

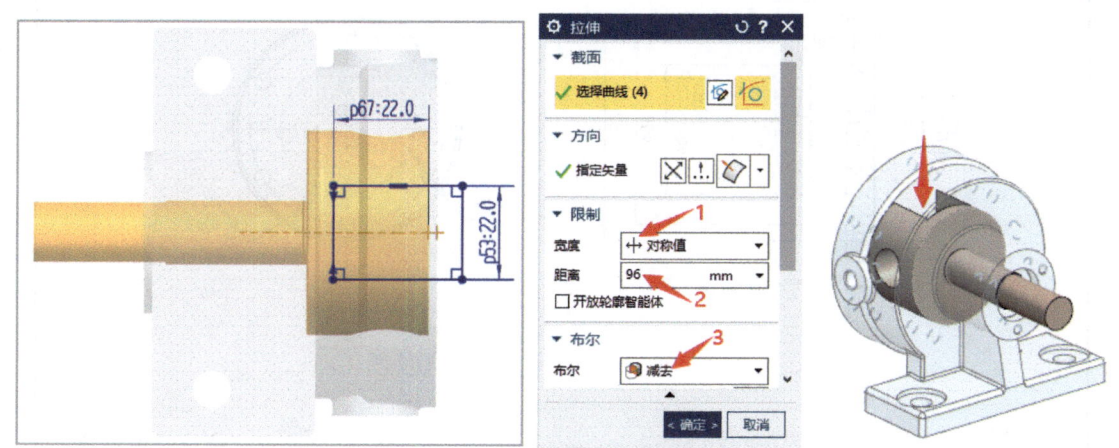

图 4-54　切除通槽过程

Step28：倒斜角。对转子轴末端倒斜角 C1，完成转子轴的关联设计，最终效果图如图 4-55 所示。

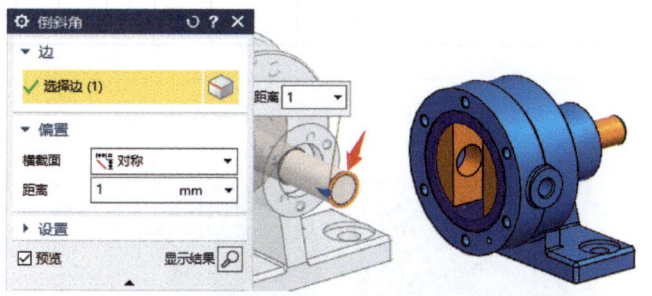

图 4-55　转子轴倒斜角与最终效果图

（4）泵盖建模　泵盖零件图如图 4-56 所示，它的相对位置如图 4-57 所示。

Step29：将泵体和衬套相关几何体复制到泵盖。同样地，先把叶片泵设置为工作部件，在装配导航器中选择"泵体"，在"选择部件"对话框中选择"泵盖"，在"部件间复制"对话框中，过滤选"边"，再选择 $\phi 82$ 边线，如图 4-58 所示，完成泵体几何体复制到泵盖；同样地，在装配导航器中选择"衬套"，选择 $\phi 48$ 边线复制到泵盖，如图 4-59 所示。这时，将"泵盖"设为工作部件，在部件导航器中出现了两条"链接复合曲线"，如图 4-60 所示。

Step30：拉伸链接复合曲线。应用"拉伸"命令，草图选择"链接复合曲线 2"即 $\phi 48$ 圆，方向选择 -YC 即 Y 轴负方向，起始值选"-0.1"，终止值选"1.9"，布尔选"无"，单击"确定"按钮完成复合曲线 2 的拉伸，如图 4-61 所示；继续应用"拉伸"命令，草图选择"链接复合曲线 1"即 $\phi 82$ 圆，方向选择 YC 即 Y 轴正方向，起始值选"0.1"，终止值选"10.1"，布尔选"合并"，单击"确定"按钮完成复合曲线 1 的拉伸，如图 4-62 所示。

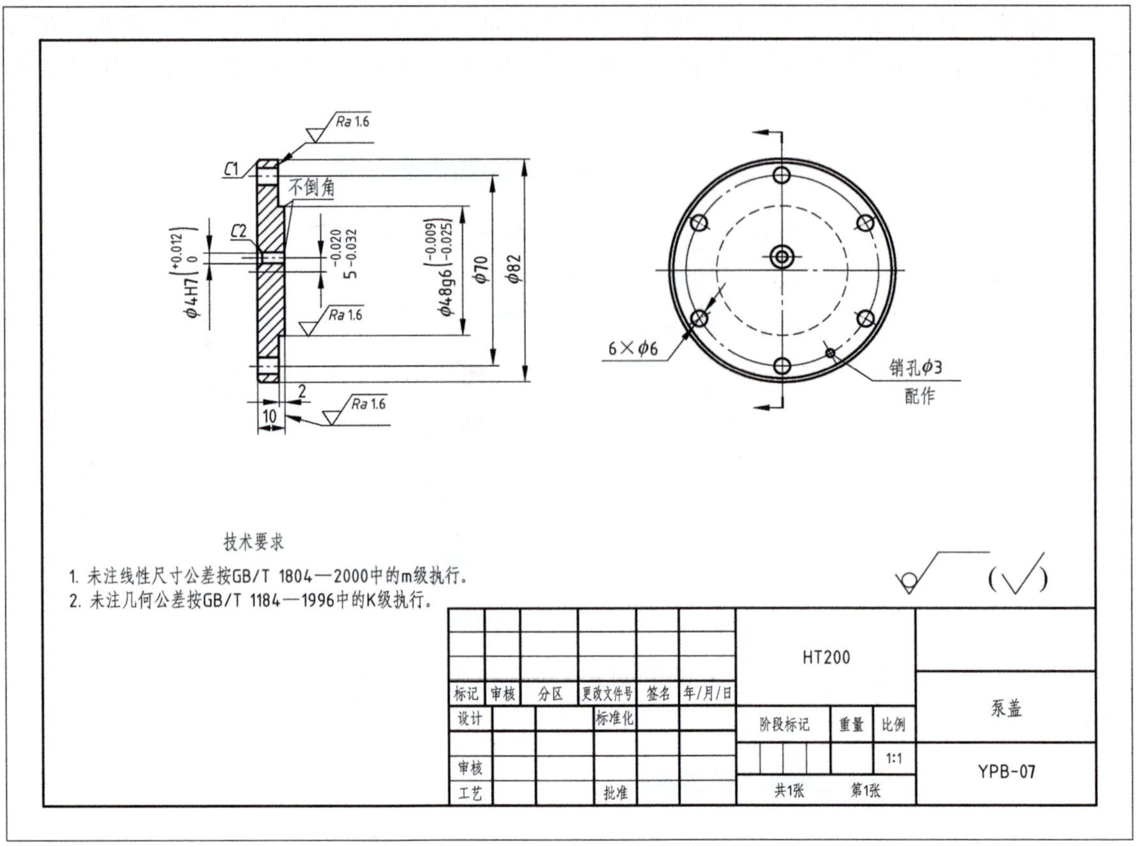

图 4-56 泵盖零件图

泵盖关联建模

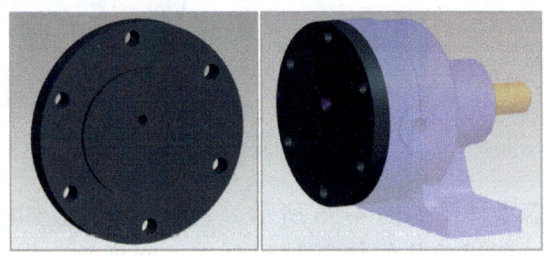

图 4-57 泵盖位置

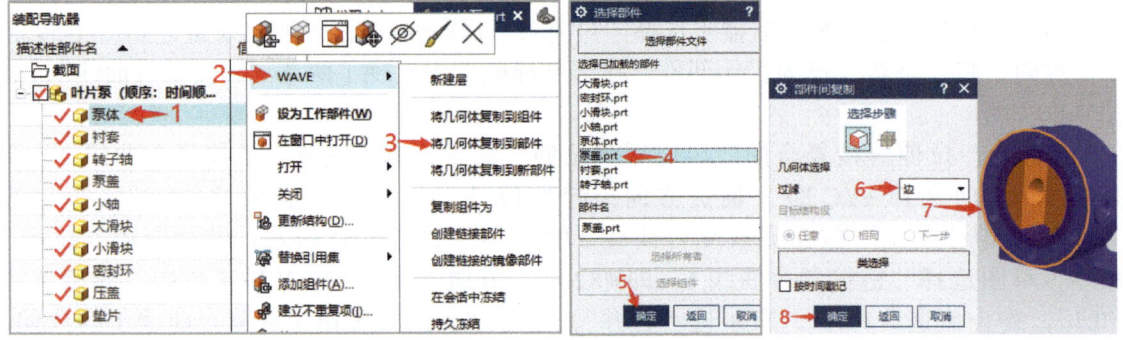

图 4-58 把泵体 $\phi 82$ 边线复制到泵盖操作过程

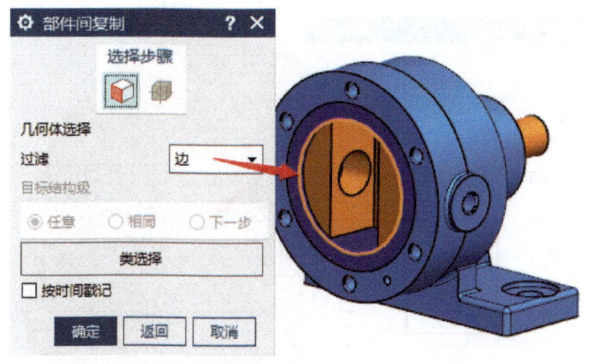

图 4-59 把衬套 $\phi48$ 边线复制到泵盖操作过程

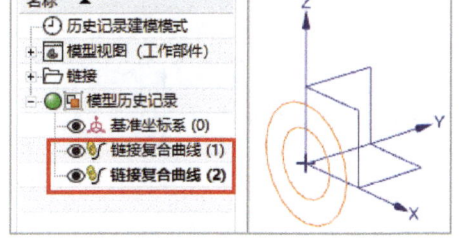

图 4-60 复制几何体显示在部件导航器

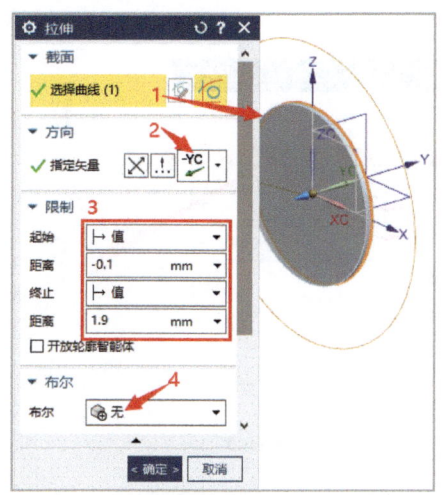

图 4-61 拉伸复合曲线 2

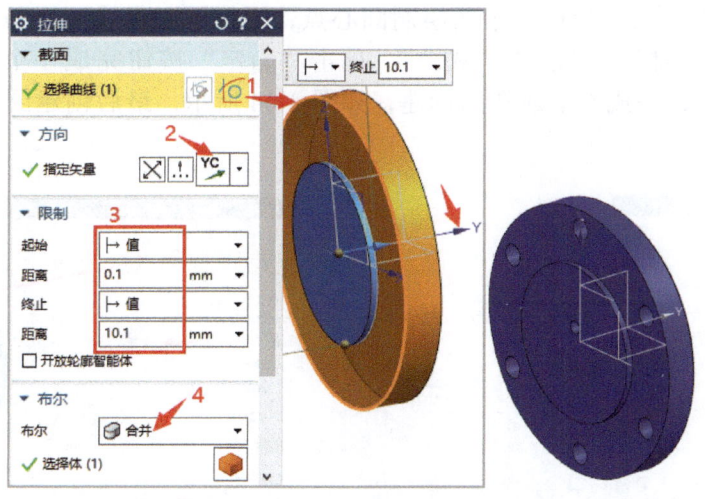

图 4-62 拉伸复合曲线 1 与最终效果图

Step31：创建 $\phi4$ 通孔。以大端面作为草绘平面绘制 $\phi4$ 圆，应用"拉伸"命令，起始值选"0"，终止选"贯通"，布尔选"减去"，单击"确定"按钮完成 $\phi4$ 通孔的创建；选择"倒斜角"命令，完成倒角 C2 的创建，最终效果图如图 4-63 所示。

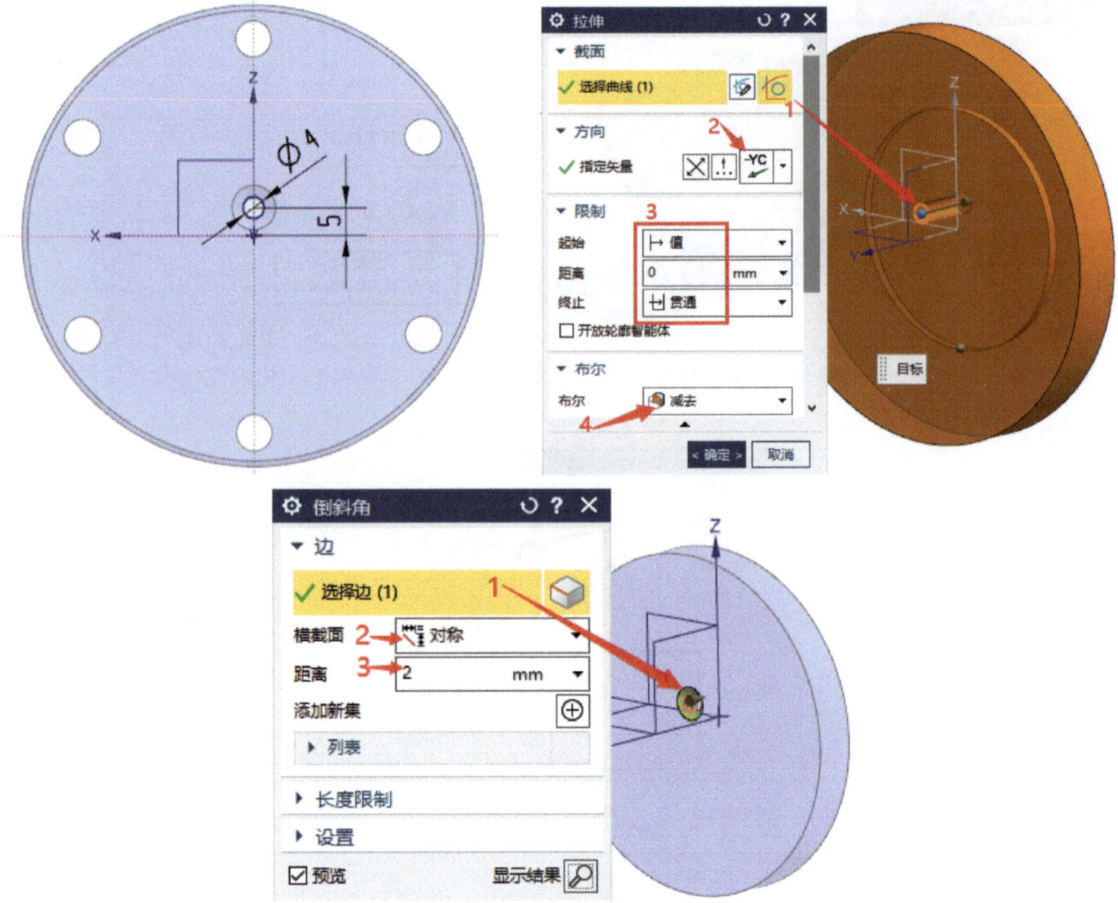

图 4-63 φ4 通孔的创建与倒斜角

Step32：创建φ6.5通孔。应用"孔"命令，类型选"简单"，孔大小选"定制"，孔径选"6.5"，以大端面作为草绘平面绘制圆心点，捕捉圆心点或标注与X轴距离"35"，深度限制选"贯通体"，布尔选"减去"，单击"确定"按钮完成一个孔的创建；单击"阵列特征"命令，完成6个通孔的创建，如图4-64所示，最后创建倒角C1，完成泵盖的关联设计。

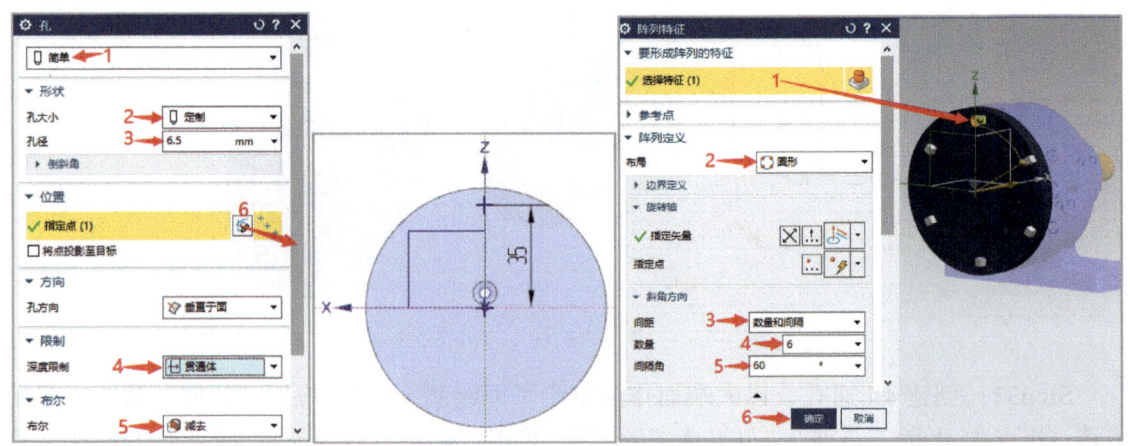

图 4-64 创建φ6.5通孔

（5）小轴建模　小轴零件图如图 4-65 所示，它的相对位置如图 4-66 所示。

小轴关联建模

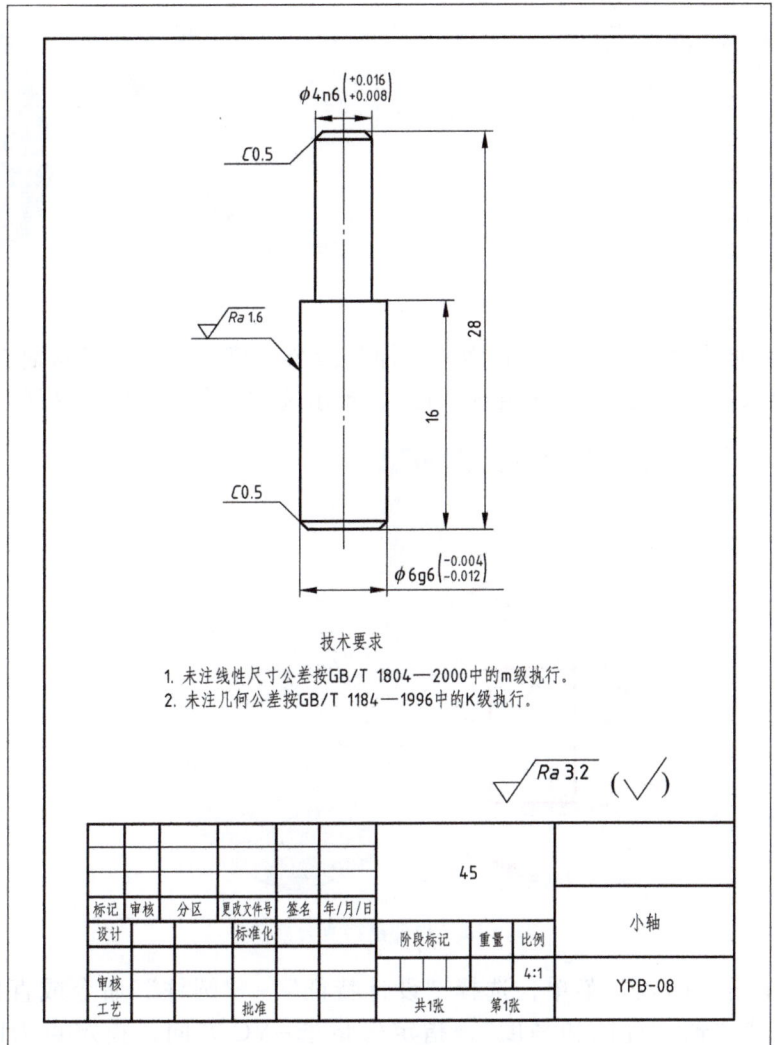

图 4-65　小轴零件图

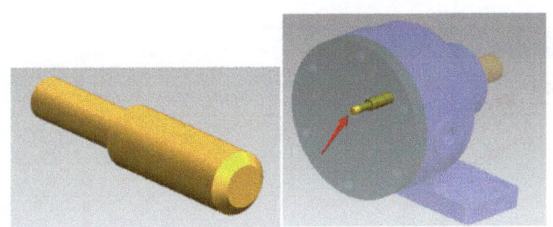

图 4-66　小轴位置

Step33：将泵盖相关几何体复制到小轴。为了使泵盖看得更清楚，隐藏"泵体""衬套""转子轴"零件，在部件导航器中选择"泵盖"，"选择部件"对话框中选择"小轴"，弹出"部件间复制"对话框，如图 4-67 所示，过滤选"边"，再选择 $\phi 4$ 边线，将泵盖相关几何体复制到小轴。这时，在小轴部件导航器中出现了一条"链接复合曲线"。

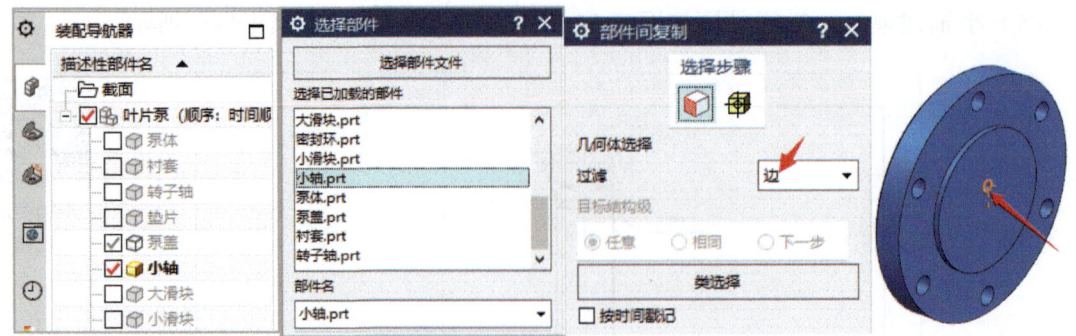

图 4-67　将泵盖 φ4 边线复制到小轴的操作过程

Step34：拉伸链接复合曲线。应用"拉伸"命令，草图选择"链接复合曲线"，方向选择 YC 轴，起始值选"0"，终止值选"12"，布尔选"无"，如图 4-68 所示。

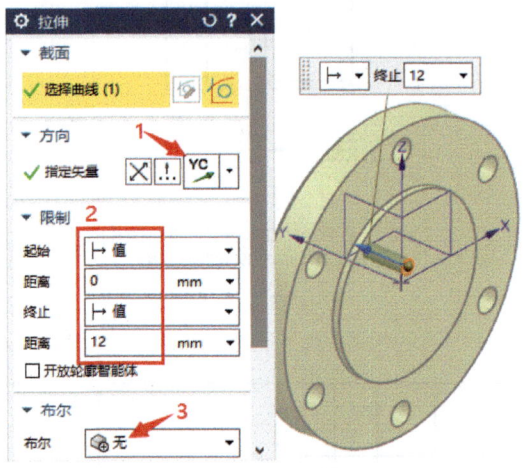

图 4-68　拉伸链接复合曲线

Step35：单击"插入"菜单，选择"设计特征"-"圆柱"命令或直接单击圆柱体图标，类型选"轴、直径和高度"，指定矢量选-YC 方向，指定点为圆心，直径选"6"，高度选"16"，布尔选"合并"，单击"确定"按钮，如图 4-69 所示；对圆柱进行倒斜角（C0.5 两处），小轴最终效果图如图 4-70 所示。

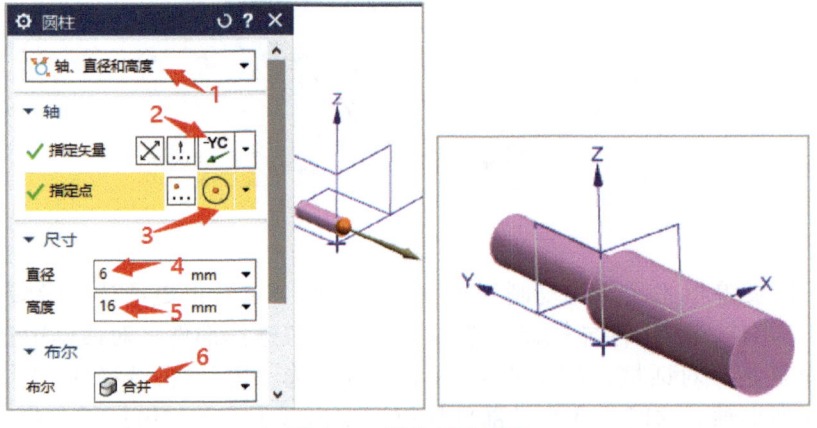

图 4-69　圆柱创建过程

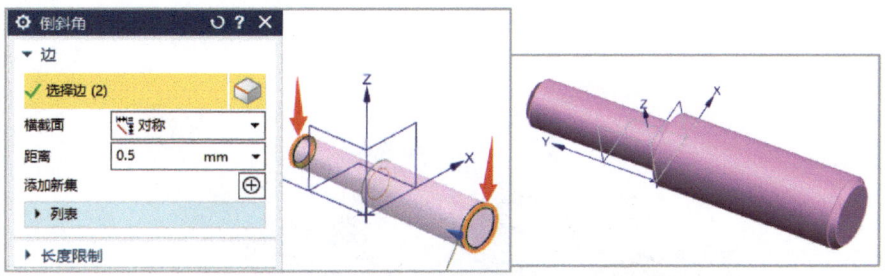

图 4-70 小轴倒斜角与最终效果图

（6）大滑块建模 大滑块零件图如图 4-71 所示，大滑块相对位置如图 4-72 所示。

Step36：将转子轴、小轴的相关几何体复制到大滑块。为了使转子轴、小轴看得更清楚，隐藏"泵体""衬套""泵盖"零件，在装配导航器中选择"转子轴"，在"选择部件"对话框中选择"大滑块"，单击"确定"按钮，弹出"部件间复制"对话框，如图 4-73 所示，过滤选"面"，选择转子轴底面，将转子轴相关几何体复制到大滑块；同样地，在装配导航器中选择"小轴"，在"选择部件"对话框中选择"大滑块"，过滤选"边"，选择 $\phi6$ 边，如图 4-74 所示，将小轴相关几何体复制到大滑块。这时，将大滑块设为工作部件，在部件导航器中出现了一个"链接面"和一条"链接复合曲线"，如图 4-75 所示。

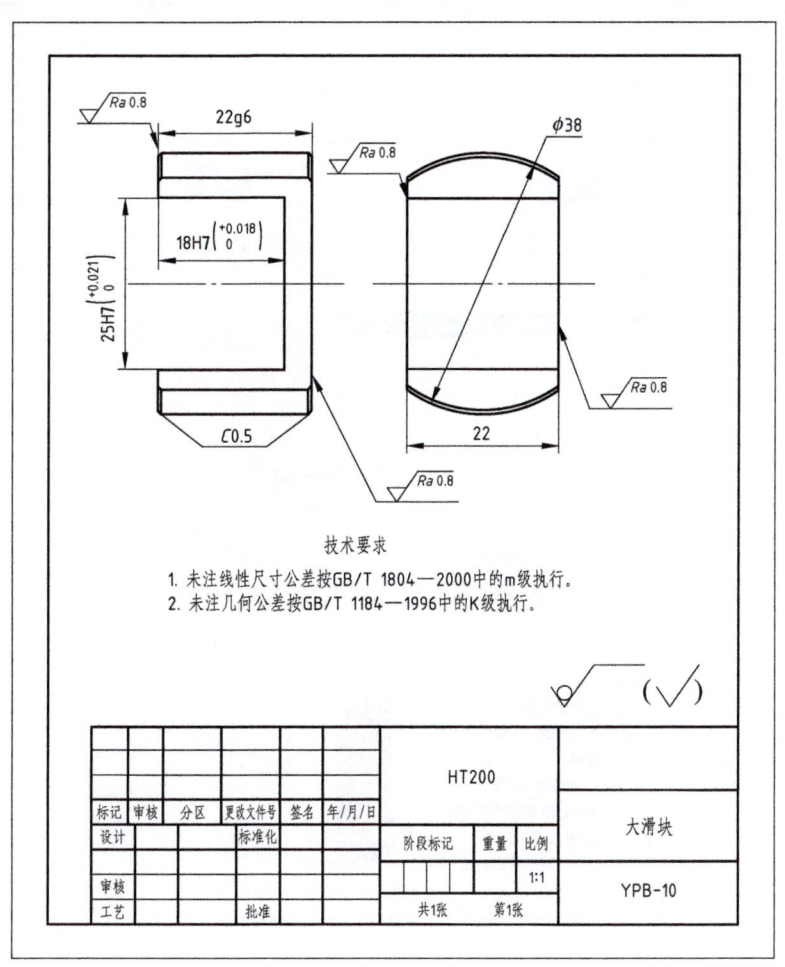

图 4-71 大滑块零件图

大滑块关联建模

图 4-72 大滑块位置

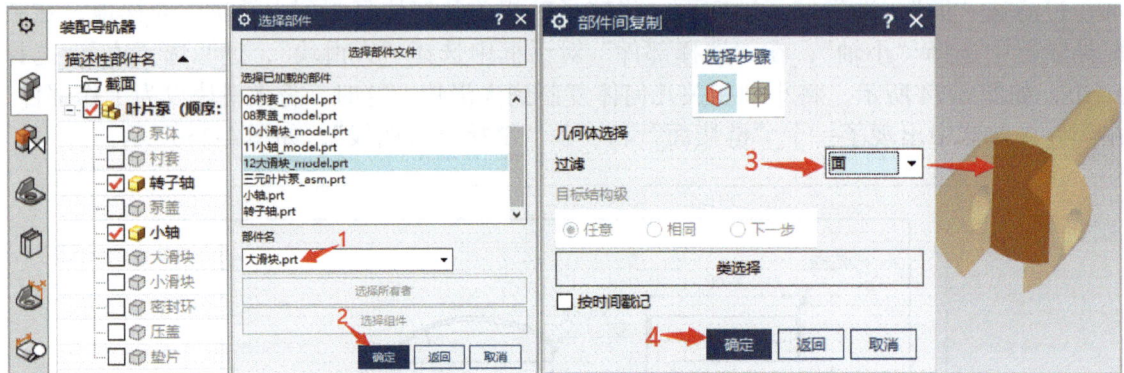

图 4-73 将转子轴底面复制到大滑块的操作过程

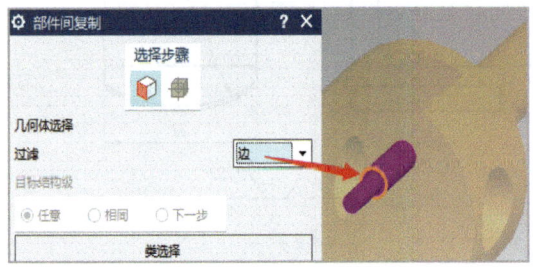

图 4-74 将小轴 $\phi 6$ 边复制到大滑块的操作过程

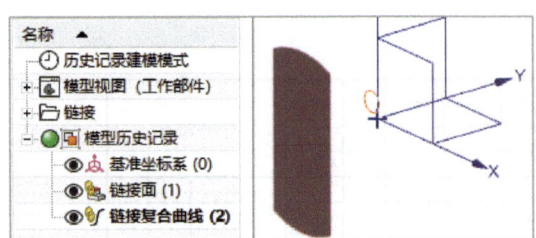

图 4-75 复制几何体显示在部件导航器

项目 4　液压系统之"心脏"——叶片泵三维建模与运动仿真

Step37：新建基准坐标系。单击新建基准坐标系图标，弹出"基准坐标系"对话框，如图 4-76 所示，类型选"平面、X 轴、点"，指定平面选链接面，指定矢量选 −X 轴，指定点选链接复合曲线即关联圆的圆心，单击"确定"按钮完成坐标系的新建。

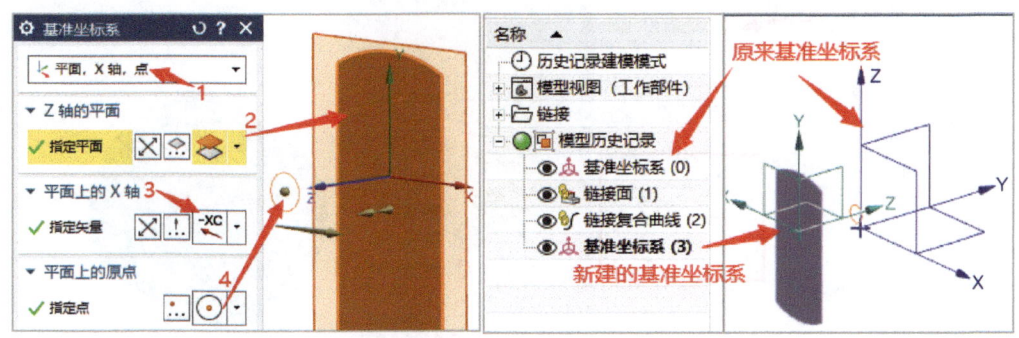

图 4-76　新建基准坐标系

> **温馨小知识**
>
> **想一想：**为什么要新建一个基准坐标系呢？

Step38：拉伸 ϕ38 圆。以链接面作为草绘平面，以新基准坐标系原点为圆心绘制 ϕ38 圆，应用"拉伸"命令完成拉伸，如图 4-77 所示。

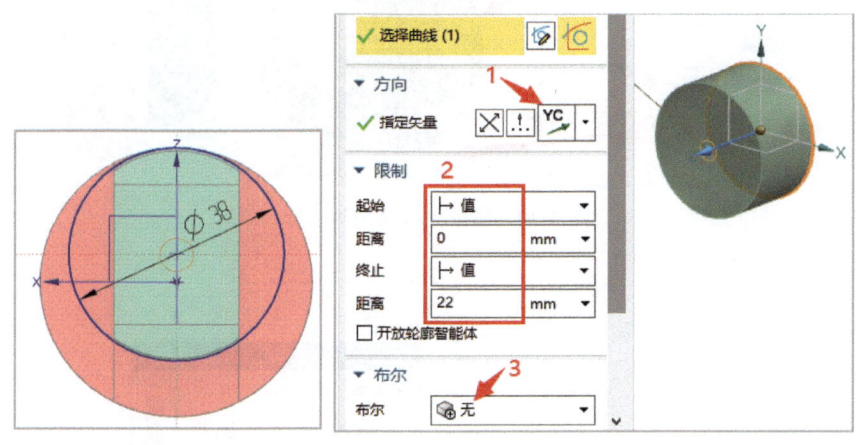

图 4-77　拉伸 ϕ38 圆

Step39：修剪大滑块。

1）单击"拉伸"命令，弹出"拉伸"对话框，如图 4-78 所示，选择"单条曲线"，截面选两条边，起始值选"0"，终止值选"25"，布尔选"无"，单击"确定"按钮将边拉伸成面。

2）单击"插入"菜单，选择"修剪"-"修剪体"命令，弹出"修剪体"对话框，如图 4-79 所示，选择体为大滑块，工具选 1）中的左侧平面，修剪掉左侧部分，重复操作，选择 1）中的右侧平面，修剪掉右侧部分，再把多余的面隐藏。

Step40：创建通槽。以 YZ 平面作为草绘平面绘制草图，应用"拉伸"命令创建通槽，如图 4-80 所示，应用"倒斜角"命令倒角 C0.5（共四处），完成的大滑块创建如图 4-81 所示。

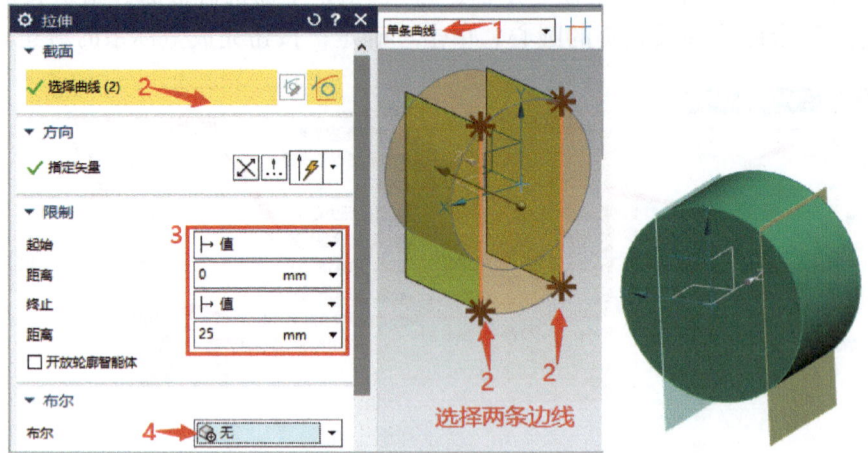

图 4-78 拉伸两条边线

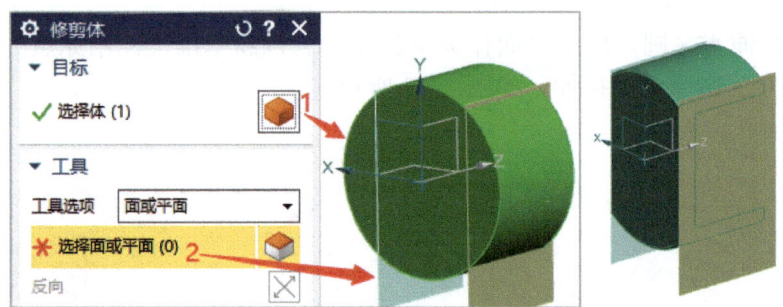

图 4-79 修剪大滑块两侧部分

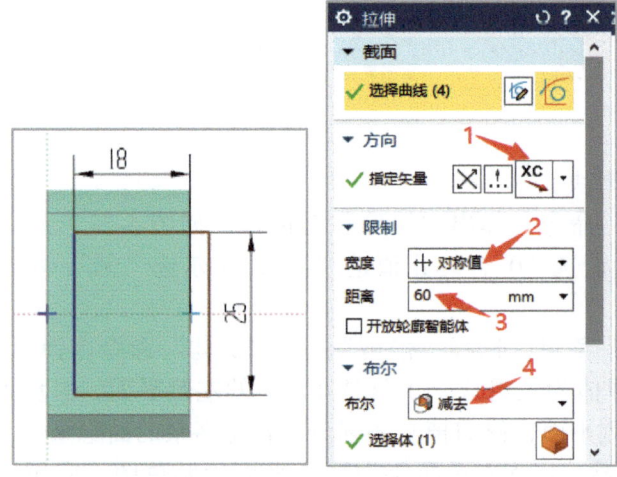

图 4-80 拉伸通槽

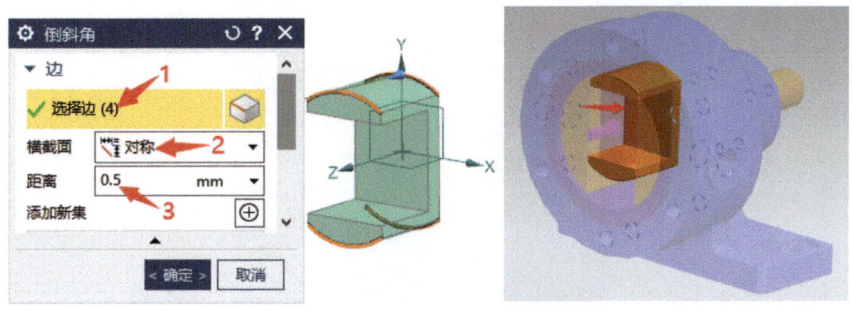

图 4-81　倒斜角与最终效果图

（7）小滑块建模　小滑块零件图如图 4-82 所示，它的相对位置如图 4-83 所示。

Step41：将大滑块、小轴的相关几何体复制到大滑块。为了使大滑块、小轴看得更清楚，隐藏"泵体""衬套""转子轴""泵盖"零件，在装置导航器中选择"大滑块"，在"选择部件"对话框中选择"小滑块"，在"部件间复制"对话框中，过滤选"面"，再选择大滑块底面，如图 4-84 所示，将大滑块相关几何体复制到小滑块；同样地，在装配导航器中选择"小轴"，过滤选"边"，再选择φ6 边，将小轴相关几何体复制到小滑块，如图 4-85 所示；这时，小滑块部件导航器中出现了一个"链接面"和一条"链接复合曲线"，如图 4-86 所示。

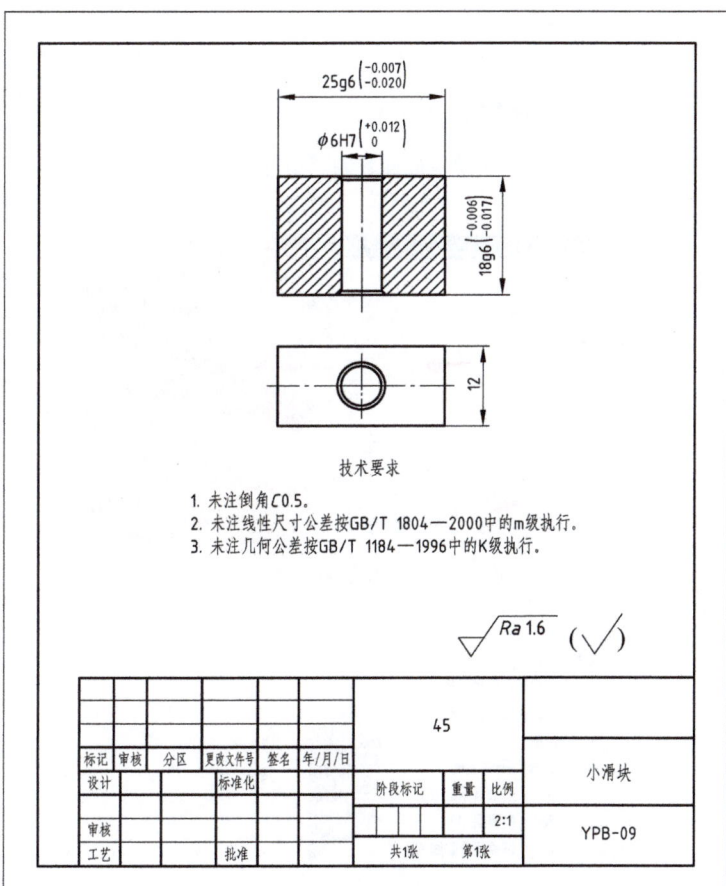

小滑块关联建模

图 4-82　小滑块零件图

图 4-83 小滑块位置

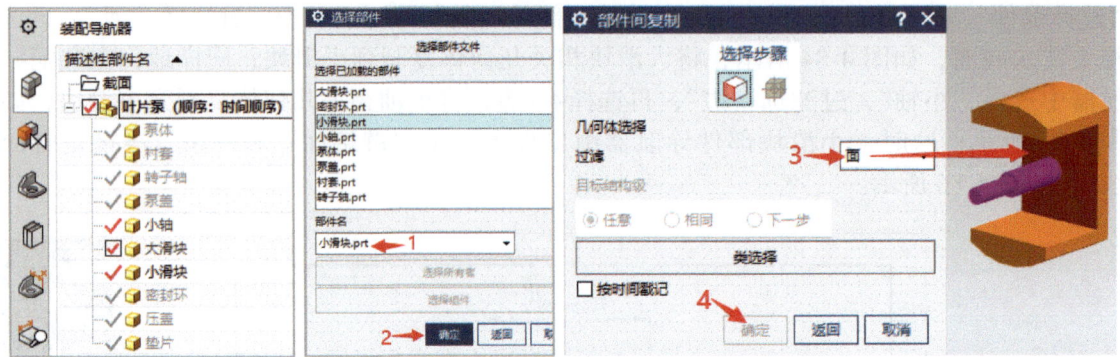

图 4-84 将大滑块底面复制到小滑块的操作过程

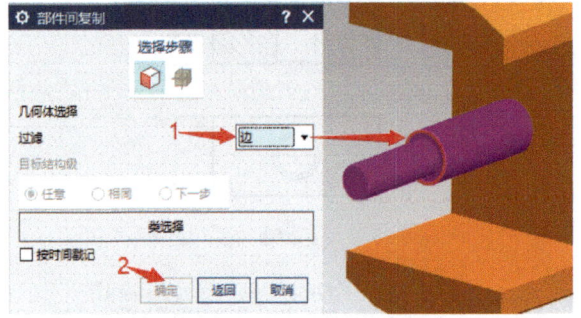

图 4-85 将小轴 $\phi 6$ 边复制到小滑块的操作过程

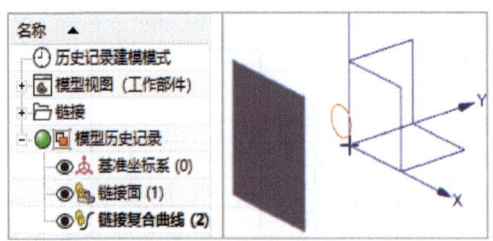

图 4-86 复制几何体显示在部件导航器

Step42：新建基准坐标系。单击新建基准坐标系图标，弹出"基准坐标系"对话框，如图 4-87 所示，类型选"平面、X 轴、点"，指定平面选链接面，指定矢量选择 -XC 轴，指定点选链接复合曲线即关联圆的圆心，完成基准坐标系的新建，如图 4-87 所示。

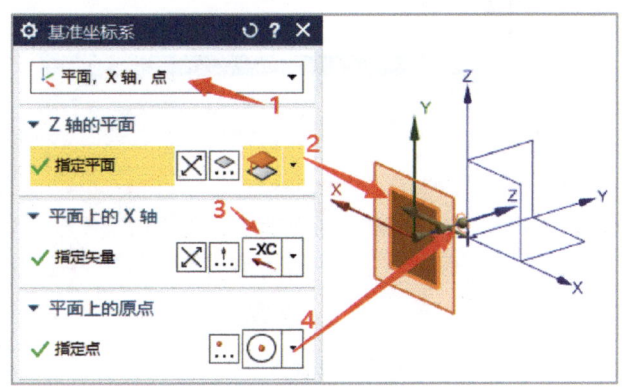

图 4-87　新建基准坐标系

Step43：拉伸小滑块主体。选择新建基准坐标系的 XY 平面为草绘平面绘制草图（即绘制一个长方形），应用"拉伸"命令进行拉伸，完成小滑块主体的创建，如图 4-88 所示。

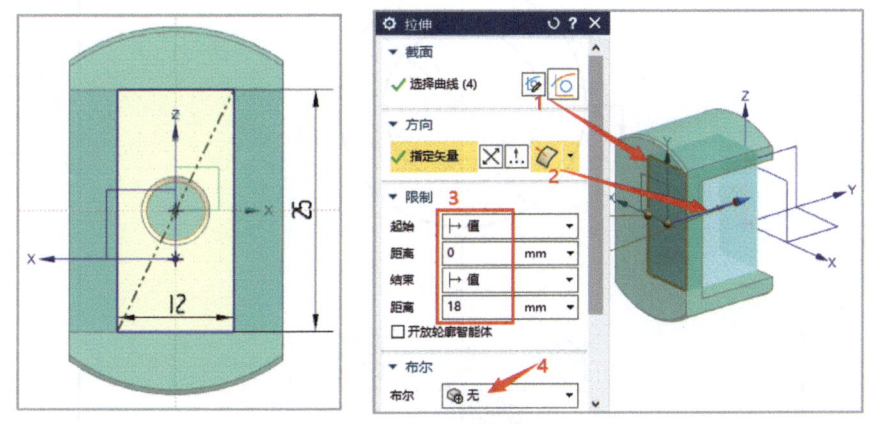

图 4-88　拉伸小滑块主体

Step44：拉伸链接复合曲线。应用"拉伸"命令，草图选择链接复合曲线，起始值选"0"，终止选"贯通"，布尔选"减去"，单击"确定"按钮完成复合曲线的拉伸；再应用"倒斜角"命令对孔两侧倒斜角 $C0.5$，小滑块最终效果图如图 4-89 所示。

（8）密封填料建模　密封填料的零件图如图 4-90 所示，它的相对位置如图 4-91 所示。

Step45：将泵体的相关几何体（即 $\phi 22$ 圆边）复制到密封填料，部件导航器中出现一条"链接复合曲线"，如图 4-92 所示。

Step46：拉伸链接复合曲线。应用"拉伸"命令，草图选择链接复合曲线，起始值选"0"，终止值选"5"，布尔选"无"，单击"确定"按钮完成复合曲线的拉伸，如图 4-93 所示。

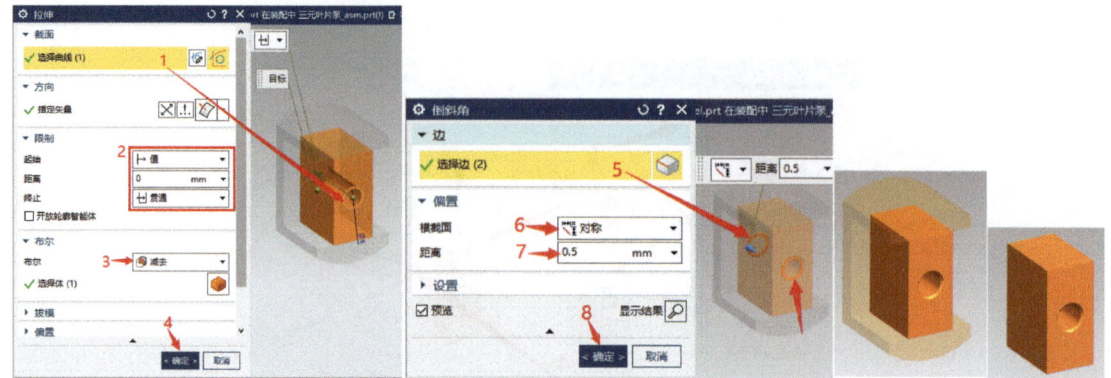

图 4-89　拉伸链接复合曲线与最终效果图

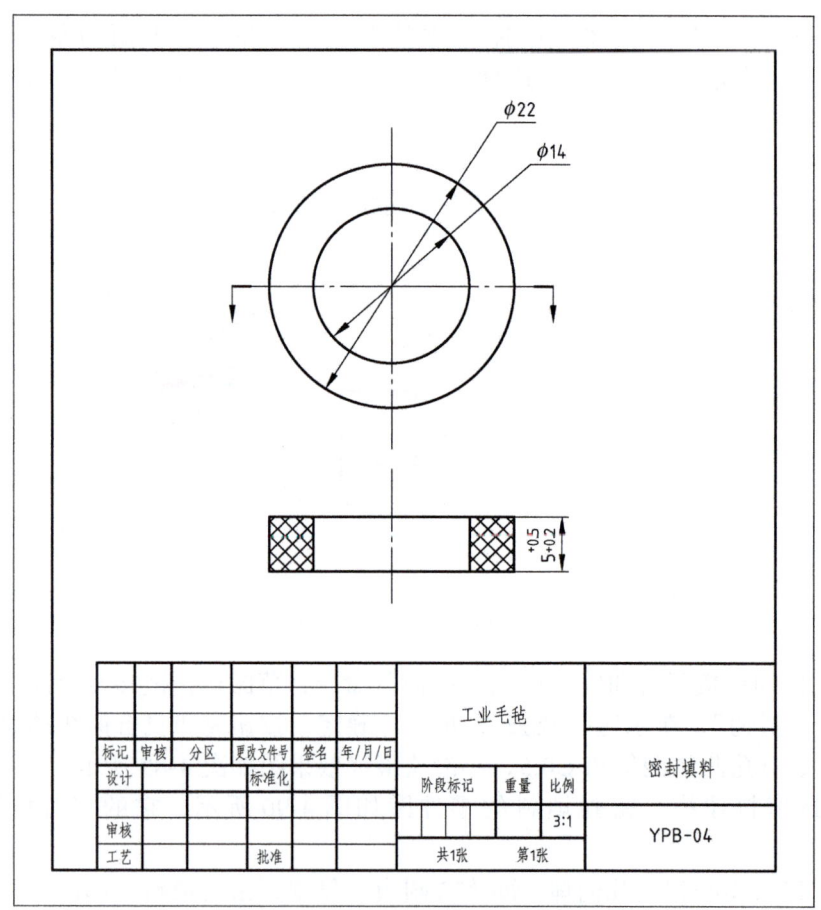

图 4-90　密封填料零件图

项目 4　液压系统之"心脏"——叶片泵三维建模与运动仿真

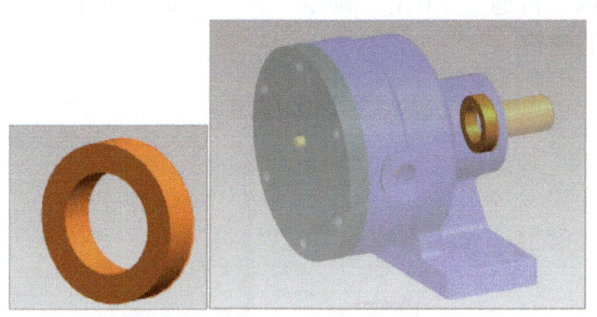

密封填料关联建模

图 4-91　密封填料位置

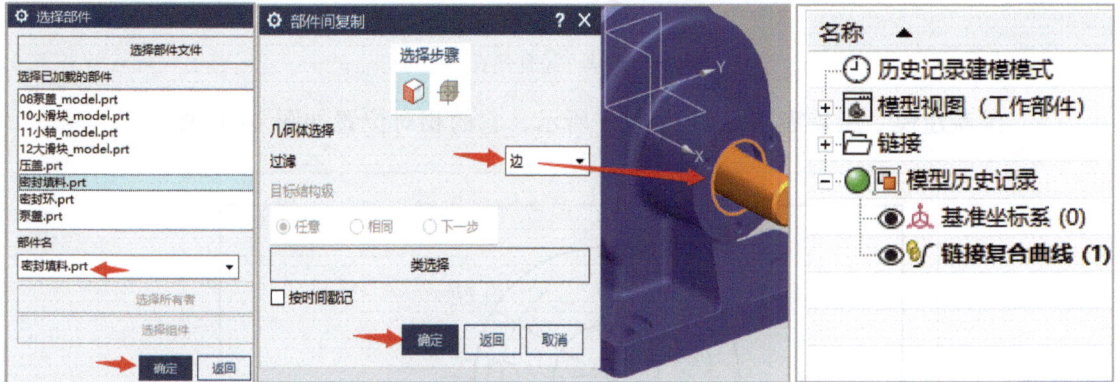

图 4-92　将泵体复制到密封填料的操作过程

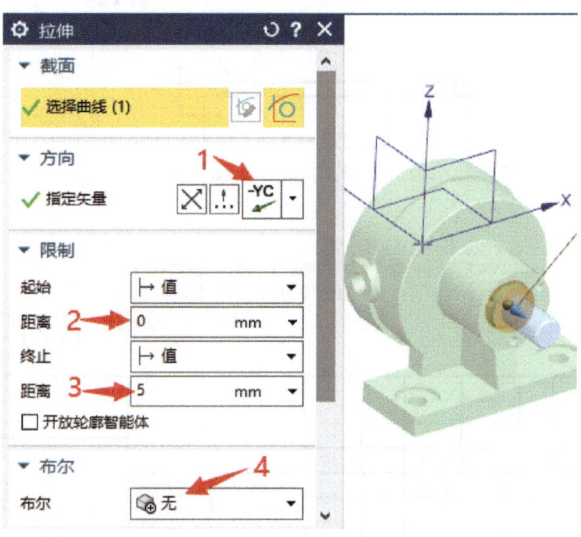

图 4-93　拉伸链接复合曲线

Step47：拉伸通孔。以密封填料外表面为草绘平面绘制圆 $\phi14$，应用"拉伸"命令，起始值选"0"，终止选"贯通"，单击"确定"按钮完成通孔的拉伸，如图 4-94 所示，这样就完成了密封填料的建模。

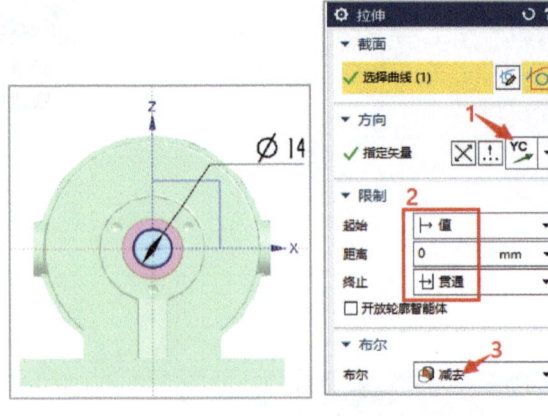
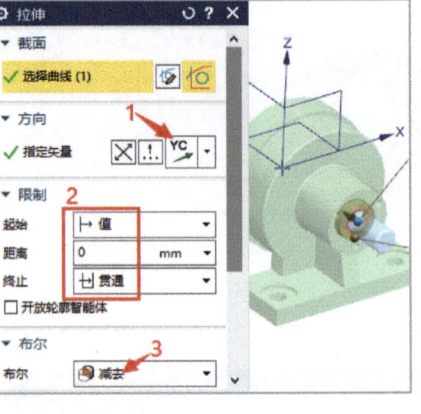
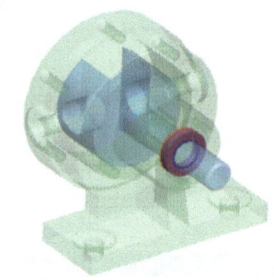

图 4-94 拉伸通孔

（9）压盖建模　压盖零件图如图 4-95 所示，它的相对位置如图 4-96 所示。

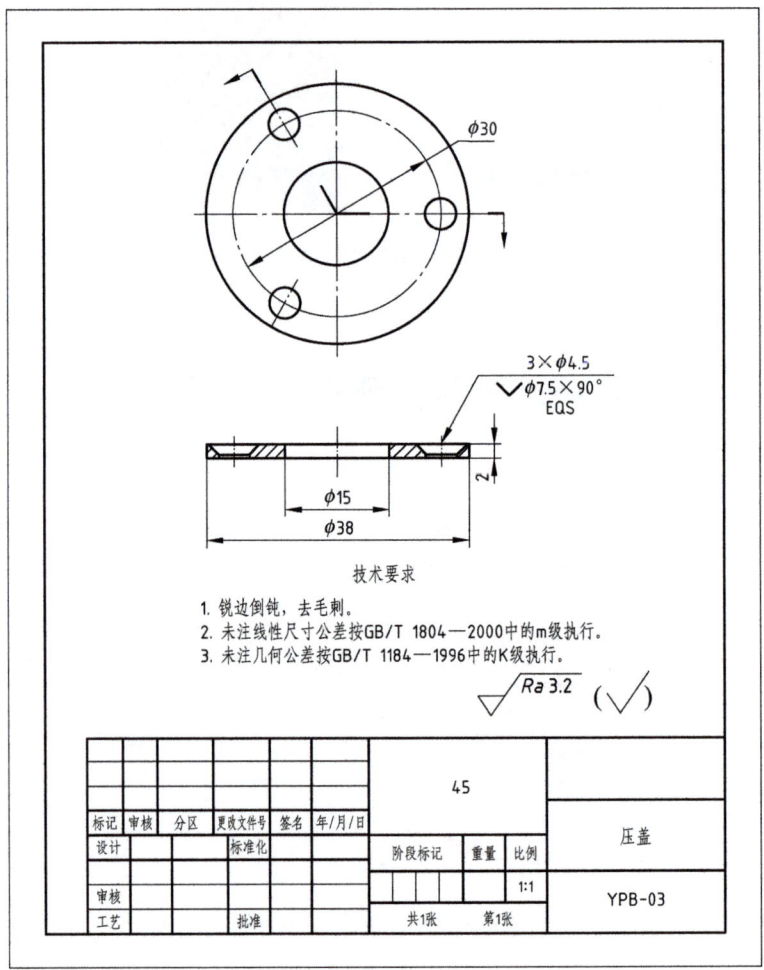

图 4-95 压盖零件图

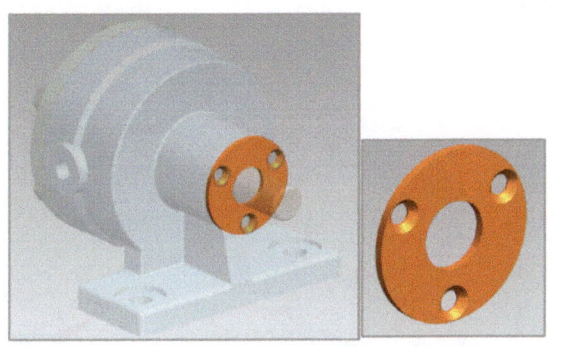

压盖关联
建模

图 4-96 压盖位置

Step48：将泵体的相关几何体（即圆 $\phi 38$ 和 $\phi 15$）复制到压盖，则在压盖部件导航器中出现两条"链接复合曲线"，如图 4-97 所示。

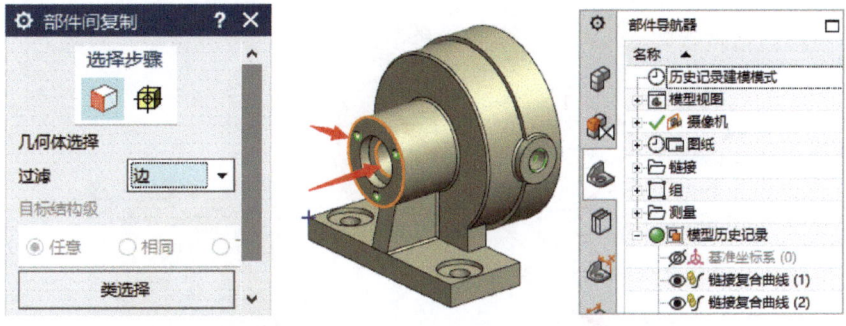

图 4-97 将两处相关几何体复制到压盖的操作过程

Step49：拉伸链接复合曲线。应用"拉伸"命令，草图选链接复合曲线 1，起始值选"0"，终止值选"2"，布尔选"无"，单击"确定"按钮完成复合曲线 1 的拉伸；再次应用"拉伸"命令，草图选链接复合曲线 2，起始值选"0"，终止选"贯通"，布尔选"减去"，单击"确定"按钮完成复合曲线 2 的拉伸；如图 4-98 所示。

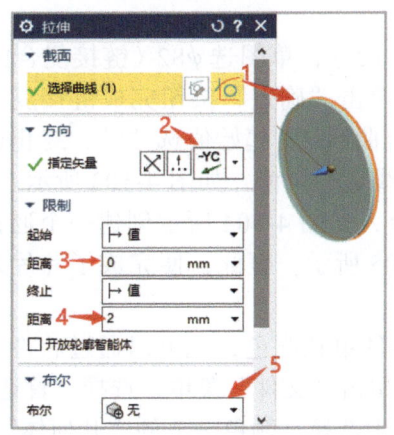
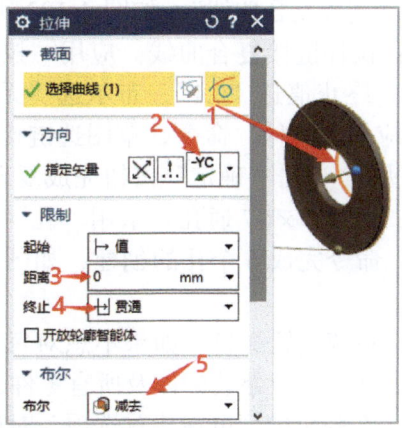

图 4-98 拉伸链接复合曲线

Step50：创建埋头孔。采用"孔"命令，如图 4-99 所示创建一个埋头孔，再应用"阵列特征"命令完成三个埋头孔的创建，如图 4-100 所示。

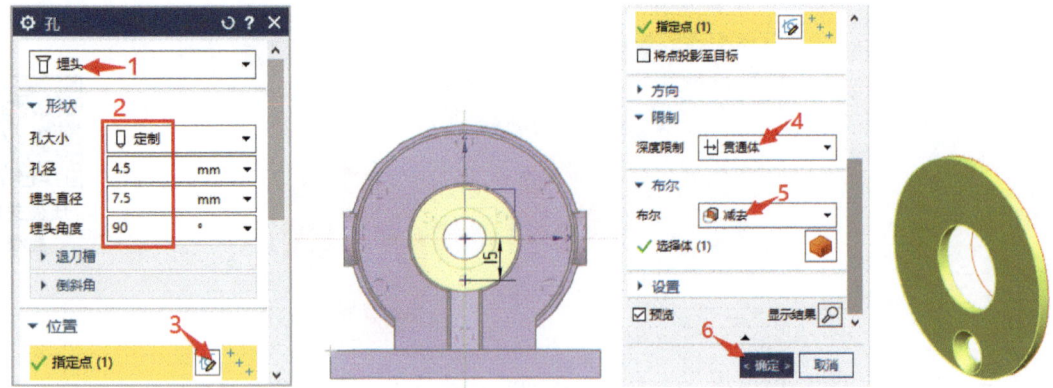

图 4-99 创建一个孔

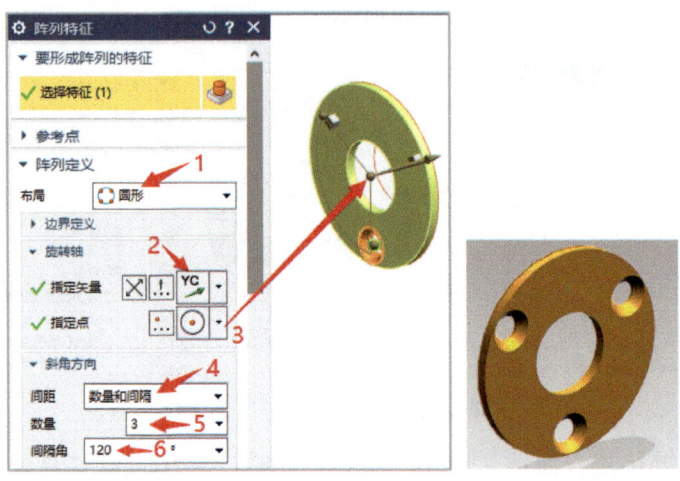

图 4-100 阵列埋头孔

（10）垫片建模　垫片零件图如图 4-101 所示。

Step51：将泵体的相关几何体（即圆 $\phi82$ 和 $\phi48$）复制到垫片，则在垫片部件导航器中出现两条"链接复合曲线"，如图 4-102 所示。

Step52：拉伸链接复合曲线。应用"拉伸"命令，草图选 $\phi82$（链接复合曲线 1），起始值选"0"，终止值选"0.1"，布尔选"无"，单击"确定"按钮完成链接复合曲线 1 的拉伸；再次应用"拉伸"命令，草图选链接复合曲线 2，起始值选"0"，终止选"贯通"，布尔选"减去"，单击"确定"按钮完成复合曲线 2 的拉伸，如图 4-103 所示。

Step53：创建 $6\times\phi7$ 通孔。采用"孔"命令，如图 4-104 所示创建一个通孔，再应用"阵列特征"命令完成 6 个孔的创建，如图 4-105 所示。至此，便完成了叶片泵自上而下的设计。

Step54：系统设置颜色。如果不想对每个零件单独配色，也可以通过软件一次性设置颜色。首先，激活叶片泵装配体及所有零件，再单击"文件"菜单，选择"首选项"-"可视化"命令，在弹出的"可视化首选项"对话框中选择"颜色"下的"几何体"，勾选"随机颜色显示"，在右侧的列表框中选"体"，单击随机组合图标，直到选择到合适的颜色，单击"确定"按钮，如图 4-106 所示。**注意**：如果希望再次打开软件时还是所选的颜色，则需要取消勾选"随机颜色显示"，否则每次打开时，颜色都是随机变化的。

项目 4　液压系统之"心脏"——叶片泵三维建模与运动仿真

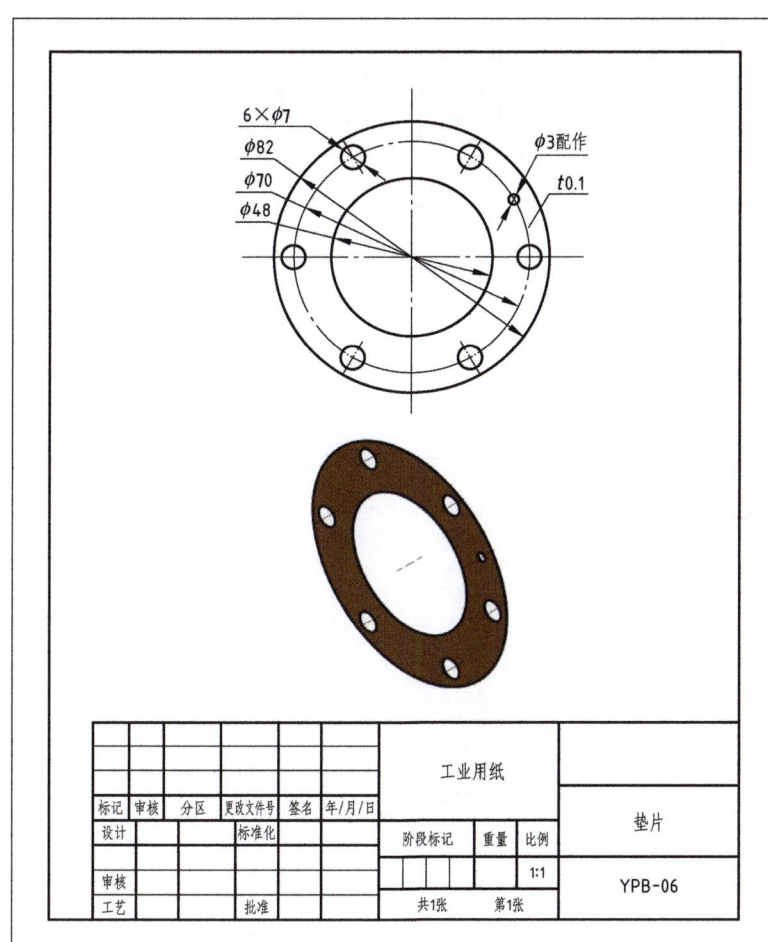

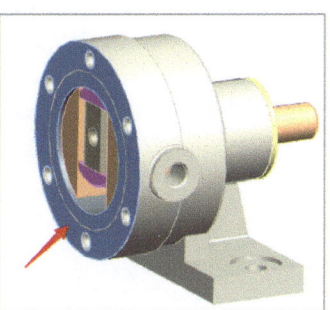

图 4-101　垫片零件图

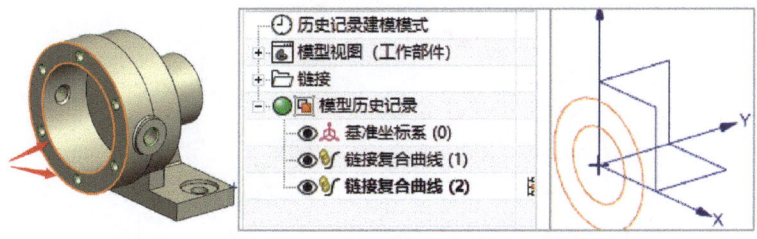

图 4-102　将两处相关几何体复制到垫片的操作过程

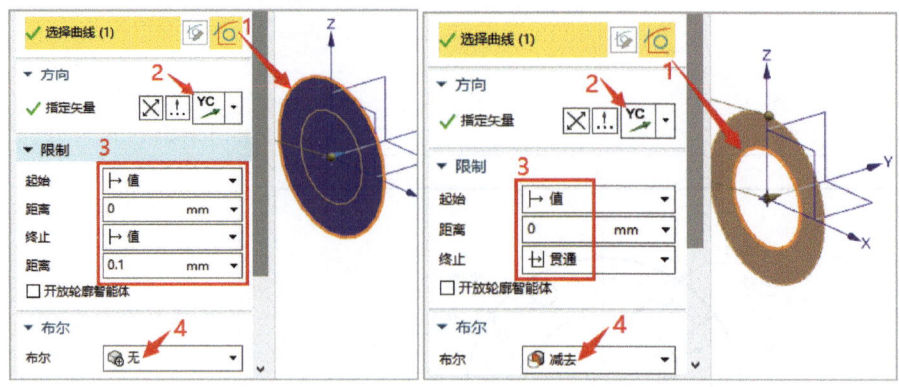

图 4-103 拉伸链接复合曲线

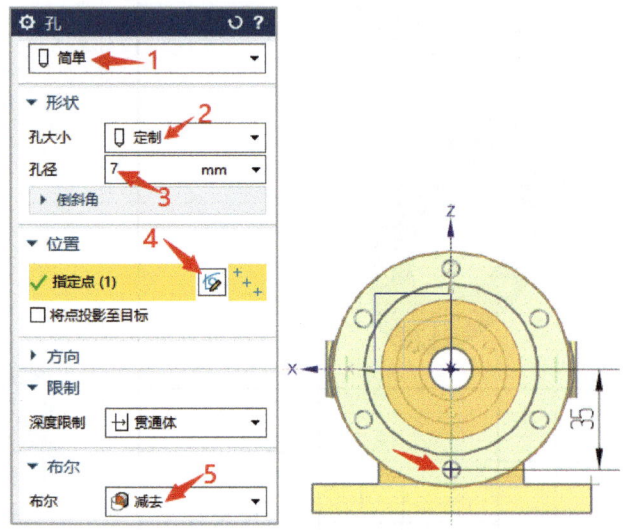

图 4-104 创建一个通孔

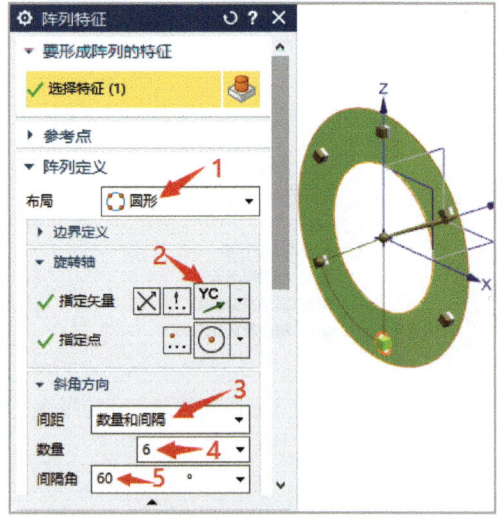

图 4-105 阵列通孔

项目4 液压系统之"心脏"——叶片泵三维建模与运动仿真

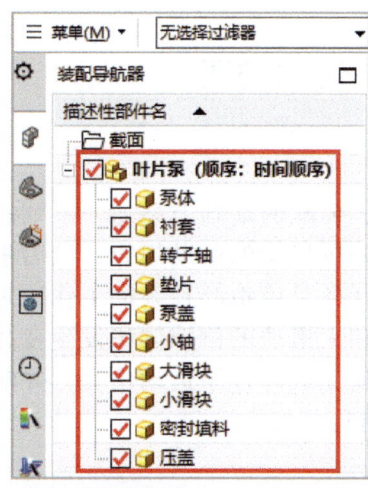
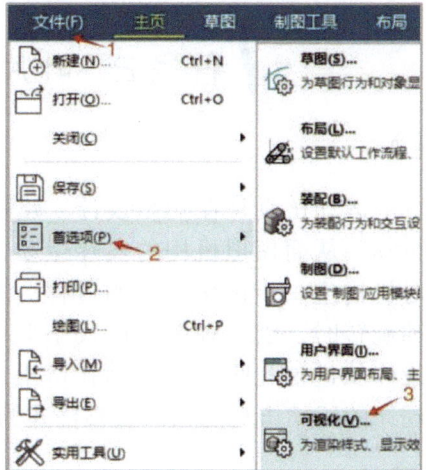
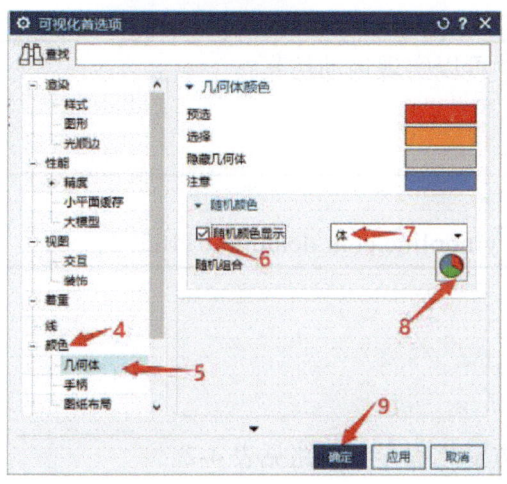

图 4-106 系统随机设置颜色过程及效果图

课后拓展

本拓展任务是根据项目3提供的旋塞阀装配图（见图3-4）和零件图采用自上而下的设计方法对旋塞阀（三维模型见图4-107）零件进行三维建模，要求思路清晰，结构正确，尺寸准确，步骤简洁，用时合理。

图 4-107 旋塞阀模型

任务2　叶片泵运动仿真

🛈 任务引入

运动仿真介绍

　　运动仿真是在初步设计、建模、装配的基础上添加一系列的机构连接和驱动，从而模拟机构的实际运动，分析机构的运动规律，最后根据分析结果对机构进一步优化设计的过程。本任务是模拟叶片泵的工作原理，即当转子轴旋转时，因小轴偏心造成小滑块和大滑块的侧隙体积发生变化，从而迫使液体从进油孔吸入由出油孔挤出，请完成叶片泵运动仿真，并输出符合运动规律的运动仿真视频，视频格式为 avi。

🔍 课前预习

1. 查一查：运动仿真有何意义？哪些软件可以实现运动仿真？

2. 在线学习知识点：运动仿真基础知识。
本书对应课程平台网站：https://www.xueyinonline.com/detail/250118572。

◆ 任务实施

1. 运动仿真思路分析

运动仿真有其基本流程，叶片泵的运动仿真流程参考思路见表 4-2。

表 4-2　叶片泵的运动仿真流程参考思路

步骤	图示	步骤	图示
第1步　新建运动仿真文件		第3步　定义运动副	
第2步　定义运动体		第4步　定义驱动体	

(续)

步骤	图示	步骤	图示
第5步 设置解算方案	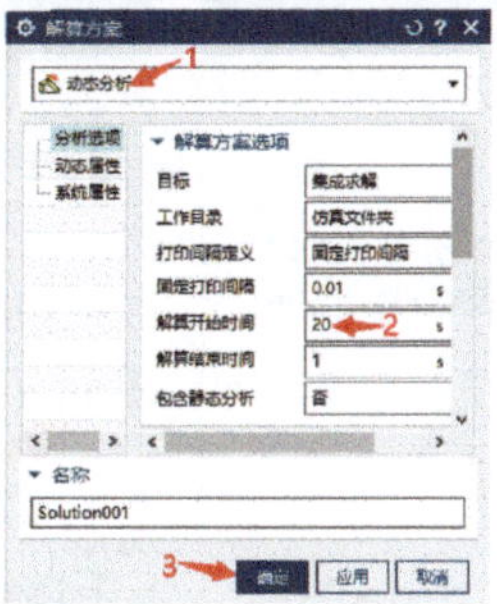	第7步 查看结果，导出视频	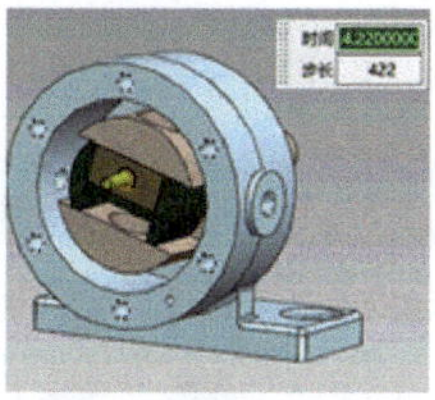
第6步 求解	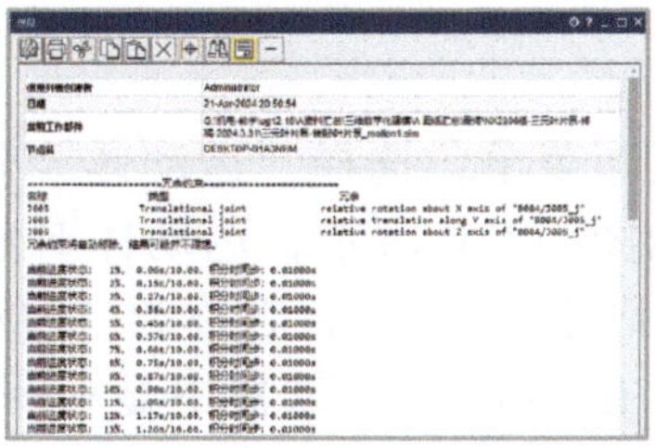	第8步 运动仿真效果	 

2. 运动仿真实践

（1）新建运动仿真文件

Step1：用 UG NX 软件打开装配体"叶片泵.prt"，隐藏"泵体""垫片""泵盖""密封填料""压盖"零件，仅显示"衬套""转子轴""小轴""大滑块""小滑块"5个零件，如图 4-108 所示，以便后续看清运动仿真过程。

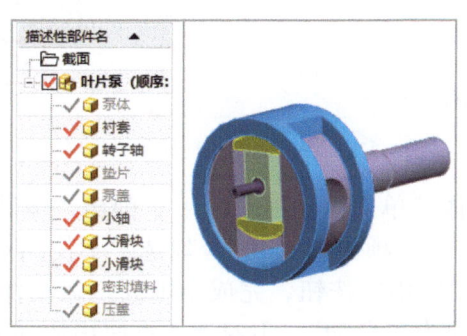

叶片泵运动仿真

图 4-108 装配体仅显示 5 个零件

Step2：单击"应用模块"，选择"Motion"命令，进入运动仿真模块。单击新建仿真图标 ，如图 4-109 所示，弹出"新建仿真"对话框，文件名称默认为"叶片泵_motion1.sim"，仿真文件保存地址默认与装配文件地址一致，单击"确定"按钮，弹出"环境"对话框，求解器选项选择默认为"Simcenter 3D Motion"，组件选项勾选"基于组件的仿真"，运动副向导取消启动，单击"确定"按钮完成新建运动仿真文件。

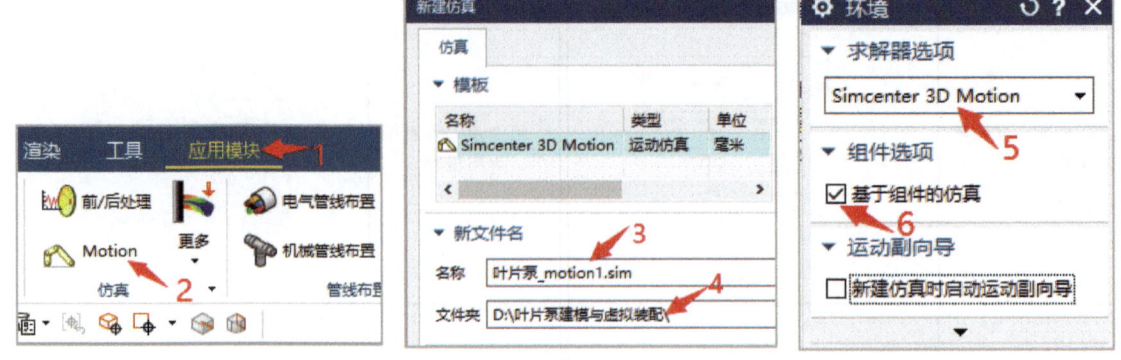

图 4-109　新建运动仿真文件的操作过程

（2）定义运动体

Step3：先设置固定运动体。单击"插入"菜单，选择"运动体"命令或直接单击运动体图标，弹出"运动体"对话框，如图 4-110 所示，运动体对象选衬套，质量属性选项为"自动"，勾选"不使用运动副而固定运动体"，名称为"B001 衬套"，单击"确定"按钮完成固定运动体的设置，这时，在 Motion 导航器中显示一个 B001 衬套固定运动体。

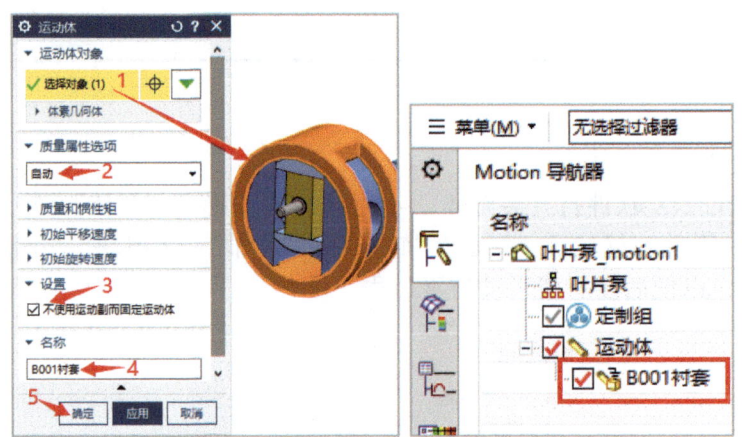

图 4-110　设置固定运动体的操作过程

Step4：设置其余运动体。单击运动体图标，弹出"运动体"对话框，运动体对象选小轴，同 Step3，质量属性选项为"自动"，勾选"不使用运动副而固定运动体"，名称为"B002 小轴"，单击"应用"按钮，完成小轴固定运动体的设置；接着，运动体对象选转子轴，质量属性选项为"自动"，不勾选"不使用运动副而固定运动体"，名称为"B003 转子轴"，单击"应用"按钮，继续选择大滑块，质量属性选项为"自动"，不勾选"不使用运动副而固定运动体"，名称为"B004 大滑块"，单击"应用"按钮；最后选择小滑块，质量属性选项为"自动"，不勾选"不使用运动副而固定运动体"，名称为"B005 小滑块"，单击"确定"按钮。这时，在 Motion 导航器中显示两个固定运动体、三个运动体，如图 4-111 所示。

项目4　液压系统之"心脏"——叶片泵三维建模与运动仿真

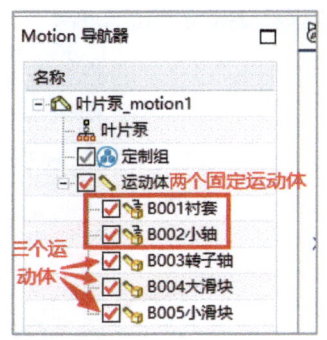

图4-111　导航器中的运动体

（3）定义运动副

Step5：定义转子轴运动副。单击"插入"菜单，选择"运动副"命令或直接单击运动副图标 ，弹出"运动副"对话框，如图4-112所示，类型选"旋转副"，运动体选转子轴，指定原点选转子轴轴线上的任意一个中心点，指定方向为Y轴，单击"确定"按钮完成转子轴旋转副的设置。这时，在Motion导航器中显示一个运动副J001。如果设置过程中选不中对象，则须考虑切换过滤器的过滤条件。

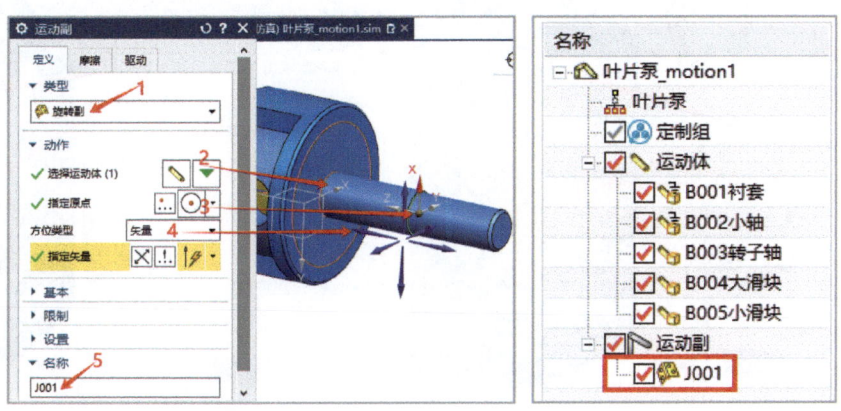

图4-112　定义转子轴运动副的操作过程

Step6：定义小滑块运动副。同样地，直接单击运动副图标 ，类型选"旋转副"，运动体选择小滑块，原点选择小轴轴线上任意一个中心点，矢量方向选Y轴，单击"应用"按钮完成小滑块旋转副的设置。如图4-113，这时，在Motion导航器中显示了新运动副J002。

Step7：定义大滑块运动副。类型选滑动副，运动体选大滑块，指定原点选转子轴边的中心点。其实选择大滑块侧边中点也是可以的，只是为了方便看清才选择了转子轴边的中心点，指定矢量选Z轴，单击"基本"下拉菜单，勾选"对齐运动体"，选转子轴，指定原点还是选转子轴边的中心点，矢量方向还是选Z轴，单击"应用"按钮完成大滑块运动副的设置，如图4-114所示。继续定义运动副，类型选"滑动副"，运动体选小滑块，指定原点选大滑块下方棱边的中心点，指定矢量为X轴，勾选"对齐运动体"，选大滑块，指定原点选大滑块下方棱边的一个端点，指定矢量还是X轴，单击"确定"按钮完成小滑块运动副的定义，如图4-115所示，在Motion导航器中运动副增加了J003、J004。

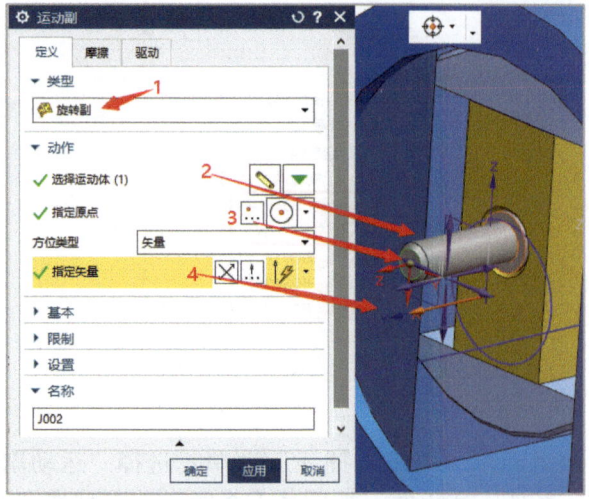

图 4-113　定义小滑块运动副的操作过程

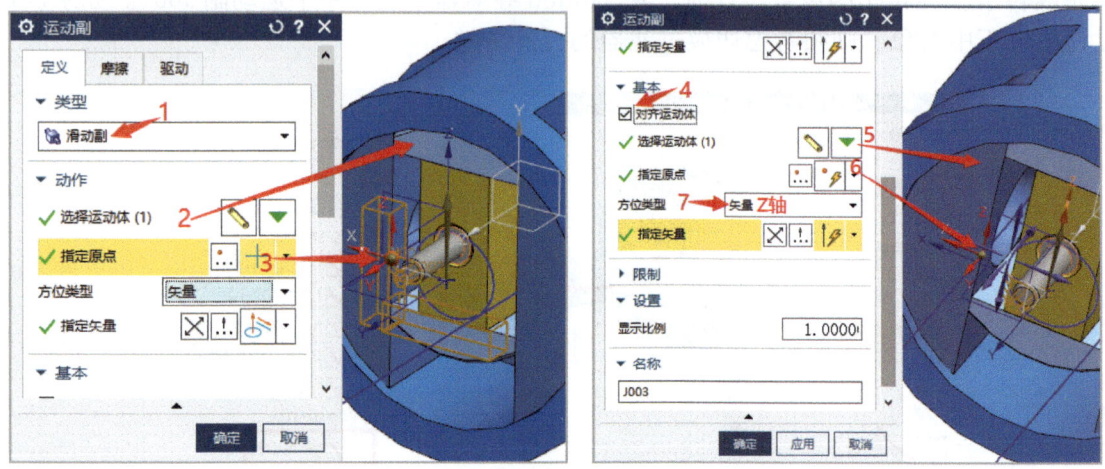

图 4-114　定义大滑块运动副的设置过程

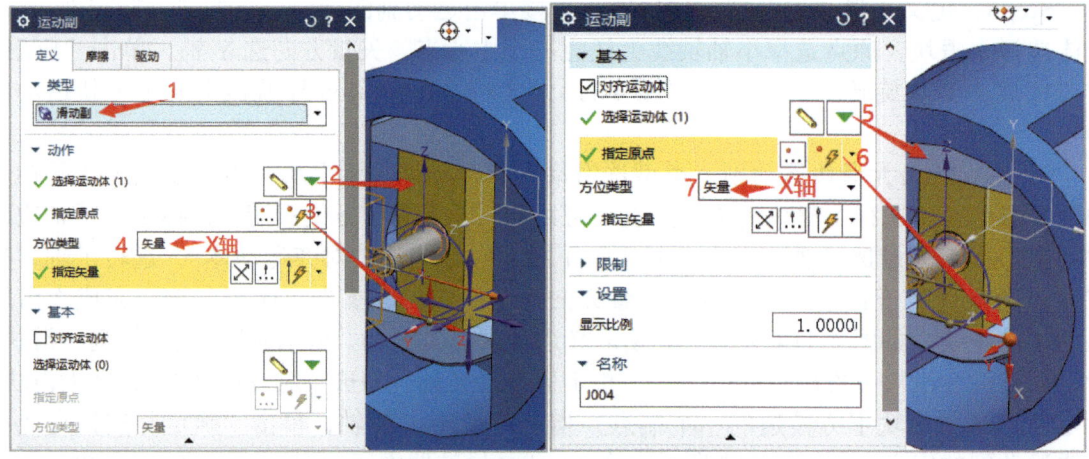

图 4-115　定义小滑块运动副的设置过程

项目4 液压系统之"心脏"——叶片泵三维建模与运动仿真

（4）定义驱动体

Step8：单击驱动体图标，弹出"驱动"对话框，如图4-116所示，驱动类型选"运动副驱动"，驱动对象选导航器中的运动副 J001（即转子轴旋转副），旋转方式为"多项式"，速度为"12°/s"，单击"确定"按钮完成驱动体的定义。

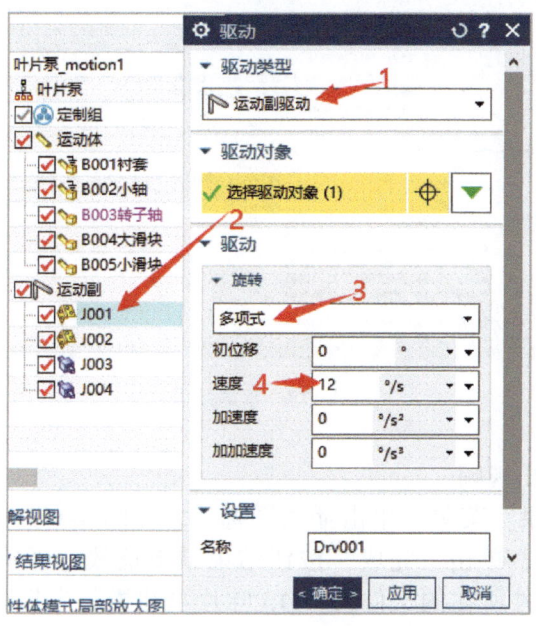

图 4-116　定义驱动体的操作过程

（5）设置解算方案

Step9：单击解算方案图标，弹出"解算方案"对话框，如图4-117所示，解算类型选"动态分析"，解算开始时间设置为"20"，单击"确定"按钮完成解算方案的设置。

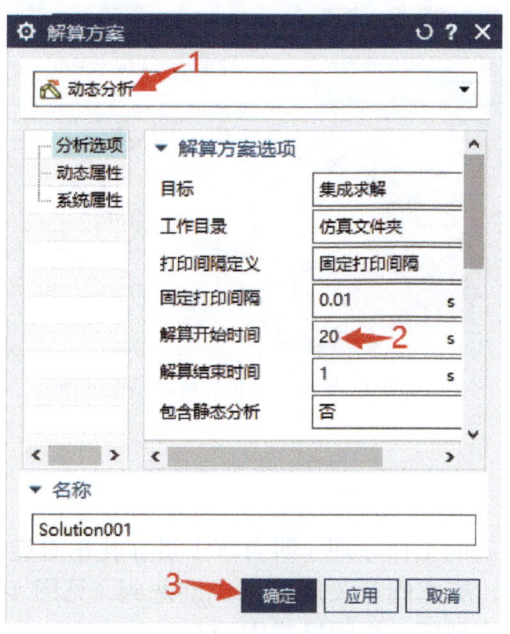

图 4-117　解算方案的设置过程

（6）求解

Step10：单击求解图标，执行"求解"，成功解算如图 4-118 所示。

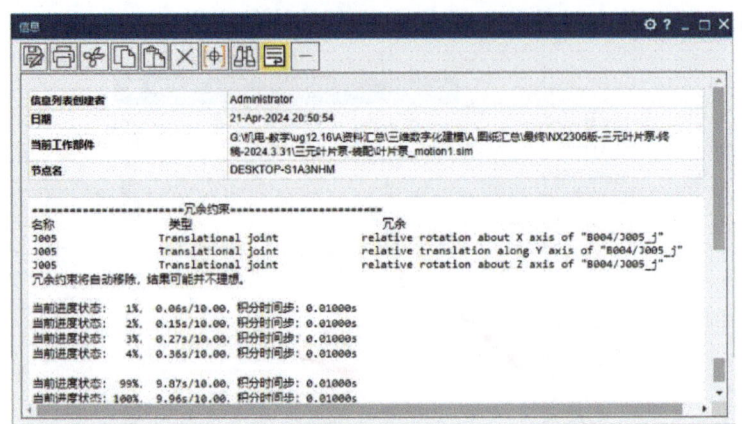

图 4-118　求解结果

（7）查看结果，导出视频

Step11：单击"结果"菜单，单击播放图标，如图 4-119 所示，可以看到转子轴、大滑块、小滑块在运动，单击"完成"按钮结束结果播放。再单击导出至电影图标，电影保存到运动仿真文件所在的文件夹"D:\叶片泵建模与虚拟装配"，文件名为"叶片泵运动仿真"，格式为"avi"。**注意**：尽量使叶片泵处于绘图区中心位置，这样，播放视频时叶片泵就处于中心位置。

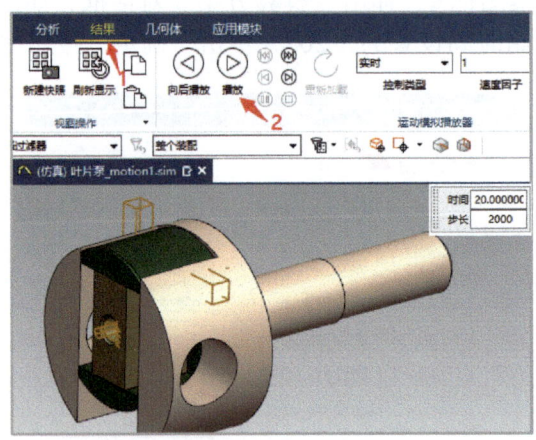

图 4-119　导出运动仿真视频操作过程

课后拓展

本拓展任务根据旋塞阀的工作原理（即当塞子贯穿孔正对旋塞壳孔，管路内流体就可以流通；将塞子旋转 90°，旋塞阀就关闭）完成旋塞阀（见图 4-120）的运动仿真，并输出符合运动规律的运动仿真视频，视频格式为 avi。

图 4-120 旋塞阀装配体

项目测评

一、单选题

在 UG NX 软件中使用孔命令可为紧固件创建孔，孔的形状不包括（　　）。
A. 简单　　　　　　B. 埋头　　　　　　C. 沉头　　　　　　D. 异形

二、判断题

1. 在 UG NX 中，关联设计能在装配环境可见的情况下创建或编辑组件几何体。此外，一个组件的几何体可用于设计另一个组件，如使用一个组件的面或边定义另一组件中的特征。（　　）

2. 创建新文件时，UG NX 会自动将基准坐标系定位在绝对零点并在部件导航器中将其创建为第一个特征。（　　）

三、简答题

1. 机械结构运动仿真的基本流程是怎样的？
2. 机械结构运动仿真有何意义？

第 3 篇

挑战篇

项目 5

创新设计——
企业产品设计真实任务实践

我国作为全球制造业第一大国，已构建起涵盖 41 个大类、207 个中类及 666 个小类的完整工业体系。自 2010 年我国制造业增加值首次超过美国，迄今已连续多年稳居世界第一。随着我国工业体系的不断升级，市场对高素质人才的需求日益增多。就业是最基本的民生，高校毕业生作为即将步入职场的生力军，应着力提升自身的专业技能和职业素养，为高质量就业做好准备，为未来职业发展奠定基础。图 5-1 是某毕业生"双向选择"校园招聘会现场。

图 5-1　高校毕业生"双向选择"招聘会现场

任务 1　便携式大型管道自动切割装置数字化设计

任务引入

在访企拓岗期间收集了一些机械制造类小微企业设计部的案例，如当前我国大直径管线布管面积越来越大，布管中大管径切割以人工现场切割为主，缺点是割面成形质量差、切割效率低、环境差、工人爬到管道顶部切割存在摔伤的风险，如图 5-2 所示。本任务是设计一款便携式大型管道自动切割装置的机械部分，可切割管道直径≥500mm，质量≤20kg。

任务实施

1. 设计思路分析

要实现大型管道的自动切割，切割机构要能围绕管道做圆周运动，且方便拆装，便于携带。可见，该切割机构是典型的机电一体化作品。本任务主要针对机械部分进行设计，提供一种参考思路：①以精密链条为导轨，链节面面接触，保证链条围绕管道一圈仍是一个规则的圆，确保行走轨迹的稳定性；②因为要求方便携带且适用不同管径切割，所以链条链节设计为可拆式；③通过链条链轮机构驱动切割装置，使切割装置绕管进行圆周切割。

图 5-2　人工现场切割过程

2. 设计实践

图 5-3 所示为我校机械工程学院创新创业团队设计的便携式大型管道切割机数字化样机。团队通过运动仿真，反复修改，实物样机制作，试验验证，最终研制出满足设计要求的大型管道切割机样机。本作品荣获湖南省"互联网+"大学生创新创业大赛职教赛道创意组二等奖。

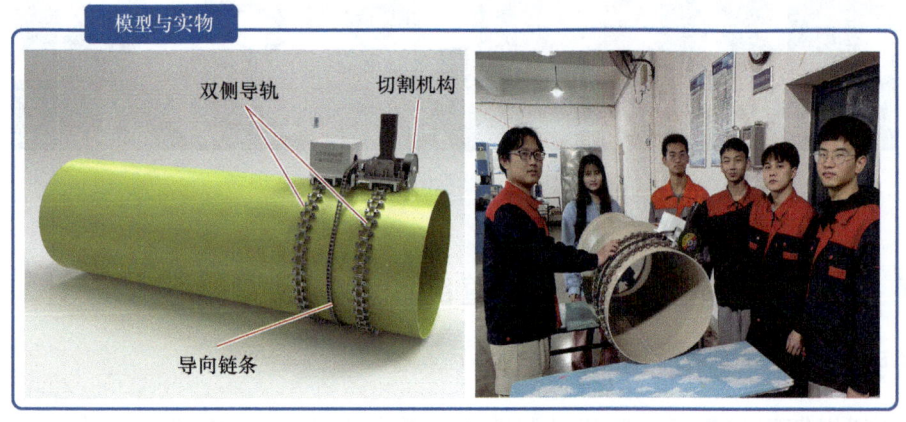

图 5-3　便携式大型管道切割机数字化模型与实物

任务2　便携式货车换胎装置数字化设计

任务引入

我国货车年产量超百万辆，长途货车年换胎两次以上，目前换胎方式主要有人工换胎和全自动换胎（见图 5-4），人工换胎费时费力，全自动换胎设备笨重，不方便随车携带。现需要设计一款便携式货车换胎装置，要求省时（1 人 0.5h 内完成换胎）、省力（自动换胎），能随车携带，质量≤7.5kg。

项目 5　创新设计——企业产品设计真实任务实践　217

图 5-4　人工换胎和全自动换胎

任务实施

1. 设计思路分析

要实现轮胎更换，需要考虑轮胎和车轴的举升，以及轮胎的移动。本任务主要针对换胎机械结构进行设计，提供一种参考思路：①采用剪叉机构实现轮胎和车轴的举升；②采用导轨实现轮胎的平移。

2. 设计实践

图 5-5 所示为我校机械工程学院创新创业团队设计的便携式货车换胎装置数字化模型与实物。团队通过运动仿真，反复修改，样机试制，最终研制出满足设计要求的便携式换胎样机。本作品荣获湖南省"互联网+"大学生创新创业大赛职教赛道创意组二等奖。

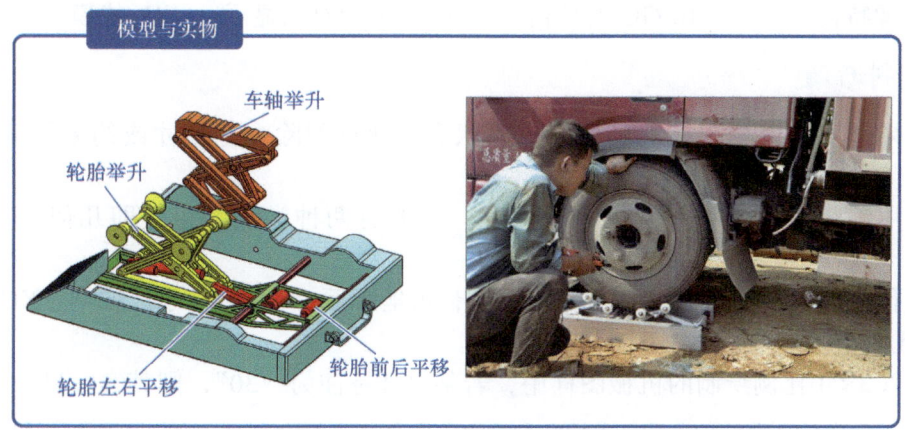

图 5-5　便携式货车换胎装置数字化模型与实物

课后拓展

我国幅员辽阔，大部分地区都有着漫长的冬季，尤其在北方小城市，积雪时间长，人工除雪作业时间长，劳动强度大，工作效率低，而且大量人员集中在机动车道上作业很不安全。若采用犁式除雪机将积雪集中并平推到一边，则不适用于狭窄区域作业；如采用融雪剂除雪，会缩短公路使用寿命，为腐蚀车身金属部分，如图 5-6 所示。为了解决居民除雪难的问题，请设计一款小型手推式清雪装置，要求车体长≤800mm，车宽≤1000mm，推手高 1000mm，质量≤30kg。

图 5-6　人工铲雪和融雪剂除雪方式除雪

项目测评

一、选择题

1. 在 UG NX 软件中，使用制图应用模块可创建最终设计的（　　）文档。
A. 1D　　　　　　B. 2D　　　　　　C. 3D　　　　　　D. 4D
2. 当进入建模界面后可用快捷键（　　）进入制图界面。
A. <Ctrl+Shift+D>　　B. <Ctrl+N>　　C. <Ctrl+M>　　D. <Ctrl+D>
3. 为了区分零件或使零件看起来更加真实，可以使用（　　）命令更改显示。
A. 镜像特征　　　　B. GC 工具箱　　　C. 编辑对象显示　　D. 拔模

二、判断题

1. 如果过度约束草图或遇到冲突约束状态，通过删除一些尺寸或约束可解决问题。
（　　）
2. 使用约束可精确控制草图中的对象，主要有两种类型约束，即几何约束和尺寸约束。（　　）
3. 工作坐标系（WCS）是一个右向笛卡儿坐标系，由相互间隔 90° 的 XC、YC 和 ZC 轴组成。（　　）
4. 在以 3∶1 比例绘制的机械图样中，若某尺寸标注为 "30"，则其实际尺寸为 "90"。
（　　）

三、简答题

1. 与传统的产品设计与制造方法相比，数字化设计与制造有哪些优点？
2. 在 "工业 4.0" 和智能制造的背景下，我国制造业面临着哪些机遇和挑战？

附 录

附录 A　UG NX 软件常用快捷键

为了提高建模效率，熟记一些快捷键是必要的，下面汇总解释了 UG NX 2306 快捷键的具体含义。表 A-1 为草绘状态下的快捷键，表 A-2 为建模状态下的快捷键，供读者理解、查阅、记忆和使用。

表 A-1　UG NX 2306 一些常见的默认快捷键（草绘状态下）

序号	快捷键	含义
1	\<T\>	修剪
2	\<E\>	延伸
3	\<Shift+F8\>	定向视图到草图
4	\<C\>	设为共线
5	\<H\>	设为水平
6	\<P\>	设为平行
7	\<Z\>	轮廓
8	\<R\>	矩形
9	\<O\>	设为相切
10	\<V\>	设为竖直
11	\<L\>	设为垂直
12	\<X\>	设为重合
13	\<F\>	圆角
14	\<D\>	快速标注
15	\<Q\>	设为相等
16	\<S\>	设为对称
17	\<Y\>	设为中点对齐

表 A-2　UG NX 2306 一些常见的默认快捷键（建模状态下）

序号	快捷键	含义
1	\<X\>	拉伸
2	\<Ctrl+N\>	新建
3	\<Ctrl+Z\>	撤销

（续）

序号	快捷键	含义
4	\<Home\>	正三轴测图
5	\<Ctrl+J\>	对象显示
6	\<Ctrl+O\>	打开
7	\<Ctrl+W\>	显示/隐藏按类型
8	\<Ctrl+L\>	图层设置
9	\<Ctrl+S\>	保存
10	\<W\>	显示/隐藏工作坐标系 WCS

附录 B 数字化领域基本术语中英文对照

数字化设计与制造内涵丰富，了解一些数字化领域的基本术语及简称，有利于扩大知识面，一些基本术语中英文对照见表 B-1。

表 B-1 数字化设计与制造领域基本术语中英文对照

序号	英文	缩写	中文
1	Digital Design		数字化设计
2	Digital Manufacturing		数字化制造
3	Digital Management		数字化管理
4	Three-Dimensional Digital Model		三维数字模型
5	Digital Mock-up	DMU	数字样机
6	Virtual Prototype	VP	虚拟样机
7	Computer Aided Design	CAD	计算机辅助设计
8	Computer Aided Engineering	CAE	计算机辅助工程
9	Computer Aided Process Planning	CAPP	计算机辅助工艺设计
10	Computer Aided Manufacturing	CAM	计算机辅助制造
11	Virtual Reality	VR	虚拟现实
12	Augmented Reality	AR	增强现实
13	Rapid Prototyping	RP	快速成型技术
14	Product Data Management	PDM	产品数据管理
15	Product Lifecycle Management	PLM	产品全生命周期管理
16	Reverse Engineering	RE	逆向工程
17	Computer Graphics	CG	计算机图形学
18	Numerical Control	NC	数字控制
19	Additive Manufacturing	AM	增材制造
20	Subtractive Manufacturing		减材制造
21	Manufacturing Execution System	MES	制造执行系统
22	Enterprise Resource Planning	ERP	企业资源计划
23	Artificial Intelligence		人工智能
24	Manufacturing System		制造系统
25	Intelligent Factory		智能工厂

参 考 文 献

[1] 苏春.数字化设计与制造[M].3版.北京：机械工业出版社，2019.
[2] 贾颖莲，何世松，李永松，等.Creo 三维建模与装配：7.0 版[M].2版.北京：机械工业出版社，2022.
[3] 北京兆迪科技有限公司.UG NX 12.0 运动仿真与分析教程[M].4版.北京：机械工业出版社，2018.
[4] 金杰，李荣华，严海军.SOLIDWORKS 数字化智能设计[M].北京：机械工业出版社，2023.
[5] 胡建生.机械制图[M].2版.北京：机械工业出版社，2023.
[6] 李宏策，唐萌，张文超.数字化机械制图[M].北京：北京理工大学出版社，2021.

职业教育现场工程师培养系列教材
职业教育智能制造领域高素质技术技能人才培养系列教材

三维建模数字化设计

任务工单

主　编　陶东波　何　瑛　樊新波
副主编　李　学　杨国生　陈　斌　颜志勇
参　编　马　涛　彭思旭　刘立薇　周小蓉
　　　　夏仲林　贺柳操
主　审　蒋　凡

院　　系：＿＿＿＿＿＿＿＿＿＿＿＿＿＿＿＿
专　　业：＿＿＿＿＿＿＿＿＿＿＿＿＿＿＿＿
班　　级：＿＿＿＿＿＿＿＿＿＿＿＿＿＿＿＿
学　　号：＿＿＿＿＿＿＿＿＿＿＿＿＿＿＿＿
姓　　名：＿＿＿＿＿＿＿＿＿＿＿＿＿＿＿＿
指导教师：＿＿＿＿＿＿＿＿＿＿＿＿＿＿＿＿

机械工业出版社

目 录

任务工单 1-1　铅笔的数字化设计 …………………………………………………… 1
任务工单 1-2　笔筒的数字化设计 …………………………………………………… 3
任务工单 1-3　铅笔与笔筒虚拟装配 ………………………………………………… 5
任务工单 2-1　机械爪零件三维建模 ………………………………………………… 7
任务工单 2-2　机械爪虚拟装配 ……………………………………………………… 9
任务工单 3-1　旋塞阀零件三维建模 ………………………………………………… 11
任务工单 3-2　旋塞阀零件图样表达 ………………………………………………… 13
任务工单 3-3　旋塞阀虚拟装配 ……………………………………………………… 15
任务工单 3-4　旋塞阀装配图样表达 ………………………………………………… 17
任务工单 4-1　叶片泵零件三维建模 ………………………………………………… 19
任务工单 4-2　叶片泵运动仿真 ……………………………………………………… 21
任务工单 5-1　便携式大型管道自动切割装置数字化设计 ………………………… 23
任务工单 5-2　便携式货车换胎装置数字化设计 …………………………………… 25

任务工单 1-1
铅笔的数字化设计

姓名		队名		主要成员	
任务简介	当前正值企业数字化转型升级阶段,尤其是中小微制造企业急需具备数字化设计能力的人才。本任务从生活中最熟悉的案例开始,使用三维设计软件对"中华牌"铅笔进行数字化设计。铅笔看似简单,其实不然,让我们一起迎接挑战吧! {表格与图示} 名称 / 参数 笔芯 / $\phi 2$(笔尖$\phi 0.2$) 黑色(ID:216) 外壳 / 正六边形,边长为5,长为200 内部灰色(ID:80) 外表绿色(ID:136) 削后铅笔刃口 / 斜角为10° 铅笔标牌 / 中华绘图铅笔HB (标注:标牌、外壳、斜角10°、笔尖$\phi 0.2$、笔芯$\phi 2$)					
任务目标	知识目标:草绘与建模基本流程;快捷键的含义与作用。				
	技能目标:能应用草绘命令中的圆、多边形命令;能运用拉伸、对象显示、文本命令。				
任务实施	小组分工:建议以小组为单位,按分工进行资料查找和汇总。 需要查找的内容:①铅笔的结构组成;② GB/T 26099.1—2010《机械产品三维建模通用规则 第1部分:通用要求》。				
	制定设计方案:建议采用思维导图或简图的形式,方案包括设计步骤、采用命令等。				
		序号	角色	姓名	工作内容	问题及解决方式
成果展示	小组复盘实施过程,优化细节,完善成果,研讨成果展示思路,建议以小组汇报的形式展示。				

(续)

评价考核		最终得分	
序号	评价内容	评价标准	评分
1	任务准备（5分）	① 准备齐全，携带教材、笔记本、铅笔、钢笔等（2分）	
		② 课前正常启动软件（3分）	
2	方案制定（20分）	① 根据任务要求研讨设计方案（8分）	
		② 绘制思维导图或简图，逻辑清晰，表达清楚（12分）	
3	任务实施（30分）	① 软件操作规范性与建模效率（10分）	
		② 团队合作（10分）	
		③ 个人严谨认真、精益求精（10分）	
4	成果展示（30分）	① 演示人语言表达能力强，能完整阐述设计思路，针对设计过程中出现的问题能提出解决方案（教师评价5分，学生评价5分）	
		② 作品正确性（教师评价5分，学生评价5分）	
		③ 作品创新性（教师评价5分，学生评价5分）	
5	劳动纪律（5分）	遵规守则，打扫卫生（5分）	
6	6S管理（10分）	① 工位整洁，模型、计算机、键盘等摆放到位（5分）	
		② 及时整理计算机上的工作内容，正常关机（5分）	
7	增值评价（酌情加分）	① 能主动帮助他人（3分）	
		② 能及时发现安全隐患、主动制止违规行为（5分）	
		③ 其他值得肯定与奖励的行为或表现（3分）	
工作总结			

签字：＿＿＿＿

日期： 年 月 日

审核意见：

注：1. 教师评价采用百分制进行，增值评价依据具体情况酌情加分。
2. 成果展示得分＝教师评分＋学生评分。

任务工单 1-2
笔筒的数字化设计

姓名		队名		主要成员	

任务简介	笔筒,作为文具的一种,承载着人类文明发展的痕迹,最初的笔筒多为木制,随着科技的发展,笔筒的材质和设计越来越多样化。本任务对一个现代版笔筒进行数字化设计。

名称	参数
笔筒	1. 上表面$\phi 200$,倒圆角$R5$,高为40,倾斜角为10°,壁厚为1 2. 笔槽正六边形,边长为8,深度为30,倾斜角为15°,18个笔槽 3. 推荐颜色为蓝色(ID:206) 备注:颜色可自选,结构可创新设计

标注:$\phi 200$、$R5$、18个笔槽、倾斜角10°、高40、壁厚1

任务目标	知识目标:三种坐标系的异同;阵列、抽壳命令。
	技能目标:能应用拉伸、阵列、抽壳等命令;能修改文件保存地址。

任务实施	小组分工:分工查找和汇总资料。 需要查找的内容:①笔筒的结构组成;② GB/T 26099.1—2010《机械产品三维建模通用规则 第1部分:通用要求》。
	制定设计方案:建议采用思维导图或简图的形式,方案包括设计步骤、采用命令等。

序号	角色	姓名	工作内容	问题及解决方式

成果展示	小组复盘实施过程,优化细节,完善成果,研讨成果展示思路,建议以小组汇报的形式展示。

(续)

序号	评价考核 评价内容	最终得分 评价标准	评分	
1	任务准备（5分）	① 准备齐全，携带教材、笔记本、铅笔、钢笔等（2分）		
		② 课前正常启动软件（3分）		
2	方案制定（20分）	① 根据任务要求研讨设计方案（8分）		
		② 绘制思维导图或简图，逻辑清晰，表达清楚（12分）		
3	任务实施（30分）	① 软件操作规范性与建模效率（10分）		
		② 团队合作（10分）		
		③ 个人严谨认真、精益求精（10分）		
4	成果展示（30分）	① 演示人语言表达能力强，能完整阐述设计思路，针对设计过程中出现的问题能提出解决方案（教师评价5分，学生评价5分）		
		② 作品正确性（教师评价5分，学生评价5分）		
		③ 作品创新性（教师评价5分，学生评价5分）		
5	劳动纪律（5分）	遵规守则，打扫卫生（5分）		
6	6S管理（10分）	① 工位整洁，模型、计算机、键盘等摆放到位（5分）		
		② 及时整理计算机上的工作内容，正常关机（5分）		
7	增值评价（酌情加分）	① 能主动帮助他人（3分）		
		② 能及时发现安全隐患、主动制止违规行为（5分）		
		③ 其他值得肯定与奖励的行为或表现（3分）		
	工作总结			

签字：_____

日期：　　年　　月　　日

审核意见：

注：1. 教师评价采用百分制进行，增值评价依据具体情况酌情加分。
　　2. 成果展示得分＝教师评分＋学生评分。

任务工单 1-3
铅笔与笔筒虚拟装配

姓名		队名		主要成员	
任务简介	零件因装配成为产品而具有功能。一部手机有几百个零件,一辆汽车有几万个零件,零件之间因某种约束关系而有序地组装在一起。前面已经完成了铅笔和笔筒的数字化建模,现在要将铅笔、笔筒组装起来。任务要求:将 18 支铅笔装入笔筒,笔尖朝上,符合自然放置状态,约束方式自行选择。 **铅笔与笔筒的装配**				
任务目标	知识目标:虚拟装配基本流程;约束命令用法与功能,如固定、接触、居中命令的应用。				
	技能目标:能应用拉伸、阵列、抽壳等命令;能修改文件默认保存地址。				
任务实施	小组分工:分工查找和汇总资料。 需要查找的内容:①虚拟装配的基本流程;② GB/T 26101—2010《机械产品虚拟装配通用技术要求》。				
	制定装配方案:建议采用思维导图或简图的形式,方案包括装配步骤、采用命令等。				
		序号	角色	姓名	工作内容	问题及解决方式
成果展示	小组复盘实施过程,优化细节,完善成果,研讨成果展示思路,建议以小组汇报的形式展示。				

（续）

评价考核			最终得分	
序号	评价内容	评价标准	评分	
1	任务准备 （5分）	① 准备齐全，携带教材、笔记本、铅笔、钢笔等（2分）		
		② 课前正常启动软件（3分）		
2	方案制定 （20分）	① 根据任务要求研讨设计方案（8分）		
		② 绘制思维导图或简图，逻辑清晰，表达清楚（12分）		
3	任务实施 （30分）	① 软件操作规范性与装配效率（10分）		
		② 团队合作（10分）		
		③ 个人严谨认真、精益求精（10分）		
4	成果展示 （30分）	① 演示人语言表达能力强，能完整阐述装配思路，针对装配过程中出现的问题能提出解决方案（教师评价5分，学生评价5分）		
		② 作品正确性（教师评价5分，学生评价5分）		
		③ 作品创新性（教师评价5分，学生评价5分）		
5	劳动纪律 （5分）	遵规守则，打扫卫生（5分）		
6	6S管理 （10分）	① 工位整洁、模型、计算机、键盘等摆放到位（5分）		
		② 及时整理计算机上的工作内容，正常关机（5分）		
7	增值评价 （酌情加分）	① 能主动帮助他人（3分）		
		② 能及时发现安全隐患、主动制止违规行为（5分）		
		③ 其他值得肯定与奖励的行为或表现（3分）		
工作总结				

签字：_____

日期： 年 月 日

审核意见：

注：1. 教师评价采用百分制进行，增值评价依据具体情况酌情加分。
    2. 成果展示得分 = 教师评分 + 学生评分。

任务工单 2-1
机械爪零件三维建模

姓名		队名		主要成员	
任务简介	机械爪是工业机器人的执行部件,在智能物流和仓储中被用于执行存储、搬运、配送等无人化作业任务。某工程机械配套企业向我校提供了一套机械爪实物和员工入职培训成套图样,包括装配图一张和零件图10张,要求通过识读图样对机械爪零件进行三维建模和虚拟装配,最终提交机械爪全套的三维模型和虚拟装配文件。本任务根据机械爪零件图创建三维模型,要求模型正确,尺寸准确。 机械爪				
任务目标	知识目标:齿轮和螺纹基础知识;GC工具箱的调用方法。 技能目标:能读懂零件图;能熟练创建草图并进行几何约束;能应用孔、镜像、阵列、旋转、螺纹、齿轮等命令创建三维模型。				
任务实施	小组分工:分工查找和汇总资料。 需要查找的内容:①螺纹国家标准 GB/T 14791—2013《螺纹 术语》、GB/T 4459.1—1995《机械制图 螺纹及螺纹紧固件表示法》;②齿轮国家标准 GB/T 3374.1—2010《齿轮 术语和定义:第1部分:几何学定义》、GB/T 4459.2—2003《机械制图 齿轮表示法》。 制定建模方案:建议采用思维导图或简图的形式,方案包括建模步骤、采用命令等。 | 序号	角色	姓名	工作内容	问题及解决方式
---	---	---	---	---
成果展示	小组复盘实施过程,优化细节,完善成果,研讨成果展示思路,建议以小组汇报的形式展示。				

(续)

评价考核		最终得分	
序号	评价内容	评价标准	评分
1	任务准备 （5分）	① 准备齐全，携带教材、笔记本、铅笔、钢笔等（2分）	
		② 课前正常启动软件（3分）	
2	方案制定 （20分）	① 根据任务要求研讨设计方案（8分）	
		② 绘制思维导图或简图，逻辑清晰，表达清楚（12分）	
3	任务实施 （30分）	① 软件操作规范性与建模效率（10分）	
		② 团队合作（10分）	
		③ 个人严谨认真、精益求精（10分）	
4	成果展示 （30分）	① 演示人语言表达能力强，能完整阐述装配思路，针对装配过程中出现的问题能提出解决方案（教师评价5分，学生评价5分）	
		② 作品正确性（教师评价5分，学生评价5分）	
		③ 作品创新性（教师评价5分，学生评价5分）	
5	劳动纪律 （5分）	遵规守则，打扫卫生（5分）	
6	6S管理 （10分）	① 工位整洁，模型、计算机、键盘等摆放到位（5分）	
		② 及时整理计算机上的工作内容，正常关机（5分）	
7	增值评价 （酌情加分）	① 能主动帮助他人（3分）	
		② 能及时发现安全隐患、主动制止违规行为（5分）	
		③ 其他值得肯定与奖励的行为或表现（3分）	
工作总结			

签字：_____

日期： 年 月 日

审核意见：

注：1. 教师评价采用百分制进行，增值评价依据具体情况酌情加分。
　　2. 成果展示得分 = 教师评分 + 学生评分。

任务工单 2-2
机械爪虚拟装配

姓名		队名		主要成员	
任务简介					

姓名	
队名	
主要成员	
任务简介	通过虚拟装配可以提前发现产品设计的不足,及时进行修改,节约生产成本,便于团队协作。本任务根据机械爪装配图进行机械爪虚拟装配。机械爪零件包括任务 1 创建的 10 种零件,以及圆柱销、螺钉等标准件,要求装配原理正确,位置准确,约束合理,符合运动规律。 机械爪爆炸图
任务目标	知识目标:虚拟装配的流程与优势;中心、垂直、距离、镜像等约束命令的含义与作用。 技能目标:能调用重用库;能应用中心、垂直、距离、镜像等约束命令进行装配。
任务实施	小组分工:分工查找和汇总资料。 需要查找的内容:①机械爪的工作原理;② GB/T 119.1—2000《圆柱销 不淬硬钢和奥氏体不锈钢》;③ GB/T 26101—2010《机械产品虚拟装配通用技术要求》。 制定设计方案:建议采用思维导图或简图的形式,方案包括装配步骤、采用命令等。

序号	角色	姓名	工作内容	问题及解决方式

成果展示	小组复盘实施过程,优化细节,完善成果,研讨成果展示思路,建议以小组汇报的形式展示。

(续)

评价考核			最终得分	
序号	评价内容	评价标准	评分	
1	任务准备（5分）	① 准备齐全，携带教材、笔记本、铅笔、钢笔等（2分）		
		② 课前正常启动软件（3分）		
2	方案制定（20分）	① 根据任务要求研讨设计方案（8分）		
		② 绘制思维导图或简图，逻辑清晰，表达清楚（12分）		
3	任务实施（30分）	① 软件操作规范性与装配效率（10分）		
		② 团队合作（10分）		
		③ 个人严谨认真、精益求精（10分）		
4	成果展示（30分）	① 演示人语言表达能力强，能完整阐述设计思路，针对设计过程中出现的问题能提出解决方案（教师评价5分，学生评价5分）		
		② 作品正确性（教师评价5分，学生评价5分）		
		③ 作品创新性（教师评价5分，学生评价5分）		
5	劳动纪律（5分）	遵规守则，打扫卫生（5分）		
6	6S管理（10分）	① 工位整洁，模型、计算机、键盘等摆放到位（5分）		
		② 及时整理计算机上的工作内容，正常关机（5分）		
7	增值评价（酌情加分）	① 能主动帮助他人（3分）		
		② 能及时发现安全隐患、主动制止违规行为（5分）		
		③ 其他值得肯定与奖励的行为或表现（3分）		
工作总结				

签字：_____

日期：　　年　月　日

审核意见：

注：1. 教师评价采用百分制进行，增值评价依据具体情况酌情加分。
　　2. 成果展示得分＝教师评分＋学生评分。

任务工单 3-1
旋塞阀零件三维建模

姓名		队名		主要成员	
任务简介					

姓名		队名		主要成员	
任务简介	阀是流体控制系统的核心部件,小至医用几毫米口径的输液止回阀,大至南水北调管路用口径数米的管线蝶阀,其种类繁多。本任务选取结构相对简单且具有典型性的旋塞阀,根据某企业提供的旋塞阀图样,包括 1 张装配图和 7 张零件图,使用三维设计软件对 7 个零件进行建模,要求思路清晰,模型正确,尺寸准确,步骤简洁,用时合理。 旋塞阀				
任务目标	知识目标:投影曲线;水平、竖直、水平对齐、平行等几何约束。 技能目标:能读懂中等难度的零件图;能创建符号螺纹和详细螺纹。				
任务实施	小组分工:分工查找和汇总资料。 需要查找的内容:①旋塞阀的工作原理;② GB/T 26099.1—2010《机械产品三维建模通用规则 第 1 部分:通用要求》。 制定设计方案:建议采用思维导图或简图的形式,方案包括设计步骤、采用命令等。 | 序号	角色	姓名	工作内容	问题及解决方式 | |---|---|---|---|---| | | | | | | | | | | | | | | | | | |				
成果展示	小组复盘实施过程,优化细节,完善成果,研讨成果展示思路,建议以小组汇报的形式展示。				

（续）

序号	评价考核 评价内容	最终得分 评价标准	评分
1	任务准备（5分）	① 准备齐全，携带教材、笔记本、铅笔、钢笔等（2分）	
		② 课前正常启动软件（3分）	
2	方案制定（20分）	① 根据任务要求研讨设计方案（8分）	
		② 绘制思维导图或简图，逻辑清晰，表达清楚（12分）	
3	任务实施（30分）	① 软件操作规范性与建模效率（10分）	
		② 团队合作（10分）	
		③ 个人严谨认真、精益求精（10分）	
4	成果展示（30分）	① 演示人语言表达能力强，能完整阐述设计思路，针对设计过程中出现的问题能提出解决方案（教师评价5分，学生评价5分）	
		② 作品正确性（教师评价5分，学生评价5分）	
		③ 作品创新性（教师评价5分，学生评价5分）	
5	劳动纪律（5分）	遵规守则，打扫卫生（5分）	
6	6S管理（10分）	① 工位整洁，模型、计算机、键盘等摆放到位（5分）	
		② 及时整理计算机上的工作内容，正常关机（5分）	
7	增值评价（酌情加分）	① 能主动帮助他人（3分）	
		② 能及时发现安全隐患、主动制止违规行为（5分）	
		③ 其他值得肯定与奖励的行为或表现（3分）	
	工作总结		

签字：＿＿＿＿＿＿

日期：　　年　月　日

审核意见：

注：1. 教师评价采用百分制进行，增值评价依据具体情况酌情加分。
　　2. 成果展示得分＝教师评分＋学生评分。

任务工单 3-2
旋塞阀零件图样表达

姓名		队名		主要成员	
任务简介	对传统纸制图样进行数字化处理，实现生产车间图样无纸化，是中小企业数字化转型升级的必经之路。本任务对项目3任务1中创建的垫片、旋塞盖、旋塞壳、塞子进行图样表达，要求：图样模板选择合适，视图表达清晰，尺寸标注规范，公差与表面粗糙度标注合理，标题栏填写完整，图样整体美观。 垫片　　旋塞盖　　旋塞壳　　塞子				
任务目标	知识目标：三维设计软件出图流程；零件图基本内容；基本视图、剖视图的出图基本要求。 技能目标：能调用图纸模板；能创建视图；能标注尺寸、几何公差及表面粗糙度；能设置部件属性；能正确填写标题栏和技术要求；能导出 PDF 格式的工程图。				
任务实施	小组分工：分工查找和汇总资料。 需要查找的内容：GB/T 17452—1998《技术制图 图样画法 剖视图和断面图》、GB/T 16675.1—2012《技术制图 简化表示法 第1部分：图样画法》、GB/T 16675.2—2012《技术制图 简化表示法 第2部分：尺寸注法》、GB/T 10609.1—2008《技术制图 标题栏》。 制定出图方案：建议采用思维导图或简图的形式，方案包括出图步骤、采用命令等。 | 序号	角色	姓名	工作内容	问题及解决方式 | |---|---|---|---|---| | | | | | | | | | | | | | | | | | | | | | | | |				
成果展示	小组复盘实施过程，优化细节，完善成果，研讨成果展示思路，建议以小组汇报的形式展示。				

(续)

评价考核			最终得分	
序号	评价内容	评价标准	评分	
1	任务准备 （5分）	① 准备齐全，携带教材、笔记本、铅笔、钢笔等（2分）		
		② 课前正常启动软件（3分）		
2	方案制定 （20分）	① 根据任务要求研讨设计方案（8分）		
		② 绘制思维导图或简图，逻辑清晰，表达清楚（12分）		
3	任务实施 （30分）	① 软件操作规范性与出图效率（10分）		
		② 团队合作（10分）		
		③ 个人严谨认真、精益求精（10分）		
4	成果展示 （30分）	① 演示人语言表达能力强，能完整阐述设计思路，针对设计过程中出现的问题能提出解决方案（教师评价5分，学生评价5分）		
		② 作品正确性（教师评价5分，学生评价5分）		
		③ 作品创新性（教师评价5分，学生评价5分）		
5	劳动纪律 （5分）	遵规守则，打扫卫生（5分）		
6	6S管理 （10分）	① 工位整洁，模型、计算机、键盘等摆放到位（5分）		
		② 及时整理计算机上的工作内容，正常关机（5分）		
7	增值评价 （酌情加分）	① 能主动帮助他人（3分）		
		② 能及时发现安全隐患、主动制止违规行为（5分）		
		③ 其他值得肯定与奖励的行为或表现（3分）		
工作总结				

签字：_____

日期：　　年　月　日

审核意见：

注：1. 教师评价采用百分制进行，增值评价依据具体情况酌情加分。
　　2. 成果展示得分 = 教师评分 + 学生评分。

任务工单 3-3
旋塞阀虚拟装配

姓名		队名		主要成员	
任务简介	机械工程师在设计产品时有两种思路:一种是自下而上的设计方法,即先把零件设计好,再进行产品装配;另一种是自上而下的设计方法,先进行概念设计与整体规划,再详细设计各组成部分,各有利弊。本任务根据旋塞阀装配图,基于自下而上的方法进行虚拟装配,要求制定装配方案,装配原理正确,位置准确,约束合理,符合旋塞阀的运动规律。 旋塞阀爆炸图					
任务目标	知识目标:"自下而上"与"自上而下"两种设计方法。				
	技能目标:能熟练应用"阵列组件"命令;能独立完成中等复杂程度的装配体装配。				
任务实施	小组分工:分工查找和汇总资料。 需要查找的内容:GB/T 26101—2010《机械产品虚拟装配通用技术要求》、GB/T 26099.1—2010《机械产品三维建模通用规则 第1部分:通用要求》。				
	制定设计方案:建议采用思维导图或简图的形式,方案包括装配步骤、采用命令等。				
	序号	角色	姓名	工作内容	问题及解决方式
成果展示	小组复盘实施过程,优化细节,完善成果,研讨成果展示思路,建议以小组汇报的形式展示。				

（续）

评价考核		最终得分	
序号	评价内容	评价标准	评分
1	任务准备（5分）	① 准备齐全，携带教材、笔记本、铅笔、钢笔等（2分）	
		② 课前正常启动软件（3分）	
2	方案制定（20分）	① 根据任务要求研讨设计方案（8分）	
		② 绘制思维导图或简图，逻辑清晰，表达清楚（12分）	
3	任务实施（30分）	① 软件操作规范性与装配效率（10分）	
		② 团队合作（10分）	
		③ 个人严谨认真、精益求精（10分）	
4	成果展示（30分）	① 演示人语言表达能力强，能完整阐述设计思路，针对设计过程中出现的问题能提出解决方案（教师评价5分，学生评价5分）	
		② 作品正确性（教师评价5分，学生评价5分）	
		③ 作品创新性（教师评价5分，学生评价5分）	
5	劳动纪律（5分）	遵规守则，打扫卫生（5分）	
6	6S管理（10分）	① 工位整洁，模型、计算机、键盘等摆放到位（5分）	
		② 及时整理计算机上的工作内容，正常关机（5分）	
7	增值评价（酌情加分）	① 能主动帮助他人（3分）	
		② 能及时发现安全隐患、主动制止违规行为（5分）	
		③ 其他值得肯定与奖励的行为或表现（3分）	
工作总结			

签字：_____

日期： 年 月 日

审核意见：

注：1. 教师评价采用百分制进行，增值评价依据具体情况酌情加分。
　　2. 成果展示得分 = 教师评分 + 学生评分。

任务工单 3-4
旋塞阀装配图样表达

姓名		队名		主要成员	
任务简介	\multicolumn{5}{l}{装配图是表达机械或部件的图样,主要表达其工作原理和装配关系。本任务对旋塞阀装配体进行图样表达,要求:图样模板选择合适,视图表达清晰,尺寸标注规范,明细栏与序号标注合理,标题栏填写完整,有必要的技术要求,图样整体美观。 旋塞阀通断示意图}
任务目标	\multicolumn{5}{l}{知识目标:出装配图流程;装配图基本内容;螺纹紧固件标注方法。 技能目标:能创建符合国家标准的明细栏;能手动或自动标注零件序号;能通过调用属性名称填写标题栏;能设置装配体属性;能正确填写标题栏和技术要求;能导出 PDF 格式的装配图。}
任务实施	\multicolumn{5}{l}{小组分工:分工查找和汇总资料。 需要查找的内容:GB/T 4458.5—2003《机械制图 尺寸公差与配合注法》、GB/T 4459.1—1995《机械制图 螺纹及螺纹紧固件表示法》、GB/T 152.4—1988《紧固件 六角头螺栓和六角螺母用沉孔》、GB/T 10609.2—2009《技术制图 明细栏》。 制定出图方案:建议采用思维导图或简图的形式,方案包括出图步骤、采用命令等。}

	序号	角色	姓名	工作内容	问题及解决方式

成果展示	小组复盘实施过程,优化细节,完善成果,研讨成果展示思路,建议以小组汇报的形式展示。

(续)

评价考核		最终得分	
序号	评价内容	评价标准	评分
1	任务准备（5分）	① 准备齐全，携带教材、笔记本、铅笔、钢笔等（2分）	
		② 课前正常启动软件（3分）	
2	方案制定（20分）	① 根据任务要求研讨设计方案（8分）	
		② 绘制思维导图或简图，逻辑清晰，表达清楚（12分）	
3	任务实施（30分）	① 软件操作规范性与出图效率（10分）	
		② 团队合作（10分）	
		③ 个人严谨认真、精益求精（10分）	
4	成果展示（30分）	① 演示人语言表达能力强，能完整阐述设计思路，针对设计过程中出现的问题能提出解决方案（教师评价5分，学生评价5分）	
		② 作品正确性（教师评价5分，学生评价5分）	
		③ 作品创新性（教师评价5分，学生评价5分）	
5	劳动纪律（5分）	遵规守则，打扫卫生（5分）	
6	6S管理（10分）	① 工位整洁，模型、计算机、键盘等摆放到位（5分）	
		② 及时整理计算机上的工作内容，正常关机（5分）	
7	增值评价（酌情加分）	① 能主动帮助他人（3分）	
		② 能及时发现安全隐患、主动制止违规行为（5分）	
		③ 其他值得肯定与奖励的行为或表现（3分）	
工作总结			

签字：＿＿＿＿＿

日期： 年 月 日

审核意见：

注：1. 教师评价采用百分制进行，增值评价依据具体情况酌情加分。
　　2. 成果展示得分＝教师评分＋学生评分。

任务工单 4-1
叶片泵零件三维建模

姓名		队名		主要成员	
任务简介					

姓名	
队名	
主要成员	

任务简介
工程机械无论泵送还是换向,主要靠液压系统来提供动力。液压泵作为液压系统的心脏,其性能对系统的正常工作起着重要作用。液压泵主要包括齿轮泵、叶片泵、柱塞泵等类型。本任务选取叶片泵作为载体,根据工程机械配套企业提供的叶片泵装配图和零件图(10 张),采用"自上而下"的方法进行整体设计和关联建模(10 个),最终创建叶片泵三维模型。

叶片泵

任务目标
知识目标:肋板命令;WAVE、替换引用集命令。

技能目标:能读懂中等难度的装配图;能创建肋板;能自上而下进行关联建模。

任务实施
小组分工:分工查找和汇总资料。
需要查找的内容:①叶片泵的结构特点;② GB/T 26099.1—2010《机械产品三维建模通用规则 第 1 部分:通用要求》。

制定设计方案:建议采用思维导图或简图的形式,方案包括设计步骤、采用命令等。

序号	角色	姓名	工作内容	问题及解决方式

成果展示
小组复盘实施过程,优化细节,完善成果,研讨成果展示思路,建议以小组汇报的形式展示。

(续)

评价考核		最终得分	
序号	评价内容	评价标准	评分
1	任务准备 （5分）	① 准备齐全，携带教材、笔记本、铅笔、钢笔等（2分）	
		② 课前正常启动软件（3分）	
2	方案制定 （20分）	① 根据任务要求研讨设计方案（8分）	
		② 绘制思维导图或简图，逻辑清晰，表达清楚（12分）	
3	任务实施 （30分）	① 软件操作规范性与建模效率（10分）	
		② 团队合作（10分）	
		③ 个人严谨认真、精益求精（10分）	
4	成果展示 （30分）	① 演示人语言表达能力强，能完整阐述设计思路，针对设计过程中出现的问题能提出解决方案（教师评价5分，学生评价5分）	
		② 作品正确性（教师评价5分，学生评价5分）	
		③ 作品创新性（教师评价5分，学生评价5分）	
5	劳动纪律 （5分）	遵规守则，打扫卫生（5分）	
6	6S管理 （10分）	① 工位整洁，模型、计算机、键盘等摆放到位（5分）	
		② 及时整理计算机上的工作内容，正常关机（5分）	
7	增值评价 （酌情加分）	① 能主动帮助他人（3分）	
		② 能及时发现安全隐患、主动制止违规行为（5分）	
		③ 其他值得肯定与奖励的行为或表现（3分）	
工作总结			

签字：_____

日期： 年 月 日

审核意见：

注：1. 教师评价采用百分制进行，增值评价依据具体情况酌情加分。
　　2. 成果展示得分 = 教师评分 + 学生评分。

任务工单 4-2
叶片泵运动仿真

姓名		队名		主要成员	
任务简介	\multicolumn{5}{l	}{运动仿真是在初步设计、建模、组装完成的基础上添加一系列的机构连接和驱动,从而模拟机构的实际运动,分析机构的运动规律。本任务对叶片泵进行运动仿真,其工作原理:当转子轴旋转时,因小轴偏心造成小滑块和大滑块的侧隙体积发生变化,从而迫使液体从进油孔吸入由出油孔挤出。完成叶片泵运动仿真,输出符合运动规律的运动仿真视频,视频格式为 avi。 叶片泵运动仿真过程}
任务目标	\multicolumn{5}{l	}{知识目标:运动仿真术语(运动体、运动副、驱动体);运动仿真基本流程。 技能目标:能进行运动仿真设置;能创建解算方案并求解;能导出运动仿真视频。}
任务实施	\multicolumn{5}{l	}{小组分工:分工查找和汇总资料。 需要查找的内容:①叶片泵的工作原理;② GB/T 26099.1—2010《机械产品三维建模通用规则 第 1 部分:通用要求》。 制定设计方案:建议采用思维导图或简图的形式,方案包括设计步骤、采用命令等。}

		序号	角色	姓名	工作内容	问题及解决方式

| 成果展示 | 小组复盘实施过程,优化细节,完善成果,研讨成果展示思路,建议以小组汇报的形式展示。 |

（续）

序号	评价考核 评价内容	评价标准 最终得分	评分
1	任务准备（5分）	① 准备齐全，携带教材、笔记本、铅笔、钢笔等（2分）	
		② 课前正常启动软件（3分）	
2	方案制定（20分）	① 根据任务要求研讨设计方案（8分）	
		② 绘制思维导图或简图，逻辑清晰，表达清楚（12分）	
3	任务实施（30分）	① 软件操作规范性与运动仿真效率（10分）	
		② 团队合作（10分）	
		③ 个人严谨认真、精益求精（10分）	
4	成果展示（30分）	① 演示人语言表达能力强，能完整阐述设计思路，针对设计过程中出现的问题能提出解决方案（教师评价5分，学生评价5分）	
		② 作品正确性（教师评价5分，学生评价5分）	
		③ 作品创新性（教师评价5分，学生评价5分）	
5	劳动纪律（5分）	遵规守则，打扫卫生（5分）	
6	6S管理（10分）	① 工位整洁、模型、计算机、键盘等摆放到位（5分）	
		② 及时整理计算机上的工作内容，正常关机（5分）	
7	增值评价（酌情加分）	① 能主动帮助他人（3分）	
		② 能及时发现安全隐患、主动制止违规行为（5分）	
		③ 其他值得肯定与奖励的行为或表现（3分）	
工作总结			

签字：_____

日期：　年　月　日

审核意见：

注：1. 教师评价采用百分制进行，增值评价依据具体情况酌情加分。
　　2. 成果展示得分 = 教师评分 + 学生评分。

任务工单 5-1
便携式大型管道自动切割装置数字化设计

姓名		队名		主要成员	
任务简介					

任务简介	当前我国大直径管线布管面积越来越大，布管中大管径切割以人工现场切割为主，缺点是割面成形质量差、切割效率低、环境差、爬到管道顶部切割存在摔伤的风险。本任务设计一款便携式大型管道自动切割装置的机械部分，可切割管道直径≥500mm，质量≤20kg。 人工现场切割过程
任务目标	知识目标：机械产品数字化设计流程。 技能目标：具备机械产品设计能力；能创建数字化样机。
任务实施	小组分工：分工查找和汇总资料。 需要查找的内容：①大型管道切割技术现状；② GB/T 26099.1—2010《机械产品三维建模通用规则 第1部分：通用要求》。 制定设计方案：建议采用思维导图或简图的形式，方案包括设计步骤、采用命令等。

序号	角色	姓名	工作内容	问题及解决方式

成果展示	小组复盘实施过程，优化细节，完善成果，研讨成果展示思路，建议以小组汇报的形式展示。

(续)

评价考核		最终得分		
序号	评价内容	评价标准	评分	
1	任务准备（5分）	① 准备齐全，携带教材、笔记本、铅笔、钢笔等（2分）		
		② 课前正常启动软件（3分）		
2	方案制定（20分）	① 根据任务要求研讨设计方案（8分）		
		② 绘制思维导图或简图，逻辑清晰，表达清楚（12分）		
3	任务实施（30分）	① 软件操作规范性与效率（10分）		
		② 团队合作（10分）		
		③ 个人严谨认真、精益求精（10分）		
4	成果展示（30分）	① 演示人语言表达能力强，能完整阐述设计思路，针对设计过程中出现的问题能提出解决方案（教师评价5分，学生评价5分）		
		② 作品正确性（教师评价5分，学生评价5分）		
		③ 作品创新性（教师评价5分，学生评价5分）		
5	劳动纪律（5分）	遵规守则，打扫卫生（5分）		
6	6S管理（10分）	① 工位整洁，模型、计算机、键盘等摆放到位（5分）		
		② 及时整理计算机上的工作内容，正常关机（5分）		
7	增值评价（酌情加分）	① 能主动帮助他人（3分）		
		② 能及时发现安全隐患、主动制止违规行为（5分）		
		③ 其他值得肯定与奖励的行为或表现（3分）		
		工作总结		

签字：＿＿＿＿＿

日期：　　年　月　日

审核意见：

注：1. 教师评价采用百分制进行，增值评价依据具体情况酌情加分。
　　2. 成果展示得分 = 教师评分 + 学生评分。

任务工单 5-2
便携式货车换胎装置数字化设计

姓名		队名		主要成员	
任务简介					

姓名	队名　　　　主要成员
任务简介	我国货车年产量超百万辆,长途货车年换胎两次以上,目前换胎方式主要有人工换胎和全自动换胎,人工换胎费时费力,全自动换胎设备笨重,不方便随车携带。本任务设计一款便携式货车换胎装置,要求:省时(1人0.5h内完成换胎)、省力(自动换胎),质量≤7.5kg,能随车携带。 人工换胎和全自动换胎
任务目标	知识目标:机械产品数字化设计流程。 技能目标:具备分析问题与解决问题的能力;能创建数字化样机。
任务实施	小组分工:分工查找和汇总资料。 需要查找的内容:①货车换胎装置技术现状;② GB/T26099.1—2010《机械产品三维建模通用规则 第1部分:通用要求》。 制定设计方案:建议采用思维导图或简图的形式,方案包括设计步骤、采用命令等。 | 序号	角色	姓名	工作内容	问题及解决方式 | |---|---|---|---|---| | | | | | | | | | | | | | | | | | | | | | | | |
成果展示	小组复盘实施过程,优化细节,完善成果,研讨成果展示思路,建议以小组汇报的形式展示。

(续)

评价考核		最终得分		
序号	评价内容	评价标准	评分	
1	任务准备（5分）	① 准备齐全，携带教材、笔记本、铅笔、钢笔等（2分）		
		② 课前正常启动软件（3分）		
2	方案制定（20分）	① 根据任务要求研讨设计方案（8分）		
		② 绘制思维导图或简图，逻辑清晰，表达清楚（12分）		
3	任务实施（30分）	① 软件操作规范性与效率（10分）		
		② 团队合作（10分）		
		③ 个人严谨认真、精益求精（10分）		
4	成果展示（30分）	① 演示人语言表达能力强，能完整阐述设计思路，针对设计过程中出现的问题能提出解决方案（教师评价5分，学生评价5分）		
		② 作品正确性（教师评价5分，学生评价5分）		
		③ 作品创新性（教师评价5分，学生评价5分）		
5	劳动纪律（5分）	遵规守则，打扫卫生（5分）		
6	6S管理（10分）	① 工位整洁，模型、计算机、键盘等摆放到位（5分）		
		② 及时整理计算机上的工作内容，正常关机（5分）		
7	增值评价（酌情加分）	① 能主动帮助他人（3分）		
		② 能及时发现安全隐患、主动制止违规行为（5分）		
		③ 其他值得肯定与奖励的行为或表现（3分）		
工作总结				

签字：_____

日期： 年 月 日

审核意见：

注：1. 教师评价采用百分制进行，增值评价依据具体情况酌情加分。
　　2. 成果展示得分＝教师评分＋学生评分。